英国

工业革命中的资本投资和社会机制

Capital Investment and Social Mechanism in Britain's Industrial Revolution

（修订本）

著
徐滨

天津社会科学院出版社

图书在版编目（CIP）数据

英国工业革命中的资本投资和社会机制 / 徐滨著
. -- 修订本. -- 天津 : 天津社会科学院出版社,
2020.1
ISBN 978-7-5563-0585-8

Ⅰ. ①英… Ⅱ. ①徐… Ⅲ. ①产业革命—研究—英国
Ⅳ. ①F456.19

中国版本图书馆CIP数据核字(2019)第256866号

英国工业革命中的资本投资和社会机制
YINGGUO GONGYE GEMING ZHONG DE ZIBEN TOUZI HE SHEHUI JIZHI

出版发行：天津社会科学院出版社
出 版 人：张博
地　　址：天津市南开区迎水道7号
邮　　编：300191
电话/传真：（022）23360165（总编室）
（022）23075303（发行科）
网　　址：www.tass-tj.org.cn
印　　刷：北京盛通印刷股份有限公司

开　　本：787×1092 毫米 1/32
印　　张：14.5
字　　数：349千字
版　　次：2020年1月第1版 2020年1月第1次印刷
定　　价：108.00元

目 录

序

钱乘旦

本书讨论在英国工业革命中，资本如何起作用。作者认为，资本只是用于生产之物，因此，仅研究资本数量或增长率的变化不足以解释工业革命中投资的增长，更不足以解释工业革命。真正值得探究的是，人们按何种方式利用资本，也就是，人们以什么样的观念和行为来支配资本。按照他的说法："真正使资本在英国工业革命中具有特殊意义的是运用资本的社会机制，而不是资本的数量或结构。"①这也就是他研究的起始路径。

关于英国工业革命的起源，学界曾做过多种解释，有两种说法与本书论点有关，一种认为资本的"原始积累"触发了工业革命，而这种"积累"可以来自殖民地掠夺，也可以来自对农民的剥夺，如圈地等。当资本积累到足够的程度就可以引发工业革命，因为很明显，工业革命需要

① 见本书第一章第三节，以下引文同此。

资本，所以资本的量是关键。第二种说法认为资本从其他部门如农业或商业向工业转移，使其得到足够的资本，资本转移改变了资本的结构，最终使工业受益。这两种说法都基于同一种假设，即只要有足够的资本，就能发动工业革命。

但本书作者认为这是“资本决定论”，仅有资本是不足以发动工业革命的。如果资本要在工业革命中起推动经济发展的作用，它必须依赖某种社会机制。作者认为这种社会机制才是关键的因素，有资本而没有这种社会机制，工业革命就不会被触发。比如，多少年来土地一直是国家重要的财富所在，贵族手中并非无钱，但这些钱没有被当作资本来使用，相反只是大量用于消费。另一方面，没有资本（或没有足够资本）但存在着有利的社会机制，那么经济的发展仍然有可能。这方面最集中的例子，就是在工业革命的最初阶段，给“工业革命”这个词赋予实质意义的制造业（比如纺织业）的发展，恰恰是在极其缺乏资本的条件下进行的。纺织业凭着一种社会机制所提供的条件，无中生有地“制造”了资本，成为工业革命时期最活跃，也是最关键的生产部门。

但这种社会机制是什么？作者认为是个人自由与财产权利，按作者说法：“英国历史中形成的、制度化的观念、传统和行为模式，构成了人们从事社会活动的重要支配因素，即具有英国特质的社会机制。英国近现代史上所形成的、最为核心的特质便是基于个人的自由和财产的个人权利理念，以及与之相关行为方式。”针对所研究的主题，他更进一步提出：“当人们按照这种机制从事经济活动和处置经济资源时，它就同时成为一种资源有效性机制。其关键意义在于，它将影响资源的使用效率……这种有效性机制普遍促进了各类资源的效率，使之超越了触发工业革命的临界点。这才是理解工业革命的根本所在。”这一看法，是作者研究英国工业革命中资本运作的核心看法；作者的这一视角，的确有其独到之处。

资本在经济发展中是不是决定性因素？这个问题具有普遍意义。是否有了资本就足以发展生产，资本与经济发展之间究竟是什么关系？作者认为，资本并不直接作用于经济发展，资本与经济发展之间需有一个中介，那就是社会机制。资本只有通过社会机制这个中介才能对经济发展起作用，换句话说，有了资本而没有合适的社会机制，经济未见得发展，或如预期的那样发展；反过来，有合适的社会机制而缺少或不存在所需资本，则未见得不出现某种程度的经济发展。

这些看法与制度经济学观点相近，而且从英国工业革命的实例来看，可得到许多历史的佐证。英国工业革命时，制造业是资金最缺乏的部门，而其他部门（如农业、海外贸易、殖民地种植业等）的资本并没有出现大规模进入制造业的情况，至少在工业革命初期是这样。从英国工业革命的实例来看，说个人自由和财产权利是那种起保障作用的社会机制，大概是可以说通的，至少很多人这么说，很多西方学者还把这看作是经典的诠释体系；不过也有把其他因素视为关键性“社会机制”的，其中人所共知的例子就是马克斯·韦伯的“资本主义精神”论。学术界一向有各种争议，徐滨在这本书里提出的，是他的一种解释。但英国的实例是否可以推而广之，成为具有普遍意义的标准形态；换言之，是不是在任何国家，自由与财产权都是那种“社会机制”，这却是一个需要讨论的问题。

徐滨在这本书中表达的观点由来已久，他在读博期间就提出类似的想法，并且写作博士论文。毕业后他继续在这一领域深入研究，写作了一批有质量的论文。之后，他在有关基金的资助下完成这本书，在中国史学界开拓了一个有意义的研究领域。徐滨的治学风格是严谨而扎实的，本书行文体现了这种风格。

一切学术都是在争鸣中发展的，我们期待这本书提供了争鸣的平台。

2011年8月，濒海

前　言

本书的目的是尝试对资本与英国工业革命的关系做出解释。凡经济活动皆以利用资源为基本特征。以不同的方式支配资源，效率和结果将差异显著。效率是联系资本与工业革命的纽带，而英国独特社会机制的形成则是资本获得效率空前提升的关键。资本与英国工业革命的关系即在于此，理解了这一点也就理解了工业革命。英国历程是个案，其他民族未必要遵循，但它所揭示的道理却具有普遍意义。因为在任何社会中资源都是稀缺的，所以，寻求一种有效的资源配置机制就成为关乎宏旨之事。它不仅会影响当前的经济结果，还将决定未来的发展是否可持续。

我从事这一领域的研究工作已有十余年之久，其间，在学识和处事上都从师长辈学者那里受惠良多。

我自 1997 年在天津师范大学攻读硕士学位，跟随侯建新先生从事西欧经济-社会史的研究。侯老师是我走上历史研究和教学职业生涯的启蒙者和引路人。迄今为止，侯老师在治学和为人方面的许多教诲我还都铭记于心。老师一语："先学做人，后学做学问"，实是学途警言，不可不珍重。从师数年，为我在西欧经济史方面打下了较好的基础。与老师共事历十一载，科研、教学等方面也得到诸多提携和帮助。

2002年经侯老师推荐我就学于南京大学，攻读英国史方向的博士学位。钱乘旦先生是我的导师。钱老师在学术问题上总是眼光犀利，发现学生思不入轨时从不吝惜斧正勘斫。多年前研讨课上的许多情景今天仍历历在目。正是从那时起，我开始思考和探究本书这个课题。研究过程中，从钱老师不断切中要害的诘问和启发中受益匪浅。学成后钱老师还几次劝勉我要不断拓宽和深化这一领域的研究，并襄助有加。成书时，还为我撰文作序。

历史学者要有“现实关怀”，这是老师们经常强调的治史思想。笔者在本书的写作中时时以此为追求。

受教于师，承惠于身，感恩于心！

研究的各个阶段中我也得到了同仁们的帮助。在南京期间，郭爱民博士、于民博士、金燕博士等都曾提供资料上的支持和研究上的便利。2010年笔者到伦敦大学历史研究所访学，其间米尔斯·泰勒(Miles Taylor)教授为我的研究提供了诸多方便，本书所利用的不少历史资料即来自该大学图书馆。此外，研究生邢丽利承担了一些资料的统计工作。对于上述帮助，在此表示衷心的感谢！

最后，还要对平素关心和支持我的朋友、家人表示感谢！特别是王伟毅先生为本书装帧设计所做的细致工作，以及郭栋总编辑为此的辛勤付出。此外我的妻子高潮女士，她不仅从各方面支持我潜心完成这项研究，而且为本书的最后出版工作付出了很多辛劳。

2011年10月，于天津华苑

第一章

历史观点的解析与立论阐释

英国工业革命作为现代经济增长的开端，迄今为止已成为引起众多学者关注的历史课题。① 工业革命指一个经济体由传统的农业生产为主体的经济过渡到工业生产为主体的过程，而此间的人均的、持续的产出增长是其重要特征。工业革命并不仅仅是工业领域的变革，而且是整体经济的变革，包含了农业、工业、服务业在产业结构上的转变。本书研究关注于工业革命中的资本投资以及与之相关的社会机制。

第一节　研究的范畴与概念

工业革命开始的年代，以往学术界的见解主要有两种，一种观点是将 1760 年定为工业革命的起点。这一观点最先由老汤因比提出，他认为工业革命的起点应在 1760 年以后。② 汤因比之所以将 1760 年作为

---

① 20 世纪 80 年代以后，N.F.R.克拉夫茨等英国学者提出，英国工业革命时期的经济增长并不如以往学者们估计得那样快，工业革命的过程是缓慢的，更多地表现为一种“渐进性”而不是“革命性”，但新观点的提出并没有妨碍学者们继续沿用“工业革命”这个术语。

② ［英］阿诺德·汤因比（Arnold Toynbee，1852—1883）是 19 世纪英国的著名历史学家，是 20 世纪英国著名史学家 A. J. 汤因比的叔叔，国内学术界常将其称为老汤因比。在他短暂的一生里，汤因比将其主要精力集中于经济史和政治经济学的研究。尽管汤因比不是首次提出“工业革命”概念的人，但他却是从历史角度对工业革命进行系统、深入研究的第一人。

分界点，是从经济结构着眼的。工业革命以前的结构一方面是指经济处于管制的状态下，即不自由的经济体系，“1760年时工业的管制和保护体系依然存在”。另一方面是指技术因素，“1760年以前英格兰的旧工业体系仍在流行，大的机器发明一个也没有出现”，也就是说工业革命是以技术变革为一个重要标志。① 而1760年以后整个经济结构都向着相反方向转化，以自由替代管制，以新技术替代旧技术。汤因比将19世纪初的二三十年代作为工业革命结束的时间。1760年起点说直到20世纪前半期一直未遇到挑战，至今仍为一些学者使用。法国人保尔·芒图的《十八世纪产业革命》最初出版于1906年，该作在研究工业革命的学术史上具有不可忽视的地位。英国学者T.S.艾什顿(Ashton)将其评价为“经济史的稀有著作之一，可以公正地说是经典性著作”。② 保尔·芒图就承袭了汤因比的1760年起点说，但终点却给出了一个比汤因比更为模糊的时段——十九世纪初年。③ 对工业革命的特征，芒图同样关注结构的变化，认为工业革命在技术上就是提高生产率的新发明，在经济上就是资本的集中和大企业的形成，在社会上就是新阶级的出现。④ 在早期研究中，持有1760年起点说的学者也常将1830年左右作为工业革命的终点。这种划分方式是依据他们对工业革命的一些共同的理解。他们考虑工业革命是经济制度、技术等方面的变革，他们认为自由市场经济、动力纺纱机、蒸汽机等都是1760年

---

① Arnold Toynbee, *Lectures on the Industrial Revolution of the 18th Century in England*, London: Rivingtens 1884, p. 27, 32.

② [法]保尔·芒图:《十八世纪产业革命》，杨人楩等译，商务印书馆，1997，第7页，T.S.艾什顿所作的新版序言。

③ [法]保尔·芒图:《十八世纪产业革命》，杨人楩等译，商务印书馆，1997，第26页。

④ [法]保尔·芒图:《十八世纪产业革命》，杨人楩等译，商务印书馆，1997，第386—389页。

以后的事物，这些变化的出现足以标志着工业革命的开始，英国由此开始即将成为工业国。19 世纪二三十年代英国经济又展现出了另一些新的特点，这时工厂制开始代替传统的家庭生产成为生产的主要组织形式，被称为“铁路狂潮”的铁路建设时代拉开序幕。这些变化在他们看来意味着英国已经成为工业国，此前走向工业国的努力已告结束。

另一种观点出现在 20 世纪中期，随着经济史学家对统计资料的重视和计量分析的进一步应用，学者们开始将目光聚焦在 1780 年上。较早持有这种观点的是约翰・内夫，他在 1943 年发表的文章中称工业革命既不是开始于 1750 年也不是开始于 1760 年，而应是 18 世纪 80 年代。[①] 这种观点的另一位重要代表人物就是 W.W.罗斯托，罗斯托将工业革命的早期定义为现代经济增长的“起飞阶段”。在整体经济中增长首先出现在某些“主要增长部门”中，由于这些部门中的高增长率带动了“补充性增长部门”和“派生性增长部门”的经济增长。棉纺织业是工业革命中公认的“主要增长部门”，1781—1791 年间原棉进口几乎猛增了 320%[②]，这意味着棉纺织业的产出必定出现了近似趋势的增长。这种迅猛的增长势态是此前任何工业部门所没有的，因此罗斯托将 1780 年视为工业革命的起点。用罗斯托的观点，工业革命就是一个经济从起飞到走向成熟的过程。成熟阶段就是工业革命后期，在这个阶段“经济活动从铁路时代的煤、铁和重型工程工业为中心转变到以机器工具、化工产品和电子设备为中心”。这种转变的出现即意味着成熟阶段的

---

① John U. Nef, “The Industrial Revolution Reconsidered”, *The Journal of Economic History*, Vol. 3, No. 1, May 1943, p. 5.

② [美]W.W.罗斯托：《经济增长的阶段》，郭熙保、王松茂译，中国社会科学出版社，2001，第 55 页。另注：该书英文版第一版出版于 1959 年。

结束、工业革命的完成，而1851年的伦敦大博览会正是“英国表现出有一种全面发展的、成熟的经济”的标志，因此将1850年作为结束年份。① 据大博览会委员会报告称，此会的目的就是为了“开办一个各国工业成就的展览”②。可见当时的人们已开始为经济变化的成就感到自豪了。《剑桥欧洲经济史》第六卷出版于1965年，该作认为“变化发生在18世纪最后二三十年”③。20世纪70年代出版的《方坦那欧洲经济史》也采用了1780－1850年的工业革命时段划分法。④ 采用这类划分法的学者大多比较关注工业革命的经济增长、产业结构变化等问题。

如果我们暂且抛开“起飞”点不论的话，多种经济史的统计估计都同意18世纪中期以后的确出现了现代意义上的增长。⑤ 如据菲丽丝·迪恩和W.A.科尔估算1745－1785年间的国民实际产出的年均增长率为0.9％，到1780－1800年的平均国民实际产出增长率为1.8％。⑥ 而据布劳德伯利、坎贝尔等人最近的研究表明，1480－1770年代英国

① [美]W.W.罗斯托：《经济增长的阶段》，郭熙保、王松茂译，中国社会科学出版社，2001，第10、63页。

② "First Report of the Commissioners for the 'Great Exhibition,' 1851", Ed., J.H. Wiener, *Great Britain The Lion at Home: A Documentary History of Domestic Policy 1689－1973*, Vol.II., New York: Chelsea House Publishers 1974, p. 1306.

③ Ed., H.J. Habakkuk & M. Poston, *Cambridge Economic History of Europe*, Vol. VI, Cambridge: Cambridge University Press, 1965. p. 10.

④ [意]卡洛·M.奇波拉主编：《欧洲经济史》第三卷，吴良健等译，商务印书馆，1989，第1页。另注：《方坦那欧洲经济史》(The Fontana Economic History of Europe)1989年中文翻译出版时书名译作《欧洲经济史》。

⑤ 实际上有相当多的经济史学家都反对W.W.罗斯托的“起飞”论。他们尽管都同意这一时期的确出现了现代的经济增长，但认为增长的速度并没有罗斯托等学者估计得那么快，就其特征而言并不能构成“起飞”。持这种观点的学者包括菲丽丝·迪恩、W.A.科尔、H.J.哈巴库克、N.F.R.克拉夫茨等著名经济史学家。参见后文及其有关著作。

⑥ Phyllis Deane and W.A. Cole, *British Economic Growth 1688－1959: Trends and Structure*, Cambridge: Cambridge University Press, 1969, p. 280.

的实际国内生产总值(GDP)年均增长率是0.4%至0.8%,加速增长开始于1780年之后,达到1.5%以上。① 他们的研究表明18世纪中期以后的确出现了现代经济增长。工业革命的过程也是一个产业结构发生转变的过程。据卡洛·奇波拉粗略估计任何国家在工业革命前的农业从业人口至少在60%~80%之间,②工业人口及工业产出的比例很小。据布劳德伯利、坎贝尔等人的估算,1759年英国农业产出占GDP的份额是29.7%,农业劳动力占全部劳动力的份额是36.8%;工业产出比例是35.2%,工业劳动力比例是33.9%;余下的份额是服务业。而到1841年农业产出份额下降到22.1%,工业则上升到36.4%。1851年农业劳动力占比为23.5%,工业为45.6%。③ 至此,工业无论在产出还是在就业上都取代农业成为主要产业。工业革命完成的标志就是产业结构完成了这种根本性的转变。

两种观点的差异主要是由于看问题的角度不同而造成的,前者注重经济制度和生产形式的变化,而后者更重视经济增长率和产业结构上的表现。正如菲丽丝·迪恩所说:"这些是历史分析和解释的方法上的不同,而不是关于历史上到底发生了什么的争论。"④考虑到历史既

---

① Stephen Broadberry, Bruce M. S. Campbell, Alexander Klein, Mark Overton and Bas Van Leeuwen, *British Economic Growth, 1270—1870*, Cambridge: Cambridge University Press, 2015, pp. 198—199.

② [意]卡洛·M.奇波拉主编:《欧洲经济史》第三卷,吴良健等译,商务印书馆,1989,第10页。

③ Stephen Broadberry, Bruce M. S. Campbell, Alexander Klein, Mark Overton and Bas Van Leeuwen, *British Economic Growth, 1270—1870*, Cambridge: Cambridge University Press, 2015, pp. 194—195.

④ Phyllis Deane, *The First Industrial Revolution*, Cambridge: Cambridge University Press, 1986, p. 4.

有连续性又有突变性，迪恩仅将18世纪中期或18世纪40年代作为工业革命的起点。① 因此后来的许多学者干脆采用更为模糊的形式，把18世纪50年代视为起点，19世纪50年代视为终点。② 尤其是20世纪80年代以后出版的著作采用这种分法是比较流行的，N.F.R.克拉夫茨就将工业革命的起止年代定为18世纪中叶到19世纪中叶，③布罗代尔也将1750年作为工业革命的开始。④

本书采用18世纪中叶至19世纪中叶作为工业革命的起止时段，即1750—1850年。这样做的理由有三：其一，工业革命并不仅仅是工业以及增长率在发生变化，而是整体经济在发生着本质性的变化。议会圈地开始于18世纪中期，这是一种农业制度上的变革。运河建设也大约出现在同期，这意味着相对大规模的社会基础资本投资的开始。因此，本书认为以18世纪中期为起点可以更完整地考虑整体经济的变化。其二，以19世纪二三十年代为终点的确过早，此时工厂制并未取得全面胜利，铁路建设刚刚开始，农业生产仍可算作最主要的生产部门。而19世纪中期英国的工业优势才真正显现出来，伦敦的大博览会实际上就是英国向世人表现其工业能力的集中展示。其三，这一分法

---

① Phyllis Deane, *The First Industrial Revolution*, Cambridge: Cambridge University Press, 1986, p. 4; Phyllis Deane and W.A. Cole, *British Economic Growth 1688 — 1959: Trends and Structure*, Cambridge: Cambridge University Press, 1969, p. 61.

② 尽管多数人都认可19世纪中期工业化完成的观点，但某些异议仍存在。约翰·克拉潘在1932年出版的《现代英国经济史》第二卷中就认为1851年时英国尚不是一个工业国，工业化并未完成。他说："走向'工业国'的路线已经确定，但是所走的路还不到一半。……农业还是英国最大的行业。"（该书商务印书馆译本第39页）

③ N. F. R. Crafts, *British Economic Growth during the Industrial Revolution*, Oxford: Clarendon, 1985, p. 6.

④ [法]费尔南·布罗代尔：《15至18世纪的物质文明、经济和资本主义》第三卷，顾良译，生活·读书·新知三联书店，1993，第644页。

涵盖了过去两种传统的分法，实际上就是比较全面地兼顾了工业革命的多种特征。

“资本”的英文为 Capital，“Capital”在 13 世纪的中世纪英语中已存在，意指“与头部有关的”。它源自古法语 Capital，而古法语又源自拉丁语“Caput”。Caput 的词意即为“头部”。15 世纪时，这个英语词汇有“首领、主要部分”之意。① 重商主义著作中很少使用“Capital”这个词，在表达对应概念时，著者更喜欢使用 Money（金钱或货币）、Stock（财货）等。达维南特和达德利·诺斯著作的中译本虽有“资本”一词，但原文实际上用的是“Stock”。②

资本的定义在古典经济学时期具备了现代的意义。亚当·斯密认为资财可分成两部分，一部分供目前消费，而另一部分则是“他希望从以取得收入的部分称为资本（Capital）”。③ 亚当·斯密的话我们可以这样理解，人类的生产所得，一部分用于直接消费，即提供人们当期的吃、穿、住、用等。另一部分消费的剩余或从当前消费中节省下来的用于未来生产的物品即为资本。简单地讲，资本就是用于生产未来产品的东西。亚当·斯密对资本概念的贡献还在于他第一个区分了资本的

---

① 参见《牛津英语词源词典》，上海外语教育出版社，2000；Francis Henry Stratmann, Henry Bradley, *A Middle-English Dictionary*, Oxford: Clarendon Press, 1891; C. T. Lewis, *An Elementary Latin Dictionary*, Oxford: Oxford University Press。

② 参见［英］查尔斯·达维南特：《论英国的公共收入与贸易》，朱泱、胡企林译，商务印书馆，1995，第 5 页；达德利·诺斯：《贸易论》，载《贸易论（三种）》，顾为群等译，商务印书馆，1995，第 119 页；Charles Davenant, *Discourses on the Publick Revenues and on the Trade of England*, Part I, London: James Knapton, 1698, p. 9; Dudley North, *Discourses Upon Trade*, London: Tho. Basset, 1691, p. 22。

③ ［英］亚当·斯密：《国民财富的性质和原因的研究》上卷，郭大力、王亚南译，商务印书馆，1997，第 254 页；Adam Smith, *An Inquiry into the Nature and Causes of the Wealth of Nations*, Vol. I, London: Cadell and Davies, 1812, p. 411。

两种形式，即流动资本和固定资本。他说："商人的资本不断以一个形态用出，以另一个形态收进；而且也只有依靠这种流通，依靠这种继续的交换，才有利可图。因此，这样的资本可称为流动资本。……资本又可用来改良土地，购买有用的机器和工具，或用来置备无须易主或无须进一步流通即可提供利润的东西。这样的资本可称为固定资本。"①在此之前，无论是重商主义学说还是重农学派都未对此做过明确的区分。自亚当·斯密以后的古典经济学家基本保持了与斯密相同的资本概念。大卫·李嘉图认为："资本是国家财富中用于生产的部分，包括实现劳动所必需的食物、衣物、工具、原料、机器等等。"②约翰·S.穆勒是古典经济学的总结者，在他看来资本就是拨出来运用于生产的财富，并进一步解释："资本为生产所做的事情，是提供工作所需要的场所、保护、工具和原料，以及在生产中供养劳动者。……生产任何一种商品的资本中，都有一部分用过一次以后，就再也不是资本了，再也不能对生产提供服务，至少不能提供同样的服务，也不能对同一种生产提供服务。……以这种方式完成全部生产职能的资本，即作一次使用的资本，称作流动资本。……还有很大一部分资本，存在于耐久性或大或小的生产器械之中。这部分资本不是靠转手，而是靠保持起来起作用，其效用不会由于一次使用而耗尽，属于这一类的有房屋、机器以及称为器具或工具的全部或大部分物品。……凡以上述耐久形态存在、并与此相

---

① [英]亚当·斯密：《国民财富的性质和原因的研究》上卷，郭大力、王亚南译，商务印书馆，1997，第254—255页。

② [英]李嘉图著，彼罗·斯拉法主编：《李嘉图著作和通信集》第一卷，《政治经济学及赋税原理》，郭大力、王亚南译，商务印书馆，1997，第78页。

应的时期内产生收益的资本，均称为固定资本。”[①]

新古典经济学虽然推翻了古典经济学的某些重要的理论基础，但总体来说还是承袭了诸多古典经济学的理论传统。在对于资本的定义上，新古典学派的旗手 A.马歇尔就明显继承了亚当·斯密的定义。[②]他说：“资本是指为了生产物质货物，和为了获得通常被算作收入一部分的利益而储蓄的一切设备”，并且认为，“我们可以遵循穆勒对流动资本与固定资本所作的区别”。[③] 至此为止，我们所讨论的资本还仅关注于它的物质性。

20 世纪后期，现代经济学的扩展为资本的概念增添了新内容。20 世纪 60 年代，舒尔茨在对现代经济增长动力的研究中提出了“人力资本”的概念，并认为资本的概念应包括物质资本和人力资本两方面。舒尔茨“把因后天获得的人口质量的特质看作资本”，并认为“它具有价值，并可以通过适当的投资来增进”。[④] 人力资本表现为人的健康程度、知识、技能等方面，可以通过对这些方面的投资提高人力资本的价值。他认为在现代经济增长的表现中“高收入国家人力资本的增长率已超过非人力资本的增长率”，因此“毫无疑问，现代经济增长最主要的成就就是人力资本存量的增长”。[⑤] 这一观点很快就受到学术界的重视，并成为今天广为应用的理论。实际上，最早提出人力资本这一概念

---

① [英]约翰·穆勒：《政治经济学原理》上卷，赵荣潜等译，商务印书馆，1997，第 72、113—114 页。

② 马歇尔有关亚当·斯密及古典经济学对资本的定义和其本人理解的论述，参见《经济学原理》上卷，朱志泰译，商务印书馆，1997，第 97—98 页。

③ [英]马歇尔：《经济学原理》上卷，朱志泰译，商务印书馆，1997，第 157、95 页。

④ [美]西奥多·W.舒尔茨：《人力投资》，贾湛、施伟等译，华夏出版社，1990，第18 页。

⑤ [美]西奥多·W.舒尔茨：《人力投资》，贾湛、施伟等译，华夏出版社，1990，第 61、49 页。

的是亚当·斯密。他所指的资本除了物质性财富，还包括一类特殊的事物。这就是“社会上一切人民学到的有用才能”。[①] 对此他解释道：“学习一种才能，须受教育，须进学校，须做学徒，所费不少。这样费去的资本好像已经实现并且固定在学习者的身上。这样才能，对于他个人自然是财产的一部分，对于他所属社会，也是财产的一部分。工人增进的熟练程度，可和便利劳动、节省劳动的机器和工具同样看作是社会上的固定资本。”[②]新古典经济学家马歇尔也曾论及人力资本。然而，人力资本的概念直到舒尔茨的理论提出之前一直未受到重视，几乎是湮没不闻。另一个扩展就是出现了“无形资本”的概念，无形资本指企业不具备物质形体的资产，如商誉、专利权、商标、版权等。

资本的概念从古典经济学时代以来都包含了两部分内容，即物质资本和人力资本。另外20世纪的新贡献是创造了无形资本这一概念，使得资本的完整内容由物质资本、人力资本和无形资本三部分组成。本书所研究的是英国工业革命中的资本，并专指物质资本，不包括人力资本和无形资本。将资本的内容限制为物质资本的原因有三：其一，以往对工业革命中资本进行研究的历史学家和经济学家所涉及的也正是物质资本，并对此提出了多种观点，许多问题至今仍为人们所关注。其二，尽管人力资本的概念早由斯密提出，但直到舒尔茨之前无论是学术界还是实业界都极少有人关注，工业革命时代人们所说的资本毫无疑问指的是物质资本。无形资本所指的内容在工业革命时期实质上是存

---

① [英]亚当·斯密：《国民财富的性质和原因的研究》上卷，郭大力、王亚南译，商务印书馆，1997，第257页。

② [英]亚当·斯密：《国民财富的性质和原因的研究》上卷，郭大力、王亚南译，商务印书馆，1997，第257—258页。

在的，如企业的商誉、所持有的专利等，但当时缺乏将其视为一种资本或资产的明确性。其三，尽管我们可以用新概念研究旧东西，但如将资本的内容包括全部这三部分，那么所研究的问题将异常广泛，这显然非本书所能涵盖。因此，基于上述理由本书所研究的资本就是指物质资本。按照古典经济学发展以来通行的说法，将其定义为用于生产产品的东西，分为流动资本和固定资本两大基本形式，具体指货币、机器、厂房、存货等。

本书不仅研究工业革命中投资的过程，更重要的是试图探讨资本在何种社会机制中得以运用以及这种机制对投资的作用。所谓"社会机制"，意指已经形成的、制度化的思想、传统和习惯，以及由此采取的决策和行为模式。换言之，即制度化的人们的观念和行为方式，是一个社会运行的机理。每个社会由于其文化、历史等差异，其社会运行机制将存在差异，甚至完全不同。社会机制对社会运行的作用，就如同"组合方式"对一堆齿轮和链条的作用。一堆机械部件可以有多种组合方式，其功用和效率必不尽相同。某种组合方式会使机械运转体现出较高的效率，而一些方式则效率低下。显然，其他条件相同的情况下，有效的组合方式无疑将比低效的方式更有优势，如速度更快、载重更大、耗能更低、耐力更久等。一个社会也一样，以不同的方式处理群体或个人之间的关系，以不同的方式使用资源，其效率和结果会有所不同，或差异显著。

第二节　资本与工业革命:观点的争论

对于这个问题的学术回顾必须涉及历史学和经济学两个领域,这一方面是因为两个领域中的学者都对这一问题有着浓厚的兴趣。从经济史的角度研究工业革命是历史学家最常做的选择,毕竟这是西方现代史上最重要的经济变革。经济史学家所关注的历史变化涉及人口数量的问题、生产以何种方式进行、积累与投资的增长、劳动的方式、贸易的兴衰、生活水平的变化乃至经济制度的嬗变等等。其中,工业革命中生产和投资方式的变革已成为历史学家无法忽视的关键点,哈蒙德夫妇、芒图、克拉潘、艾什顿、波斯坦、克拉夫茨等诸多历史学家都对此倾注了相当的热情。经济学家并不仅仅关心现实的经济问题,一些人也希望从过去的经验中找到解答今天问题的答案。从亚当·斯密到W.W.罗斯托,投资与增长在经济学家的头脑中都有着天然的逻辑关系。许多经济学家都对工业革命的经济增长、投资等问题提出了自己的见解。另外,对于这个问题,两个领域的观点总是相互影响的,经济史学家往往喜欢借用现成的经济理论来解释历史问题,而经济学家有时也会从历史研究中得到某些启示。最早系统阐释工业革命史的阿诺德·汤因比可以说就熟识古典经济学的理论,其他像艾什顿之类历史学家的著作中也会常常体现出经济学思想的痕迹。一些经济学家也正是利用了历史学的研究成果,提出对经济发展的独到解释,如阿瑟·刘易斯、约翰·希克斯、道格拉斯·诺斯等。

古典经济学盛行的时期大致与工业革命相叠交。[①] 古典经济学家亲身经历并关注了这场变革。亚当·斯密的一个重要论题就是研究国民财富是如何增长的，斯密将资本视为增长的中心要素。在他看来，国民财富增长的动力来源于劳动分工，因为劳动分工促进了生产率的进步。他说："劳动生产力上最大的增进，以及运用劳动时所表现的更大的熟练、技术和判断力，似乎都是分工的结果。"而资本对于分工又是必不可少的，因为"按照事物的本性，资财的储蓄，必须在分工以前。……要这样大大改进劳动生产力，预蓄资财是绝对必要的。而这种蓄积，亦自然会导致这种改进。"[②]可见，斯密认为资本是分工出现的必要前提，资本通过促进分工而自然导致国民财富的增长。这一点他曾多次以不同的方式表达出来，如"（资本）用以维持非生产性人手的部分越小，用以维持生产性人手的部分必愈大，从而次年生产物亦必愈多。"[③]这一增长观点为古典经济学的后人所延续，约翰·穆勒也认为资本的增加可以创造更多的就业机会，从而增加一国的产出。[④] 但斯密并不将资本视为唯一重要的因素，他同时还关注制度的影响。事实上，《国民财富》通篇都在告诉读者，资本和劳动只有在自由的环境下才能得到良好的使用。

自边际效用理论兴起，经济学家似乎对资本给予了更多的关注。

---

① 古典经济学或称古典政治经济学，当时称作政治经济学。西方经济学界通常将亚当·斯密发表《国民财富》的 1776 年作为古典经济学的发端，而将 1870 年边际效用理论的兴起视为古典经济学衰落的标志。

② [英]亚当·斯密：《国民财富的性质和原因的研究》上卷，郭大力、王亚南译，商务印书馆，1997，第 5、252—253 页。

③ [英]亚当·斯密：《国民财富的性质和原因的研究》上卷，郭大力、王亚南译，商务印书馆，1997，第 305 页。

④ [英]约翰·穆勒：《政治经济学原理》上卷，赵荣潜等译，商务印书馆，1997，第 88 页。

杰文斯有云："经济学不单是交换或价值的科学，而且是资本的科学。"[①]除此之外，对于资本与增长的关系新古典学派基本承袭了古典学派的理论，马歇尔就说："在生产技术方面，以及在为了帮助和支援将来生产的劳动而积累的资本方面每有增进，就会增加剩余……"[②]

几乎没有哪个研究经济史的历史学家不受某种经济理论的影响。汤因比是最早对工业革命进行历史研究的学者，他理解的《国民财富》的精髓在于：一是个人自由的崇高价值；一是按照自己利益行事就是促进全体的福利。这两点贯穿于斯密、李嘉图直至穆勒的整个体系之中。汤因比认为，工业革命的重要意义就在于"竞争替代了早先曾经控制了财富的生产和分配的中世纪管制"。这也就是古典理论所反复倡导的"自由放任"。[③] 汤因比并没有对资本对工业革命的作用给予多少关注，他关注的主要是古典经济学所指的制度的作用，并将工业革命的特征概括为：人口的增长、农业革命、工厂制代替家内制、贸易扩张以及相应的社会变化。[④] 古典经济学思想进入历史学家的头脑有的是直接的，有的则是间接的，即古典理论经过某种变体后为历史学家所吸收。

汤因比以后，资本对工业革命的作用开始引起历史学家关注。保尔·芒图也是早期研究工业革命的主要学者，在其《十八世纪产业革命》中他花费了大量篇幅研究了当时的发明和新技术，并将这些视为工业革命中的主要现象。但保尔·芒图认为资本才是真正的本质，他说：

---

① [英]斯坦利·杰文斯：《政治经济学理论》，郭大力译，商务印书馆，1997，第 167 页。

② [英]马歇尔：《经济学原理》上卷，朱志泰译，商务印书馆，1997，第 240 页。

③ Arnold Toynbee, *Lectures on the Industrial Revolution of the 18th Century in England*, London: Rivingtens, 1884, p. 85.

④ 徐滨：《阿诺德·汤因比的经济思想与英国工业革命》，《武汉大学学报》(人文科学版)，2009 年第 3 期。

“近代大工业是在十八世纪的最后三十余年中在英国产生的。它的发展,自始就是那么迅速并且造成那么些后果,以致人们能够比之为革命。……大工业制度所特有的东西就是资本用于商品生产以及资本在这种生产过程中的形成本身。”[①]那么,资本是如何成为工业革命的本质呢?按保尔·芒图的观点,所谓革命就是指现代大工业的产生,它是一种组织和生产制度。过去资本是分散的,存在于单个的家庭生产者手中,但随着商业的扩张资本开始逐步地集中在少数人手里。这些人开始组织生产而不是自己亲自生产,实际上就是雇佣他人来生产。早期握有较多资本并雇佣他人进行生产的人,芒图将他们称作制造商阶级。这种趋势的发展就是资本越来越集中,最终导致工厂制成为生产的主流,也就是他所称的现代大工业。相反,在变化的另一端,仅掌握着极少资本的家庭小生产者不得不依靠包工商维持生产。小生产者的最后命运就是完全沦为受雇于他人的雇员,失去了独立劳动者的地位,甚至连过去那样少得可怜的资本也不再拥有了。这样,通过这种资本的集中化运动,原来的生产者分化成作为雇主的资本家阶级和作为雇员的工人阶级,使用新技术、新组织形式的大工业制度建立起来。这一运动的过程就是工业革命的过程,其间资本具有了前所未有的新特征,所以保尔·芒图将资本的这种演变视为工业革命的本质。[②]

哈蒙德夫妇认为工业革命是15和16世纪商业扩张的最终结果,英国因其自身的有利条件优于其他欧洲国家而率先开始了工业革命。在《现代工业的兴起》的1925年版序言中,他们将这些有利条件概括为

---

① [法]保尔·芒图:《十八世纪产业革命》,杨人楩等译,商务印书馆,1997,第9、296页。

② [法]保尔·芒图:《十八世纪产业革命》,杨人楩等译,商务印书馆,1997,第9—28页。

优越的商业地理位置、宪政政府的产生、习惯法的盛行、国内贸易自由、宗教自由、对科学和发明的热情等。对于资本，哈蒙德夫妇更关注的是它的性质而不是数量，他们说："十五和十六世纪的商业革命是十八到十九世纪的工业革命的一个重要的准备阶段。只有当资本能用于为人民大众消费的商品的生产时，现代规模的资本主义制造业才有可能。并且正是由于资本被用于这一目的，才赋予了工业革命势不可挡的性质。"①即资本的重要性表现在用于现代的大规模生产。

到 20 世纪早期，在一些经济学家和历史学家心中资本已在工业革命中担当了至关重要的角色，甚至被视为这场经济变革的核心要素。然而，20 世纪 30 年代针对资本神话的质疑已开始出现。M.M.波斯坦在 1935 年发表的文章指出："声称 19 世纪的经济体系称得上是资本主义的主要理由是资本在其中起的作用的观点，将是一个不能容忍的陈词滥调。而且，或许指出直到最近资本的使用，即它的积累和应用可能是这一体系的唯一因素这一点……仍不太明确"，②不过，波斯坦认为 18 世纪英国社会的储蓄状况是良好的，也有足够的富人可以为经济活动提供资本，因此总体来说资本并不缺乏。但由于资本在分布的地区和产业上的差异，同时又缺乏一种将资本引入工业的机制，所以工业革命开始时资本在数量和形式上还都不能满足迅速增长的工业化要求，也就是说，在"工业革命进行的同时资本尚不具备在'替代性使用'间流

---

① J.L. Hammond & Barbara Hammond, *The Rise of Modern Industry*, London: Methuen & Co. Ltd. 1937, pp. 22—23.

② M.M.Postan, "Recent Trends in the Accumulation of Capital", *The Economic History Review*, Vol. 6, No. 1, Oct. 1935, p. 2.

动的能力”[①]。这样，尽管整个社会并不缺少资本，但亟须资本的工业却非常缺乏资本。工厂制度的先驱们几乎完全要依靠自己的储蓄或朋友的帮助来筹集开业的资本，期待银行等现代的渠道筹集资本几乎没有可能。例如：阿克赖特是从一个做酒馆老板的朋友那里得到的第一笔基金；卡特赖特使用自己的个人财产开始他的工业冒险；本杰明·高特是从他的两个朋友兼合伙人那里得到的资本；阿克赖特曾想从一家诺丁汉的银行得到基金，但最终并没有成功。[②] 另一位历史学家也提出了与波斯坦相近的看法，赫伯特·海顿 1937 年认为当时工业对初始资本的要求并不太大，尤其对“固定资本的要求不大”[③]。而且，资本设施的来源除了有些来自地主、商人外，主要靠工业家自身的利润积累。M.M.波斯坦等人的质疑实际上是向学术界提出了这样一个问题：既然在工业革命最重要的制造业产业中，事实上资本是缺乏的而不是充裕的，那么还能认为是资本支持了工业革命的经济增长吗？

从 20 世纪三四十年代到二战后，现代经济学的一个新的理论分支开始出现，这就是发展理论或增长理论。[④] 最初这种理论是关注与研究西方国家的经济增长问题，后扩展为研究发展中国家的经济增长和经济发展。新理论的出现无疑为历史学家又增添了一件新的分析工具，而且其中一些观点对有关工业革命的研究产生了颇深的影响。

---

① M.M.Postan, “Recent Trends in the Accumulation of Capital”, *The Economic History Review*, Vol. 6, No. 1, Oct. 1935, p. 5.

② M.M.Postan, “Recent Trends in the Accumulation of Capital”, *The Economic History Review*, Vol. 6, No. 1, Oct. 1935, p. 4.

③ Herbert Heaton, “Financing the Industrial Revolution”, Ed., Francois Crouzet, *Capital Formation in the Industrial Revolution*, Methuen & Co Ltd, 1972, pp.84—87.

④ 这两个概念之间存在着一些区别，但一些学者也常将它们作为相近甚至相同的概念来使用。

20世纪三四十年代，英国学者罗伊·哈罗德提出了一个以资本为关键因素的经济增长理论，差不多同时美国学者E.D.多马也独立提出了基本观点完全相同的理论，这样西方理论界就将他们的理论合称为哈罗德-多马增长模型。这里我们仅以哈罗德模型为例来简单解释这一理论。哈罗德模型的基本公式为：

$$\Delta Y = \frac{I}{v}$$

这里 ΔY 为国民收入的增量，I 为投资，v 为资本产出比即资本存量 K 与总收入 Y 之比。① 在这个简单的模型中我们可看出，投资I与国民收入增量 ΔY 之间存在着正比例关系。也就是说当投资增长时，国民收入也将按一定比例增长，而且投资为外生变量，即国民收入的增长由投资决定。这一理论实际是将资本作为经济增长的唯一决定因素。② 哈罗德-多马模型在理论界影响巨大，不仅成为研究发展问题的重要理论工具，而且还为研究经济史的学者所借鉴，几乎成为所有发展理论教科书必不可少的组成部分。至此，单一的资本增长理论几乎成了新古典增长理论的代表。但学术界对这一"资本第一"的增长理论也存在着质疑，海韦尔·琼斯就认为哈罗德-多马模型"似乎和实际增长中的经济的经验不太吻合。"③

T.S.艾什顿在他1948年出版的《工业革命》中，对资本的作用提出

---

① 哈罗德模型参见[英]罗伊·哈罗德：《动态经济学》，黄范章译，商务印书馆，2003，第二章。[英]海韦尔·G.琼斯：《现代经济增长理论导引》，郭家麟等译：商务印书馆，1999，第三章。

② 在该模型中哈罗德实际是假定了技术条件、边际储蓄倾向等因素不变。

③ [英]海韦尔·G.琼斯：《现代经济增长理论导引》，郭家麟等译，商务印书馆，1999，第91页。

了自己的解释，他说："工业革命是一个经济以及技术事件，它由资源数量和分配的变化构成，以及同样重要的是这些资源导向特殊目的的方式。的确，两种运动是密切相关的。如果没有发明，工业可能仍保持它的缓慢进步，即公司变得更大、贸易更广泛、劳动分工更细、交通和金融更专业化及有效，但是不会出现工业革命。另一方面，如果没有新的资源，发明也几乎不可能有任何应用。这一新资源就是储蓄的增长，同时也是将其用于工业用途的意愿的增长，储蓄的增长使得不列颠去收获其天分的硕果成为可能。"[①]根据新古典经济学理论，在整体经济中储蓄恒等于投资。因此，艾什顿这里所说的"新资源"或"储蓄的增长"实际就寓意了资本的增长。也就是说，艾什顿认为，没有足够量的资本不仅发明无法得以应用，而且实际上不可能有工业革命。

20 世纪 40 年代，埃里克·威廉姆斯提出了一个独到的解释。他认为，支持工业革命的巨额资本来源于奴隶贸易。"三角贸易给不列颠工业带来了三重刺激。……到 1750 年，英格兰几乎没有一个贸易或制造业城镇不以某种方式与三角贸易或直接的殖民地贸易发生联系。由此获得的利润为英格兰的资本积累提供了一个主要来源，而这些积累成为支持工业革命的资本。"[②]因此，奴隶贸易挣得的资本引发了工业革命，或至少是贡献颇大。E.J.霍布斯鲍姆于 20 世纪 60 年代的著作中也对资本的作用提出了类似的观点。在他看来 18 世纪的英国资本的数量已不成问题，"既没有相对的也没有绝对的资本短缺，这个国家

---

① T.S. Ashton, *The Industrial Revolution*: *1760—1830*, Oxford: Oxford University Press, 1980, p. 76.

② Eric Williams, *Capitalism and Slavery*, Richmond: University of North Carolina Press, 1944, p. 52.

不仅仅是市场经济——大宗的商品和劳务在家庭以外买卖，而且在许多领域形成了单一国内市场。……因此，影响我们的工业革命的起源问题并不是经济激增的物质如何积累下来，而是它是如何被刺激起来的。”①对于这些资本的来源，他在另一部著作中写道：“殖民贸易创造了棉工业，并继续为之提供养分。18 世纪棉工业在主要的殖民贸易港口的腹地形成，如布里斯托尔、格拉斯哥，尤其是利物浦这个奴隶贸易的重要中心。这个不人道但却迅速扩张的商业的每个阶段都刺激了它。……至少部分非洲奴隶是用印度的棉货买来的，而且当这些供给被印度的战争或动乱打断时，兰开郡就可以介入了。……因而，棉工业就像一架滑翔机，由于殖民贸易的牵引而起飞了。”②当然，霍布斯鲍姆并不认为殖民或奴隶贸易提供了全部工业化所需的资本，但他至少认为这种方式提供了相当重要的部分，而且正是由于这部分巨大的增量，使资本存量达到了启动工业革命的要求。但埃里克·威廉姆斯的理论没有得到学术界大多数人的认可，弗朗索瓦·克鲁则就批评他的解释只是一种假说，缺乏事实依据，能找到的案例是极少的，不具备普遍意义。③ 尽管如此，以奴隶贸易得来的资本启动或支持工业革命的观点仍有一定的支持者。法国学者米歇尔·博德认为“资本主义是在西欧的商业金融社会内部形成的”，而其中资本起到了至关重要的作用，起初资本的积累来源于农民的剩余劳动，后来对美洲的掠夺大大加快了

---

① E.J. Hobsbawm, *Industry and Empire*, Harmondsworth: Penguin Books, 1968, pp. 39, 40.

② E.J. Hobsbawm, *The Age of Revolution, 1789 — 1848*, The World Publishing Company, 1962, p. 52.

③ Ed., Francois Crouzet, *Capital Formation in the Industrial Revolution*, London: Methuen & Co Ltd, 1972, pp. 7—8.

这一进程。西方人通过征服、掠夺、杀绝使得“未来资本主义发展的条件就具备了”[①]。威廉姆斯、霍布斯鲍姆、博德的观点的共同之处在于都认为殖民掠夺为西方的经济增长积累了必要的资本。如果我们忽略他们有关资本来源的看法不计的话，他们观点的本质与哈罗德增长理论具有极大的一致性，即资本的数量触发了工业革命或现代经济增长。

20 世纪 50 年代关注于现代发展研究的经济学家开始将目光投向经济史，尤其是西方工业化的历史，他们试图从历史中找到可供当时发展中国家借鉴的发展经验。这个时期出现的有关理论是由阿瑟·刘易斯和 W.W.罗斯托分别提出的。

阿瑟·刘易斯认为影响经济增长的原因是多种的，既有经济的也有社会的，导致经济增长的直接原因他归纳为三个：第一，是厉行节约的经济活动方式；第二，是知识的增进与应用；第三，是“增长有赖于人均资本额与其他资源量的增加”[②]。尽管刘易斯将经济增长归结为多种因素的综合作用，但他最注重的却是资本与增长之间的逻辑关系。在 1954 年的著作中，他这样写道：“由于经济发展的主要事实是快速的资本积累，所以储蓄和投资比例是一个核心问题。……直到我们能够解释为什么储蓄相对于国民收入而增加之时，我们才能解释所有的‘工业革命’（像经济史学家自称去做的）。”[③]他认为目前的发达国家历史上都经过一个经济发展加速的阶段，在这个阶段中“年度净投资率从 5%或不到 5%提高到 12%或 12%以上”，工业革命就是在这种情况下

① [法]米歇尔·博德：《资本主义史 1500—1980》，吴艾美译，东方出版社，1986，第 3、13—14 页。

② [英]阿瑟·刘易斯：《经济增长理论》，周师铭等译，商务印书馆，1999，第 7 页。

③ W.A. Lewis, "Economic Development with Unlimited Supplies of Labour", *The Manchester School*, Vol. XXII, No. 2(May 1954), p. 155.

发生的。[①] 从刘易斯的理论中，我们可以明显地见到哈罗德-多马增长模型的影子。

1959 年 W.W.罗斯托出版了他的代表作——《经济增长的阶段》。在这部书中他对一些主要发达国家出现现代经济增长的历史做了系统的研究，并提出了迄今为止都影响巨大的理论体系——经济增长阶段论。罗斯托将所有社会的经济发展历程划分为传统社会、起飞前提条件、起飞、走向成熟和大众高消费五个阶段。工业化或工业革命正是一个经济体处于从起飞到走向成熟的阶段。罗斯托的研究中大量引用了第一个工业化国家——英国作为例证，他把 1783－1802 年的工业革命前期定为英国的经济“起飞”阶段，而把其后直到 1850 年定为“走向成熟”阶段。其中起飞阶段的特征是：克服了增长的阻力并使稳定的增长得以实现；促进经济进步的力量扩大到能够支配整个社会；摆脱了传统社会的经济停滞或衰退的特点；增长成为社会经济的常态。走向成熟阶段则是超越了起飞阶段的工业能力，在更广的资源范围内利用最新的技术成果来生产所需的产品。罗斯托将所有的国家分为两类，其中一类是英国等所谓“生而自由”的国家。他认为在这些国家走向现代增长的过程中，传统社会的阻力并不大，起飞只是一个技术性问题，“创造起飞的前提条件主要是一个建立社会基础资本（铁路、港口和公路）的问题”。因此，对于这些国家来说资本就成了是否能开始工业革命的决定因素，而资本一旦积累到一定的数量、投资达到一定的比例，工业革命（或“起飞”）就会在这些国家自动发生。这一资本的量就是“有效的

① [英]阿瑟·刘易斯：《经济增长理论》，周师铭等译，商务印书馆，1999，第 253 页。

投资率和储蓄率从大约国民收入的5%提高到10%或10%以上”①,英国恰恰在1780年左右达到了这一临界点,故工业革命率先出现在英国。② 因刘易斯和罗斯托对于资本在工业革命中的作用有着相似的观点,故学术界有时将二者的理论并称为“刘易斯-罗斯托理论”。

罗斯托的理论相当快地就得到了一些历史学家认同。查尔斯·希尔在其1957年出版的著作中就说:“存在一个开始英国现代经济增长的‘起飞’。……资本的良好供给是当时工业增长的一个必不可少的基础。”③E.J.霍布斯鲍姆在他的历史分析中也显然借鉴了刘易斯一罗斯托理论,他谈道:“很明显,直到拥有了适当的资本财货的能力时,工业经济才会发展到超出某一点(指工业化的‘起飞’,本书作者注)的程度。”④霍布斯鲍姆的“适当的资本财货”,指的就是从殖民贸易或奴隶贸易得来的资本,而制造业正是依赖了这些启动了工业革命的发动机。他说:“这一产业(指棉工业,本书作者注)的扩张可以很容易地由当前的利润提供资本,因为它所带来的广阔的市场征服和稳定的价格通胀相结合产生了难以置信的利润率。”⑤可见,从哈罗德、多马到罗斯托、

① [美]W.W.罗斯托:《经济增长的阶段》,郭熙保、王松茂译,中国社会科学出版社,2001,第8—10、18、8页。

② 罗斯托认为具备起飞的前提条件同样是必不可少的,17世纪末到18世纪包括英国在内的许多西欧国家都处在为起飞创造前提条件的阶段,都有可能成为第一个实现起飞的国家,但英国在地理、自然资源、贸易机会、社会政治等方面具有其自身的独特优势,这使得她最先具备了起飞的前提条件。见《经济增长的阶段》,第6、31—32页。

③ C.P. Hill, *British Economic and social History 1700—1982*, London: Edward Arnold, 1985, pp. 22—23.

④ E.J. Hobsbawm, *The Age of Revolution, 1789—1848*, The World Publishing Company, 1962, pp. 61—62.

⑤ E.J. Hobsbawm, *The Age of Revolution, 1789—1848*, The World Publishing Company, 1962, p. 54.

刘易斯,资本核心作用的观点在众多历史学家、经济史学家的思想上打下了鲜明的印记。一位经济史学家在介绍欧洲经济史时就断言:"投资是增长过程的核心。"①对这种状况,R.M.哈特维尔在 1965 年的文章中总结为:"很大程度上,资本形成对于增长的重要性已为亚当·斯密以后的所有经济学家和历史学家接受,近来人们已经认为工业革命仅仅就是资本形成率的加速。"②哈特维尔的概括表明,当时学术界受这种理论影响颇深。

罗斯托的有关"起飞"和经济增长阶段的理论提出后,在西方学术界引起了极大的关注。1960 年在德国康斯坦茨举行的国际会议上,罗斯托的理论成为争论焦点,对其理论模型的怀疑开始出现。1963 年罗斯托编辑出版了《从起飞进入持续增长的经济学》一书,书中汇集了当年与会的经济学家、历史学家、统计学家所撰写的十几篇论文。书中一些学者对罗斯托的论点提出了质疑。经济史学家菲丽丝·迪恩和 H.J.哈巴库克都不同意"起飞"这一概念,并认为 18 世纪的最后 20 年中投资的增长速度远没有罗斯托假设的那么快。③ H.J.哈巴库克在另外一篇文章中明确地表达了他反对资本核心作用的观点,他说:"我并不认为,工业革命之首先发生在英国可以归因于他们有较雄厚的资本可

---

① Paul Hohenberg, *A Primer on the Economic History of Europe*, New York: Random House, 1968, p. 87.

② R.M. Hartwell, "The Causes of the Industrial Revolution: An Essay in Methodology", *The Economic History Review*, 2nd series, Vol. XVIII, No. 1, 1965, p. 172.

③ H.J. Habakkuk & Phyllis Deane, "The Take-off in Britain", in Ed. W.W. Rostow, *The Economics of Take-off into Sustained Growth*, London: Macmillan, 1974(first edition 1963), pp.63—82.

以利用。”[①]A.K.凯恩克罗斯认为，在一个工业化开始时期的经济中与在一个已经实现工业化的经济中，资本所起的作用是不一样的。“资本形成的高比率通常伴随着生产率和收入的迅速增长”，但是对于工业革命时期“两者之间的因果关系是复杂的，不允许任何轻率的假设，即更多的资本形成本身就将带来生产增长的相应加速”[②]。西蒙·库兹涅茨在这次会议上同样对罗斯托的理论提出了尖锐的批评，他不仅对“起飞”阶段的投资率和国民收入出现急剧增长的特征表示怀疑，而且也不同意罗斯托关于经济增长阶段的划分。[③] 后来，库兹涅茨在对 19 至 20 世纪的多个国家的经济发展状况进行研究后得出结论，认为经济增长主要不是由于资本和劳动的投入决定的，而是由生产率的提高决定的。[④]

20 世纪 60 年代，针对刘易斯-罗斯托理论，英国经济史学界展开了更为深入的研究。菲丽丝·迪恩 1961 年的文章再度对该观点提出了质疑，她说：“无论如何……资本形成和经济增长之间的关系既不简

---

① H.J.哈巴库克：《关于经济发展基本条件的历史经验》，载罗荣渠主编：《现代化——理论与历史经验的再探讨》，上海译文出版社，1993，第 197 页。另注：哈巴库克对工业革命的观点基本上倾向于“商业论”（参见后文），他认为：“英国商业，无论内外贸易，都大大得益于地理环境，较之大陆国家更少受到破坏性战争、动乱和政局不稳的阻碍；经济机制在英国比在其他国家运转得更有效率，英国经济在工业大变革前的一个世纪中能比其他国家在总体上具有更大的势头，其关键性的原因盖在于此。再提一个原因，就是在英国，国家政策和社会制度对任何给定范围内经济机会的利用，其所设的障碍，都比其他国家小得多。”（见此书第 194—195 页）

② A.K. Cairncross, “Capital Formation in the Take-off”, in Ed., W.W. Rostow, *The Economics of Take-off into Sustained Growth*, London: Macmillan, 1974 (first edition 1963), p. 244.

③ S. Kuznets, “Notes on the Take-off”, in Ed., W.W. Rostow, *The Economics of Take-off into Sustained Growth*, London: Macmillan, 1974(first edition 1963), pp. 22—45.

④ [美]西蒙·库兹涅茨：《各国经济的增长》，常勋等译，商务印书馆，1999，第351—352 页。

单也不直接。如果二者之间存在着系统的关系的话，也明显是一种复杂的关系。假设资本存量与其增长率是一国进步率的关键决定因素的论点，似乎已不再值得称赞。”①迪恩认为，工业革命是技术进步、社会与制度的承袭、外部的经济状况以及资本投资等多种因素共同作用的结果。迪恩的统计估算表明，18 世纪中期英国的可再生资本存量的确有所增加，但到 18 世纪 80 年代早期资本形成率也最多占到国民收入的 5%到 6%，19 世纪初可能达到 7%。② 这一研究成果明显与罗斯托的假设相悖，如此，工业革命开始前投资就已达到国民收入的 5%以上的可能性几乎就不存在。其结论是：“1783 年到 1802 年间，发生在整个经济增长率、生产函数或资本形成率上的变化并不足以构成罗斯托模型所定义的起飞。”③此时，许多学者已开始就资本对工业化的决定作用表示质疑，迪恩的研究成果发表后得到了历史学界和经济学界愈来愈多的认可。一些学者开始抛弃罗斯托的观点，不再将资本看作工业化的核心动力和根本原因。1965 年 R.M.哈特维尔就撰文质疑道：“几乎没有理论或历史的理由来假设，英格兰工业革命是资本积累明显加速的结果。”④他认为工业革命是英国诸多因素长期变化和积累的结

① Phyllis Deane, "Capital Formation in Britain before the Railway Age", in Ed., Francois Crouzet, *Capital Formation in the Industrial Revolution*, London: Methuen & Co Ltd, 1972, pp. 94—95.

② Phyllis Deane and W.A. Cole, *British Economic Growth: 1688—1959 Trends and Structure*, Cambridge: Cambridge University Press, 1969, pp. 261—263.

③ H.J. Habakkuk & Phyllis Deane, "The Take-off in Britain", in Ed., W. W. Rostow, *The Economics of Take-off into Sustained Growth*, *first edition* 1963, Macmillan 1974, p. 80.

④ R.M. Hartwell, "The Causes of the Industrial Revolution: An Essay in Methodology", The Economic History Review, 2nd series, Vol. XVIII, No. 1, 1965, p. 173.

果，如社会态度、知识、资本、价格机制、技术变化、交通状况、产业政策等。但最终诱发工业革命的最主要因素是技术进步，他说："在产出的增长中，核心影响可以归之于1760—1800年间的工业中的重大技术突破，正是这些突破使得经济增长加速。"①

然而，没有争论即不成学术，同是在20世纪60年代另一项统计研究则倾向于支持刘易斯和罗斯托的理论。西德尼·颇拉德认为迪恩统计分析所依据的材料并不可靠，因而结论是错误的。西德尼·颇拉德的统计估算表明18世纪60年代年均投资占总国民收入的6.5%，法国战争时期为8%或9%，19世纪30年代早期达到11%，②这一结果明显高于迪恩和科尔的估算。罗斯托把1780年作为工业革命"起飞"的开始点，颇拉德估算的1770年的投资比为6.5%，这似乎正好验证了罗斯托的假设——"在起飞时期，有效的投资率和储蓄率从大约国民收入的5%提高到10%或10%以上"③。同时，颇拉德认为即使在18世纪60年代之前英国也已经积累了较多的资本，④也就是说英国已经拥有了足够的、支持工业革命的资本。但他同时认为，资本的数量并不是最重要的，最重要的是资本的形式。他说："值得注意的事情是，不是资本数量的绝对（也可能是相对的）增长，而是其构成的变化，即首次固定资

① R.M. Hartwell, "The Causes of the Industrial Revolution: An Essay in Methodology", *The Economic History Review*, 2nd series, Vol. XVIII, No. 1, 1965, p. 181.

② Sidney Pollard & David W. Crossley, *The Wealth of Britain, 1085—1966*, London: B.T. Batsford Ltd, 1968, p. 182.

③ [美]W.W.罗斯托：《经济增长的阶段》，郭熙保、王松茂译，中国社会科学出版社，2001，第8页。

④ Sidney Pollard, "Fixed Capital in the Industrial Revolution in Britain", *The Journal of Economic History*, Vol. 24, No. 3, Sep. 1964, p. 299.

本的大规模集中的出现。”[①]工业中固定资本投资主要来源于家内生产和信用体系,大量的资源以固定资本的形式投资在工厂、机器、矿山已经成为工业化时代特征。

弗朗索瓦·克鲁则1962年对资本所做的一项研究认为,工业中的资本来源有多种渠道,但工业自身的积累是主要方式。工业革命开始时,即使是从事工厂制生产所需的资本量也比较适度,一般几千英镑就足够。因此,他认为:“工业似乎已经由其自身的资源为它的转变提供了大部分资本,这强调了工业革命的自发性,也就是在1760年左右英国业已存在的、已经是动态的和复杂的经济结构特征性的有机增长。……就资本积累的加速而言,工业革命也似乎已经是一个迅速的和连续的过程,但当开始投资运作时却是间断和相对缓慢的。其表现颇为一种积极的‘起飞’,但是却是分阶段的而非平稳上升的,带有一些稍稍的后退。”[②]由此看来,虽然克鲁则未直接言明资本与增长之间的因果关系,但至少也是认为,在当时的经济机制中工业进步的成就是靠其自身创造的资本支持的。

支持与反对刘易斯—罗斯托理论的争论在20世纪60年代以后远未停止。N.F.R.克拉夫茨在其1977年发表的文章中对W.W.罗斯托的观点明确提出质疑,他说:“我们可能试图援引这种普遍‘适用定律’:‘无论何时,并且只要A则B’,也就是说,A是B的一个必要且充分条件集。罗斯托的阶段论方法可以被认为是开始以这种方式做一个‘定

① Sidney Pollard, “Fixed Capital in the Industrial Revolution in Britain”, *The Journal of Economic History*, Vol. 24, No. 3, Sep. 1964, p. 299.

② Francois Crouzet, “Capital Formation in Great Britain during the Industrial Revolution”, in Ed., Francois Crouzet, *Capital Formation in the Industrial Revolution*, London: Methuen & Co Ltd, 1972, pp. 219—220.

律式表述'的(大胆但不成功的)尝试。然而,以这种方式解决第一次工业革命的原因问题是不可能的,因为它是一个单一事件,并且是一个无法控制的试验的结果。"①对此,罗斯托于次年撰文回应,表示仍坚持他已有的理论,并认为有充分的历史证据证明英国工业革命开始于"起飞"。② 直到 1990 年《经济增长的阶段》第三版出版时,罗斯托承认有关这一理论的各种争论仍在继续。③

分别于 1965 年和 1978 年出版的《剑桥欧洲经济史》的第六卷和第七卷并没有将资本的作用做过多的渲染,而是采用了菲丽丝·迪恩和 W.A.科尔的综合因素论作为工业革命起因的解释。④ 或许是因为学术界在这一问题上分歧较大,第七卷有关资本章节的作者费恩斯坦也只是说:"产出增长和资本增长之间的联系程度及因果关系的性质必须要留待进一步研究。"⑤

20 世纪六七十年代的一些关于西方经济兴起的理论值得关注,这实际上是一些更为宏观的、跨时更长的历史解释理论。"商业起源论"并非 20 世纪 60 年代才出现,而是有着更早的渊源,但我们之所以从

---

① N.F.R. Crafts, "Industrial Revolution in England and France: Some Thoughts on the Question, 'Why was England First?'", *The Economic History Review*, Aug. 1977, Vol. 30 Issue 3, p. 432.

② W.W. Rostow, "No Random Walk: A Comment on 'Why was England First?'", *The Economic History Review*, Nov. 1978, Vol. 31 Issue 4, pp. 610—612.

③ [美]W.W.罗斯托:《经济增长的阶段》,郭熙保、王松茂译,中国社会科学出版社,2001。参见其中的《第三版序言》和《尾声——到 1990 年为止争论的思考》。

④ W.A. Cole & P. Deane, "The Growth of National Incomes", in Ed., H.J. Habakkuk & M. Poston, *Cambridge Economic History of Europe*, Vol. VI, Cambridge: Cambridge University Press, 1965.

⑤ C.H. Feinstein, "Capital Formation in Great Britain", in Ed., Peter Mathias & M. Poston, *Cambridge Economic History of Europe*, Vol. VII, Cambridge University Press, Cambridge 1978, p. 85. 费恩斯坦的个人观点明显倾向于支持罗斯托、刘易斯一派,见后文。

60年代谈起是因为一个系统理论的出现，我们所说的现代经济的“商业起源论”，意指将西方现代经济的兴起归因于商业的扩张，即现代经济增长的出现是由商业的变化引起的。L.W.莫菲特在其著作——《处于工业革命前期的英格兰》中就鲜明地提出这种商业论的观点，他指出：“在工业革命的前夕，英格兰的工业正感受到商业扩张的推动力。”①商业论一般都很重视资本的作用，因为商业带来更多的资本，而资本又能进一步繁荣商业。H.海顿在20世纪30年代对工业革命的解释基本就属于商业论，他说：“自海外贸易流入的财富给英国人带来了更大的消费能力和资本基金。……1715年至1789年间，出口贸易几乎增长了五倍，而且可能比以后英国的出口增长还大。船主和商人生意兴隆，资本积累下来。”②这一理论迄今仍有广泛的支持者。英国学者安格斯·麦迪森在其2001年出版的新著中表达了“商业论”的观点，他认为1700—1820年是已形成民族国家的“英国通过灵活运用以邻为壑战略逐步成为世界商业霸主的时期”，而且在这个时期中荷兰的商业机会不断减少，“荷兰的储蓄不断流向外国资本市场，其中大部分投到英国的公债上。因此，荷兰的资金支持了英国的经济增长”③。

商业起源论与资本对工业化的意义之间存在着密切关系。这种理论的代表人物是英国经济学家和经济史学家约翰·希克斯，他于1969

① L.W. Moffit, *England on the Eve of the Industrial Revolution*, London: Frank Cass, 1963, pp. 191—192.

② H. Heaton, “Industrial Revolution”, in Ed., Julian Hoppit & E.A. Wrigley, *The Industrial Revolution in Britain*, Vol. I, Oxford: Basil Blackwill Ltd., 1994, p. 190.（该文章首次发表于1933年的Encyclopaedia of the Social Sciences, Vol.VIII）

③ [英]安格斯·麦迪森：《世界经济千年史》，伍晓鹰等译，北京大学出版社，2003，第82—89页。

年出版了《经济史理论》一书，系统地阐述了这种理论观点。他认为："按现代经济学的看法，这一转变似乎更加重要。这就是市场的出现，交易经济的兴起。"[①]作者将这里的"转变"作为资本主义兴起，或现代经济增长出现，或工业革命发端的前提条件。当然，希克斯承认商业并不是什么新鲜事物，是自古就存在的。但他所说的商业有特定的含义，这就是商业的专门化。为此他强调："新世界的起点是商业的专门化；而并不是没有专门化的交易的初步阶段。"所谓商业的专门化，是指商业由专业商人从事，商人"为市场劳动，有买有卖，如果不买不卖，他就不能存在"[②]。那些既从事农业生产又出卖农产品、既从事手工业生产又出售手工业产品的人不能算作专业商人，这类商业活动当然也不是专门化的商业活动。商业由非专业化向专业化的转变就具有了重要的意义，在这一转变中定期贸易的出现使得商业最终成为专门化的商业。众所周知，中世纪的欧洲是一个以农业自给自足为特征的经济体，商品交易在整个经济活动中的份额是相当有限的，那么希克斯是如何找到商业兴起的孕育体呢？那就是城市。在他看来"城邦作为存在于西方历史上因而在整个世界的历史上的一种组织形式乃是一种重要的和具有特殊意义的组织形式"[③]。城市是专门商人的聚集地。从自给自足经济到市场化的过程就是商业逐步渗透到乡村经济，并进而替代它的过程。因此，商业扩展带动工业增长，并最终导致了现代经济增长的出现。一个重要的内在因素把商业扩展和工业扩展联系在一起，这就是资本。工业革命以前，商业与工业的共同点之一就是都必须使用资本，

---

① [英]约翰·希克斯：《经济史理论》，厉以平译，商务印书馆，1999，第9页。

② [英]约翰·希克斯：《经济史理论》，厉以平译，商务印书馆，1999，第25、28页。

③ [英]约翰·希克斯：《经济史理论》，厉以平译，商务印书馆，1999，第39页。

而希克斯所指的主要是流动资本。商业是以商品的买入卖出为主要的运营方式，因而资本主要是用于周转的流动资本，除必要的货栈、运输工具之外并不需要多少固定资本。工业也一样，生产者的资本主要由存货构成，生产工具等固定资本往往简单而廉价。

希克斯认为，资本的构成比例发生变化的时刻正是从商业扩展到工业革命的转折点。这时固定资本的重要性开始日益突出，"'革命'正是在固定资本进入或开始进入中心地位时发生的。……十八世纪后期的工业革命带来了新的情况，用于生产而不是用于商业的固定资本货物的种类，开始显著地增长了。这种增长并不是仅仅在一个阶段发生之后就过去了，而是不断增长。就是说，并不仅仅是资本积累的增长，而是体现投资的固定资本货物的种类和花色的增长。我认为这才是我们正在考察的变化的经济学上的正确定义。"①新古典理论对历史和现实的经济增长的分析通常以资本为核心（这里的资本包括物质资本和人力资本），资本存量的多少决定了国民产出的多少。新古典理论的这种分析方法不仅是研究现实经济增长问题的重要工具，而且也是经济史研究的一个重要理论依据，因而在经济史学界也有颇深的影响。希克斯的商业起源说最终还是将资本结构的转变作为工业革命的本质特征。城市起源说也是将资本积累当作推动经济社会进步的主要动力。

城市起源说的主要观点认为，工业革命或现代经济增长的出现可以回溯到西欧城市的发展，代表学者卡洛·奇波拉就说："一切后来的发展，包括工业革命和它的产物，其根源都可以追溯到中世纪时代的城

① ［英］约翰·希克斯：《经济史理论》，厉以平译，商务印书馆，1999，第129—130页。

市发展。"[①]这一学说认为,中世纪经济中多数人是依附于领主的农奴,而城市则完全不同,城市是手工业和商业的集中地,以商业经济为特点。城市的人不同于领主的人,城市的人是属于市民阶层的人,是自由的人。这些差异使城市形成了"反抗占统治地位的封建土地制度"的革命性,[②]这样城市就成为在中世纪黑夜里不熄的火种,这颗火种最终点亮了商业的扩张和工业革命。城市说的本质是认为"工业革命首先是一种社会文化现象",[③]这种文化现象在其源头就包含了商业活动、市民精神、自由、手工业的发展、城市所特有的社会结构等特征。但城市起源说的学者同时也看中资本的作用,雅克·勒戈夫在《欧洲经济史》中就说:"不容怀疑,中世纪城市的这种精神风貌对于资本主义的发展以及对于产业革命都是不可缺少的。……但所有这一切如没有资本积累这个基本因素,就什么也建立不起来,资本积累是推动经济和社会进步的主要动力。"[④]这样一来,资本和城市就同样成了工业革命发生的必要条件。"城市起源说"与"商业起源说"存在着一些共同之处,它们都强调了商业的作用。

20 世纪 70 年代后期以来,关注于工业革命中资本的学者开始采取更为谨慎的态度对待这个问题。许多学者不再花费很多的精力讨论资本意义的轻重,而是更多地从计量统计的角度对资本的数量、分布、

---

① [意]卡洛·M.奇波拉主编:《欧洲经济史》第一卷,徐璇译,商务印书馆,1988,第10—11 页。

② [意]卡洛·M.奇波拉主编:《欧洲经济史》第三卷,吴良健等译,商务印书馆,1989,第 3 页。

③ [意]卡洛·M.奇波拉主编:《欧洲经济史》第三卷,吴良健等译,商务印书馆,1989,第 6 页。

④ 雅克·勒戈夫:《1200—1500 年的城市》,载[意]卡洛·M.奇波拉主编:《欧洲经济史》第一卷,徐璇译,商务印书馆,1988,第 80 页。

使用等状况进行实证研究。C.H. 费恩斯坦对投资占国民收入的比例进行了研究，他的结论认为菲丽丝・迪恩的数字大大低估了投资的比例。从表 1-1 中我们可以看到，费恩斯坦估算的 1771—1800 年间每十年的年平均投资比率分别为 10%、13%、14%，而且进入 19 世纪后基本保持了这一发展势态。这一估算结果同时符合罗斯托和刘易斯的假设。费恩斯坦与颇拉德的结果是相近的，也就是说，他们都更倾向于赞成刘易斯和罗斯托的观点。在他们二人 1988 年主编的《联合王国资本形成研究》中便揭示了这一主旨："按照我们的观点，最初的兴趣基础是试图用经验研究的方式完成罗斯托—刘易斯的命题。这一命题认为前工业化社会将它们（低）收入的低比例用于投资，而工业社会将它们的（更高）收入的更高比例用于投资，每一个国家的工业革命都部分地由从低到高的投资比率的运动构成。"①在 20 世纪 90 年代的作品中，费恩斯坦再度强调了他的统计结论和观点："（工业革命初期）如果我们关注于与工业化联系最紧密的部门，耐用资产重要性的上升甚至更显著。在工业、贸易和交通中，国民资本投资于耐用资产的份额从微小的 5% 猛增到巨大的 26%。……最终，在这种意义上，资本积累的过程在任何产出和生产率的解释中一定仍起到核心作用。"②

新的发现往往会引发新的争论和更新的发现。对于资本的计量统计研究并未到费恩斯坦和颇拉德这里终止，进入 80 年代又出现了新的成果。N.F.R.克拉夫茨在 1985 年出版的专著中认为，迪恩和科尔对国

---

① Ed., Charles H. Feinstein & Sidney Pollard, *Studies in Capital Formation in the United Kingdom: 1750—1920*, Oxford: Clarendon Press, 1988, p. 1.

② C.H. Feinstein, "Capital Accumulation and the Industrial Revolution", in Ed., Julian Hoppit & E.A. Wrigley, *The Industrial Revolution in Britain*, Vol. I, Oxford: Basil Blackwill Ltd., 1994, pp. 208, 222.

民收入相对估计较高，导致对投资比估计较低，而费恩斯坦则恰恰相反，对国民收入估计相对过低，因而得出了投资比较高的结论。经克拉夫茨修正的结论是，1760 年平均投资比例为 6.0%，1780 年为 7.0%，1801 年为 7.9%（见表 1-2）。这一结果明显低于费恩斯坦的估算，也同样低于颇拉德的估算。尽管比迪恩与科尔的估算略高，但显然是更倾向于迪恩与科尔的。他说："到这个阶段，英国的经济正以一种速度增加其资本资产的存量，这一速度以任何先前的标准来看都是非常高的。但是并不存在'起飞'，任何阶段都不存在投资率的激增。"①

表 1-1　费恩斯坦的年均投资占国民收入的比例　1761—1850 年　单位：%

1761—1770	1771—1780	1781—1790	1791—1800	1801—1810	1811—1820	1821—1830	1831—1840	1841—1850
8	10	13	14	10	14	14	13	14

资料来源：C. H. Feinstein, "Capital Formation in Great Britain", in Ed., Peter Mathias & M. Poston, *Cambridge Economic History of Europe*, Vol. VII, Cambridge: Cambridge University Press, 1978, p. 91.

表 1-2　克拉夫茨的年均投资占国民收入的比例　1760—1831 年　单位：%

1760	1780	1801	1811	1821	1831
6.0	7.0	7.9	8.5	11.2	11.7

资料来源：N. F. R. Crafts, *British Economic Growth during the Industrial Revolution*, Oxford: Clarendon, 1985, p. 73.

---

① N.F.R. Crafts, "The Industrial Revolution: Economic Growth in Britain". in Ed., Anne Digby and Charles Feinstein, *New direction in Economic and Social History*, London: Macmillan, 1989, p. 68.

在20世纪七八十年代乃至更近的研究中，资本在工业革命中的作用仍不断引起人们的兴趣，学者们从各自的角度表达观点。约翰·哈里森认为，工业革命在英国发生是多种因素作用的结果，但就经济生产率而言，工业中的革新是使英国成为“世界工厂”的直接原因。而技术革新的出现又依赖于自然资源、资本和劳动的充足供给。① 只要一个社会具备了足够的资本就会引致工业革命的“起飞”，这似乎在许多历史学家看来已成为不证自明的道理。然而，质疑总是存在。埃里克·颇森指出，以资本这单一因素来分析工业革命是不正确的，增长是复杂的现象，需要研究经济中供给和需求双方的全部因素。而“起飞”理论的缺点恰恰是“不适当地强调了单一因素，即资本投资率的上升”②。彼得·雷恩则说：“毫无疑问，资本形成在英国工业发展中起到了一部分作用。但是，资本在发展中只起到了有限的作用，如果没有大量的其他相伴因素同时作为变化的原因出现的话，资本的作用也不会发生。”他的理由是，工业革命中投入到工业中的资本无论在数量和比例上都是相对有限的，相反，政府用于战争的资源却大得惊人。他指出1793年至1815年间政府通过税收和贷款的方式获得了10亿英镑用于战争，而相比之下，1830至1850年的铁路建设高峰期铁路所投入的资本仅约2.5亿英镑，1783年到1802年间棉纺织工业的固定资本投资也只有800万英镑。③ 如此来说，即使在工业革命后期，社会的多数资本也

① John E.C. Harrison, *The Birth and Growth of Industrial England, 1714－1867*, New York: Harcourt Brace Jovanovich, Inc. 1973, p. 48.

② Eric Pawson, *The Early Industrial Revolution: Britain in the Eighteen Century*, Harper & Row Publishers, Inc. 1979, p. 16.

③ Peter Lane, *The Industrial Revolution: The Birth of the Modern Age*, London: Book Club Associate, 1978, pp. 115－116.

并没有流向工业，而是流向了其他领域，工业革命靠资本推动的说法难以成立。查尔斯·摩尔在其1989年出版的著作中也说："棉制造业并不需要大量的资本投资，而且在罗斯托所关注的18世纪八九十年代也未见到投资的异常上升。"①

哈罗德-多马模型一脉的经济增长理论受到质疑的同时，也在不断得到补充和发展。罗伯特·索洛于50年代构建了新古典增长模型，又称新古典增长理论。现代增长理论得以进一步发展，且同样强调资本和储蓄对增长的重要意义。该理论体系的这种投资—增长逻辑一度对历史研究产生过深远的影响。到20世纪80年代中期，内生增长理论(Endogenous Growth Theory)又在新古典增长理论的基础上成长出来。内生增长理论在技术进步方面扩展了新古典理论，考虑技术创新和投资共同引发和维持经济增长的作用。所谓内生增长，指的是经济增长由经济体系内部因素自身的运转所决定，这些内部因素可能包括工资、物价、市场需求、资源供给、海外贸易状况、城市化等。该理论最初创建者是卢卡斯(Robert Lucas)、罗默(Paul Romer)、格罗斯曼(Grossman)和海普曼(Helpman)等。② 内生增长理论的最新进展来自菲利普·阿吉翁和皮特·霍维特，他们在1998年出版了《内生增长理论》一书。他们的理论被评价是"相当完整地综述了增长理论的最新进展"③，也被学界称为第二代内生增长理论。按照他们的观点，资本积

① Charles More, *The Industrial Age: Economy and Society in Britain 1750—1985*, London: Longman 1989. p. 73.

② [美]罗伯特·M.索洛：《经济增长理论：一种解说》(第二版)，朱保华译，格致出版社、上海三联书店、上海人民出版社，2015，第135—184页。

③ [美]罗伯特·M.索洛：《经济增长理论：一种解说》(第二版)，朱保华译，格致出版社、上海三联书店、上海人民出版社，2015，第185页。

累和技术创新同样重要，二者相互补充，相互促进。更多的资本积累和利润可以刺激创新，更多的创新又可以刺激资本积累。长期内缺乏任何一个因素，增长都是不可能的。① 简而言之，阿吉翁和霍维特主张，现代经济增长是技术创新和资本积累相互作用的结果。技术创新的出现是由经济体内部的经济因素作用所致，这是理解内生增长理论逻辑的关键。内生增长理论发展至今已经有二十多年的时间，并对相关历史研究产生了显著影响。正如哈罗德-多马模型和新古典增长理论曾被历史学家用于解释工业革命成因一样，内生增长理论也成为这类解释的一个理论来源。该理论的历史应用都有一个基本相似的思路，即由历史上某些经济因素的变化导致技术创新，技术创新是工业革命或现代增长的根本原因。

罗伯特·艾伦对工业革命原因的解释算得上是标准的内生增长理论的应用。他在《近代英国工业革命揭秘》中系统地表达了对工业革命原因的解释。2011 年他又发表论文对自己的观点进行了新的集中阐释，开张明义道："经济刺激的重要性是工业革命的一个原因，工业革命的本质是新技术。"②最近，他又为自己的观点补充了新的证据。罗伯特·艾伦将相关经济因素的形成放在近现代早期，并阐述了下述因果逻辑。与欧洲大陆相比，英国自那个时代起出现了两个很重要的因素，其一是高工资。英国在十六、十七世纪的商业扩张中获得了成功，毛纺

① Philippe Aghion and Peter Howitt, *Endogenous Growth Theory*, The MIT Press, 1998, pp. 99, 114.

② R. C. Allen, "Why the Industrial Revolution was British: Commerce, Induced Invention and the Scientific Revolution", *Economic History Review*, Vol. 64, Issue 2, May 2011, p. 358.

织品等出口不断增加，国内制造业和农业蒸蒸日上。但由于人口少，劳动力需求过大，结果造成长期的高工资现象。17世纪后期开始，英国的工资水平是欧洲乃至全世界最高的，且就男工、女工、童工而言都如此。[①]另一个因素是，丰富而廉价的能源——煤。煤在许多地方都有，但对于英国却有独到的意义。由于在国际贸易上的成功，伦敦人口在16世纪后期激增，造成燃料需求上升。这样，英国的煤工业因伦敦的增长而起飞了。[②]煤工业的发展为经济提供了低价格能源。艾伦将高工资和低能源价格的经济因素作为驱动技术创新动力，由此导出工业革命的致因。他明确说："如果我们对比当时主导经济体中工资率和能源价格，就容易理解为什么工业革命发生在十八世纪的英国。通过比较，不列颠明显是一个高工资、廉价能源经济。"[③]这两个因素在经济运行中发生的相互作用创造了技术创新的动力。由于高工资和低煤价的特点，英国的生产者愿意更多使用煤炭燃料、少使用劳动进行生产，或者说得范围更广些，更愿意多用资本而少用劳动。由此，"带来对能源利用技术的需求"，并最终"导致了十八世纪的技术突破"，最突出的

---

① R. C. Allen, "Why the Industrial Revolution was British: Commerce, Induced Invention and the Scientific Revolution", *Economic History Review*, Vol. 64, Issue 2, May 2011, pp. 359—360.[英]罗伯特·艾伦:《近代英国工业革命揭秘》,毛立坤译,浙江大学出版社,2012,第32—33页;Robert C. Allen, "The High Wage Economy and the Industrial Revolution: a Restatement", *Economic History Review*, Vol. 68, Issue 1, Feb. 2015, pp. 1—22.

② R. C. Allen, "Why the Industrial Revolution was British: Commerce, Induced Invention and the Scientific Revolution", *Economic History Review*, Vol. 64, Issue 2, May 2011, p. 366.

③ R. C. Allen, "Why the Industrial Revolution was British: Commerce, Induced Invention and the Scientific Revolution", *Economic History Review*, Vol. 64, Issue 2, May 2011, p. 359.

代表就是蒸汽机的不断改进。①出于相同的理由,纺纱机和动力纺纱技术也得到改良和发明。一场利用煤的技术革命引发了工业革命。直到最近,艾伦仍在反复强调他的这一观点。②

E.A. 里格利同样是一位蜚声史学界的学者,他于 2010 年出版了《能源与英国工业革命》,在工业革命原因的问题上提出了一些独到的看法。但深究其思想,就会发现内生增长理论的影响相当明显。他的观点融合了内生增长理论,是该理论的一种变体式表达。里格利将煤的利用作为英国走向工业革命的逻辑起点。17 世纪英国很多产业已转向用煤提供热能,1700 年约一半的能源消费来自煤。英国的能源消费模式与欧洲大陆开始出现了明显差异。里格利将这称为"能源革命"。③能源依赖方式的改变,使大规模生产的限制消除了。生产增长,对煤的需求也就不断增加。以煤做能源产生了两个非常重要连带结果,一个是对交通设施的投资,因为必须将煤运往市场。第二个是必须改善煤矿排水技术,因为采掘越来越深,原有技术难以适用。这两项需要都导致了蒸汽机技术的改进,这使得人们可以进一步开发和利用更大规模的能源,从而支持不断增长的生产。煤与蒸汽机技术的互动导致了"对有机经济的最终突破。"④工业革命就是这一最终突破的具

---

① R. C. Allen, "Why the Industrial Revolution was British: Commerce, Induced Invention and the Scientific Revolution", *Economic History Review*, Vol. 64, Issue 2, May 2011, pp. 365,359.

② Robert Allen, *The Industrial Revolution: A very Short Introduction*, Oxford: Oxford University Press, 2017.

③ E. A. Wrigley, *Energy and the English Industrial Revolution*, Cambridge University Press, 2010, pp. 41, 38, 36.

④ E. A. Wrigley, *Energy and the English Industrial Revolution*, Cambridge University Press, 2010, pp. 42—45, 38.

体展现，突破原因就是工业革命的原因。

相关的最新理论进展是统合增长理论（Unified Growth Theory）。该理论最初由欧德·加洛尔20世纪90年代末提出，[①] 2005年他发表了《从停滞到增长——统合增长理论》，该文可被视为其理论的系统表述之作。统合增长理论是在对内生增长理论的质疑中产生的，但它并非另辟蹊径，而是整合和完善过去的理论体系。它仍遵循了哈罗德-多马模型、新古典增长理论到内生增长理论的方向。新古典理论重点关注投资对增长的作用，内生增长理论将技术进步和投资综合考虑为增长的原因。所谓"统合增长理论"，就是将人口等其他因素整合到上述理论中，对工业革命和现代增长的致因做出解释。该理论综合考虑人口增长与收入增长的关系、技术进步、知识与人力资本形成、家庭生育决策等因素对技术创新和现代增长出现的作用。[②] 加洛尔的观点中另有一点特别值得强调，他认为"从停滞到增长的转型是发展过程的不可避免的副产品。"[③] 换而言之，工业革命和现代经济的出现是人类发展的必然结果。

受加洛尔理论的直接影响，格里高利·克拉克于2007年出版的专著——《告别贫困：世界经济简史》。他开篇便直言应用了加洛尔的理

---

① Oded Galor and Dacvid N. Weil，"From Malthusian Stagnation to Modern Growth"，*The American Economic Review*，Vol. 89，No. 2，May. 1999，pp. 150－154.另注："Unified Growth Theory"，也有译作"统一增长理论""一致性增长理论"。

② Oded Galor，"From Stagnation to Growth：Unified Growth Theory"，in P. Aghion and S. Durlauf，eds.，*Handbook of Economic Growth*，North-Holland，2005，p. 238.

③ Oded Galor，"From Stagnation to Growth：Unified Growth Theory"，in P. Aghion and S. Durlauf，eds.，*Handbook of Economic Growth*，North-Holland，2005，p. 178.

论，并将自己的基本观点表述为："工业革命由知识的扩张所驱动。"① 克拉克指出，1800年以前英格兰社会已经相对比较富裕，并能将富余的收入投入到人力资本上，也就是提高知识和技术水平。工业革命之所以成为世界历史中的独一无二事件，即在于生产效率进步的突然出现，而这依赖于不断涌现的大量技术创新。② 按照克拉克的原话："工业革命以来的增长有两个独立的源泉。最重要的是由知识资本投资推动的效率增长，……也有来自物质资本和人力资本投资的巨大贡献。……但源自创新的效率增长实际上是所有增长的真正源泉，它还解释了物质资本的增长。"③

对资本—增长逻辑最彻底的颠覆来自道格拉斯·C.诺斯。他最大的与众不同之处是他完全摆脱了新古典理论的樊篱。他认为以资本为核心的分析理念不适合经济史研究，因为"从经济史家的观点看，新古典的这一公式似乎是用未经证实的假定来解释一切令人感兴趣的问题"④。新古典经济学对增长进行分析的基本假设前提是认为制度是不变的，因而才完全可忽视，这种思路不仅适用于当今的现实问题，而

---

① Gregory Clark, *A Farewell to Alms: A Brief Economic History of the World*, Princeton: Princeton University Press, p. 8.

② Gregory Clark, *A Farewell to Alms: A Brief Economic History of the World*, Princeton: Princeton University Press, pp. 131, 181, 168, 181—182, 231—238.

③ Gregory Clark, *A Farewell to Alms: A Brief Economic History of the World*, Princeton: Princeton University Press, p. 204.

④ [美]道格拉斯·C.诺斯：《经济史上的结构和变迁》，厉以平译，商务印书馆，1999，第7页。

且也同样适用于历史问题。[①] 而诺斯却认为这一假设前提完全不适合于历史问题，因为在历史过程中制度是变化的。诺斯认为西方之所以最先出现现代经济增长的关键并不在于资本，更不在于技术，而在于制度。“有效率的经济组织是经济增长的关键；一个有效率的经济组织在西欧的发展正是西方兴起的原因所在。”[②]近年来，诺斯又强调信念在制度形成上的影响。他的新理论认为，人类进化过程中形成了语言和文化，文化影响了人们的认知和意识；认知和意识决定信念，即人们对外部事物、他人等的看法、观念、态度等；由于历史经历不同，不同社会会形成不同的信念或信念体系；人们根据信念创造制度，因信念有差异，制度也就会不同；不同的制度对经济绩效会造成完全不同的影响。英国在其独有的信念体系作用下演化出了代议制政体，从而保障了财产权，并最终率先走向了工业革命。[③]

我们可以将上述的观点归结为四大类。第一类为“资本决定论”，此类在学术界曾有着非常大的影响，且至今仍得到相当的认同。这一

---

① “制度”一词英文为 institution，《新牛津英汉双解大词典》（上海外语教育出版社，2007）解释为：已确立的规则、惯例习俗（an established law, practice or custom）。制度经济学家约翰·康芒斯将制度定义为集体行动控制个人行动，表现为习俗、习惯法等形式。（参见康芒斯：《制度经济学》，丁树生译，商务印书馆，1997，第一章。）新制度经济学代表人物诺斯把制度定义为“为约束在谋求财富或本人效用最大化中个人行为而制定的一组规章、依循程序和伦理道德行为准则”。（[美]道格拉斯·C.诺斯：《经济史上的结构和变迁》，厉以平译，商务印书馆，1999，第 195—196 页。）本文以下讨论中将有多处涉及“制度”一词，现将其定义如下：所谓“制度”或“社会制度”是指已经形成的社会传统、道德、观念、习惯以及固定的思维模式等，在为人处事时人们往往会自觉或不自觉地遵循其所依赖的“制度”采取行动。

② [美]道格拉斯·诺斯、罗伯特·托马斯：《西方世界的兴起》，厉以平、蔡磊译，华夏出版社，1999，第 5 页。

③ Douglass North, *Understanding the Process of Economic Change*, Princeton University Press, 2005, pp. 1—49, 103—116, 143—145.有关内容亦可参见[美]道格拉斯·诺斯：《理解经济变迁过程》，钟正生等译，人民大学出版社，2013。

类又可细分为两种:其一,可称之为"资本数量决定论"。资本数量决定论意为,一定的、足够的数量或比例的资本积累是导致工业革命或现代经济增长的根本原因。持此观点的学者包括埃里克·威廉姆斯、霍布斯鲍姆等其他众多受哈罗德-多马模型影响的人。同时还包括阿瑟·刘易斯、W.W.罗斯托,以及支持此类发展理论的学者,如西德尼·颇拉德、C.H. 费恩斯坦等。其二,是"资本结构决定论"。该观点认为,由流动资本为主向固定资本为主的结构性转变是触发这一历史激变的主要原因。希克斯的"商业起源说"是这种观点非常典型的代表。保尔·芒图强调,工业革命就是现代大工业的形成以及资本的集中化运动,这样的观点也可视为结构决定论。

第二类,可称之为"反资本决定论"。这类学者反对"资本决定论",尤其是"资本数量决定论"。他们怀疑或坚决反对资本在数量或结构上的变化就足以激发工业革命的说法。M.M.波斯坦、S.库兹涅茨等都是该理论的反对者,P.迪恩、克拉夫茨等经济史学家还通过计量研究对资本激增的假设提出直接的挑战。道格拉斯·诺斯也属此类。因为他鲜明地指出,以投资为核心的新古典增长分析不适合经济史研究。

第三类实际上是将西方现代经济增长归因于长期的社会制度、文化或精神因素。对于资本,最多只强调它是必备的物质条件。奇波拉主编的《欧洲经济史》即主要强调历史的、社会文化的作用,道格拉斯·诺斯等新制度经济学派则更主张制度对增长的意义。另外,维尔纳·

桑巴特的观点亦属于此类。[①]

第四类将资本同其他因素结合起来，从而提出了新的理论框架。它们就是内生增长理论和统合增长理论。这些理论不强调资本的唯一作用，而是将它作为必不可少的影响因素之一。

第三节　社会机制与工业革命中的资本投资

一、资本决定论的逻辑与历史谬误

资本是用来生产产品的产品，从这种意义上说资本从来不是新事物。尽管“资本”(Capital)一词13世纪才出现，且很长时期内西方人也

---

①　维尔纳·桑巴特是强调精神因素的重要代表人物。“资本主义是由欧洲精神的深处发生出来的”，这句话鲜明地表达了桑巴特的立场。他认为西方的兴起是由于其特有的一种精神，这是一种既可破坏旧形态，又可能建设新形态的巨大力量，它从中世纪末期以来就开始将人们带向一个新的起点。桑巴特所说的这种精神由两方面构成，一个方面是争取支配人生活一切的“新的企业精神”，对国家来说它表现在征服与支配，对宗教来说它意味着解放，对科学技术来说它激励了探索和发明，在地理范畴上诱发新地域的开拓，其精髓在于“征服与营利”。这种精神的另一方面是“市民精神”(桑巴特的市民特指欧洲中世纪城市中的市民)，它拥有悠久历史，深深地蕴涵在城市的商人和手工业者之中，其主旨在于“秩序和保存”。桑巴特将企业精神和市民精神的统一体称为“资本主义精神”，正是“这种精神创造了资本主义”。资本主义精神中的一些具体因素组成了资本主义发展的基本条件，包括国家、技术、贵金属。国家的任务在于武力开拓市场以及维护经济生活的秩序，技术则使得大规模的带有资本主义性质的生产和运输成为可能，而贵金属正是促使形成市场和激发营利欲望的动力。在这三个具体因素的共同作用下，保障了生产所需的劳动和资本这两大基本要素的获取。其中资本来源于市民财富，同时桑巴特认为资本“这种财富是资本主义一个必要的先决条件”。我们可以将桑巴特理论的整个逻辑链条简述如下：资本主义精神是现代资本主义之所以发生的充分条件，由此而产生的适宜的资本和劳动为现代资本主义提供了必要条件。桑巴特的所谓“资本主义”，实质上就是西方的现代经济，而工业革命当然也就是其最突出的表征。因此，桑巴特是一个资本主义精神论者，视资本主义为一种思想产物。(参见[德]W.桑巴特：《现代资本主义》第一卷，李季译，商务印书馆，1958，第212—218页。)

没有赋予它今天的意义，但这一概念的所指之物却存在。一个社会除非尚处于极其原始的状态，否则不可能没有任何用于生产的产品。作为提供生产的物品，意味着资本本身就是某种东西，而且是用于生产的而不是用于消费的东西。这样来说，无论是否出现工业革命或现代经济增长，资本从来都是存在的，也从来都是必不可少的。只要有经济活动，就必须利用资源。

英格兰农业上一些投资方式已沿用了许多世纪，甚至直到 19 世纪并没有什么变化，如为耕地施泥灰等以改良土壤。纺织业中有些固定资产甚至就是中世纪的遗物，依靠几百年不断的投资来维持其使用寿命，如一些庄园里的缩绒坊。技术上的进步通常是渐进的，纺纱不再是手纺而是使用纺车，但这些并没有使资本在本质上有什么不同。即使投资于动力纺纱机，我们也没有理由认为这与投资于传统的纺车有什么本质的区别。冶铁、采掘等行业实质上也是一样的。固定资本投资一般来说有两种目的，一种目的是为了补偿折旧或固定资本重置。任何一项固定资本都有一定的使用寿命，该项固定资产完全耗损后如不进行重置投资，显然就不能继续生产。无论是一个中世纪的、还是一个工业革命中的织呢师傅，当他的木质织机出现某种程度的损耗后，都必须修缮或重置。否则，他就不能纺织了。工业革命开始之前的固定资产投资很大程度上是属于这种投资，而且时至今日它仍是投资不可缺少的一部分。另一种固定资产投资即属于净增投资，这种投资将导致固定资本存量的增长。一个小制造商通过投资使生产规模从原有的两架织机上升为四架，农场主通过改良土壤的投资使田地的价值提高，冶铁作坊新建冶铁炉，如此等等。工业革命开始后新的净增投资逐步变得重要起来。工业革命以前人均的固定资本存量很难出现增长，也很难持续。而工业革命开始后，人均的固定资本存量的持续增长开始出现。然而，这些资本在数量和结构上的变化并没有改变其本质，它仍然是用作生产之用的。资本只是物，不同的使用方式只能导致结果不同，并不足以改变其性质。

“资本决定论”的核心论点就是资本的增长导致现代经济增长的出现，换而言之，也就是工业革命由投资的增长而引发。但这种论点存在着严重的逻辑缺陷并与事实不符，因此难以成立。

将资本的增长作为工业革命起因和动力本身就是一种逻辑错误。增长正如刘易斯所定义的那样是“一国人均产出的增长”①，而资本本身就是一种产出，一种支持生产的产品。这样，“资本决定论”的逻辑就成了：产出增长出现的原因是产出出现了增长！显然产出增长不是其本身增长的原因，而只是其现象的一部分。因此，哈罗德-多马模型不适合用于解释资本对工业革命作用。② 同样，刘易斯一罗斯托理论也不能成立。投资激增无法成为解释工业革命发生的原因。③ 更何况，是否存在过这种激增都值得怀疑，由此引发工业革命就更难以证明。一些历史分析更注重资本积累的过程，它们认为启动工业革命的资本来自殖民掠夺、奴隶贸易或剥夺小有产者。但这同样是资本数量决定论。只不过这些观点强调了资本是以不道德，甚至非经济手段获得的。

---

① [英]阿瑟·刘易斯：《经济增长理论》，周师铭等译，商务印书馆，1999，第4页。

② 本文并不否认新古典增长理论一定程度上适合解释现实问题，尤其是西方发达国家的现实问题。哈罗德理论就是针对西方发达国家的增长问题提出的，后来这种理论才被一些历史学家用来解释历史问题。

③ 诺斯和托马斯也正是从这个角度批判有关的新古典理论的，他们指出资本积累仅是增长本身而不是增长的原因。([美]道格拉斯·诺斯、罗伯特·托马斯：《西方世界的兴起》，厉以平、蔡磊译，华夏出版社，1999，第7页。)

然而，这类解释并没有摆脱"增长导致增长"逻辑。[①] 要探究经济发展的原因，必须到它何以发展起来的因素中去寻找，发展现象本身难以提供答案。

"资本决定论"最早可上溯到亚当·斯密，但斯密并不像20世纪的许多经济学家一样只着眼于资本—增长逻辑。他强调资本作用的同时，也没有忽视整个社会的制度性作用。亚当·斯密正处于一个从管制经济到自由竞争的市场经济的转变时代，在他的著作中他花了大量的篇幅批驳重商主义政策，并不遗余力地宣扬经济自由。可以说他正是通过"说服了他自己的一代人并支配了下一代人"[②]，才使古典经济学的理论为人们所接受。因此，他所关心的国民财富增长是在社会制度变化这个大框架内讨论的。然而，新古典经济学兴起后，人们开始不再关心社会制度的作用，经济学的研究领域更多地关注于经济的纯技术领域。由此，资本渐渐成了增长的唯一源泉。这一转变很可能是由于当时的政治经济变革所致。因为工业化已经完成，制度性的问题已基本解决，英国已经成为一个自由市场经济的经济体。社会制度已经有了新的定型，对自由经济的制度性探求也就不十分必要，而解决如何运行的技术性问题就成了关注的核心。在研究历史问题时，经济学家与历史学家也自然而然地将这种思路运用于分析首次现代增长出现的

---

① 一个社会不会由于获得了足够的可投资资源，就自动走向工业革命。无论它们是来自自身的积累，还是干脆靠劫掠而来。这一点已多次为历史结果所证明。历史上，许多民族都有大肆掠夺其他民族的经历。其结果只不过是短期内迅速增加了他们的人均财富，但没有工业革命或现代经济增长。如果近代英国没有某些特质更有利于资本财货的使用，那么即使是天降金雨又能如何呢？

② [法]夏尔·季德、夏尔·利斯特：《经济学说史》上卷，徐卓英等译，商务印书馆，1986，第116页。

问题上。但是一个最重要的、最不应忽视的问题被忽视了，这就是制度是变化的，并且在当时的历史中制度正处于一个长期的重大变革中。

另一种“资本决定论”重点在于资本结构的变化。但这种观点同样存在逻辑错误，且与事实不符或曲解了历史。

一些学者重点考虑的不是资本数量，而是结构的变化。他们将资本更多地表现为将固定资本以及它的集中趋势作为理解工业革命的关键。的确，工业革命之前固定资本相对不那么重要。工厂制开始后，对固定资本投资的要求显著增加。但是，问题在于，为什么资本结构的这种变化不出现得更早呢？资本从来都可划分为流动资本和固定资本。有些行业自中世纪就是以较多的固定资本投入为特点，如采矿业、冶铁业。这些行业显然具有领导这一转变潮流的优势，那么，资本结构的变化为什么不更早地从这些行业开始？反而从历史上所需固定资本较少、流动资本较多的纺织业开始呢？这种观点的谬误同样在于，它是一种倒果为因的推理。资本结构的这种变化与数量的变化一样，是经济增长出现的结果，是工业革命本身的一种表现。工业革命之前及初始时，纺织业中最主要的生产组织形式是外放包工制。当需求增加时制造商也并不需要增加固定资本，只需增加发放的数量。受雇的家内生产者订货多时就多干，订货少时就少干，一般同样不一定要增加固定资本投资。这种生产组织形式中，流动资本更为重要。分散生产就能很好地适应市场需求的变化，工业革命正是从这里开始的。投资于工厂制生产稍后才开始变得重要起来。

还有一种“结构决定论”认为，工业资本由分散到集中导致经济出现了相应的变化。但历史的逻辑恰好相反，正是社会的相应变化使得资本可以以工业革命中的这种形式积累起来。该观点实际上暗含了这样一个前提，即一个社会的资本总量是固定的。那么，资本要想得到大规模的使用，就只有从原来分散的小资本转变为集中的大资本，通过从多数人手中流到少数人手中的方式获得。然而，这种隐含的思路是完全错误的。资本总量并不是固定不变的，而是既可以增长也可以减少的。即使在工业革命之前，资本也存在着缓慢的增长和积累，尽管它无法与工业革命时代相比。善于使用资本的人可以使其增长并积累起来，进而为更大规模的生产所用。在制造业中，资本并不是通过从多数人流向少数人而集中起来的，而是由于某些机制使得它可以在一些人那里越来越多地积累起来，并不断地再投入到生产中去。一个独立的家庭生产织工变成受雇佣的织工，改变的是他的社会地位，而不一定是他的资本数量。

另外，并非在“生而自由”的英国，“起飞”只是一个技术问题。实际上，17 世纪的英国经济上并不如 18 世纪自由、更不如 19 世纪自由。社会制度是变化的，“起飞”绝不仅仅是一个技术性问题。忽略社会制度和机制的变化不符合历史本身。

二、社会机制与工业革命的资本：立论阐释

资本是用来进行生产的物，是经济活动不可或缺的因素。它在工业革命中发生了从未有过的增长和变化，这一点也是毋庸置疑的。既然无论是投资的增长，还是资本结构的变化都不能成为工业革命的原因，那么，资本的意义到底何在？资本从来都有，但其在不同的时代表现又如此迥异。因此，这一问题的逻辑不应是资本的量或结构变化起了什么作用。应当是，究竟什么使资本在英国工业革命中发挥了前所未有的作用，而这些为什么过去不曾发生？本书认为，真正使资本在英

国工业革命中具有特殊意义的是运用资本的社会机制，而不是资本的数量或结构。[①] 社会机制是资本和生产能否表现出工业革命这种持续增长的原因。

每个民族、社会或特定区域内的文明都具有一定的特殊性，其历史变迁的路径也不尽相同。由此，我们所面对的不同文明中的历史结果也就各异。那么，要寻求某种历史结果的因由，就必须关注那些特殊性。因为特殊性才往往是导致结果差异的原因，而共同性则使结果相似。一个民族或社会所具备的特殊性就是她的特质。

投资、经济发展、工业革命等经济活动其实是由一定社会中的个人和群体实施的，所以最终仍是一系列的社会活动。离开社会因素孤立地讨论经济问题之所以不可能，即在于无法将经济活动从人们的社会活动中完全剥离。工业革命及其间的资本投资率先启动于英国，而非其他国家或同时普遍发生，这本身就意味着我们所面对的是一些特殊的历史结果。对于这样的特殊性，当然应从其社会的特质方面着手。

英国历史中形成的、制度化的观念、传统和行为模式，构成了人们从事社会活动的重要支配因素，即具有英国特质的社会机制。英国近现代史上所形成的、最为核心的特质便是基于个人的自由和财产的个人权利理念，以及与之相关行为方式。

当然，这一社会机制并非自古就有的，而是在英格兰漫长的历史中逐步形成的，其渊源可以直溯到 1215 年的《大宪章》的法律文本中：

---

① 正如本书作者在前面提到的，一个社会除非处于极其原始的状态，否则肯定有某种形式的资本。18 世纪的英国显然不是处于那种状态，某种或多或少数量的资本肯定存在。因此，理所当然地可以排除如下的类似讨论：如果根本不存在资本，工业革命还能开始和持续吗？

*Nullus liber homo capiatur, vel imprisonetur, aut disseisiatur, aut utlagetur, aut exuletur, aut aliquo modo destruatur, nec super eum ibimus, nec super eum mittemus, nisi per legale judicium parium suorum vel per legem terre.*①

（译文：没有自由人应遭逮捕或监禁、被剥夺财产或褫夺法律保护、被驱逐或以任何方式遭摧毁，我们也不对其施以裁决、也不施以刑罚，除非由经与其地位相同之人的法律审判，或由经本王国的法律。）

这款法律文本中包含了英格兰近现代社会核心理念的萌芽：个人自由及其财产的不可侵犯性。尽管《大宪章》阐述的基本只是贵族的自由和财产，并不具备近现代的意义。但当它一次次得到重申时，就为越来越多的人所接受，成为根深蒂固的制度性观念和行为方式。《大宪章》的意义并不在于它宣布了人们能做什么、不能做什么，而在于它将人们原本就认可的习惯以明确的法律文字确定下来，并反复确认。也就是说，《大宪章》不过是这些习惯和传统的外在表现。它是男爵反抗国王的结果，也是国王接受传统的结果。正是因为如此，在其被束之高阁、无人问津的历史中，它的精神才能不断传承下来。这棵幼芽才能渐渐成长为参天大树。当人们再次发现它时，人们其实是在为自己已制度化的观念和行为寻找合法性的依据。17 世纪，这一源自中世纪的习惯和传统蜕化成英国现代社会的核心理念和行为方式。大法官爱德华·科克在解释该条款时说：

---

① "MAGNA CARTA, Regis Henrici Ⅲ. XII. Die Novembris, Anno Regni Primo, A. D. MCCXVI", in *The Statutes of The Realm*, Vol. I, Buffalo, NY.: William S. Hein. & Co., Inc., 1993, p. 16.

> 1. 除非经正直和守法的人于该行为发生之所起诉和呈状，仅由于他人向国王或其议事会请愿或建议，没有人会被限制自由……2. 没有人会被剥夺财产等。兹意为，按照《大宪章》和《土地法》，土地、保有产及各类动产不应被没收到国王之手；按照《土地法》，没有任何人将被剥夺其土地或保有产，或被剥夺其各类动产。①

表面上看来，科克所解释的与《大宪章》所说的并没有什么不同，似乎只是将拉丁语解释为英语。但当他用 17 世纪的语言解读这句 13 世纪的话语时，其内涵所指已完全被替换。《大宪章》所载的 *liber homo*（自由人），原本仅指贵族人等。对于当时的大众，本无多少自由可言，《大宪章》亦与之无涉。而科克的时代，所有人都是自由人，人身自由和财产的观念已经成为人们生活和思维方式的内在组成。按照英国的法律传统，传统和习惯所认可的就是法律。科克解释《大宪章》的目的，无非要说，今天英国人所坚信的是本来就有的，是传统，因而是法律。他不仅解释了古老的文字，而且赋予其全新的意义。

然而，正如《大宪章》曾反复遭受威胁一样，这一机制在其形成过程中也不断遭到威胁。从 16 至 17 世纪，英国社会中两种势力都在增长。一种是真正具有现代意义的、基于个人的自由和财产的观念和行为方式，另一种则是君主强权。作为新生民族国家的代表，强权君主愈追求更专断的权力，就愈难免与臣民的个人利益发生冲突。有组织的强权似乎总是个人的天然对立物。通过都铎王朝的建立，君主获得了足以维系

① Edward Coke, *The Second Part of the Institutes of the Lawes of England*, London: M. Flesher & R. Young, 1642, p. 46.

民族国家的强权，但却从未达到强权无限的地步。其原因很大程度上依赖于中世纪碎化特征对社会制度和传统的影响。到伊丽莎白女王时期，君主已深谙依靠臣民统治及争取臣民同意的重要性。君主强权与臣民的个人利益间形成了一种微妙的平衡——冲突中的平衡。议会就是体现这种平衡的外在形式，“王在法下”同“王在议会”就是保持这种平衡的原则。然而，平衡之下，臣民的个人力量却仍在持续增长。

17 世纪是两种力量发生冲突的关键期，它最终决定了哪种力量将成为英国现代社会机制的核心。1603 年伊丽莎白一世去世，都铎王朝绝嗣，王位由苏格兰国王詹姆斯六世继承，是为詹姆斯一世，斯图亚特王朝开始。由于苏格兰与英格兰在传统和法律上的差异，平衡原则遭到破坏，君主欲寻求无限的强权。于是，冲突打破了平衡，革命替代了安宁。历经两次革命，一次 1640 年的流血革命，一位国王失去了头颅。另一次 1688 年不流血的革命，一位国王遭驱逐。不流血的革命是“光荣革命”。它之所以光荣，是因为它用和平的方式维护了政体，也维护了个人自由。王国依然由国王统治，但强权不再了。国家权力的重心转到了以地主为主的群体手中，而从广义上讲，整个社会的利益都与土地相联系。冲突的最终结局消除了强权的威胁，以个人为核心的社会机制此后得以确立。

民族国家的形成是欧洲近现代史上的新现象，它结束了历史上长期的无政府或半无政府的混乱状态。国家为具有民族认同感的人们提供了一个保护罩，其作用是对外防止其他民族的侵害，对内维护社会秩序。维持内部秩序的方式通常有两种：一种是以压制个人利益的办法来维持社会和平，从而满足统治利益或个别利益；另一种是以保障个人利益的办法来维持社会和平，从而满足一定的社会利益。两者的实施手段都是法律或强制。英国最终选择了后者。经过内战和光荣革命，英国人不仅最终确保了他们“法律之下的自由”，更确保了这种法律是维护个人自由的法律。对此，洛克做出了精辟的阐释：

> 法律的目的不是废除或限制自由，而是保护和扩大自由。这是因为在一切能够受法律支配的人类的状态中，哪里没有法律，那里就没有自由。这是因为自由意味着不受他人的束缚和强暴，而哪里没有法律，那里就不能有这种自由。①

进入 18 世纪，个人自由和个人财产已成为英国社会最本质的特征。布莱克斯通就将二者列入只有英国人才有的三项绝对个人权利，即“人身安全权、人身自由权及私有财产权”。他将它们定义为：

> 英国法律关注、确认和保护个人的人身自由。人身自由权体现为自由行动、改变处境或按自己的所愿迁徙到任何地方的权力，未经相应的法律程序不得被监禁或限制。……每个英国人所固有的第三项绝对权利是财产权。它体现为自由使用、享有和处置所有的个人所得物，除本国的法律外不受任何因素控制或减损。②

这意味着，这些已被提炼为英国的宪法原则，具有不可撼动的地位。更

---

① [英]洛克：《政府论》下篇，叶启芳、瞿菊农译，商务印书馆，2004，第 36 页。参见 John Locke, *Tow Treatises of Government*, London: Awnsham Churchill, 1690, pp. 275—276.

② William Blackstone, *Commentaries on the Laws of England*, Vol. 1, Oxford: Clarendon Press, the third edition, 1768, pp. 129, 134, 138.

为重要的是，个人自由和财产的绝对权利决不仅存于法学家的理论中，而是首先存乎历史和现实中。它比法律更重要，是社会制度和传统的一部分。宪法由它构成，而不是它由宪法缔造。戴雪曾说："所谓人身自由的权利不是宪法的结果却是宪法的根源。"①此言颇有真谛。

18世纪英国社会已经具备了这种以个人为核心的社会机制，这一点已是确定无疑的事实。但问题在于，这种社会机制与工业革命中的资本投资到底有何关联？

当人们按照这种机制从事经济活动和处置经济资源时，它就同时成为一种资源有效性机制。② 其关键意义在于，它将影响资源的使用效率。工业革命及其间的资本投资终归是一系列的经济活动。经济活动的最基本特征就是使用资源进行生产及供给生计，即，它是以配给资源为突出特点的社会活动。一旦资源得到利用，就必产生效率问题。对效率的简单解释为资源投入与产出之间的比例。显然，一定资源投入的情况下，产出越多效率就越高。同样的资源，如果能以更有效的方法使用，将意味着达到更大的产出，甚至无法预想的结果。社会机制就是使用资源的方法，它的作用就如同"组装方式"对机械部件的作用。某种社会机

① [英]戴雪：《英宪精义》，雷宾南译，中国法制出版社，2009，第249页。

② 维持经济活动的进行必须依靠资源，古典经济学家将经济资源分为三类：土地、资本和劳动，即三大生产要素。新古典经济学又将企业家才能列为第四种要素。我们可以将这四种要素合并为两种，由土地和资本组成的物质资源，由劳动和企业家才能组成的人力资源。资本作为一种重要的、不可或缺的经济资源，与其他资源一样肯定用于某些社会制度之内，这样，运用全部资源的社会机制就是运用资本的社会机制。

制作用于资源,可能提高其效率,也可能降低其效率。[①] 工业革命前夕,英国形成的独特的社会机制起到了显著提高资源效率的作用。资本正是在这种机制中突破了原有的阻碍,产生了前所未有的效力。

该社会机制对提高效率的理论意义和现实作用体现在两方面,即个人自由和个人财产权利的经济影响。

一方面是个人自由。所谓"个人自由",就是由个人按照自己的意志行动,而不受他人的强制干涉。17 世纪以来,这样的理念和行为为英国人所认同。[②] 个人自由在经济中表现为,人们有权到自己愿意去

---

① 效率高低是一个相对概念。某种配置资源的机制是否更有效是与其他机制相对而言的。一个社会在一定时期内未必仅有一种机制在发挥作用,可能多种并存。不同机制的作用或许相近,或许相冲突。在长期的历史演变中,对立的社会机制中最终将只有一方获得优势,而另一方屈居弱势,甚或完全消失。获得优势者自有其取胜的原因,但仅就其资源配置效率而言,却未必是一种更有效的机制。无效的机制替代有效的,与有效的替代无效的同样具有可能性。历史和现实常常如此。

② "自由"始终都遭到批驳,它常常被解读为:个人可以完全按照自己的想法行动,不必顾及他人的利益。由此,这种绝对的自由势必导致对社会和他人最大的危害。然而,持类似观点的人必不谙英国历史,又弃相关理论于不顾,甚或另有所图。历史上,声张自由的英国人从未将其标榜成为所欲为,他们坚持的是"法律之下的自由",这一点即使在《大宪章》的年代亦如此。这种自由意味着,要想自己自由,必允许他人自由;要想自己自由不受侵害,必不能侵害他人自由;没有法律,就没有自由。17 世纪以来的主要理论著作也都明确地表述了相似的观点。17 世纪末约翰·洛克说:"处在社会中的人的自由,就是除经人们同意在国家内所建立的立法权以外,不受其他人和立法权的支配;除了立法机关根据对他的委托所指定的法律以外,不受任何意志的统辖或任何法律的约束。"([英]洛克:《政府论》下篇,叶启芳、瞿菊农译,商务印书馆,2004,第 16 页)约翰·密尔 1859 年的著作论称:"唯一实称其名的自由,乃是按照我们自己的道路去追求我们自己的好处的自由,只要我们不试图剥夺他人的这种自由,不试图阻碍他们取得这种自由的努力。"([英]约翰·密尔:《论自由》,许宝骙译,商务印书馆,2005,第 14 页)霍布豪斯在《自由主义》中指明:"一个人被他人控制是不自由的,只有当它被全社会必须服从的原则和规则所控制时才是自由的,因为社会是自由人的真正主人。"([英]霍布豪斯:《自由主义》,朱曾汶译,商务印书馆,2010,第 11 页)对自由的这种理解到 20 世纪依然持续。哈耶克将自由定义为,"一个人不受其他或某些武断意志的强制"的状态。同时又说:"在法律指导下的自由理想是建立在某种法律观念基础上的,这种法律观念使法律成为自由的科学"。([英]弗雷德里希·冯·哈耶克:《自由宪章》,杨玉生等译,中国社会科学出版社,2007,第 28、211 页)

的地方从业或使用资源，并依靠自己的能力求得生存。因此，经济上的个人自由最终要求竞争和自由的市场。①

在自由环境与强权、垄断下，资本同样可以用于生产，但在不同的机制下资本使用的效率是迥然不同的。自由的价值在于，在自由之下资源不为强权和垄断所控制，而是通过竞争寻求更有效的使用。用现代观点来看，强权管制的经济政策势必导致寻租行为。都铎王朝以来专制君主凭借强权垄断某些行业的进入权，通过颁发许可状获得收入。同时，一些行业为了得到垄断利益而寻求国家的保护。这就使得大量的资源被耗费在寻租的过程中，不能转变为支持生产的资本。而且，受垄断保护的资本缺乏竞争压力，也就没有必要追求更经济的使用方式。再有，因为特许权管制的存在，使特许权以外的资本不能自由进入某些

① 晚期重商主义者就开始注意到自由对经济发展的作用。到古典经济学形成之初，自由已成为经济学家特别专注的问题。《国民财富》可以说就是蕴含了天赋自由学说的经济著作。亚当·斯密最关心的问题是国民财富的增长，而他选择的道路就是“自由”。所谓自由放任政策意指，国家不应对经济事务进行不必要的管制，经济应在一只“看不见的手”的操纵下运行，这只“看不见的手”就是市场。斯密认为，社会自发形成的制度是最有效率的，每个人都应不受干预地按自己的意志行事，这样不仅可使其本人达到最大的利益，而且还有助于促进公共的利益。他说：“每一个人在他不违反正义的法律时，都应听其完全自由，让他采用自己的方法，追求自己的利益，以其劳动及资本和任何其他人或其他阶级相竞争。”（[英]亚当·斯密：《国民财富的性质和原因的研究》下卷，郭大力、王亚南译，商务印书馆，1997，第 252 页。）相反，外来的干预只会损害应有的利益，因而国家不宜行使管理经济的职能。该理论也是古典经济学始终秉承的一个重要观点。因而古典经济学家通常也都认为：“一般应实行自由放任政策原则，除非某种巨大利益要求违背这一原则，否则违背这一原则必然会带来弊害。”（[英]约翰·穆勒：《政治经济学原理》下卷，赵荣潜等译，商务印书馆，1997，第 539 页。）汤因比在评价古典经济学思想时说道：“这是《国民财富》获得其魔力的工业自由的信条。文明世界无止境地怀有政治解放的梦想，并随着对解救来临的期待而颤抖。存在于每个渴望它的政治家、亚当·斯密和重农主义者心里的这一原则同样适用于工业和贸易。他们声称这是人类最惊人的权利之一，（人类）不仅有思想和言论的自由，而且还有生产和交换的自由。”（Arnold Toynbee, *Lectures on the Industrial Revolution of the 18th Century in England*, London: Rivingtens, 1884, p. 13.）

行业。本来可投资的资源就可能被闲置，或干脆变成消费，资本由此不能得到充分利用。而自由经济则摆脱了强权管制和垄断，降低了资源浪费与低效的可能性。资本可以自由地进出某个行业，也就可以追求更有效的使用途径，减少闲置。这不仅使资本能够更有效地用于生产，而且能够使竞争更为充分。竞争将迫使资本的使用者选择有效的使用方式，否则很难生存。所有这些都可使资本在自由环境之下获得更高的有效性。

自由经济理论上是有效的，但现实并不天然选择它，资源也不天然能获得这样的效率。事实上，至少到 17 世纪，追求个人自由的英国人还远没有踏上自由经济之途。通过回顾经济管制与垄断的历史，人们更可理解个人自由对于促进效率的意义。

16 到 18 世纪早期，经济上的重商主义与政治上的民族国家相伴而生。思想上，重商主义主张贸易顺差和贸易保护、推崇君主强权，并视其为强国裕民之道。同时，重商主义又是一种经济现实和君主的经济政策，它以经济管制、商业垄断、特许权为特征。亚当·斯密所定义的“重商主义”即为后者。[①] 民族国家成长的过程中，重商主义的经济政策的确也为商业开拓提供过保护，但更多地则造成了经济束缚。可以说，它保护了一些人，却损害了多数人。英国 1555 年的《织工法令》

① 两种重商主义概念间有许多相似，但也有诸多明显的差异，不应将它们等同视之，更不可将重商主义思想等同于商业垄断论。实际上，英国晚期重商主义者大多并不赞同国家管制，相反，却更多地趋向于经济自由。如，巴尔本认为，英国“贸易衰落的两个主要原因是：禁令多、利息高”。（[英]尼古拉·巴尔本：《贸易论》，载于《贸易论（三种）》，商务印书馆，1997，第 77 页。）诺斯也说：“阻碍贸易的法律，不论是关于对外贸易或是国内贸易，不论是关于货币或其他商品，都不是使一个民族富裕、使货币和资本充裕的要素。”（[英]达德利·诺斯：《贸易论》，载《贸易论（三种）》，商务印书馆，1997，第 119 页。）

规定：

> 没有居住在特许市场城镇或自治城镇之外的羊毛织工，能够……在任何时候拥有或占有两台以上的羊毛织机。……织工不得拥有缩绒坊。……缩绒匠或漂洗匠不得拥有织机。[①]

1563年颁布的《工匠法》是一项对相应的劳动市场实施全面管制的法律。主要涉及如下几方面：

> Ⅱ.在前述的九月的最后一天以后，在任何行业没有人可以被雇佣、临时雇佣或受雇工作少于一年的时间……Ⅲ.每个未婚的人以及每个其他的、年龄在30岁以下的人……如果他没有年值40先令……的土地，也没有价值10英镑的自己的财物……没有被……上述的任何技术行业的人雇佣过……也没有在一个近处的农场……劳动，(这样的人)应该……按照本法令的要旨被雇佣并且不应该拒绝此后提及的痛苦的和惩罚性的工作……XI.……治安法官……有权……评估和指定……上述各类工匠的工资……XV.在干草或谷物的收获时节，假如治安法官……需要，可以促使所有这样的工匠和所遇到的人……去收割……上述人等没有人应该拒

① "An Acte Touching Weavers, (2 & 3 Philip and Mary, c. 11, 1555)". *Statutes of the Realm*, Vol. IV, Part I, Buffalo, N.Y.: William S. Hein. & Co., Inc., 1993, pp.286—287.

绝这么做。①

如果这些法律都得到严格执行的话，在这样的社会环境中资本既不可能在行业间自由流动，也不可能形成更广泛和更大规模的投资。这种以垄断为核心的管制政策可以从它的经济收益和损失两方面来分析。垄断收益的受益者有两个群体或个人。首先是国王和政府。保证和增加国家收入是实施垄断经济管制政策的重要目的，政府通过发放特许权得到相应的稳定收入。另一个重要目的是为了民族国家的利益，这一点在对对外贸易的管制上表现得最为突出。重商主义的理论认为一个国家只有多卖少买才能增加一国的财富和国力，因此对外贸的管制原则就是鼓励出口、限制进口，同时对某些进出口商品征收高额关税还可以增加政府收入。垄断受益的另一方是得到垄断保护和垄断权力的经济组织，包括海外贸易商人、国内贸易商人、行会组织等。这些组织通过占有垄断权、排斥竞争来保证一个产业中某些群体的经济利益，如城市中纺织业的各类行会等。

经济垄断无疑可以为一些群体带来好处，然而由此造成的整体损失却是巨大的，实际上它给社会带来的总损失远远超过总收益。首先，由于行业由某些群体垄断，就剥夺了其他群体进入这一生产领域的机会，从而大大降低了生产扩展的可能。《织工法》的本意在于鼓励工业发展，但范围却仅限于城市。这实际上就压制了乡村纺织业投资和发展的机会，也就限制了它在更大范围内的扩展。相反，如果没有这类管

① "An Act Touching Divers Orders for Artificers, Labourers, Servants of Husbandry and Apprentices (5 Eliz. c. iv., 1563)", *Statutes of the Realm*, Vol. IV, Part I, Buffalo, N.Y.: William S. Hein. & Co., Inc., 1993, pp.414—419.

制，生产扩张的状况则会更好。事实上，兰开郡纺织业所取得的成就与那里缺乏行会制度、垄断不明显不无关系。再者，垄断所产生的市场高价会对整个社会的经济福利造成损失。对于这一点当时的人们已有所认识，皮姆就曾在议会下院说：葡萄酒的垄断每年给国王带来了3万英镑的收入，但却因此使公众承担了36万英镑的损失。① 垄断管制的最大危害是严重降低资源的使用效率。

17世纪垄断与管制已引起愈来愈强烈的抵制，人们就是以自由为名反对这种侵害。商人托马斯·约翰逊1646年发表了小册子《为自由人之自由请愿》，其中就痛陈了商业垄断对经济的危害：

> 垄断违背本国的正义，因为由于垄断，人民在自己的国家里被置于受奴役的状态。它夺走了作为财富之源的勤勉，人们的精神陷入卑屈之态。由于如此和其他同样的专利的原因，人们无法从事自己的职业。如果不能及时地加以制止，人们除了得到可悲的结果别无选择。②

而爱德华·科克则直接谴责商业垄断违背《大宪章》、损害人民自由：

> 如果授权给任何人，使之独揽印制纸牌或独揽经营其他任何行业，这种授权就是违背了过去曾从事或可能一直合法利用此行业的臣民的自由，且因此违背了《大宪章》。通常所有的垄断都违

① Christopher Hill, *Reformation to Industrial Revolution*, Baltimore: Penguin Books Ltd., 1980, p. 96.

② Thomas Johnson, *A Plea for Free-Mens Liberties*, London, 1646.

背《大宪章》，因为它们违背臣民的自由，并与本国的法律相抵触。①

我们从这些呼声中可以清楚地分辨出，当时的人们已理解到追求自由与创造财富的关系。

个人自由首先确立的是一种理念，而现实中的自由仍需不断开拓。即使工业革命时代，经济自由仍在不断争取之中，更多的资源由此获得更高的效率。亚当·斯密就是一位披荆斩棘的先驱。1662年的《居住法》是英国济贫法体系的一项重要法律。根据该法，各地方官要将任何流落当地的外来人遣返回原籍，无论他们是否能够自立谋生。外来谋职的人，只有在教区颁发居住证的情况下才能暂时居住。当然，在当地置有一定财产的人例外。根据济贫法的原则，各教区负有救济贫民的义务。然而，出于财政上的考虑，各地只对本地贫民提供救助，对外来贫民则不愿提供帮助。此举主要是希望通过"定居"的手段使贫民在出生地得到救济，但实际上却阻碍了劳动力的自由流动，且到18世纪后期仍然有效。斯密就对此提出过严厉的批驳。他认为劳动与资本之间应当存在一定合理的比例关系，然而各地区之间却存在着劳动力分布不均的问题。劳动力不足的地方就会出现高工资的现象，劳动力过剩的地方就会出现失业、贫困和低工资，而劳动力的自由流动就恰恰可以解决这一问题。只有这样劳动才能适时地利用资本，而资本也才能适时地得到劳动。这种状态的实现就意味着经济中既不存在闲置的资

① Edward Coke, *The Second Part of the Institutes of the Lawes of England*, London: M. Flesher & R. Young, 1642, p. 47.

本，也不存在闲置的劳动。基于这样的观点，他认为该法律造成的直接经济恶果就是：

> 妨碍劳动和资本的自由流动……从而使劳动和资本不同用途的所有厉害，有时候出现非常令人不愉快的不均等。①

显然，资本只有得到自由的使用才能发挥其应有的作用，不自由的环境将使资本不能得到有效的使用。《居住法》最终遭废弃与斯密思想的影响不无关系。许多人也像亚当·斯密一样为打破垄断而呼号。麦克库洛赫也曾说：

> 可以明确地肯定，假如垄断和特权能使少数人致富，则它们必定在同样的程度上使多数人贫穷；从而破坏了在每个制度中都作为主要发展目的的国家财富，同时也破坏了劳动的天然自由。②

越多的争取，就有越多的自由。工业革命的持续就是经济自由不断扩展的过程，也是资源的效率不断提高的过程。

另一方面，是个人财产权利的绝对性。个人财产观念具有古老的起源。17 世纪末随着君主强权的衰落，个人财产摆脱了最大的、也是

---

① ［英］亚当·斯密：《国民财富的性质和原因的研究》上卷，郭大力、王亚南译，商务印书馆，1997，第 128 页。

② ［英］约翰·雷·麦克库洛赫：《政治经济学原理》，郭家麟译，商务印书馆，1997，第 11—12 页。

最根本的威胁。18 世纪个人财产获得了神圣而绝对的法律地位。[①] 布莱克斯通对此有过不失经典的明确表述：

> 法律对私有财产的尊重如此之甚，以致不允许哪怕是对其最轻微的侵害，即使出于全社会的普遍利益也不可。……正如国内法所规范的那样，公共利益本质上要致力于保护每个个体的个人权利。[②]

---

① 诺曼征服后，英格兰的土地属于国王。国王除留下一部分土地作为自己的经济来源外，将其余的土地分配给随自己征战的骑士，作为他们收入来源。但名义上这些土地仍属于国王，受封者只能终身享用而无权在死后传给子孙。作为从国王处领有土地的回报，封臣要按规定的条件为国王服军役和进贡财物。这就形成了一种基于土地的封君和封臣之间的权利和义务关系，且这种契约关系只基于双方的个人之间。后来封臣受领的土地可以以变相的方式传给一位后代，而这位后代得到土地时必须向国王宣誓效忠，实际上就是接替他的先辈重新成为国王的封臣，并履行新的权利、义务关系。这种封君、封臣关系被次一级和更次级的领主效仿，甚至领主与农奴之间也存在着类似的权利义务关系。这种制度最终形成了社会的和传统的基于个人的对财产的权利，也就是，如果某个人对某项财产拥有权利的话，那么这种权利是只限于他个人，是排他的。个人将必须对自己的财产和责任负责，就意味着某种权利和义务是基于个人的。个人财产权利由此滥觞，到了现代史而成为英格兰人民根深蒂固的社会观念。到 17 世纪，个人财产权利的观念不仅已为人们视为传统，而且还要为这一传统寻求一个神圣的源流，这一源流甚至最终与基督教信仰融为一体。在约翰·洛克看来，个人财产权利就是源出于神的天理，他认为上帝将土地给予人类，"这些既是给人类使用的，那就必然要通过某种拨归私用的方式，然后才能对某人有用处或者有好处。""上帝命令人开拓土地，从而给人在这范围内将土地拨归私用的权力。而人类生活的条件既需要劳动和从事劳动的资料，就必然导致私人占有。"（[英]洛克：《政府论》下篇，叶启芳、瞿菊农译，商务印书馆，2004，第 18—19、23 页。）从历史的视角看，传统是形成的而不是神赐的，但对于一个信仰宗教的民族来说没有什么比源自神的观念更神圣、更具合法性的了，其合法性甚至王权也不能超越。英国学者艾伦·麦克法兰甚至认为英格兰的个人主义就起源于这种久远的个人对财产权利的传统，而个人主义正是理解工业革命得以率先在英国发生的关键。（参见 Alan Macfarlane, *The Origins of English Individualism*, London: Basil Blackwell Ltd., 1978.）

② William Blackstone, *Commentaries on the Laws of England*, Vol. 1, Oxford: Clarendon Press, the third edition, 1768, p. 139.

历史上财产权利所属出现过多种形式，常见的包括个人的、家族的、集体或公共的，甚至国家的。各种财产权利的确定性并不相同。家族、集体之类的群体，实际上也是由一定数目的、具体的个人组成，空泛的、概念上的群体没有任何意义。当某一财产所属的人数越多时，其权利的确定性越差、越模糊。人人均有权利的状态，近乎人人都没有权利。因此，最明确、最容易界定的财产权利无疑是基于个人的。同样一份财产，其权利所属越明确，其使用效率越高。个人财产权利之所以有效，原因在于对任何社会、任何人而言，资源都是有限的、稀缺的。所以，当某个人使用明确属于自己的财产时，就不得不寻求最有效的方式。因为，他的资源不可能随手可得，且用之不竭。当某项财产所属的个人越多时，某个特定的使用者就越不必考虑其效率。因为，他使用得越多，就可能受益越多，而由此产生的不利则由所有人均摊。①

个人财产权利更为有效，主要在两方面表现出来：其一，是可提供激励。个人财产权利之下，所有者有权享有因之而得到的收益，同时也对可能产生的损失负责。这样，所有者在使用资源时为了保证个人财产不白白耗损，必然选择利润最大化为追求的目标，从而总体上使资源用于最能促进生产的领域。自由的市场也是竞争的市场，排他性的个

① 20世纪后期，西方学者对财产权利的经济意义已经给予了很大的关注。道格拉斯·诺斯等认为，西方的产权制度是其有效率经济组织出现的关键，并由此引发了现代经济增长。（参见[美]道格拉斯·诺斯、罗伯特·托马斯：《西方世界的兴起》，厉以平、蔡磊译，华夏出版社，1999；[美]道格拉斯·C.诺斯：《经济史中的结构和变迁》，厉以平译，商务印书馆，1999。）E.G.菲吕博腾、S.配杰威齐指出："一般地，竞争的逻辑表明，对于个人产权的更完整界定减少了不确定性，并会增进资源的有效配置与使用。"（E.G.菲吕博腾、S.配杰威齐：《产权与经济理论》，载于[美]R.科斯、A.阿尔钦、D.诺斯等著：《财产权利与制度变迁》，刘守英等译，上海三联书店、上海人民出版社，1994，第208页。）其他著述颇多，如[美]Y.巴泽尔的《产权的经济分析》（费方域、段毅才译，上海三联书店、上海人民出版社，1997）。

人财产权利同时意味着承担排他性的义务。当财产经营产生不利后果时，所有者就必须为之承担责任。由于财产权利是界定清楚的，不利的经营就很可能导致所有者被淘汰出市场。因此，个人财产权利能够在最大限度上保证资源最有效使用，减少无意义的浪费。相反，在没有明确界定权利的情况下，资源就会遭到滥用，其效率只能维持在相对低的水平上。

其二，可提供保护。个人财产权利是一种排他性权利。绝对的、确定的个人财产权利使人们清楚地知道，侵犯行为将会遭到传统、习惯及法律的惩戒。这就最大限度上减少了财产未来命运的不确定性。试想，如果个人不能对自己的财产享有排他性的权利，对其未来无法把握，那么有多少人还愿意将财产用作生产性投资呢？显然，用于前途未卜的投资，远不如用于当前消费更有吸引力，甚或选择窖藏也是更为明智之举。亚当·斯密就曾有这样的担心：

> 如果不幸，国家专制，君主暴虐，人民财产随时有受侵害的危险，那末，人民往往把资财的大部分藏匿起来。①

如果个人对其财产缺乏明确的权利，其财产也就得不到保护。一个社会不承认个人的财产权利，就会鼓励通过暴力或非市场的手段实现资源重组，而且这种行为将会不断地反复出现。这样，资本将不可能稳定地用于生产目的，资本将陷入积累—耗散、再积累—再耗散的循环陷阱

---

① ［英］亚当·斯密：《国民财富的性质和原因的研究》上卷，郭大力、王亚南译，商务印书馆，1997，第 260 页。

之中。在这种机制中资本能够实现增长的可能性可想而知。

工业革命中资本的使用几乎无时无刻不与个人权利的明确界定相联系。对农业的投资首先是制度的投资,投资者不惜花费高昂费用来重新和明确界定个人财产权利;对交通建设的投资同样从确定相关的权利开始,投资成本的很大一部分用于此;制造业、商业、金融业的投资扩大同样依靠对财产权利的维护。以往的社会机制使得资本在各行业中都曾有过如下的特征:关于土地的个人权利未建立,就使得土地无法成为可投资、可交易的资本;工匠在中世纪行会中的个人权利实际也是残缺的,这就导致其生产资料无法得到像现代资本那样的经营;由于没有对交通线路的有关权利,交通线路曾经也根本无法被视为资本;由于道德和法律上的禁锢,贵金属货币不能被用于贷出生利,这实际意味着,货币不能被视为金融资本(这一点在现代人看来是很荒谬的),当然也就很难有现代的金融投资。而以个人为核心的社会机制使得以前从不是资本的东西成为资本,并使已经是资本的东西得到了更有效的利用。

经历了 17 世纪的政治风浪,英国人不仅确立了以个人为核心的社会机制,同时还按照该原则重新构建了国家、个人关系。由此,最大限度地减少了国家威胁个人的可能性。

西欧民族国家产生后,国家成为个人自由和个人财产的最大威胁。国家强权只要足够强大,就有能力摧毁一种社会机制,而树立另一种机制。尽管个人权利赖以存在的道德、习俗等制度自身就构成了对它的保护,但最终的控制力仍来自国家。幸好,在英国的历史结果中,国家最终成为个人利益的体现者和保护者。对此,身处工业革命之中的古典经济学家已经有所认识,马尔萨斯就指出:

> 影响国家财富的最重要的基本原因，无疑地必须包括政治方面和道德方面。如果财产权没有一定程度的保障，就不可能鼓励个人的勤劳工作，而财产权的保障主要决定于一国的政治组织、良好的法律及其执行状况。①

在古典经济学家那里，好政府永远是一个小政府，一个政府只需维持其基本的职能即可。依照亚当·斯密的标准，那就是：

> 按照自然自由的制度，君主只有三个应尽的义务……第一，保护社会，使不受其他独立社会的侵犯。第二，……设立严正的司法机关。第三，建设并维持某些公共事业及某些公共设施……②

其中，建立严正的司法机关就是指维护法律、保障个人权利。实际上，斯密并不排斥政府的作为，他反对的是政府对个人事务施加不应有的干涉。政府应该做的正是为个人、为这种社会机制提供保护。保障了这些，也就保障了经济资源能够按照有效的方式运行。因此，出于对外保障民族、对内维护个人的目的，民族国家是必要的。而此两点均是国家应起的作用。

综上所述，本书的立论在于：近现代史以来，英国社会形成了一种

---

① ［英］马尔萨斯：《政治经济学原理》，厦门大学经济学系翻译，商务印书馆，1962，第257页。

② ［英］亚当·斯密：《国民财富的性质和原因的研究》下卷，郭大力、王亚南译，商务印书馆，1997，第252页。

独特的社会机制。其核心特征体现为根深蒂固的基于个人自由和财产权利的理念和行为方式。这种机制使资源得到更有效的利用，效率显著提高。资本因此才具备了工业革命中的意义，才成为现代经济增长的要素。

这种机制也正是英国率先开始工业革命的最主要原因。① 因为，同此前的经济运转相对照，工业革命本质上同样是一场配置资源的活动。那么，除非资源利用更有效，否则，就一定不会发生。导致效率本质性提升的原因并不在于技术变革，更不在于可掌控资源的多寡，而在于一种社会机制的最终形成。这种有效性机制普遍促进了各类资源的效率，使之超越了触发工业革命的临界点。② 这才是理解工业革命的根本所在。

整个工业革命中，资本效率的提升主要有如下四种方式。一是将

---

① 过去几十年中，一些学者已开始用社会或非经济因素解释英国工业革命。哈罗德·珀金认为，工业革命的“核心的、综合的原因是英国社会的性质和结构”。同时他还指出，17世纪的政治变化创造了工业革命发生的政治条件。他说：“出于纯粹的自利，他们创造了如此的政治条件——个人自由、财产的绝对保障、最小的内部干涉、面对国外竞争的适当保护。这些最适于引发一个自发的工业革命。”[Harold Perkin, *The Origins of Modern English Society*, London: Routledge, 2002(first edition 1969), pp. 16, 67.] 道格拉斯·诺斯等新制度经济学家则从西方的产权制度解释现代经济增长的出现(参见前文)。钱乘旦认为，其原因是英国具备了一个这样的特征，即“这个国家必须克服个人专制统治，不把国家的命运放在一个人手中。……换句话说，就是能不能解除政治的束缚，为经济发展创造良好的环境。英国正是在这一点上走到了欧洲其他国家的前面，因而最早开始工业革命”。(钱乘旦、杨豫、陈晓律:《世界现代化进程》，南京大学出版社，1999，第30、31页。)英国工业革命包含了多方面特征，绝非单一因素能够完全解释。本书将个人自由和财产为核心的社会机制作为其发生的主要原因，同时也不否认其他因素的作用，如长期的社会稳定、国家不受外在威胁等。

② 从长期的人类历史来看，知识的积累和发现无疑是资源使用效率提高的重要因素。但英国工业革命不是由于新技术所引发，相反，是工业革命催生了技术的变革。这一点在学术界已达成广泛的共识，这里无须赘述。同时，更多资源的获取也不会自然启动工业革命，这一逻辑在欧洲历史上即可找到充分的依据，在世界历史上更不鲜见。

原本算不上资本的转变为资本。土地原本只是维持生计的，但此时已成为可投资的资产。人们将耕地出售、抵押，将荒地圈围，进而为农业、制造业等生产提供资本。一些非生产性房舍也被直接转为生产用途。二是创造资本以满足生产所需。在一些资本缺乏的生产领域，生产者实际上是用对财产的承诺来创造资本，以完成生产的周转。这就是信用创造资本。三是使已有的资本得到更有效的使用。重新安排土地权利、行业的自由进入、使闲置资本得其所用，这些都令已有的资本变得更有效。四是重组资本，通过集中使用资本以使其更有效。一些投资项目需要一定的规模才可行，于是，合伙或参股生产便成为将资本由分散转为集中的最重要方式。但所有这些只是外在的形式。更深层次的原因则是，人们在按照个人自由和财产的原则来理解和处理经济事务。

后续各章分别就农业、制造业、交通业和金融业进行专题研究。之所以抽取以上行业，是因为这些行业在整体经济中不仅占有不可或缺的重要地位，而且基本涉及了最有代表性的产业分支。从对这些行业的资本投资的研究中，能够比较全面地理解英国工业革命中投资的一般趋势。各行业的研究都将涉及资本投资的两个方面：一方面是资本的来源，即该行业的投资资本是从何而来的；另一方面是资本的投入，即将已经获得的资本投入到该行业的生产中去，从而最终获得资本在生产上的意义。由于各个行业的经济活动方式之间存在着明显的差异，因此资本投资在这两方面的具体表现也会明显不同。

第二章

农业资本投资

第一节 社会机制与农业投资

英国的农业社会外貌直到19世纪早期仍未显著改变。据布劳德伯利、坎贝尔等人的估计，1801年时农业无论在产出还是在劳动力就业份额上都还与工业大致相当。[①] 从生产率的变化看，农业的重要性则显得更为突出。据克拉夫茨估计，农业中的全部要素生产率增长在1760—1800年之间为年均0.2%，1801—1831年为0.9%，1831—1860年为1.0%。同时期制造业的全部要素生产率增长在1760—1800年间平均为0.2%，1800—1830年为0.3%，1830—1860年为0.8%。[②] 布劳德伯利、坎贝尔等人的研究也有相似的结论，尽管工业和服务业的劳动

① Stephen Broadberry, Bruce M. S. Campbell, Alexander Klein, Mark Overton and Bas Van Leeuwen, *British Economic Growth, 1270—1870*, Cambridge: Cambridge University Press, 2015, pp. 194—195.

② N. F. R. Crafts, *British Economic Growth during the Industrial Revolution*, Oxford: Clarendon, 1985, p. 84.

生产率在19世纪早期开始加速增长，但农业劳动生产率仍高于二者。[1] 在将近一个世纪的工业化历程中，农业就业的劳动力份额不断下降，同时其产出还要养活日益扩大的工业、服务业的就业人口并提供原材料。可见，整个工业革命中除了少数主导产业外，农业生产率的进步是全部经济中最快的。

对农业中资本投资的研究之所以重要，一方面是由于从农业在产业结构中所占的比例来看，农业投资构成了整个经济中投资的一个巨大份额；另一方面，农业不仅是最大的产业而且是最古老的产业，影响农业投资的社会机制同样也影响着其他的产业。在这个产业中，人们会按照业已形成传统的思维和处事方式去处理他们的生产和经营问题，比如，去选择依照何种方式进行投资、依照何种方式分配利益。工业革命并没有将工业中的人们和农业中的人们分成两个彼此隔阂的世界，他们同处于一个社会中，遵循同一种为人处世的社会制度。

对农业的投资几乎都与土地相关。农业用地大致可分为两种类型：其一是耕地，即用来种植农作物的土地；其二是草地，是用来放牧、饲养牲畜的土地。表2-1呈现的是对当时英格兰和威尔士农业用地状况的估计。由于18至19世纪前期缺乏全面的农业统计资料，因此当时人所做的估算无疑是粗略的，只能提供一个基本的、但不精确的框架。从这些资料可以得知，1750年至1850年间英格兰和威尔士的农用地面积大致波动在2700万英亩[2]到3200万英亩之间。其中耕地面

---

① Stephen Broadberry, Bruce M. S. Campbell, Alexander Klein, Mark Overton and Bas Van Leeuwen, *British Economic Growth, 1270—1870*, Cambridge: Cambridge University Press, 2015, pp. 364—368.

② 1英亩≈0.04平方千米，全书均按此换算。

积在约一个世纪的时间内中增加了差不多50%，耕地面积扩大的最直接原因主要是受市场对农产品需求增加的刺激。耕地面积的扩大一方面来自将荒地开垦为耕地；另一方面是将草场转变为耕地。18世纪后期耕地面积只相当于草地面积的约三分之二，到19世纪中期已明显超过草地的面积。耕地面积的不断扩大本身就意味着土地资产存量的增加，再加之肯定伴随有其他成比例的农业资本投资，这说明此时的投资已不再是简单地维持现有状态的投资，而是带有增长意义的投资。表2-2提供了有关工业革命时期英格兰和威尔士农业固定资本投资的估算，统计资料表明整个时期中农业投资表现出如下几个特征。第一，无论是以当前价格还是以固定价格来计算，除去1820年的下降外，农业投资的绝对数量在18世纪中期以后总体上呈持续上升趋势。第二，从投资占地租收入的比例来看，18世纪后期投资的比率普遍上升。从另一个角度来看就是投资的增长速度超过了收入的增长速度。这说明地主正倾向于将更大比例的收入用于生产投资，而不是消费。第三，物价因素对农业投资的积极性构成影响，价格指数上升最快的时期也正是投资活动最旺盛的时期。尤其在18世纪90年代至1815年的拿破仑战争期间，固定资本投资的数量增长速度最快，从投入的比例来看上升也最快。

表 2-1　英格兰和威尔士耕地、草场及牧场的面积　1770—1854 年

年份	估计来源*	耕地（英亩）	草场和牧场（英亩）	耕地、草场和牧场合计（英亩）	耕地/草地的比率
1770	阿瑟·杨(Arthur Young)	10,300,000	16,700,000	27,000,000	0.67
1801	农作物调查	7,860,000	—	—	—
1801	B.P.卡博(Capper)	11,350,501	16,796,458	28,146,959	0.68
1808	W.T.考博(Comber)	11,575,000	17,495,000	29,070,000	0.66
1827	W.库林(Couling)	11,143,370	17,605,630	28,749,000	0.63
1836	什一税文献	15,092,550	16,363,409	31,455,964	0.92
1851	詹姆斯·凯尔德(James Caird)	13,667,000	13,332,000	26,999,000	1.02
1854	农业统计	15,261,842	12,392,137	27,653,079	1.23

*资料来源：Hugh C. Prince, "The Changing Rural Landscape, 1750—1850", Ed., G.E. Mingay, *The Agrarian History of England and Wales*, Vol.Ⅵ,Cambridge: Cambridge University Pres, 1989, p. 31. *参见其有关资料来源的注释。另注：1 英亩≈0.04 平方千米。

表 2-2　英国农业固定资本投资　1770—1860 年

年份	总租金和什一税（百万英镑）	资本支出作为总租金的%	资本支出（当前价格）（百万英镑）	资本支出（固定价格）（百万英镑）	价格指数
1770	23	7	1.5	2.8	52
1780	24	7	1.7	3.5	56
1790	26	7	1.8	3.2	56
1800	34	11	3.7	3.4	109
1810	42	17	7.1	5.3	135
1820	39	12	4.7	4.6	103
1830	42	12	5.0	5.1	98
1840	45	12	5.4	5.5	98
1850	47	13	6.1	6.2	97
1860	50	14	7.0	7.0	100

*资料来源：B.A. Holderness, "Prices, Productivity and Output", Ed., G.E. Mingay, *The Agrarian history of England and Wales*, Vol. VI, Cambridge: Cambridge University Press, 1989, p. 189.

土地作为一种农业生产资源自古就存在，而且对它的相应投资也从来没有中断过。只不过大多数的投资目的在于维护其现有的状态，很少带有增长的意义。既然土地资源原本就存在，投资行为也存在，而且中世纪时期①也会有或多或少的消费剩余。那么，为什么带有现代增长意义的投资不在中世纪出现，而要迟到许多世纪后才表现出其鲜明特征呢？

诺曼征服以后，英格兰国王是土地名义上的所有者，国王以下的各级领主并不是土地的所有者，而只是直接或间接地从国王那里领有土地。实际上各级领主都是国王的直接或间接佃户。在这种制度框架中，除英格兰国王外的任何封君和附庸（包括维兰）都无权任意出卖土地，也就是说，土地这种最重要的农业生产资源是不可以自由流动的。土地不能买卖表面上是因为各层领主只是以国王的佃户身份领有土地，佃户无权随意买卖封君的财产。② 但更深层次的含义却是，土地一旦可以自由交易，封君、附庸之间的权利、义务关系就将解体。封君就将得不到相应的军役和供奉，也就不能抵御其他领主的进攻。土地资源不具备现代意义上的流动性（实际上劳动资源也基本不具备自由流动的可能性），这意味着这种资源只能维持现有的使用状态，而不能任意追求更有效的使用状态。土地是领主的，土地上的人是领主的，一个维兰没有通过不断的积累和投资成为更大规模生产者的自由。因此，在这种制度框架中，土地资源并不具备工业革命中资本或生产资源的

① 本书所称的“中世纪”，除非另有说明，指的是诺曼征服以后的中世纪。

② 封君、封臣关系中的土地并非绝对不可买卖，但土地的易手必须与维持这一关系的纽带相联系，也就是说土地可以转手，但与土地相关的义务关系必须同时易手并得以延续。在这种情况下，土地交易整体上并不具备真正意义上的市场交易的特征。

性质。从这种资源的经济性质上看，从封君处领有土地仅是领有一种权利，一种以此为生活来源的权利，实质上就是一种对生产资源的使用权。拥有这种权利的人并不具有将土地用来经营、交易从而获得收益的权利。这一点可以与贵金属货币的性质相比较来说明。在中世纪的商业中，商人对其拥有的贵金属货币拥有让渡、交易等复合权利（尽管他可能仅在有限领域内拥有这些权利）。他可以用这些资源进行消费，也可以进行商业经营从而获得收益。在后一种意义上，这一资源就是他商业经营的资本。而土地资源则不然，由于它不具备商业资本的那种性质，实际上就意味着它根本就不被视为一种资本，使用它的人也就没有通过经营它而获得收益的权利。只有在土地被视为一种具有排他性权利的固定资本时，才可能诱使人们对这类资本进行带有增长意义的投资，并通过使之增值而获利。由于中世纪的英格兰社会缺乏这种赋予土地的实际占用者排他性权利的机制，土地也就很难成为增长性投资的对象。因此对于当时的农业社会，也就几乎不存在对增长性农业投资要求，投资的主要目的也就仅限于维护现有土地的可用性和适应人口的变化，况且人口增长的长期停滞与不时出现的骤减也没有造成更多投资的要求。

由上述可知，导致增长性投资无法在中世纪英格兰出现的因素来自两个方面：一方面，土地资源的使用者并不具备追求最佳使用方式的自由，或说资源本身就不是可自由支配的；另一方面，由于资源本身的权利所属不是排他的，所以土地资源就不具有可经营的价值，或说无法将其视为可不断投资增值的、带有商业意义的资本。

英格兰现代民族国家产生的过程也正是结束政治权力碎化的过程。税收构成了国家或国王的主要收入，土地的领主占有制转变为地主土地占有制。处于社会等级最底层的维兰可以通过赎买和法庭裁判获得自由，“亨利七世时，法庭曾经裁定，假使一个维兰从他的领主那里获得了若干年的租佃权，‘这就算获得了自由’。这项裁定把许多上升的和获有租佃权的维兰都宣布为自由农民——他们也许是像早期佩皮斯那样的庄头。……当伊丽莎白女王在公元1575年颁发释放兰开斯特公爵领地内两百名农奴的敕令时，同时命令她的臣属定出农奴摆脱农奴身份的代价。……法庭总是主张给予自由，如同他们在最后一个有记录的维兰案件中（1618年）所裁定的：它们宣布，依法给予原告皮格以自由”①。国王的法庭之所以支持维兰获得自由身份，是与民族国家的利益相符的。因为贵族的强权愈小，国家的强权才能愈大。地主土地财产权的确立和人身依附关系的解除使得土地成为可以自由支配的资本，同时也使所有者具备了选择使用方式的自由。拥有土地就拥有了对土地的排他性权利，土地因此就具有了如贵金属资本一样的性质。18和19世纪的英国仍是一个土地利益（landed interest）为核心的社会，土地资产的规模由大到小分布于这个金字塔形的社会结构中。②在贵族社会中为了保证土地像头衔一样代代相传，土地的转手受《限嗣继承法》的规范。但土地的财产权不仅可以在整个土地阶层（landed class）中交易，而且可以在土地阶层和非土地阶层间交易。

---

① ［英］约翰·克拉潘：《简明不列颠经济史》，范定九、王祖廉译，上海译文出版社，1980，第280—281页。

② 土地利益的最顶层是以贵族为主体的大土地业主，18世纪末在英格兰和威尔士约400个家庭占有了全部土地的20%至25%，单个规模约为1万至2万英亩不等。第二个阶层是乡绅，约有1.4万到2.4万个家庭，占有50%至60%的土地，规模大致是几千英亩。第三个阶层约有10万个家庭，规模从大到几百英亩、小到几十英亩不等，占有15%至20%的土地。有关资料参见G.E. Mingay, *English Landed Society in the Eighteenth Century*, London: Routledge and Kegan Paul Ltd. 1976, pp. 19—26.

土地在中世纪和现代同样可以作为生产资源用于农业生产，但由于社会机制不同，其经济意义也迥然不同。中世纪土地是人身依附关系的固定物，通常不可以自由交易。这种情况下，土地实际上仅是束缚在人身关系上的生产、生活资源，不具备交易市场上的商品价值。而现代史的社会却为其提供了另一种社会机制。

由于土地确立了明确的个人权利所属，同时个人也获得追求更有效使用的自由，新的机制使其变成了具有市场价值的、可投资的资本商品。既然土地已是一种商品，一种资本资产，地主和其他人等当然也就可以像商人一样投资经营它，从而获利乃至获得增值。对这种资本商品的经营越有效，就会产生越有利的回报。由于社会机制的转变，使得原本不是资本的土地成为具有经营价值的资本，也就成为投资的资本和对象。自 17 世纪以后，土地已不仅仅一种世袭财产，而是成了可投资的资本资产。土地市场为资本自由地进出农业提供了条件。一方面，土地所有者和经营者可以出售一部分土地，以换得的货币资本进行更有利的投资，投资方向可以是农业，也可以是制造业或商业等领域。威廉·拉德克里夫（William Radcliffe）是一位棉纺织制造商，1807 年他事业遇到困境。为此，他抵押了自己在麦勒（Mellor）的地产、他父母的地产、希尔盖特（Hillgate）的厂房，从四位绅士那里贷到了 5000 英镑，为自己筹到了急需的资本。① 另一方面，在商业、制造业等领域发财致富的人也可以通过土地市场将资本投入到农业。赫特福德郡（Hertfordshire）1760—1819 年间购买当地地产的人中就包括了 11 个

① William Radcliffe, *Origin of the New System of Manufacture Commonly Called Power－Loom Weaving*, Stockport: James Lomax, 1828, p. 42.

东印度公司的人。在贝德福德郡(Bedfordshire)购买地产的人包括东印度公司的董事及亚麻布商萨缪尔·盎格利爵士(Sir Samuel Ongley)、银行家及烟草商纳撒尼尔·颇西尔(Nathaniel Polhill)、伦敦商人查尔斯·希金斯(Charles Higgins)、休·因格利斯爵士(Sir Hugh Inglis)、加德弗里·桑顿(Godfrey Thornton)。[①] 这实际说明土地已成为一种具有现代意义的固定资本,成为投资的对象和手段。

在土地资源成为具有现代意义的资本的过程中包含了一种有特殊意义的投资——圈地。尽管不一定通过圈地才能够确定土地的权利所属,但圈地的确是将有关权利界定得更加清楚的最优选择。例如,荒地本不明确地属于任何人,也就算不上有所属的资本。但一块经过圈围的荒地就成为有明确所属的资源,也就建立了相应的权利,也就成为属于某个人的生产和经营资本。而这正是圈地的一种重要的形式。因此,圈地的最根本目的在于对土地资源建立更为明确的个人权利。以往学术界普遍认为,诱发 16 世纪圈地的直接原因是毛纺织业的扩张,羊毛需求增长,导致圈地发展养羊业,即圈地的目的是为了养羊。但当时的土地需求状况并非如此简单。首先,由于当时的人口增长,需要增加新土地以满足生存的需求。再有,16 世纪的价格上涨也使粮食生产更有利可图,地主和农场主都希望能有更多的土地用于粮食生产。但土地这种特殊的固定资本不可能在短时间内因需求的增长而增长,在这种情况下,土地的稀缺性就变得更加的突出。当然,发展养羊业也是导致土地更加稀缺的原因之一。这样,当时包括养羊业在内的经济变

---

① J.V. Beckett, *The Aristocracy in England, 1660—1914*, Oxford: Basil Blackwell, 1986, p.72.

化对土地资源的供给提出了新的、更大的要求。但最关键的问题在于，对土地需求的增加并不一定导致必须以圈地的形式来解决，也就是说养羊或需要更多的土地并不是导致圈地的充分条件。事实上，从16到19世纪无论对土地存量的要求增加还是减少时，人们都在不断地圈地。圈地的最终目的是为了更清楚地解决对土地资源的权利问题，因此无论是否存在对开发新土地的刺激，人们总要不断地选择圈地。而按照英国人的思维习惯，在需要更多土地时，率先要解决的就是对未来生产资源的权利问题。因此在需要更多土地用于养羊或生产谷物时，解决方式同样是圈地。

中世纪英格兰的人口增长不仅异常缓慢，而且受瘟疫和战争的影响还存在着人口锐减的危险，因此对扩张现有农用土地面积的要求并不大。但15和16世纪的英国瘟疫和战争的威胁已相对减弱，人口的稳定增长开始出现。仅就英格兰人口而言，1570年的估计数为370万，1670年为530万。[①] 在现有土地的情况下，要想得到更多的产出，只能有三个出路：其一是通过提高技术水平提高生产率，进而得到更大的总产出；其二是增加单位土地的劳动投入以获得更多的单位产出；其三是开发边际土地，从而获得土地存量的增加，以得到更大的总产出。从英国现代早期的历史来看，农业生产技术的提高仍然是缓慢的，显然

① E.A. Wrigley & R.S. Schofield, *The Population History of England, 1541—1871*, Cambridge, Massachusetts: Harvard University Press, 1981, pp. 574、577、588.

难以满足这一要求。而且，也没有选择增加单位劳动投入的方式。①当时主要的解决方案实际上就是增加农用土地的面积以及改变现有土地的使用方式，即使固定资本实现存量和质量上的增长，从16世纪开始最普遍方式就是圈地。

带有增长意义的投资是在土地成为具有排他性权利的资本的前提下实现的。投资在形式上可分为两类：其一是对已有的固定资产进行再投资；其二是通过投资而获得更多数量的固定资产。这两种投资使已有的固定资产存量获得了质量和数量上的增值，并最终成为带有人均意义的增值。

土地资产的扩展是以圈地的方式获得的，圈地使土地资产同时获得了质量和数量上的增值。圈地的对象包括圈围敞田耕地、公地和荒地。② 其中圈围公地和荒地都直接导致了农业生产用地规模的扩大和质量的提高。而在这个过程中最值得关注的并不仅是扩展的数量，更

① 一定量的土地在有不断的人力投入的情况下，会带来收益的增长，但这种增长不可能总是同比例的。当投入的人力超过某一限度时，再投入的人力只能带来越来越少的收益，这就是土地的收益递减性。（土地的收益递减是以现有技术条件不变为前提的。就我们研究的英格兰的情况而言，从中世纪一直到现代早期农业技术一直以相当缓慢的速度在进步，因此，基本符合技术不变的前提。）对于这一点当时的人们已有所认识，杜尔阁、斯密、李嘉图等都有过相应的论述。由于土地存在着收益递减性，人口的增加就有可能超过农业产出的增加，而这正是马尔萨斯所担心的。后人将马尔萨斯的这一担心称之为“马尔萨斯陷阱”。

② 敞田是英国中世纪古老的耕地使用制度，中世纪英格兰的庄园耕地分为领主自营地和维兰份地。耕地的分配体现着平均主义的观念，根据土质优劣、水源远近，耕地被分成许许多多长条形的小块，每一家维兰耕种的土地都是由品质不等的多块小条田组成，散布在村庄的四周。大家共同耕种、共同收获。庄稼收获后，耕地向庄园的所有居民开放，允许各家的牲畜到地里吃麦茬。这样的土地因其开放性而称作敞田。除耕地之外，庄园的土地还有公共草场和荒地，名义上它们也是领主的土地，但庄园的居民都有使用的权利。

重要的是所依赖的方式。① 从整体上看，议会圈地既不是一个任意剥夺小农（即小土地业主）的过程也不是一个任意驱逐佃户的过程。它主要是在土地资产的业主间达成协议的前提下实施的。敞田耕地的圈地并不是简单地将业主原有的土地圈围起来（实际上，敞田耕作时各家的土地也并非没有围篱），而是将业主原来多处分散的小块条田整合成连接成片的大块土地，并加以圈围。也就是说，任何一个打算实施敞田圈地的所有者都要用自己的某块土地交换他人的土地，才能最终获得连片的整块土地（因为在敞田制下各业主的条田都是相互毗邻、交错的）。在这种情况下，业主间不达成协议就无法交换土地，圈地也就根本不可能进行。公地是庄园或村社公共使用的土地，主要是作为放牧牲畜的草场。但大家共同使用并不等同于每一个人都可以任意使用，公地的使用是以教区中业主和农场主的公权为原则。公权份额大者可以多放牧，少者则少放牧，这取决于他们各自耕地财产的数量。如果没有其他权利人的同意，就擅自将公地圈围成自家的耕地或牧场实际上等于抢夺他人的财产，而在个人财产权利观念深厚的英格兰这种行为是不能容忍的。约翰·洛克就曾明确指出：

> 在英国……他们既有金钱又从事商业，但是对于那里的公有土地的任何部分，如果没有取得全体共有人的同意，没有人能够加以圈用或拨归私用；因为，这是契约，即国家的法律留给公有的，是不可侵犯的。②

---

① 由于英国到 19 世纪之前都没有清楚的农用土地调查资料，因此，16 世纪的土地数量以及其后相当长时间内的扩张都难以用具体的数字表示，但土地面积的增加却是无疑的。

② ［英］洛克：《政府论》下篇，叶启芳、瞿菊农译，商务印书馆，1964，第 23 页。

实际上要想将公地圈围成各个业主自己的私有耕地或牧场,必须通过相互协议解决。未经协议而圈地的个人行为有时也存在,但通常面积很小。由于这种圈地行为并未对整块公地造成明显影响,其他享有公权的人也并不认为这样的举动损害了自己的权利,因此默许这种行为。或者在减少该圈地者公权的情况下容许这种圈地。

对荒地的圈围就是开发边际土地的过程。所谓边际土地,即指最后或最新开发出来用于生产的土地。在现有生产用地足够支持所需时,人们就不会去利用那些地僻偏远或土质不佳的土地。但当土地的稀缺性日益突出时,人们就不得不开发新土地以获得更多的生产资源。荒地原本没有经济价值,也就算不上重要的资产。但荒地并不都是无主地,有些荒地在中世纪时的确是有领主的,只不过长期因其无用而渐渐地权利不清了。有些荒地处于各教区的分界处,由于教区间边界并不清楚也很难划归哪一方。这样的荒地就属于权利不清或根本没有财产权的土地。圈围这类土地就意味着将其变成有明确个人权利的财产。因为荒地通常没有财产权或财产权不清楚,圈地者圈围土地一般也就不存在侵犯他人利益的问题。实施这类圈地的除了地主外,经常是那些小屋农,他们通过圈地获得基本的生活来源。通过对荒地的圈围,圈地者将本无经济价值的土地变成了具有生产能力的资产,并且因此确立了相应的权利。这是实际就意味着,对于这类资源,谁建立了权利,谁就获得了资本!但即使是对这样的土地进行圈围,有时也要经过周边所有者或教区的协议。例如,“1576—1594年间兰开郡(Lancashire)的沃利(Whalley)教区的亨菲尔德(Henfield)公地由克莱顿-勒-摩尔(Clayton-le-Moors)、阿萨姆(Atham)和艾克灵顿(Accrington)镇区分占了。欧德汉姆(Oldham)附近的西尔摩尔(Thealmoor)

在1526年以前就由查德顿(Chadderton)、阿尔金顿(Alkington)和拿瑟斯特(Nuthurst)三地的地主分占了。部分荒地的圈围是为了造就一些公共牧场,这样可以改善牧草的质量并为牲畜提供更好的遮蔽处。在詹姆士一世统治时期的约克郡的伯斯(Bowes)沼泽,以及查理一世时期的罗瑟汉姆(Rotherham)附近的戴那谷畔瓦特(Wath-upon-Dearne)都发生过这种形式的荒地圈围。伊丽莎白统治时期,约克郡西区的伯顿-伦纳德(Burton Leonard)完成了荒地的积极的殖民过程,目的是为了增加耕地,结果那里的地产数量由60牛路增加到84牛路。"[①]因此自15和16世纪以来,通过荒地圈围使农业中的这类固定资本(土地)获得了面积上的扩张和质量上的提高。[②] 农业投资从这时起已开始带有一定的现代意义了,只不过此时的社会环境尚不如18世纪自由,扩张的量尚不很引人注目。

社会变得自由,农业资源可以越来越自由地得以应用,投资者选择的是维护自己和尊重他人权利的方式,这些共同构成了英国增长道路上独特的社会机制。

除了为补偿已有的固定资本折旧外,18世纪中期直到19世纪中

---

① Joan Thirsk, *The Rural Economy of England*, London: The Hambledon Press, 1984, pp. 67—68. 另注:牛路(Oxgang)为中世纪英格兰土地面积单位,面积为一犁地的八分之一。一犁地(Ploughland or Carucate)指8头牛一年可耕犁的土地,但具体面积不详。

② 广泛的圈地没有出现在中世纪,而到十五六世纪才出现。本书对此的解释与前述对增长性投资的解释是一致的。敞田的圈围肯定要涉及土地的交换和权利的重新界定,而如果这种情况在领主之间大范围发生,那么就肯定意味着他们将彻底打乱原有的从其上级领主领有土地的关系。这种关系一旦打乱,领主与附庸之间的权利、义务关系就会瓦解。广泛的敞田圈地必须以土地的地主占有制为基础,而不可能以领主领有制为基础。中世纪也曾有圈地发生,13世纪时已有国王授权圈地的案例,但这种情况只是个别现象,而且是征得最高领主同意的。这种个别案例的发生不会打乱整体的权利义务框架。

期的农业投资的增长主要是为了达到以下的目的：其一，适应人口的增长所带来的对农产品需求的增加。工业革命时期是英国历史上人口增长最快的时期，单就英格兰和威尔士而言，18 世纪 50 年代的人口约为 600 多万，1851 年的已将近 1800 万。① 人口的增长势必带来需求的增长，为了增加农业产出而实施的土壤改良、扩大耕种面积等措施肯定要引发某种比例的投资。其二，农产品价格的上升使得在一定时期内增加农业产品生产更加有利可图。18 世纪的大部分时间里粮食价格基本稳定，但到 18 世纪末期受连年歉收和拿破仑战争的影响粮食价格快速上涨。以小麦为例，1767—1794 年间小麦价格总体波动于 41～59 先令；1795—1820 年则出现了一个异常的高价格期，价格基本上都在 76 先令以上；其中 1800—1801 年达到 128 先令；1809—1813 年为 106～120 先令，②拿破仑战争以后价格才开始回落。价格的快速上升刺激了开荒等投资行为。其三，为了重新安排和明确界定土地的权利而进行的圈地投资。做出这类投资决策的目的最根本的并不是迎合经济刺激，而是更有效地解决人与资产的关系。

圈地作为一种投资的目的和投资的形式，在农业投资中占有无法忽视的核心地位。一方面因为圈地而进行的资本投入数量巨大，完全值得深入研究。G.E.明盖认为："1760 年后土地业主的主要投资是以对大规模圈地的新兴趣为特征的，且花费巨大。"③而更重要的是另一

① Ed., B. R. Mitchell, *British Historical Statistics*, Cambridge: Cambridge University Press, 1988, pp. 8—9.

② Thomas Tooke, *A History of Prices*, Vol.II, London: Longman, Orme, Brown and Longmans, 1838, pp.388—389. 另注：此处指温彻斯特(Winchester)夸特。

③ G.E. Mingay, *English Landed Society in the Eighteenth Century*, London: Routledge and Kegan Paul Ltd., 1976, p. 179.

方面，18 世纪中期以后进行的农业生产投资大多是在已圈围的土地上的投资。也就是说，相当大的程度上工业化时期的农业投资是以圈地为制度基础的。对于议会圈地之前的圈地数量，大多数学者都认为这是一个比较棘手的问题。由于相关资料的缺乏，很难给出一个比较确切的总体估计数。对圈地颇有研究的 W.E.塔特只做了一个相当模糊的估计："英格兰的几乎所有各郡的数以千计英亩的土地是以这种方式圈围的。"①的确，这个估计似乎缺乏任何实际的价值。J.R.沃迪给出过一个比较明确的估计数，他认为到 1760 年英格兰和蒙茅斯郡至少有 75%的土地已在前几个世纪的圈地中被圈围了。② 沃迪的数字虽然也只是一个大致的比例估计，圈地的实际面积仍不得而知，但至少比许多历史学家的"大部分"的概念清楚多了。基于这种情况，我们也只能认为 18 世纪中期以前英格兰的"大部分"土地已经圈围了，剩下的土地也将在其后的一百多年内被圈围。因此可以肯定地说，工业革命时期的农业投资基本上是在早已圈围的土地上的投资，或正在圈围的以及刚刚圈围的土地上的投资，而主要不是在中世纪式的敞田上的投资。

最值得关注的是以扩大生产规模和导致固定资本存量增长为目的的投资，具体形式上包括修建土地围篱、修筑教区道路、沼泽排水、改良土壤、兴建和修缮农场房舍、制备各类生产工具、挖筑水利沟渠等等。再有就是以圈地的形式开垦荒地，从而获得边际生产用地。这些投资已大大超出仅仅维护现有固定资本的规模，将导致农业中资本总量的不断增长，故称之为增长性投资。与圈地直接相关的投资当然也属于

---

① W.E. Tate, *The Enclosure Movement*, New York: Walker and Company, 1969, p. 47.

② J.R. Wordie, "The Chronology of English Enclosure, 1500—1914", *The Economic History Review*, *Second Series*, Vol. XXXVI, No. 4, Nov. 1983, p. 488.

这一类，但因其旨在确定一种新的土地使用制度而最具特殊性，故将其定义为制度性投资。

第二节　土地的制度性投资及资本来源

一、土地的制度性投资

所谓土地的制度性投资，指确定或重新安排土地权利的投资，其形式为圈地。确定土地权利是指，将原本缺乏或没有明确权利所属的土地变为绝对的个人土地。重新安排土地权利主要指，将原本就具有个人权利的土地重新安排财产权利。18 世纪的圈地又被称作“议会圈地”，这是因为打算圈地的教区通常都会向议会申请一个特别法令，根据议会的授权实施圈地。

在早期的圈地申请中，发起人时常会向议会申明他们试图圈地的理由。这种做法后来逐步程式化，以后的请愿书甚至干脆照抄过去请愿书上的理由。这说明当时的人们对圈地的原因存在着一定程度上的认同。最普通的理由主要是说明现有敞田在使用上存在着诸多的不便，不利于土地耕作。威尔特郡（Wiltshire）的金斯敦-迪夫瑞尔（Kingston Deverill）教区在 1781 年递交的议案就是这样写的：

> ……各个业主和财产主的土地交杂在一起，一小块一小块的土地分散在各处。对于业主和产权人的房子和已圈围的土地来说，大部分这样的土地位置很不方便。在目前的状态下也无法进

行大力的改善。①

实际上，当时的人们指责敞田所造成的不方便就是指土地使用的低效率。而圈地是解决上述问题的最佳手段，18世纪末亨廷顿郡（Huntingdon）的农业报告即这样说：

> 公田的大分配和圈地是最大限度提升本地利益的唯一方式。通过这种方式，每个业主将使他的地产成为整片连续的状态；他可以将他的土地用于正确的用途；（也就是说，当可以转变为其最好用途时，耕地转变为草场以及草场转变为耕地）来引进最佳的、特别适合于不同的农业系统；来实现恰当的排水；来促进木材的生长；来产生一种什一税安排，如此，对于致力于土地及其产品的各方人士都是非常值得做的。②

阿诺德·汤因比的观点也支持了当时人的看法。他将圈地视为英国现代农业进步的前提。工业革命时期英格兰的许多地方仍然保留着敞田制，这样的土地权利方式缺乏或没有明确的个人权利，具有集体或公共财产权的特征。他认为这种土地对生产进步有着难以克服的障碍，其缺点包括："1.必须对农作物采用同样的耕作程序。没有合适的

---

① *An Act For Dividing and Allotting in Severalty the Open and Common Fields and Downs, Common Meadows, Common Pastures, and Commonable Places, within the Parish of Kingston Deverill, in the County of Wilts* (25 *October* 1781), p. 2, Private Acts 1702—1727 and Private Bills 1727—1814.

② Thomas Stone, *General View of the Agriculture of the County of Huntingdon*, London: J. Nichols, 1793, p. 18.

轮作是易行的，……也没有大规模的养羊业。2.由于劳工和牛要在教区的一个尽头到另一个尽头的分散地片上穿行，许多时间失去了。3.关于草场和麦茬的放牧权以及土地边界的问题，永远都会引发争吵。在一些田地上，没有'垄'来划分地块，人们可能在趁夜晚犁地时从他们的邻居那里偷得一畦。"①按照汤因比的分析，由于共同耕作，单个农场主就无法种植新品种也无法使用新的耕作方式；由于各家的土地过于分散，耕作起来不仅麻烦耗时而且也无法进行大规模的生产；由于权利模糊，会不断产生土地的权利之争而干扰正常生产。而将敞田转变为圈地则可以有效地解决上述难题。因此，他认为："在圈地实践与农业改进之间的联系是非常紧密的，……耕作最好的是那些长久以前就已完成圈地的郡。"②

当然导致大规模议会圈地的原因绝不限于当时人的这种表白，现代的历史学家也做出了观点各异的分析。H.G.亨特总结的因素包括："日益增长的人口为大量的国民食物生产提供了市场，并且，人们已经看到，由于农业商品化可能性的扩展，刺激了企业型的农场主和地主花费大量的金钱去保证在个人独占的财产上耕作。进一步的有利刺激来自大幅减少的陆路交通费用。通过拓宽市场削弱了农场主的地方垄断力量，并且增加了农业生产的竞争性。同时，刺激还来自战时的物资缺乏，这一点导致价格飞涨，并使得荒地的耕作更可获利。最近的研究正

---

① Arnold Toynbee, *Lectures on the Industrial Revolution of the 18th Century in England*, Rivingtens 1884, p. 40.

② Arnold Toynbee, *Lectures on the Industrial Revolution of the 18th Century in England*, Rivingtens 1884, pp. 40,41.

好表明长期的利率下降也有利于得到圈地所需的资金。”①亨特的解释有相当的代表性，许多历史学家都喜欢用这种思维方式研究历史事件的原委，他们习惯于将发生在前的事件作为后发生事件的原因，不过亨特的这种分析却实在令人难以信服。实际上他只是叙述了圈地的时代背景和过程，根本没有说明为什么要圈地。唐纳德·麦克劳斯基同意敞田是低效率的，而圈地增加了英格兰农业的效率。但是他又说：“无效率是如此之明显，以致这一问题已经不是为什么圈地在这时产生，而是为什么不产生得更早？”麦克劳斯基认为并非效率问题，而是市场化导致了圈地的发生。② M.特纳认为议会圈地的高峰与法国革命及拿破仑战争同时发生，战争与封锁导致粮食短缺和价格上涨。粮食供不应求的根本原因在于现有状况下土地不足，“因此，圈地的动机是土地缺乏”③。马克·奥弗顿关注的是16世纪圈地的起因，但这与18世纪面临的问题是相似的，他认为：“地主圈地的主要刺激因素是土地被圈围后比敞田公地价值更大”④，也就是说土地经圈围后可以给地主带来更多的租金收入。然而，这却不是圈地的原因而是结果。最初圈地的人们不一定会预料到圈地能带来租金的提高。租金上升是圈地以后人们认识到的结果，于是后来的人们才据此主张圈地。仅就敞田的圈地而

---

① H.G. Hunt, "The Chronology of Parliamentary Enclosure in Leicestershire", *Economic History Review*, *New Series*, Vol.10, No.2, 1957, p. 265.

② Donald N. McCloskey, "The Enclosure of Open Fields: Preface to a Study of Its Impact on the Efficiency of English Agriculture in the Eighteenth Century", *Journal of Economic History*, Vol.32, No.1, Mar. 1972, pp. 17, 20.

③ Michael Turner, *English Parliamentary Enclosure: Its Historical Geography and Economic History*, Folkstone: Dawson, 1980, p. 101.

④ Mark Overton, *Agricultural Revolution in England, 1500 — 1850*, Cambridge: Cambridge University Press, 1996, p. 162.

言，整合后的成片土地减少了农场主经营上的不便，提高了经营效率，也就提高了现有资产存量的价值。但敞田相对于圈地的低效率从来都是存在的，但敞田为什么还沿用了那么长时间呢？效率是一个相对概念，在圈地出现之前人们未必能认识到敞田的低效率，而且在当时的制度下也不一定就是低效的。

历史学家们给出的种种解释，包括许多合理之处，其中一些因素的确与议会圈地的兴起有着直接的关系，如18世纪以来的人口增长、农产品价格上升、土地的稀缺性日益突出、相对于圈地来说敞田的确效率低下。这些因素都可能要求农业在制度上出现某些变革，然而有一个更重要的因素为历史学家们忽视了。这就是上述的因素可能引发人们进行变革，也可能不引发变革，而且变革的方式也不一定是圈地。因此，问题的关键在于为什么最终的选择方案是议会圈地而不是其他呢？这就成为做出解释的根本所在。当时人们已经指出了敞田的不方便，许多历史学家也认识到了低效率问题，但对导致不方便或低效率的根本因素却缺乏进一步考虑。事实上，正是权利界定得不够清楚才导致了资源使用的不方便或低效率。正如前文已经表明的，理解18世纪议会圈地和此前的圈地的最关键之处在于，英国人以其特有的思维方式在解决土地资源的权利所属问题，而不是土地的多少问题。按照这种思维逻辑，即使人口对土地的压力不大，人们也会选择圈地来使个人对财产的权利变得更明确。而当需要更多和更有效的土地资源时，人们首先想到的是界定清楚个人对未来资源的权利。所以，对整合旧土地的选择是圈地，对开发新土地的选择也是圈地。资产的所有者以明确界定个人权利的方式提高现有资产的生产率和获得更多的资产。从中世纪结束到18世纪工业革命，明确的个人财产权利已成为人所共识的理念。如果没有这种观念，他们的选择就可能完全不同。

圈地的意义在于它是一种为明确和重新界定个人财产权利的投资，这一点近些年来已为一些历史学家所关注。唐纳德·麦克劳斯基即认为对于圈地而言，“此处增长的源泉当然不是一般形式的资本积累或技术变化，而仅是一种土地法律权利的重新安排。正如有关经济增长的著作所使用的‘前提条件’这个词，如果它包含了某些东西，那么它就必须包括私有财产法律制度的形成，而圈地则是其良好的例证”①。G.E.明盖也提出：“总体上，对于那个时代来说保证和实施议会圈地的支出代表了用于农场经营现代化的巨大资本投资。”②说圈地是明确个人财产权利的投资，是因为将敞田圈围后明确了个人权利的排他性。圈地与敞田的最重要区别在于，在敞田制下土地的业主或持有者的权利不够明确，土地的使用缺乏鲜明的排他性。在敞田制下，庄稼收获以后所有耕地都向村舍居民开放，任何人的牲畜都可进入他人的土地吃麦茬。在这种情况下个人财产在一定时期内就不具备排他性。结果，一个区域内的所有农场主只能选择种植同种类的庄稼，同时播种并同时收获。这就使得农场主无法选择个人认为最有利的生产品种，也就是限制了个人追求利润最大化的自由。进一步说就是，敞田这种土地使用方式妨碍了个人的劳动投入和更多的资本投放。圈地是将土地圈围起来，敞田上权利的模糊性消失，生产者就可以在经过整合的、排他性权利明确的农场上选择最佳的经营方式。敞田圈地又是重新界定个

① Donald N. McCloskey, “The Enclosure of Open Fields: Preface to a Study of Its Impact on the Efficiency of English Agriculture in the Eighteenth Century”, *Journal of Economic History*, Vol.32, No.1, Mar. 1972, p. 16.

② G. E. Mingay, *Parliamentary Enclosure in England: An Introduction to Its Causes, Incidence and Impact 1750—1850*, London: Longman, 1997, p. 111.

人财产权利的投资，因为圈地并不是简单地将各家的分散条田逐个圈围起来，而是取消分散的条田并把土地进行重新分配，最终使各家的土地成为连片的块地，所以必须包含重新界定财产权利的过程。经过整合，耕地的经营更方便，土地资产的价值也常常相应地上升。

圈地不仅圈围敞田，还圈围公地。公共草场名义上属于地主，但为乡村共同体的居民共同使用，这种土地实际上体现着财产的公共权利属性。公共财产权利与界定不清楚的个人财产权利相比排他性更差，是一种完全没有排他性的财产权利。每个人都可以使用这种财产并得到好处，使用越多收益越多，但却没有人对它承担义务。这种资源的使用方式在地广人稀的中世纪并不会表现出明显弊端，但到了现代时随着人口的稳定增长，资源的稀缺性日益突出，这种资源使用方式的弊端也就愈加明显。最大的弊端就是土地使用的低效率，因为人人都可以不承担义务而得到好处，这就必然会导致资源的滥用。将公地圈围后废弃了公地权，建立了排他性的个人财产权利，同时获得了土地资产的扩张。圈地的意义又不仅仅是明确及重新界定财产权利的投资，它还是使土地资本获得数量上增长的投资。议会圈地原则上是依据个人财产权利来实施的，并通常以法律的形式确定下来。[1] 荒地本无经济价值，过去也无人主张权利。但通过圈占和标明权利，荒地同样变成资本资产。

无论是敞田还是公地或荒地在圈地时都要重新进行分配，分配的原则是：对该教区土地拥有权利的人，按照原有土地的比例得到圈围后的土地；对该教区土地不拥有权利的人，原则上也没有权利得到圈围后的土地；该教区圈地投资的成本，原则上依据个人对教区土地权利的大小按比例分摊。圈地是依照业主权利大小的原则来实施的，这是理解圈地投资的最根本所在。金斯敦-迪夫瑞尔的圈地议案中正是这样写的：

> 按照他们的权力和利益的比例，如果同样的土地被划分，并以独占的方式将特定的份额分配给他们，这将对涉及这些土地的利益的人们非常有利。如果没有议会的帮助和授权这些将不能实现。[2]

---

① 自17世纪开始，圈地已通过法律的方式进行，其主要形式是通过获得大法官法院(The Chancery)或财务署法庭(The Court of Exchequer)的判决来得到法律确认。大法官法庭或财务署的判决实际上为涉及圈地的人提供了必要的保障。具体程序以大法官法院的裁决为例。首先是召开一个代表各方利益的会议，包括代表土地贵族和神职人员的各一名，代表平民的两名。委员会组成后开始进行有关调查并起草一份裁定书，土地调查结果被绘制成“土地图册”。在协议和裁定工作结束后委员会将协议书和裁定书提交大法官法庭，最终由法庭裁决准予圈地。W.E.塔特认为：“财务署法庭的裁决似乎是特别用于荒地的圈地”。(W.E. Tate, *The Enclosure Movement*, New York: Walker and Company, 1969, p. 48)这种圈地的法律程序一直沿用到18世纪中期的议会圈地开始时，议会圈地实际上基本沿用了17世纪的做法，只不过将法律程序转到了议会而不再是大法官法院。

② *An Act For Dividing and Allotting in Severalty the Open and Common Fields and Downs, Common Meadows, Common Pastures, and Commonable Places, within the Parish of Kingston Deverill, in the County of Wilts*(25 *October* 1781), p. 2, Private Acts 1702—1727 and Private Bills 1727—1814.

圈地是确定权利的投资，而圈地后出现的两个直接结果更使地主和农场主认识到投资于制度性变革可带来生产的增长，于是圈地更易为人们接受。一个结果是产出和生产效率的提高。这一结果证明即使没有新技术产生的情况下，仅是制度性变革就可以促进生产效率。许多历史学家都同意圈地并不一定直接导致新技术的采用，如 W.H.B.考特说："不应过高估计圈地式农业的效益，加上篱笆或树丛并不一定意味着这位农民的耕作方式比在散在土地上作业的邻居或比他在散在土地上使用的耕作方法强多少。"①新技术的引进往往要有较长的过程。但效率的提高却经常能够直接显现出来。阿瑟·杨（Arthur Young）1770 年在撒福克郡（Suffolk）的瑞斯比（Risby）对敞田和圈地小麦生产的比较有这样的结论：

> 对于小麦，他们犁 4 次，播种 2 蒲式耳 1 配克，按中等产量算敞田上收 17 或 18 蒲式耳。而在圈地上，收获 3 夸特 2 蒲式耳。②

北安普顿郡（Northampton）的农业报告也提到：

> 毫无疑问，如果公田的平均产出是每英亩 3 夸特，同样的土

---

① ［英］W.H.B.考特：《简明英国经济史》，方廷钰等译，商务印书馆，1992，第 41 页。另注："散在土地"即指敞田。

② Arthur Young, *A Six Months Tour Through the North of England*, Vol. I, London: W. Strahan, 1770, pp. 161—162.另注：1 夸特（quarter）＝8 蒲式耳（bushels）＝32 配克（pecks）

地，由于圈地产生的改善，产出平均为每英亩 4 夸特。①

这样，阿瑟·杨的例子中圈地对敞田的变革带来了约 45%的产出增长，而北安普顿郡则是 33%。畜牧业的效率提高可能更大。阿瑟·杨在《北游记》中述及：

圈地地区与敞田地区相比在羊毛产量和利润上有惊人的优势。……通过圈地每只羊可以得到 9 磅羊毛而不是 3 磅。也就是，一只羊的产量同三只敞田上的羊一样多。对于利润，一只能产生五只一样多。"②

可见，制度的差异可以产生效率的差异。

另一个结果是地租的提高。圈地会带来生产的便利和产出的增加，这样的土地自然会为地主带来更高的租金。

凯庭(Ketting)公田最近已被圈围，大约 2000 英亩。在敞田的时候，地租是每英亩 1 英镑到 1 英镑 10 先令，但是，自从圈围后，每英亩地租值 2 英镑到 3 英镑 15 先令。③

---

① William Pitt, *General View of the Agriculture of the County of Northampton*, London: Richard Phillips, 1809, p. 70.

② Arthur Young, *A Six Months Tour Through the North of England*, Vol. IV, London: W. Strahan, 1771, pp. 189—190.

③ William Pitt, *General View of the Agriculture of the County of Northampton*, London: Richard Phillips, 1809, p. 63.

这样的实例在各郡的农业委员会报告中大量存在。

由于有关议会圈地的法律文件仍比较完整地保留至今，所以可令学者对议会圈地的研究建筑在较为详实的原始资料的基础上。尽管不同学者的统计估算细节上总有差距之处，但总体状况往往会存在相当大程度的相近性。据 M.特纳的统计，“从 1604 年的拉迪颇尔的多塞特村(Dorset village of Radipole)的第一个议会法案到 1914 年的最后一个法案，英格兰用于圈地的法案共有 5265 个，类型分别为特别法案和公共法案以及几个《普通圈地法》下的法令”①。这一时期内由议会圈地法案授权圈地的土地面积约 680 万英亩，占英格兰土地面积的 20.9%，其中 3828 个圈地法案是在 1750—1819 年间颁布的。② 约翰·查普曼的研究认为英格兰议会圈地面积为 725 万英亩，威尔士的圈地面积为 117 万英亩，总计 842 万英亩，总圈地面积的 59.67%是公地和

① Michael Turner, *English Parliamentary Enclosure: Its Historical Geography and Economy Histroy*, Folkstone: Dawson, 1980, p. 32. 另注：议会的圈地法案大致可分两种类型。最重要的是特别法案，包括圈围敞田和毗邻公地的特别法案，以及圈围公地和荒地的特别法案。所谓特别法案，是一种针对性法令。这类法令是议会根据某个教区的圈地请愿而通过的法律，特定的法律仅授权特定的教区进行圈地。另一类是 1836 年以后颁布的一系列《普通圈地法》，这是一种普遍适用的圈地法律。但这类圈地法的影响远不如特别圈地法，G.E.明盖的研究表明议会圈地中仅有不到 6%的敞田是在这类法律下圈围的，M.特纳的估计是 5.6%，同时特纳的研究认为公地和荒地的圈地中有不到 23%的比例是在这类法律下圈围的(G.E. Mingay, *Parliamentary Enclosure in England: An Introduction to Its Causes, Incidence and Impact 1750—1850*, London: Longman, 1997, p. 30; Michael Turner, *English Parliamentary Enclosure: Its Historical Geography and Economy Histroy*, Folkstone: Dawson, 1980, pp. 178—179, Appendix 2.)。可见，这类法案相对来说主要是针对公地和荒地的圈围。

② Michael Turner, *English Parliamentary Enclosure: Its Historical Geography and Economy Histroy*, Folkstone: Dawson, 1980, p. 32.

荒地。[①] 而这近五分之三的比例正代表了投资获得新的土地资产的比例。显然，特纳与查普曼的统计存在着差距。而罗杰·凯恩和约翰·查普曼等人2004年的成果认为，特纳的统计忽视了一些因素，低估了圈地面积。[②]

尽管通过议会法案圈地的历史覆盖了从1604到1914年超过300年的时间，但议会圈地主要集中在工业革命这个时段内。从18世纪50年代到19世纪50年代，议会圈地共可分为三个时期：第一时期是18世纪50年代到80年代，这个时期通过的议会法案由1755—1764年的年均22个增加到18世纪70年代的64个，80年代又下降到24个。第二个时期从18世纪90年代到1820年，1790—1819年年均通过的法案数为75个。1820年到工业革命结束前为最后一个时期，这个时期议会圈地已日趋下降。[③] 大约80%的法案集中在18世纪60年代至1815年的两个时期中。M.特纳的研究表明，到1793年前共有1611个圈地法案，圈围约260万英亩土地，约占英格兰总面积的7.9%。1793—1815年间圈地法案为1969个，圈围面积为290万英亩，占英格兰的8.9%。1816—1829年通过法案365个，圈地面积超过38万英

① John Chapman, "The Extent and Nature of Parliamentary Enclosure", *Agricultural History Review*, Vol. 35, 1987, pp. 28, 29.

② Roger J. P. Kain, Hohn Chapman and Richard R. Oliver, *The Enclosure Maps of England and Wales 1595—1918*, Cambridge: Cambridge University Press, 2004, p. 27.

③ G.E. Mingay, *Parliamentary Enclosure in England: An Introduction to Its Causes, Incidence and Impact 1750—1850*, London: Longman 1997, p. 21; Michael Turner, *English Parliamentary Enclosure: Its Historical Geography and Economy Histroy*, Folkstone: Dawson, 1980, p. 68.

亩,占英格兰的 1.2%。①

仅就英格兰而言,议会圈地遍及全境,然而各郡圈围土地的比例却很不一致。圈地比例最高的郡包括剑桥郡 53.4%,亨廷顿郡 50.5%,北安普敦 53%,牛津(Oxford)54.3%。这些郡议会圈地的比例均在一半以上,可谓议会圈地的高密度郡。圈地比例最低的一些郡则连 3%都不到,如康沃尔(Cornwall)1.2%,德文(Devon)2.5%,肯特(Kent)0.8%。② 其他各郡的比例多在 10%~50%之间。从整个英格兰的议会圈地分布来看,议会圈地主要集中在英格兰中部的米德兰地区(Midlands)和北部的约克郡,其他地区则很少。但这个集中区域恰恰是敞田制的主要分布区域。③ 敞田制农业以二圃或三圃制、休耕、公地和公权为特征,是英国旧农业中最能抵御变革的用地制度,直到工业革命前仍在上述地区占据很大比例。

---

① Michael Turner, *English Parliamentary Enclosure: Its Historical Geography and Economy Histroy*, Folkstone: Dawson, 1980, pp. 69 — 71; Michael Turner, "Cost, Finance, and Parliamentary Enclosure", *Economic History Review*, May, 1981, Vol. 34, Issue 2, pp. 237—238.

② Michael Turner, *English Parliamentary Enclosure: Its Historical Geography and Economy Histroy*, Folkstone: Dawson, 1980, pp. 181—182.

③ 自中世纪以来,英格兰的土地系统相当复杂。敞田制并不是覆盖全境的系统,而主要存在于英格兰自南到北的中间地带。霍华德·格雷的研究表明,敞田制"被限制于在一个大的不规则地区,主要在米德兰。中央地区向北远至达拉姆(Durham),向南到英吉利海峡,从东边的剑桥郡到西边的威尔士边界";英格兰的其他地区的田制则是有别于此的凯尔特制、肯特制、东昂格里安制(Howard Levi Gray, *English Field Systems*, Cambridge: Harvard University Press, 1915, p. 403 及相应各章)。这一结论得到后来的很多学者认可。C.S. & C.S. 奥温认为,16 世纪初敞田制主要存在于英格兰中部和约克郡,其他地方即使在中世纪时敞田的证据也不多,如兰开郡等(C.S. & C.S. Orwin, *The Open Fields*, Oxford: Clarendon, 1954, pp. 63—68)。W.E.泰特也采用了这一观点(W.E. Tate, *The English Village Community and the Enclosure Movement*, London: Victor Gollancz, 1967, pp. 56—57)。

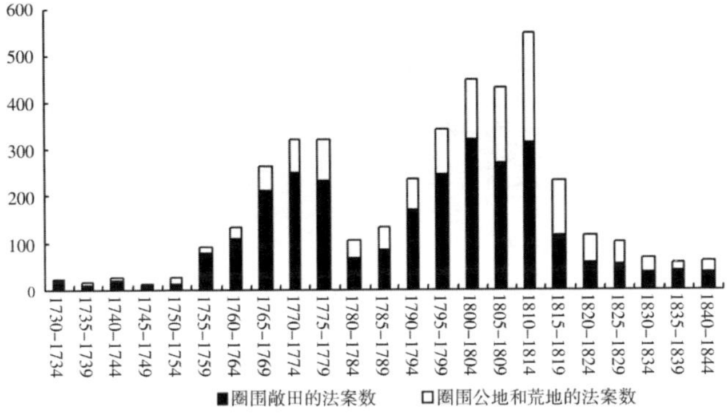

图 2-1　议会圈地法案数量　1730—1844 年

资料来源：根据 Michael Turner，*English Parliamentary Enclosure*，Folkstone：Dawson，1980，p.68，Table 10 做出。

W.E.塔特指出，大约从 1760 年圈地的普遍方式已是议会特别法案。① 琼·瑟斯克认为，议会法案代替了大法官法院的裁决，是因为这种裁决提供的保障不够完全。② 圈地授权由大法官法庭或财务署法庭转向议会，这一特征与英国的政治转变不无关系。光荣革命后政府权力的中心已由国王转移到议会，这样，议会法令就比任何其他法令更具权威性。自 17 世纪起，无论是大法官法庭或财务署法庭的法令，还是议会的法案，都已说明圈地已成为法律下的社会活动。那么，为什么教区要选择通过法律途径来实现圈地呢？既然议会圈地是按照所有者权利来实施的，那么即使没有法律授权，只要所有者各方达成了不损害各自权利的协议，圈地应该同样可以实施。实际上即使是在议会圈地时

① W.E.Tate，*The Enclosure Movement*，New York：Walker and Company，1969，p. 49.

② Ed.，Joan Thirsk，*The Agrarian History of England and Wales*，Vol.V-II，Cambridge：Cambridge University Press，1985，p. 380.

期，也有部分圈地是未经过议会法律程序的。如汉普郡（Hampshire）18 世纪的圈地中有 45％是协议圈地，未经过议会授权，19 世纪这种情况也有 7％。[①] 也就是说，上述的做法也完全可以行得通。但多数教区都选择了申请议会授权，且不惜花费高额成本。其原因在于，一旦重新界定的财产权由法律确定下来，其合法性就不容置疑。毕竟，极少有人敢于挑战法律。

圈地投资从程序上可以划分为两个阶段：第一个阶段是履行法律程序和谈判重新确定权利安排的投资，也可称之为实施权利安排的投资；第二个阶段是圈地工程的投资。

第一个阶段，包括决定是否圈地的谈判和如何进行圈地安排的谈判，以及履行法律程序的过程。关于是否进行圈地的谈判肯定要付出代价，而且一旦最后的结果是否决圈地计划，那么先期的投入无疑就等于付之东流。具体的圈地规划更要经过反复谈判才能达成，因为这涉及如何将土地的财产权利进行重新分配的关键问题。这一过程同样要付出高昂的交易费用。圈地是在土地业主之间做出的一种权利安排，由此产生的费用自然要由所涉及的土地和权利的拥有者承担，每个业主承担的份额相当于全部圈围土地中他所享有的份额。圈地的法律费用包括从律师起草提案、提交议会讨论直至议会通过法案的全部过程所需的花费。

圈地由当地的业主发起，且一般大多是大地产者。阿瑟·杨在谈到约克郡东区的一处圈地时，这样描述当地的圈地谈判：

---

① John Chapman & Sylvia Seeliger, "Formal Agreements and the Enclosure Process: The Evidence from Hampshire", *The Agricultural History Review*, Vol. 43, 1995, Part I, p. 38.

> 大地产业主一般同意圈地方案，在他们自己之间协调主要观点，并且在召开任何业主大会之前就选定他们的代理律师。尽管那些小业主全部财产可能都在当地镇区，但他们却在规定议会法案条款方面极少有或根本没有影响。……拥有该庄园、教区、领地等五分之一土地的任何业主有权否定圈地方案，结果较穷的业主经常被迫同意不合理的条款，而不是放弃他们希望从圈地得到的所有好处。①

程序的第一步是向教区的主要土地业主征询意见，在各方意见基本达成一致的基础上起草一份草案。协议的过程经常不是简单而顺利的，它由一系列业主之间的谈判构成，有可能历经几年的时间才能完成。这个阶段谈判的内容大致可能涉及如下两方面：第一，是否应当圈地，无疑谈判如果不能就此达成多数一致，圈地就无法进行；第二，圈地费用将如何承担，所有这些过程都是有代价的，这说明实施财产权利的过程并非没有成本，圈地的资本投资从协商圈地起就已经开始。

在教区各方达成初步协议后，便向议会下院提交请愿书。议会圈地早期的请愿书陈述比较详细，以后比较程式化和简单，且多参照以前的请愿书形式。提交议会的文件必须包括涉及圈地的有关详细内容，如教区中全部土地业主的名单、每人土地的价值、对议案的态度以及业主的签名。为了能使议案通过，需要财产权的多数支持。1800 年的《圈地议案报告》称，同意圈地的产权人比例需达到四分之三或五分之

① Arthur Young, *A Six Months Tour Through the North of England*, Vol. I, London: W. Strahan, 1770, pp. 222—223.

四。该报告的附录中载有8位圈地委员的证词，其中有5位提到，协调各方意见或获取“同意”是非常困难的事情，需要大量的工作。[①]议案是否通过取决于来自大比例土地上的意见，而不是支持或反对的产权人的数量。这实际上就是按财产权利份额的大小来决定对财产的处置。获取“同意”的困难说明了在各方权利间进行谈判的难度。明盖对议会上院档案部保存的92份征求意见的文件样本进行了研究。其中，26宗圈地中全部的业主都表示同意；19个圈地案中没有反对意见，但有不等数目的业主未表态；其余的47个圈地中均包括了不同比例的反对意见，反对大多来自小土地业主。[②] 如果教区多数土地的业主不能达成一致，圈地将很难完成。在1730—1839年建提交议会的5,494个提案中就有1,453个因各种原因流产或延滞，占总数的26%。[③]

从议案提交议会审议到通过，同样包含相关的费用。1800年《下院圈地议案报告》统计了1786—1799年的707个议案的议会程序平均费用是每案约169英镑。[④] 19世纪末莱基的《十八世纪英格兰史》认为，议会特别法案的费用“一般达到180到300英镑之数，有时会更大”[⑤]。平均数如此，个案中超过300英镑甚至500英镑的时候也不少

---

① Report from the Select Committee on Bills of Inclosure, 1800, pp. 5, 16—32. *Parliamentary Papers*.

② G. E. Mingay, *Parliamentary Enclosure in England: An Introduction to Its Causes, Incidence and Impact 1750—1850*, London: Longman, 1997, p. 64.

③ G. E. Mingay, *Parliamentary Enclosure in England: An Introduction to Its Causes, Incidence and Impact 1750—1850*, London: Longman, 1997, p. 68.

④ *Report from the Select Committee on Bills of Inclosure* (1800), p. 34, House of Commons Sessional Papers of the Eighteenth Century, 130.

⑤ William Edward Hartpole Lecky, *A History of England in the Eighteenth Century*, Vol. VI, New York: D. Appleton & Co., 1887, p. 198.

见。约克郡北区的一个教区的议会费用为370英镑，萨默塞特(Somerset)的两个教区用于议会的开销分别是500和300英镑。① 在整个法律程序中聘任律师经常是必不可少的。律师一般有两位，一位是本地律师，负责教区内的有关事宜。另一位是伦敦律师，负责提案提交议会后的有关事宜。提案通常由律师起草，在议会通过后地方律师往往会被当地圈地委员会聘为秘书，继续从事圈地工作。各个圈地案的法律工作量并不一样，但无论如何律师费都是一笔高昂的费用。

议案经议会通过和国王签署后成为议会圈地法案，至此便开始进入法案的实施阶段。圈地的实际工作由教区的圈地委员会执行。委员会大多由三名委员组成，另外还有一名书记员和一名调查员，但委员也可多达十数人或仅有一人。圈地委员在圈地过程中负责财产调查、土地裁定和分配等重要事宜，责任和权力重大。如，牛津郡的一项圈地法有这样的条款：

> 当由本法律规定下被圈围的、上述的公田和其他房地产，应被上述委员分割和分配。……这将、并也是合法的，上述的委员，裁定、安排和负责所有的、据本法将圈围的上述公田和房地产范围内的水流、泉水或水道。②

因此，一些大土地业主为了掌握有利局面，经常一开始就任命圈地委

① W.E. Tate, "The Cost of Parliamentary Enclosure in England", *Economic History Review*, New Series , Vol.5, No.2, 1952, p. 259.

② *An Act for Dividing and Inclosing the Open and Common Fields, Lands and Downs within the Manor and Parish of Westwell in the County of Oxford*, Parliamentary Papers.

员。进入19世纪,随着圈地费用的不断上升,为了节约成本起见,仅任命一名委员也是常见的情况。一般来说三名委员分别代表着庄园地主、什一税拥有者、其余各方三个群体的利益。任命圈地委员,决定如何进行实质性圈地的过程由此开始,这是一个谈判如何重新安排业主财产权利的过程。第一,调查员要丈量、勘察教区的边界和土地面积,并绘图标出现有持有地的分布状况。第二,标出未来计划的新分配地块和道路的边界、走向、占地面积。第三,就圈地的计划反复征求各方业主的意见,协调各方利益以求最终达成一致。第四,将圈地的最终安排以圈地裁定书的方式确定下来。裁定书的中心内容是关于土地的分配、留作公路及其他公共设施的土地的规划,以及委员所做的大量的决定和仲裁的细节等。

圈地安排的谈判费用比起议会的法律费用还要大。委员的费用有时会记载在某些特别法案和议会报告中,现存的圈地委员账簿、日记、信件中也包含大量的相关信息,因此可令后来的历史学家得以重构昔日的情状。据1800年《下院圈地议案报告》所载,圈地委员的工筹是:

> 一般每个必要出席日大约2基尼,但旅行费用要另算。①

哈瑟萨支(Hathersage)教区的圈地法案中记载着委员的费用一般是2基尼。剑桥郡的斯托(Stow)法案规定的标准为3基尼,斯托共召开了

---

① *Report from the Select Committee on Bills of Inclosure* (1800), p. 6, House of Commons Sessional Papers of the Eighteenth Century, 130. 另注:基尼(guinea)是英国旧时的货币,为金币,等于21先令,通常用于计算专业人员的费用。

15 次圈地会议，最终付给委员的薪酬是 189 英镑。[①] 沃里克郡（Warwickshire）的彼肯希尔（Bickenhill）的一位圈地委员的个人账目告诉我们一些细节，他按每天 3 基尼的标准共接受了 183 次报酬，其中参加 68 次会议的报酬为每天 3 基尼，差旅报酬也是 3 基尼。[②] 在我们研究的这个时段里圈地委员的费用是趋于上升的。这一则是因为委员的工作日趋专业化，有些因对圈地工作具有丰富知识和经验而成为专业圈地委员，由于委员工作能力的提高，报酬也相应提高。二则 18 世纪末开始的物价水平上涨使得名义薪酬上升。一些专业圈地委员因工作出色而远近闻名，常会被几个教区同时聘为圈地委员，每年可得到相当可观的收入。表 2-3 是剑桥郡的三位圈地委员的圈地工作和收入状况，这些资料也可以从一个侧面反映出教区的此项投资成本。这三个委员或许同时受聘于几个教区，而且为了节约时间很可能将几个教区的会议集中在同一天的同一个地点举行，因此每个工作日得到的收入几倍于剑桥郡的标准。调查员的费用与工作量有关，到 1800 年通常的标准为：

> 测量土地每英亩 1 先令 6 便士，外加参加委员会工作每天1.5 基尼以及绘制简图的津贴。[③]

---

① M.W. Beresford, "Commissioners of Enclosure", *Economic History Review*, Vol. 16, No. 2, 1946, p. 135.

② M.W. Beresford, "Commissioners of Enclosure", *Economic History Review*, Vol. 16, No. 2, 1946, p. 136.

③ *Report from the Select Committee on Bills of Inclosure* (1800), p. 7, House of Commons Sessional Papers of the Eighteenth Century, 130.

一般来说圈地的教区要聘任三名委员、一名调查员和一名书记员，那么按照上述的报酬标准，每个教区用于重新安排业主权利的谈判通常要几百英镑。当然，具体数目要视教区的大小、谈判程度的难易、规划工作量的多少而定。

表 2-3 剑桥郡三名圈地委员的工作和收入标准

委员姓氏	达格摩尔 (Dugmore)	卡斯滕斯 (Custance)	黑尔 (Hare)
参加会议次数(圈地历时年数)	88(12)	443(22)	186(14)
全部报酬	1018 英镑	4556 英镑	979 英镑
平均每工作日报酬	12 英镑	10 英镑	5 英镑
平均每年收入	85 英镑	207 英镑	70 英镑

资料来源：M.W. Beresford, "Commissioners of Enclosure", *Economic History Review*, Vol. 16, No. 2, 1946, p. 136.

履行法律程序和谈判重新确定权利安排的投资经常所需巨大，且在整个圈地投资中占据了相当大的比例。《圈地大报告》研究了到1800年为止的圈地状况。所调查的2591个圈地法案中，各案圈地面积平均为1612英亩，总投资平均1650英镑。即，平均投资成本约每英亩1英镑。① 其中，用于法律程序、调查、圈地委员的费用平均为1100英镑，大约占到总投资的67%（参见表2-4）。这些都可以被视为安排财产权利而付出的司法和谈判费用。这份报告所反映的情况正处于18世纪90年代到1820年的第二个议会圈地高潮，这个比例或许能代表大致的平均水平。当然，由于各圈地案所涉及具体情况的差异，实际

① *General Report on Enclosures*, London: B. McMillan, 1808, pp. 97—99, 329.

花销会明显偏离平均值。1770 年阿瑟·杨对英格兰北部的一个估计就比较高，他认为司法费用一般在 1800～2000 英镑。① 剑桥郡的小韦伯拉汉姆教区(Little Wibraham)1797 年圈地面积共 1970 英亩，其中公地 269 英亩②，总投资为 3339 英镑 14 先令，平均每英亩 1.7 英镑。其中律师、调查员、委员等的费用都属于司法费用，共 1644 英镑，约占总投资的 49%(参见表 2-5)。

这类费用中申请议会法案的费用相对比较有限和固定，而涉及权利谈判等的费用则可能更大。一个圈地案经一二十次谈判方能达成协议是很常见的，有些甚至更多。每次会议都要有圈地委员参加，也就都要支付相应的费用。白金汉郡的斯托克利教区(Stewkley)1811—1814 年圈地，举行会议 49 次，历时共 216 天；蒙克-里斯波罗教区(Monks Risborough)1830—1839 年圈地，会议达 79 次，共 236 天。③ 可见，仅谈判就要花费上千英镑并不为奇。会议和花销的数量从一个侧面反映了重新安排财产权利的复杂性和重要性。

高比例和大额度的资本是投资于确定权利的司法过程，这的确大大增加了对圈地的成本和负担，甚至增加了对圈地的顾虑。1800 年约克郡西区的约翰·佩恩曾表示：

与这些议会申请相关的费用非常巨大，致使很多镇区因此不

① Arthur Young, *A Six Months Tour Through the North of England*, Vol. I, London: W. Strahan, 1770, p. 223.

② W. Gooch, *General View of the Agriculture of the County of Cambridge*, London: Richard Phillips, 1811, pp.67—68.

③ Michael Turner, "Enclosure Commissioners and Buckinghamshire Parliamentary Enclosure", *The Agricultural History Review*, Vol. 25, 1977, Part II, p. 124.

敢圈地。一项《普通法案》可以惊人地减少这笔费用，并使土地业主在实际费用交纳之前就能知道其数量。①

但另一方面我们也可以看到，面对如此高昂的司法成本，多数地方仍要圈地。这说明，在人们的头脑中，保证个人财产权利的明确性和合法性总是占有重要的位置。在这一思维方式的驱使下，人们才会不惜花费大量资本去进行确定个人财产权利的谈判，并将谈判的结果以法律的形式确定下来。

表 2-4　1761—1800 年的平均圈地费用和面积估计

法案	调查	圈地委员	修建围篱等	平均圈地面积
£497 5s. 8d.	£259 12s. 1d.	£344 17s. 1d.	£550 7s. 6d.	1612 英亩

资料来源：*General Report on Enclosures*，London：B. McMillan，1808，p. 329.

注：£：英镑　s.：先令　d.：便士

表 2-5　1797 年剑桥郡小韦伯拉汉姆教区圈地费用

律师 1 人	802 英镑零 1 便士
调查员 1 人	304 镑 19 先令 4.5 便士
以上人的膳食	56 镑 7 先令 2 便士
排水	504 镑 5 先令 5 便士
排水	74 镑 4 先令 9 便士
公共围篱	742 镑 9 先令
公共围篱	70 英镑

① John Payne，"Necessity of a General Enclosure Act"，*Annals of Agriculture*，Vol. XXXV，1800，p. 72.

续表

工程师	95 镑 15 先令 10 便士
道路	150 英镑
委员 3 人	489 镑 13 先令
其他	50 英镑
共　计	3339 英镑 14 先令 7.5 便士

资料来源：W. Gooch, *General View of the Agriculture of the County of Cambridge*, London: Richard Phillips, 1811, pp.67—68.

谈判和履行法律程序的投资阶段结束后，便进入了圈地的第二个阶段——工程投资阶段。这个阶段是将前一阶段达成的具体投资计划付诸实施。过去所有者分散的小块条田将被整合成一块或几块大面积的田地；过去数不清的杂乱田间小径也将消失，代之几条规划合理的纵横大道；沼泽、荒原将转变为农场。圈地工程的投资从性质上可分为公共工程和私人工程两类。

圈地的公共工程主要包括公共围篱、道路等。如涉及河流等水域，很可能还要建设码头、河堤、桥梁之类。所有这些公共设施的建设都由圈地委员负责实施。

公共围篱是涉及全教区公共利益的围篱，包括分离道路和田地的围篱、分隔相邻教区边界的围篱，以及圈围什一税所有者土地的围篱。围篱在不同地方所用的形式可能不同，包括木栅栏、树篱、石墙等，不同的形式，造价也不相同。萨默塞特郡(Somerset)的门第普山(Mendip Hills)1771—1813 年间共圈地 37,500 英亩，其中 24,000 英亩为议会法案授权的圈地。每 100 英亩圈地需建围篱 5～7.8 英里①，但多数在

① 1 英里≈1.6 千米。

6 英里左右。全部围篱长度约是 1650 英里，类型主要是木栅栏和树篱两种，有时也可能是石墙。1806 年每 20 英尺①长的围篱所需投资分别是：底宽 2 英尺、高 5 英尺的干石墙，成本 10 先令；树篱，11 先令；插条树篱附带矮石墙，13 先令 6 便士；窄墙，15 先令；灰泥石墙，17 先令 6 便士。② 据明盖估计，18 世纪以来典型的栅栏的成本是大约每链 2 英镑，如在剑桥郡的伯提山姆（Bottisham）的围篱规格是"1/4 码宽的芬兰巴廷木的横杆 3 根、橡木立柱，两行树篱每侧带有 3 英尺 6 英寸宽、2 英尺深的排水沟"，这种标准的围篱的单位造价就是每链 2 英镑。建造围篱的原料除来自本教区外，还可能要购买外地的木材，这样就不得不增加原料的运输成本。如曼弗尔伯爵（Earl Manver）从他的诺丁汉郡（Nottinghamshire）的住地向他的海格沃星汉（Hagworthingham）地产运木材，路程的直线距离是 45 英里，运输成本就是每 120 根横杆 3 英镑 6 先令 8 便士。③ 圈地后，教区的什一税得以免除。作为补偿什一税所有者可以分得相应面积的土地。圈围这类土地的费用也由教区承担。

新规划的道路建设由圈地委员负责施工。1801 年的《普通圈地法》即规定：

圈地委员或委员们应该、并且他或他们因此被授权和要

---

① 1 英尺≈0.3 米。

② Michael Williams, "The Enclosure and Reclamation of the Mendip Hills, 1770—1870," *The Agricultural History Review*, Vol. 19, 1971, Part I, pp. 72—74.

③ G. E. Mingay, *Parliamentary Enclosure in England: An Introduction to Its Causes, Incidence and Impact 1750 — 1850*, London: Longman, 1997, p. 108. 另注：链(chain)为英制长度单位，1 链=66 英尺=20.17 米。

> 求……去实施与处置公共运输道路和公路，……这样的道路和公路应该是、并保持至少______英尺宽。①

萨默塞特郡北部"低地"于18世纪90年代中圈围，修建道路的投资为450英镑。② 而白金汉郡的普林斯-雷斯波罗教区（Princes Risborough）1820—1823年圈地，修建道路的费用最终达3930英镑。③ 如果要圈围沼泽地，还必须排水，且费用往往比较巨大。1802—1810年萨默塞特郡的埃克斯（Axe）排水的费用是平均每英亩80.5先令；1810—1815年维斯顿（Weston）排水费用平均是113.3先令；1819—1826年康格里斯伯（Congresbury）排水费用平均为93.7先令。④ 这样的成本水平大大高于敞田和草场圈围。

一项圈地案所涉及的工程投资是多方面的。林肯郡的巴顿原（Barton Field）被农业委员会报告称为"英格兰最大的圈地"，法案于1793年通过，圈围总面积6240英亩，其中敞田耕地4500英亩。用于立法、什一税分配地圈围、公共及私有道路、河堤、码头、水闸、桥梁等的费用共13,180英镑。其中，修建道路的投资5000英镑、河堤及码头

① A *Bill for Consolidating in one Act*, *Certain Provisions usually Inserted in Acts of Inclosure*, pp. 5—6, Parliamentary Papers, 1801(124), I. 425.

② B.J. Buchanan, "The Financing of Parliamentary Waste Land Enclosure: Some Evidence from North Somerset, 1770—1830", *The Agricultural History Review*, Vol. 30, 1982, Part II, p. 126.

③ Micharle E. Turner, "The Cost of Parliamentary Enclosure in Buckinghamshire", *The Agricultural History Review*, Vol. 21, 1973, Part I, p. 41.

④ B.J. Buchanan, "The Financing of Parliamentary Waste Land Enclosure: Some Evidence from North Somerset, 1770—1830", *The Agricultural History Review*, Vol. 30, 1982, Part II, pp. 119—120.

2000 英镑、排水 700 英镑。①

圈地最后阶段有一部分投资要由土地业主自己负担，包括所有分配地的圈围、内部划分以及新建农舍、牲畜圈栏等。这类属于私人工程投资。据明盖估算，19 世纪初圈围一块 30 英亩土地的成本约 160 英镑，如在内部再建造两道篱将其分成相等的三块地的话，还需再投资 40 英镑。② 农场房舍是一项大投资，供农场主居住的房舍通常要几百英镑甚或上千英镑，即使是劳工住的小屋也要几十英镑。

18 世纪的圈地成本大约为每英亩 1 英镑，如牛津、剑桥、诺丁汉、林肯各郡在 18 世纪后半期的圈地中，状况均基本符合这一趋势（参见表 2-6）。但从 18 世纪 90 年代开始，单位投资成本普遍上升。18 世纪 90 年代白金汉郡的每英亩平均成本为 40 先令，到 1815 年则几乎达到 82 先令。威尔特郡的 21 个圈地平均成本为每英亩 33 先令，其中 19 宗发生在 19 世纪，2 宗在 18 世纪 90 年代。③ 1790—1815 年间，北安普顿郡与亨廷顿郡的费茨威廉伯爵（Fitzwilliom）的地产上共发生圈地 12 起，其中 10 个是在 1801 年以后，历时分别为 4 年至 9 年不等。全部投资支出共计 37,658 英镑，其中三分之一用于支付公共费用，包括委员和调查员的费用、法律和议会程序的费用、新建公共道路和补偿教会与什一税所有者的费用；六分之一用于新建农场建筑；二分之一用于建造围篱。有关费茨威廉伯爵地产的圈地中，有 7 宗圈地的面积总计

---

① *General View of the Agriculture of the County of Lincoln*, London: W. Bulmer & Co., 1799, pp. 80—82.

② G. E. Mingay, *Parliamentary Enclosure in England: An Introduction to Its Causes, Incidence and Impact 1750—1850*, London: Longman, 1997, p. 110.

③ Michael Turner, "Cost, Finance, and Parliamentary Enclosure", *Economic History Review*, *May*, 1981, Vol. 34, Issue 2, pp. 238, 242.

3208英亩,平均成本为每亩8英镑。在1808年菲里特威克(Flitwick)圈地中,布鲁克斯(Brooks)的地产有327英亩被圈,圈地投入达3731英镑,其中一半于公共费用,平均成本超过每英亩11英镑。①

单位成本上升一方面与拿破仑战争时期的价格高涨有关,另一方面则与圈地对象的变化有很大关系。18世纪议会圈地法案的对象主要是敞田耕地,公地和荒地的比例较小。1750—1799年针对公地和荒地的法案为全部法案数的26%,而1800—1844年却占到了40%,其中1815—1824年则超过了50%(参见图2-1及有关注释)。敞田圈围的投资成本相对较小,因为土地本身就是耕地。而公地和荒地则不同,在圈地的过程中要将其转变为耕地或牧场,这就需要对土地进行开荒或排水,这会导致更高的投资要求。B.A.霍德尼斯对议会圈地投资做过一个全面的估计,结果表明,19世纪前期与18世纪相比成本明显上升(参见表2-7)。

表2-6　牛津郡、剑桥郡、诺丁汉郡、林肯郡的圈地

	涵盖的时间	教区数	面积(英亩)	总成本(英镑)	平均成本(英镑/每英亩)
牛津郡	1757—1796	38	55,386	62,870	1.14
剑桥郡	1775—1802	11	22,612	35,373	1.56
诺丁汉郡	1760—1799	4	4498	12,528	2.79
林肯郡	1745—1795	24	39,126	31,442	0.80

资料来源:W.E. Tate, "The Cost of Parliamentary Enclosure in England", *Economic History Review*, *New Series* ,Vol.5, No.2, 1952, pp. 263, 261, 262.

① F.M.L. Thompson, *English Landed Society in the Nineteenth Century*, London: Routledge & Kegan Paul, 1969, pp. 224—225.

表 2-7　议会圈地投资　1760—1849 年(按当前价格)

年份	圈地面积(英亩)	单位成本(英镑/每英亩)
1760—1769	520,000	0.66
1770—1779	670,000	0.96
1780—1789	350,000	0.96
1790—1799	740,000	1.55
1800—1809	1,120,000	2.27
1810—1819	450,000	2.35
1820—1829	140,000	3.40
1830—1839	75,000	3.36
1840—1849	65,000	3.36

资料来源：B. A. Holderness, "Agriculture, 1770 — 1860", in Ed., Charles H. Feinstein & Sidney Pollard, *Studies in Capital Formation in the United Kingdom, 1750—1920*, Oxford: Clarendon Press, 1988, p. 19.

二、土地制度性投资的资本来源

圈地投资的资本来源基本符合下述原则，即享有投资结果的人承担出资义务。从发起请愿到完成裁定书，以及最后的圈地公共工程建设，所有这些费用都要由涉及圈地的业主共同承担。从原则上说，每位产权人承担的比例相当于它所分得的圈地面积的比例。如，牛津郡韦斯特维尔教区(the Manor and Parish of Westwell)的《圈地法》规定：

与获得和通过本法律相伴和相联系的费用和花销；调查、测量、划分和分配前述的、计划圈围的公田和房地产的费用；准备和登记前述的《裁定书》的费用；还有上述委员、他们……所雇佣的几个人……的费用和花销；当上述委员要求时，其他在此房地产内及周围产生的必要花销；(上述所有费用)将由业主和财产权利人，以及致力于将上述的公田和房地产按计划圈围的人偿付、承担和支付，并与他们各自的权利、份额、利益和财产成比例。①

但什一税所有者的费用由教区其他业主承担，以此作为替代什一税的一部分补偿。

圈地的资本金来源可能有多种形式，但究其根本都是按照财产权利来分摊或承担投资成本。

第一，最常见的形式是由圈地委员按比例向产权人收取，形式上类似于征收土地税。

这种方式完全符合投资者的利益，所以只要财力允许，人们通常都乐于接受。林肯郡的帕特尼附近的艾施比教区，1810 年圈地，其特别法案显示："花销和费用……应由所有产权人承担和支付……依据他们在前述的土地、场地和其他可继承地产上的相应份额、利益和比例。"②类似条款在各地的圈地特别法案中普遍存在。③《普通圈地法》中也有这样的规定，如 1836 年的法律就有：

上述委员的以下行为是合法的：当他们认为应该偿付时，他们

---

① *An Act for Dividing and Inclosing the Open and Common Fields, Lands and Downs within the Manor and Parish of Westwell in the County of Oxford*, Parliamentary Papers.

② "A Act For Inclosing and Exonerating from Tythes Lands in the Parish of Ashby juxta Partney in the County of Lincoln, 1810", *Parliamentary Papers*.

③ 徐滨：《英国议会圈地投资中的个人权利》，《世界历史》2015 年第 5 期，第 45 页。

各自据此得到授权……去决定、估价和判予成本和费用。①

征收往往不是一次性的,多是分期征收。圈地一般都历时数年才能完成,分期征收可以大大减少产权人的支付压力。

分摊的费用由圈地委员收取,并安排开支。1792 年剑桥郡的温伯顿(Wimbleton)圈地 800 英亩,排水工程共花费了约 2000 英镑,用于建造风车坊、堤坝、排水沟等。所有费用在工程完工后的两年里由圈地委员向土地产权人征收。② 最初的预算难免会估计不足,所以追加征收也是常有的事。白金汉郡的德雷顿-帕尔斯劳(Drayton Parslow)1797—1798 年的圈地,因圈地委员原估计的道路修建费用不足,则再次向地主征收了 214 英镑 7 先令 2 便士,平均每英亩 4 先令。③ 有时几个大地主就占有了教区中的大部分土地,圈地费用自然主要由这些人承担。这样的地主在一项圈地中就可能分摊到上千英镑的费用,甚至更多。科克(Coke)在斯帕汉姆(Sparham)和彼灵福德(Billingford)分摊的圈地费用为 1294 英镑;1811—1814 年在威尔斯(Wells)和沃汉姆(Warham)承担的份额是 2184 英镑;1809 年在威灵汉姆(Wellingham)和两维森汉姆(two Weasenhams)承担的公地圈地成本是 1444

---

① *Common Fields Inclosure. A Bill Intituled an Act for Facilitating the Inclosure of Open and Arable Fields in England and Wales*, p. 12, Parliamentary Papers, 1836(579), II. 191.

② Arthur Young, "Minutes Concerning Parliamentary Inclosures in the County Cambridge", *Annals of Agriculture*, Vol. XLII, 1804, pp. 325—326.

③ Michael Turner, "The Cost of Parliamentary Enclosure in Buckinghamshire", *The Agricultural History Review*, Vol. 21, 1973, Part I, p. 40.

英镑。①

圈地委员在征收圈地费用方面的确拥有很大的权力，似乎他们可以决定征收多少、何时征收。而且，许多圈地法案也明文授权给他们。但其实圈地委员的处置权是来自产权人的，正是产权人授权他们为圈地而收费。法律之所以授权，是因为圈地的利益人要求法律如此。圈地委员从来不具有凌驾于各方利益之上的特权。

第二，销售一些土地，用以支付各种圈地费用。

出售的土地就是圈地的某部分，原本可能是耕地、草场或荒地。出售土地可以直接为教区筹集到投资基金，这不仅可以部分解决投资者资本不足的问题，而且还不必负债。实际上，即使是大地主也经常会遇到资金短缺的问题。出售土地是一种很明智的筹资方式。这一方面解决了圈地资本不足的问题；另一方面也促进了资本向更有效的领域流动。

涉及公共费用的出售一般都由圈地委员负责，拍卖是常见的形式。通常，圈地委员会事先在地方报纸上刊登广告，注明拍卖土地的方位、基本权利特征等信息。1815 年，牛津郡伊弗利(Iffley)教区圈地就登出过这样的广告：

> 我，亨利·狄克逊(Henry Dixon)，是一名由一项议会圈地法提名和任命的圈地委员。……在此通告：按照圈地法案，某些牛马公共牧场上的土地将拍卖。土地位于从牛津城(City of Oxford)

① S. W. Martins, *A Great Estate at Work*, Cambridge: Cambridge University Press 1980, pp. 127—129.

> 到利托摩尔(Littlemore)的收费公路的西南侧,是本教区荒地的一部分。时间:九月三十日星期六,上午十一点。地点:牛津的托马斯·皮克大厦,人称"蓝野猪酒馆"。下列几块土地,状况如陈……①

并非每项圈地都会出卖土地,这只是筹资的方式之一。圈地各方会视情况而定是否有必要出售一些土地。从地域上看,G.E.明盖有这样的结论:"在大约四分之一的圈地案中,圈地委员得到授权出售部分分配地(包括以前的公地和荒地)用以支付费用,这种做法在米德兰以外的地区特别明显。"②而从时间上,M.特纳认为,用出售土地支付圈地费用的情况在18世纪并不普遍,18世纪末才逐步增多。即使用这种方法筹资的地方也经常要收圈地费。在白金汉郡17个出售土地筹资的案例中,有3例发生在1830年以前,有4例圈地委员还要征收摊款。③

当圈围的土地以荒地、沼泽为主时,出售土地的情况更为常见。这样做的原因之一在于,这类土地原非生产用地,要想具备生产价值就必须做出更大的投入,如长期的排水等。这就意味着,其圈地成本明显高于敞田。高昂的投资成本,大地主也难免承担不起。再有,这类土地原本并无价值。只要出售一部分,其余大部分就能成为有用的资源,这当

---

① "Iffley Inclosure, Sale of Land", *Jackson's Oxford Journal*, Saturday, September 2, 1815.

② G.E. Mingay, *Parliamentary Enclosure in England: An Introduction to Its Causes, Incidence and Impact 1750—1850*, London: Longman, 1997, p. 109.

③ Michael Turner, "Cost, Finance, and Parliamentary Enclosure", *Economic History Review, May*, 1981, Vol. 34, Issue 2, p. 241.

然是非常值得做的。18 世纪在萨默塞特的门第普区(Mendip district)的 40 个圈地案中,大量的荒地被圈围并以拍卖的钱来支付用度。在肯特郡,各教区所售荒地占到分配地的 6%~35%;米德塞克斯(Middlesex)的两个圈地案中,荒地出售分别占所有分配地的 16%和 28%;西萨塞克斯的 68 个圈地案中 20 个以出售荒地来支付费用,而另 48 个则依靠征收摊款的形式支付费用。威尔特郡的 21 个圈地案都有土地出售的情况,其中 2 个在 18 世纪 90 年代,19 个在 19 世纪。① 大约 18 世纪 70 年代,林肯郡的霍伯灵(Horbling)教区的圈地委员会受命出售 100 英亩的中等价值的土地,以此来支付部分的圈地费用。这些土地的售价在每英亩 11 英镑 4 先令至 12 英镑 19 先令不等,最后平均售价是 12 英镑 2 先令 9 便士。② 100 英亩最终的售价应是 1213 英镑 15 先令,这笔钱应该足以支付圈地委员、调查员、书记员以及议会法律程序的费用。阿瑟·杨也有这样的记载,在 1793 年剑桥郡的圈地中,一部分公地即被出售,所得的 2600 英镑用以支付法案和委员的费用。③ 白金汉郡的沃顿(Whaddon)1830—1831 年的圈地,玛莎·霍伍德(Martha Horwood)分摊的圈地费是 148 英镑。圈地委员代她出售了 12 英亩土地,得到 225 英镑。用这笔钱,她支付了公共费用和卖地的代理费 10 英镑。她分到的土地为 53 英亩,余款 67 英镑足以支付她的

① Michael Turner, "Cost, Finance, and Parliamentary Enclosure", *Economic History Review*, *May*, 1981, Vol. 34, Issue 2, pp. 241—242.

② W.H. Hosford, "Some Lincolnshire Enclosure Documents", *Economic History Review*, *New Series*, Vol. 2, No.1, 1949, p. 75.

③ Arthur Young, "Minutes Concerning Parliamentary Inclosures in the County Cambridge", *Annals of Agriculture*, Vol. LXII, 1804, p. 324.

私有围篱费用了。①

荒地、沼泽原本无经济价值，更算不上是资产，仅是由于确定了个人权利，就变成了可投资的资产，成为生产资源。更耐人寻味的是，人们连确定财产权利的资本也是靠出让一部分权利获得的。

出售土地也有利于资本更有效地配置，一些闲置的资本会因此投向农业。购买者大多是附近的乡绅、农场主，还有本地和外地的医生、律师、教士、商贩、手艺人等。在沃里克郡18世纪末的圈地中，考文垂伯爵(Earl of Coventry)两度出售土地，一次面积为664英亩，另一次1073英亩。买者分别是J.福斯特(Foster)和M.科根(Corgan)，两人均是乡绅。②

第三，产权人以抵押贷款的方式借得资本，以后再逐步以某种方式偿还，抵押之物一般就是土地。

许多圈地法案都会写明可进行抵押贷款。因此，这种筹款方式即使非普遍存在，也一定并不难见。在白金汉郡的圈地中就有一些例子，有关抵押的地产契约有15份，其中5份涉及庄园地主，2份涉及什一税所有者，3份涉及慈善机构地产，2份涉及最主要的业主。③ 小土地业主的支付能力可能有限，抵押贷款是解决难题的方式之一。据明盖估计，1770年20英亩敞田的抵押价值是约200～250英镑，如要圈围就值得更多。而圈围这样一块土地的费用在24～50英镑之间，这样，

---

① Micharle E. Turner, "The Cost of Parliamentary Enclosure in Buckinghamshire", *The Agricultural History Review*, Vol. 21, 1973, Part I, pp. 43－44.

② J.M. Martin, "The Parliamentary Enclosure Movement and Rural Society in Warwickshire", *The Agricultural History Review*, Vol. XV, 1967, Part I, p. 30.

③ Michael Turner, "Cost, Finance, and Parliamentary Enclosure", *Economic History Review*, *May*, 1981, Vol. 34, Issue 2, p. 243.

只需抵押少部分土地就可支付相应的款项。①

第四，通过银行或私人贷款筹措资本。

18 世纪后期乡镇银行兴起，尽管很多不过是一个或几个银行家来经营金融生意，但这样的银行资本已能够为圈地提供一定的资本。圈地委员有时会先向银行贷款来支付各种前期费用，待到征收圈地费后再偿还。白金汉郡的贝尔德劳教区（Bledlow）1809—1812 年圈地，圈地委员一开始就向银行家借贷了 500 英镑，后又多次贷款；奎因顿教区（Quainton）1840—1843 年圈地，圈地委员也向银行贷款 800 英镑；1830—1839 年蒙克-里斯波罗教区圈地，即任命威廉·里克福德（William Rickford）为银行家，贷款 2000 英镑。②

私人借款也是可能的筹款方式。在乡村小镇上，专业人士、商贩、手艺人、寡妇等都有可能有一定的闲置资本。例如，詹姆士·沃恩（James Warne）是多塞特郡（Dorset）的一位农场主，1758 年的日记中就记录下他的有关私人借贷：3 月 6 日他收到以前通过私人关系借出的 20 英镑还款；11 月 8 日又收到尚未偿清的 30 英镑贷款中的 15 英镑和利息；向外贷款的同时他还借钱，9 月 5 日他从他父亲处借了 10 英镑；10 月 19 日他从朋友处得到一笔四五十英镑的贷款；12 月 20 日他决定以 4%的利息向耐普顿夫人（Mrs Knapton）借 60 英镑。其中一些借贷即与支付圈地费用有关。③ 这样的私人借贷范围不会太大，多

① G. E. Mingay, *Parliamentary Enclosure in England: An Introduction to Its Causes, Incidence and Impact 1750—1850*, London: Longman, 1997, pp. 113—114.

② Micharle E. Turner, "The Cost of Parliamentary Enclosure in Buckinghamshire", *The Agricultural History Review*, Vol. 21, 1973, Part I, p. 45.

③ G.E. Mingay, "The Diary of James Warne, 1758", *The Agricultural History Review*, Vol. 38, 1990, Part I, p. 75.

在附近的乡村、小镇的朋友、亲戚之间。

此外，尽管理论上所有相关权利人都应分摊圈地费用，但也有例外。在有些地方，考虑到个别小业主确实难以支付要求的款额，也有免除他们义务的情况。在M.特纳的研究中，白金汉郡有一个穷人和两个最小的土地业主被免除了这一义务；莱斯特郡（Leicestershire）也有几例最小的地产得以免交有关费用。①

从圈地投资的资本来源可以得知，人们不一定是在确实拥有了所需的资本之后才开始圈地投资的。资本可以通过出让自己的一部分财产权利获得，也可以以抵押财产或借贷的方式获得。所有这些筹资方式都说明，正是在能够自由支配资本并保障资本权利的机制下资本才能获得最有效的应用。

第三节　农业增长性投资及资本来源

一、土地业主投资及资本来源

并非在明确界定个人财产权利之前，农业投资就不可能发生。对农业生产的某种形式的投资从来都存在，但性质迥为不同。固定资本投资依据其性质可以分为两种情况：一种是维持现有固定资本存量的投资。任何固定资本都有一定的使用寿命，在使用期中会有损坏和耗费，必须对其进行维护性投资才能保证有效的继续使用。某项固定资本完全耗尽后必须进行重置，才能保证固定资本的存量不因此减少。

---

① Michael Turner, "Cost, Finance, and Parliamentary Enclosure", *Economic History Review*, May, 1981, Vol. 34, Issue 2, p. 239.

时至今日此类投资从来都是不可缺少的，而且构成了固定资本投资中相当大的比例。工业革命中农业的此类投资大致包括重置和维修农具、农场房舍、土地围篱等形式，这种投资主要是为了维持现状而很少有增长的意义。另一种情况就是增长性投资，所谓增长性投资就是可以带来人均固定资本存量增长的投资。由于人口的增加而引发农业固定资本增加的状况从来都存在，并不是新现象，但这种增加并不一定具备人均意义上的增加。我们这里所指的增长性投资并不是简单的数量上的增长，而是人均数量上的增长。圈地投资就属于增长性投资，只不过因其独特的制度性特征而将它拿出来单独讨论。明确界定财产权利以后的投资除了必须维持现有固定资本存量的投资，更重要的是增长性投资，即带有明显的净投资增长的特征。这种投资的目的就是为了达到更高的生产率和更大的产出，其投资的形式包括农场房舍、牲畜棚舍、仓库等的新建和维修、土地围篱的维护、土壤的改良、排水、新地的开垦、生产工具的添置和维修等。然而，几乎不可能在维持性和增长性投资之间做出完全明确的区分，因为许多维持性的投资本身还带有增长的意义，例如，修缮旧有的农场房舍与扩建它有时会同时进行。

增长性投资来自两个方面，首先是地主，其次是租佃农场主。从道理上讲，地主是土地和农场所有设施的拥有者，在这些财产上的固定资本投资理应由地主负责。佃户只是租赁者，他所作的投资应当只包括经营农场的运营资本。然而，实际情况却复杂得多，严格区分地主和佃户投资的范围是相当困难的。B.A.霍德尼斯就说："实际上，几乎不可能从形式上维持地主资本和佃户资本之间的差异。"①

地主是对土地拥有绝对个人权利的人。根据谁拥有财产权利且是否具体实施生产经营来划分,地主可分为放租地主和占用地主。将自己的土地出租给佃户而获得租金收入的就是放租地主,拥有几千甚至上万英亩土地的大地主一般都是放租地主,同时只有几十英亩土地的小地主也可能是放租地主。占用地主大多是小地主,他们拥有土地并自己耕作经营,实际上就是地主农场主。两种地主都毫无疑问地对土地拥有排他性权利。占用地主投资行为的效果是最直接和最明显的,他是直接投资并直接承担投资结果的人。放租地主当然也有同样的权利享有投资的结果,只不过他要通过收取租金而最终承受损益。地主的投资之所以带有增长的意义,而不是仅仅为了维持现有的资产,是与整个经济所处的社会机制密不可分的。这种社会机制就是个人对财产的权利是有保障的,而且也拥有将其资本投向某一生产领域的自由。

诱使地主进行农业投资的最直接因素有几个方面。其一,是为了得到更高的地租收入。状态良好的农场对富有资本、擅长经营的农场主更具吸引力。经营不佳或无法吸引能干的佃户的地产将不能给地主带来好收入,甚至带不来收入。其二,受社会名望的影响。十八九世纪仍是土地利益的时代,地主是社会中坚力量和世人的楷模。拥有经营良好的地产会为地主带来好声望,受这种社会心理驱使地主也愿意为土地投资。其三,从最消极的方面来说,如果不能提供最低水平的投资,地主的土地收入就会降低甚至丧失。毕竟,一座破败的农场只能带

---

① B.A. Holderness,"The Victorian Farmer",Ed., G.E. Mingay, *The Victorian Countryside*, London: Routledge and Kegan Paul Ltd. 1981, p. 233.

来很少的租金。因此，即使最不热心于农业生产的地主，也会做出一些投资，哪怕仅仅是维持性的。

地主作为土地的产权人，当然享有投资带来的收益，这是他的权利也是其投资的最根本动力。因此，针对农业的固定资本投资而言，地主构成了投资的主力。S.W.马丁斯的观点基本上反映了农业投资的一个总体特征，她认为："农业进步很大程度上依赖地主资本。英格兰的这样地主—佃户体系意味着农业固定资本的增加不得不来自地主。"① B.A.霍德尼斯也指出，学者们普遍同意固定资本投资的责任是由地主来承担的。② 18世纪的一些记录也显示，当时的人们同样认为地主是理所当然的投资者。19世纪的詹姆斯·洛奇谈及地主投资时说：

> 地主的注意力和资本应该投向那些永久性改善……这是地主的正当责任，并且也与他的社会位置和等级非常相符。这能够让佃户及其资本无后顾之忧地致力于土地耕耘。③

地主投资的主要领域是农场的相关设施，如农场房舍、土地围篱等，再有荒地开垦、沼泽排水也是常见的投资项目。

18世纪，地主对地产的投资是因地因人而异的。热心致力于农业

---

① Susanna Wade Martins, *A Great Estate at Work*, Cambridge: Cambridge University Press 1980, p.104.

② B.A. Holderness, "Prices, Productivity and Output", Ed., G.E. Mingay, *The Agriculture history of England and Wales*, Vol. VI: 1750—1850, Cambridge: Cambridge University Press, 1989, p. 187.

③ James Loch, *An Account of Improvements on the Estates of the Marquess of Stafford*, London: Longman, Hurst, Rees, Orme and Brown, 1820, Appendix, p. 102.

生产的地主可能投入大量的财力、物力，但也有不少地主只愿投入很少的资本。相对于常住地主来说，不常住地主对农业生产的关心程度往往要低，因而投资就少。一个新购买了破败农场的地主可能会进行持续几年的高投资，以恢复和提高农场的价值。诺福克的科克(Coke of Norfolk)认为地主应更多地投资于农场建筑，而将改良土地的任务更多地留给佃户去做。科克对农业生产和投资的关注在19世纪就已名声在外，可以说堪称农业经营的楷模。他一生所作的农业投资，无论从数量上还是从所占收入的比例上，在当时都是相当突出的。1786—1795年间年平均投资为2654英镑，占总租金的14%；1796—1805年平均为4135英镑，占总租金的19%；1806—1815年平均为4461英镑，约占总租金的13%；1817—1822年平均为5436英镑，占总租金的15.5%，这其中除了用于修缮外还包括新建建筑；1823—1832年平均为4651英镑，占总租金的14%；1833—1842年平均为4998英镑，占总租金的14%。[①] 而且据R.A.C.帕克估计，科克实际做出的投资比现有记录的只多不少。科克以其终生致力于农业投资为自豪，在其遗嘱中他声称，他"已经在各种改善上花费了不少于50万英镑的个人收入和财产"[②]。18世纪金斯敦公爵(Duke of Kingston)在他的诺丁汉地产上的投资波动在1%～5%之间。[③] 在19世纪20年代贝德福德公爵(Duke of Bedford)的修缮占总租金的25%甚至30%，永久性改进几乎

---

① R.A.C. Parker, *Coke of Norfolk: A Financial and Agricultural Study 1707—1842*, Oxford: Oxford University Press, 1975, pp. 94, 153—154.

② R.A.C. Parker, *Coke of Norfolk: A Financial and Agricultural Study 1707—1842*, Oxford: Oxford University Press, 1975, p.154.

③ G.E. Mingay, *English Landed Society in the Eighteenth Century*, London: Routledge and Kegan Paul Ltd., 1976, p. 178.

达到租金的 10%。同类投资在安维克(Alnwick)地产是 14%;密尔托(Milto)、塞弗内克(Savernake)、威尔托(Wilto)是 12%;克里弗兰公爵(Duke of Cleveland)地产是 9%。[1]

从总体上看,地主投资的增长趋势受多种整体社会、经济等因素影响。

其一,议会圈地是影响地主进一步投资的一个重要因素。正如前文所提到的,圈地本身就是一种投资过程,圈地以后又将引发一系列的投资活动。已圈围的荒地和公地要经过开垦才能成为真正的耕地,新土地上必须兴建相应的农场建筑等设施才能出租给佃户,如此等等。工业革命时期议会圈地的面积可能要占到总土地面积的四分之一,由此而带来的进一步投资是不可忽视的。议会圈地的重点地区包括剑桥郡、亨廷顿郡、北安普顿郡、牛津郡、诺福克郡等地,这些地区因圈地而引致的地主进一步投资要比那些非重点地区多。

其二,地主投资也会受到农产品价格变化的影响。农产品的高价格对地主来说就意味着更多的利润,这一点在 1792—1815 年间表现得特别明显。18 世纪 90 年代英国出现了几次连年农业歉收,再加之拿破仑战争的影响,英国难以得到东欧的粮食供应。农产品价格因此持续快速上涨。这些激发了地主的投资热情,地主不仅会投资修缮已有的农场设施,还会投入巨资开荒并兴建新的农场。W.H.B.考特就指出:"从 1793—1815 年,也就是说十八世纪末的对法战争期间,垦荒达到了高潮。"[2]由此引发的投资在时间上有一定的滞后性。价格上涨会

---

① F.M.L. Thompson, *English Landed Society in the Nineteenth Century*, London: Routledge & Kegan Paul, 1969, p.236.

② W.H.B.考特:《简明英国经济史》,方廷钰等译,商务印书馆,1992,第 24 页。

刺激投资，但只有预期上涨是长期的，投资才会大规模出现。价格下跌后投资也不一定会很快减少，因为已开始的建设不能半途而废，往往要持续到工程结束。

其三，多数历史学家都认为地主会在农业萧条的时候选择进行更多的投资。明盖说："因此我们知道一个明显的现象，这就是地主在萧条年代要比好的年景里有更多改善的热情。"①J.V.贝克特也持有相同的观点："实际上，投资倾向与农业状况成反比变化。"②这是因为农业萧条、价格下跌就意味着地主和农场主的利润减少，地主可能因此失去佃户。为了吸引佃户尤其是优秀的佃户，就应使农场保持良好的状态。出于这种考虑，地主往往会在农业萧条期做出增加投资的决定。但显然不是所有地主都会做出同样的选择。S.W.马丁斯对霍克汉姆(Holkham)的研究就表明，科克正是在农业繁荣时保持了高投资率，而在拿破仑战争以后和19世纪30年代降低了投资率。对此，马丁斯的解释是，那些管理不善的地产在萧条期增加投资是为了避免土地租不出去，而管理良好的地产则总是保持比较高的投资。③

---

① G.E. Mingay, *English Landed Society in the Eighteenth Century*, London: Routledge and Kegan Paul Ltd. 1963, 4th impression 1976, p. 178.

② J.V. Beckett, "Landownership and Estate Management", Ed., G.E. Mingay, *The Agriculture history of England and Wales*, Vol. VI: 1750—1850, Cambridge: Cambridge University Press, 1989, p.601.

③ Susanna Wade Martins, *A Great Estate at Work*, Cambridge: Cambridge University Press, 1980, p.97.

表 2-8 诺福克和萨福克郡部分地产上的地主投资 1746—1860 年

年份	总租金(英镑)	修缮和改进合计(英镑)	%
1746—1750	29,383	2438	8.3
1751—1755	29,151	3028	10.4
1756—1760	57,851	5848	10.0
1761—1765	63,645	6466	10.2
1766—1770	23,818	2980	12.5
1771—1775	39,796	4519	11.4
1776—1780	43,020	5401	12.6
1781—1785	32,134	4662	14.5
1786—1790	42,345	4777	11.3
1791—1795	49,474	5285	10.7
1796—1800	55,885	396	17.5
1801—1805	72,151	6487	9.0
1806—1810	93,277	13,708	14.7
1811—1815	141,113	19,113	13.5
1816—1820	156,596	23,345	14.8
1821—1825	121,834	16,089	13.2
1826—1830	184,233	23,086	12.5
1831—1835	178,482	15,783	8.8
1836—1840	305,820	23,703	7.7
1841—1845	305,069	21,217	7.0
1846—1850	345,018	21,653	6.3
1851—1855	391,871	29,355	7.5
1856—1860	457,007	42,710	9.3

资料来源：B. A. Holderness, "Landlord's Capital Formation in East Anglia, 1750—1870", *Economic History Review*, Aug. 1972, Vol. 25, Issue 3, p. 439.

诺福克(Norfolk)和萨福克两郡均处于英格兰东部，从这两个郡有关地主投资的统计中，我们可以清楚地见到地主所选择的投资时期与整体经济活动的关系(参见表 2-8)。诺福克和萨福克的地主投资共出现了两个高峰期，分别在 1776—1785 年和 1806—1830 年。在这两个时期中投资占总租金的比例都超过了12%，其中1816—1820年的最高点达到了14.8%。这个特征在某些单个地产上也可见到，城堡高地的地产1746—1755年平均每英亩的维修以及改进投资为11便士；1776—1785年为4先令；1806—1815年为6先令6便士；1836—1845年为5先令；1706—1865年的总体平均为每英亩3先令。① 这两个投资高峰的出现明显是受到圈地高峰的影响。两个高峰期与议会圈地法案的高峰期很相似，但投资高峰的出现明显滞后于圈地法案的高峰。土地圈围后往往会引发进一步的投资热潮，地主可能对新农场设施进行改进甚至重建。议会圈地中诺福克约有42万英亩土地被圈，萨福克是议会圈地的非重点地区，也有差不多9.5万英亩被圈。② 因此一定有些地主会在圈地后进行进一步的扩张性投资。第二个投资高峰的出现除了有圈地的因素外，还受到农产品价格影响。18世纪90年代以后英国粮食价格开始不断攀升，高价格刺激了粮食生产规模的扩张。从1795到1820年间的圈地法案中，专门用于圈围荒地和公地的法案数量明显上升。尤其是荒地，在圈围后要想成为有价值的土地必须进行持续的较大投资。诺福克郡的议会圈地中圈围的荒地和公地总共超过10万英亩，萨福克郡也超过2.2万英亩③，这其中必有相当大的比例是在这个时期内圈围的。另外，受价格影响地主也会加大对现有农场的投资，以期望现有农场能带来更好的收入。

---

① B.A. Holderness, "Landlord's Capital Formation in East Anglia, 1750—1870", *Economic History Review*, Aug. 1972, Vol. 25, Issue 3, p. 441.

② Michael Turner, *English Parliamentary Enclosure: Its Historical Geography and Economy History*, Folkstone: Dawson, 1980, pp. 178—179.

③ Michael Turner, *English Parliamentary Enclosure: Its Historical Geography and Economy Histroy*, Folkstone: Dawson, 1980, pp. 178—179.

19世纪20年代开始粮食价格持续下跌,三四十年代的粮食价格基本上跌回了18世纪六七十年代的水平。但这个时期多数地主选择了更进一步的投资。诺丁汉郡的曼弗尔地产上用于修缮和改进的投资在1827—1839年间超过总租金的17%,到1840—1859年间投资的比例上升到20%~26%。① 贝德福德公爵地产上的投资也表现出同样的趋势,尤其19世纪30年代开始不仅总投资保持了高比例,而且用于"新工程和永久性改进"的投资无论从绝对数字还是从比例上都出现了快速的增长,30年代到50年代的总投资在50%左右(参见表2-9)。据M.特纳等学者估计,1842年英格兰和威尔士的地主投资要占到收取租金数的27.2%,1852年占到31.4%,投资内容包括围篱、保险、新建筑和永久性改进等。② 位于宾垂(Bintree)和布拉登汉姆(Bradenham)的克拉克(Clarke)的两处地产1791—1815年每英亩的平均支出为1先令3便士,1826—1845年间平均为2先令4便士;布里提曼-汤姆林(Pretyman-Tomline)家族的欧弗尔园(Orvell Park)地产1828—1831年间平均为2先令6便士。③

除却圈地外,地主最主要的固定资本投资大致可以分成两类:一类是有关农场建筑等设施的投资,另一类是为开发边际土地的投资,即获得新生产用地的投资,如沼泽排水、开荒等。

---

① J.V. Beckett, "Landownership and Estate Management", Ed., G.E. Mingay, *The Agriculture history of England and Wales*, Vol. VI: 1750—1850, Cambridge: Cambridge University Press, 1989, p. 602.

② M.E. Turner, J.V. Beckett & B. Afton, *Agricultural rent in England, 1690—1914*, Cambridge: Cambridge University Press, 1997, p. 21.

③ B.A. Holderness, "Landlord's Capital Formation in East Anglia, 1750—1870", *Economic History Review*, Aug. 1972, Vol. 25, Issue 3, p. 439.

表 2-9 贝德福德公爵的贝德福德郡和白金汉郡地产上的投资 1816—1855 年

年份	地产面积（英亩）	地租（英镑）	新工程和永久性改善（英镑）	%	修缮和维护（英镑）	%	总投资占总地租的比例 %
1816—1825	28,292～29,093	312,366	2723	0.9	75091	24	24.9
1826—1835	29,095～30,003	288,254	28,508	9.9	113,780	39.5	49.4
1836—1845	29,996～34,059	310,872	53,807	17.3	87,796	28.2	45.5
1846—1855	32,322～33,229	353,707	140,845	39.8	61,418	17.4	57.2

资料来源：Duke of Bedford, *A Great Agricultural Estate*, London: John Murray, 1897, pp. 218—221.

对农场建筑的投资是地主投资的重要内容。对于放租地主来说，必须依靠租地农场主来实施生产，从而获得地租收入。通常情况下，租地农场主不可能在没有居住条件的农场里从事生产，也不可能在建立租赁关系时自己投资建造房舍。因而，地主必须提供相应的生活和生产建筑设施，才能吸引租地农场主来租用。即使对农业生产兴趣不大的地主也要对农场进行必要的投资，起码要维持生产、生活建筑的基本使用能力。1796 年诺福克郡的农业报告称：

> 对农场建筑的“修缮主要由地主承担费用，他们的费用很大，由我的经验所知，包括材料在内不会少于租金的 10%”①。

热心于农业生产的地主则会付出更多的投资，甚至开拓新的农场，兴建新的农场建筑。诺福克的科克家族就在这方面的表现突出，19 世纪，这

① Nathaniel Kent, *General View of the Agriculture of the County of Norfolk*, London: George Nicol, 1796, p. 111.

个家族对霍克汉姆地产上的约 70 个农场的建筑的投资累计达 70 万英镑以上。① 农场建筑按功能可划分家居建筑和生产性建筑。家居建筑是供农场主及其家人生活的住所，一般包括卧房、厨房、烧烤房等。生产性建筑一般包括仓房、马车房、马棚、牛棚等。家居建筑和生产性建筑有时是连在一起的，组成一整套农场宅院，有时则相互独立。在一个农场中所有建筑可能构成一个单独的院落，也可能组成几个相互独立的院落。表 2-10 提供的是 18 世纪后期林肯郡一些地主对农场建筑投资的细节，由此可以得知，投资可能涵盖各个生产项目，甚至包括鸽子舍这样的小项目。

表 2-10　18 世纪后期林肯郡农场建筑投资

地主投资人	地点	内容	投资额（英镑）	农场的面积或年租金
霍伊特（Mr. Hoyte）	奥斯本彼（Osbornby）	新建 1 座农场住宅	约 920	
哈里森（Mr. Harrisson）	基尔顿（Kirton）	新建 1 座住宅、几间农场棚舍，包括为 36 头阉牛建的厩圈和畜栏	800	400 英亩
索普（Mr. Thorpe）	奎斯比（Qwersby）	新建 1 座鸽子舍		
卡灵顿勋爵（Lord Carrington）	温特灵汉（Wintringham）	新建几座农场住宅和谷仓		
—	里弗斯比（Reevesby）	新建 1 座住宅、几间厩棚、车房、奶牛舍、猪圈、2 间谷仓	480	100 英镑
埃里森（Mr. Ellisson）	萨德布鲁克（Sudbrook）	新建 1 座农场住宅	370	478 英亩/280 英镑

资料来源：*General View of the Agriculture of the County of Lincoln*, London: W. Bulmer & Co., 1799, pp. 28—35.

---

① Susanna Wade Martins, *A Great Estate at Work*, Cambridge: Cambridge University Press, 1980, p.134.

在圈地投资过后地主往往要进行进一步的投资，有些甚至要持续数年。圈地使原有财产权发生改变，土地经过重新分配确立了新的权利安排。在新确定权利的土地上，原有的农场设施可能不适合新农场的需要，有些仅有住房而没有生产性建筑，有些仅有简易的生产性建筑且也不足用，有的甚至什么也没有。为了使重新界定了权利的土地能尽快地用于生产，地主实施进一步投资十分必要。1806 年圈地后，费茨威廉伯爵在欧沃尔顿（Alwalton）地产上的土地有 451 英亩，他为此投资了 1971 英镑兴建了一座新的农场。1809 年他在海尔普斯通荒野（Helpstone Heath）的地产也经历了圈地，他同样修建了一座新农场，投资为 2407 英镑。① 霍克汉姆的霍尔（Hall）农场是圈地后新建的，大量土地过去曾是公地，因而必须进行土地改良和修建各种房舍。农场建筑主要由地主负责，到 1829 年类投资已累计达 2338 英镑。② 用于修缮和扩建已有农场建筑的投资同样重要，这部分资本通常也由地主提供。修缮衰败的地产往往是一项耗费巨大的工程。斯托-布拉道夫的托马斯·赫尔（Sir Thomas Hare of Stow Bardolph）是西诺福克的一位地主，1810 年后他开始地产修缮工作。1810—1820 年间他完成了 2000 英亩的修复工作，总投资达 20,000 英镑，平均每英亩成本 10 英镑。这是一个相当高的单位投资成本，即使将荒地转变为耕地农场一般也不过如此。③

---

① F.M.L. Thompson, *English Landed Society in the Nineteenth Century*, London: Routledge & Kegan Paul, 1969, p. 223.

② Susanna Wade Martins, *A Great Estate at Work*, Cambridge: Cambridge University Press, 1980, pp.119—120.

③ B.A. Holderness, "Landlord's Capital Formation in East Anglia, 1750—1870", *Economic History Review*, Aug. 1972, Vol. 25, Issue 3, p. 443.

表 2-11 米德兰地主的农场建筑投资 1857—1869 年

建筑类型	涉及农场数	总费用（£）	新建筑		重置建筑	
			费用（£）	比例（%）	费用（£）	比例（%）
农场宅院	32	68,141	13,153	19.3	54,988	80.7
农场建筑	19	23,088	1000	4.3	22,088	95.7
农场生产建筑	125	52,537	29,998	57.1	22,539	42.9
农舍	58	29,873	16,430	55.0	13,443	45.0
工人住的小屋	—	31,401	16,796	53.5	14,605	46.5
总计	—	205,040	77,377	37.7	127,663	62.3

资料来源：A.D.M. Phillips, "Landlord Investment in Farm Buildings in the English Midlands in the Mid Nineteenth Century", Ed., B.A. Holderness & Michael Turner, *Land, Labour and Agriculture, 1700—1920*, London: The Hambledon Press, 1991, p. 198.

注：农场宅院：农场住房以及相连的建筑，有时还包括小屋。

农场建筑：一整套农场建筑。

农场生产建筑：专门用于农业生产的建筑。

农舍：农场住房。

小屋：农业工人的住房。

A.D.M.菲里普斯的一项研究表明，19 世纪中期英格兰中部的地主仍是农场建筑的主要投资人。这项研究共覆盖 71 个地产，地主投资的资本全部来自贷款（这一点与过去不同，以往的资本主要来自地主的租金收入），由此可知地主对地产投资的热情是很高的。从 1857—1869 年贷款投资额总计 205,040 英镑。这 71 个地产共有 195 座农场，其中涉及完全新建各类农场建筑的有 51 个，投资 77,377 英镑，占总投资的

37.7%,[1]这类投资可算作真正意义上的增长性投资(参见表2-11)。其余62.3%的资本用于各类建筑的重置和改进,涉及农场宅院的新建和修缮的项目耗资最大,平均每个农场的投资成本约为2129英镑。生产性建筑则相对廉价,平均为420英镑。一部分投资完全用于新建农场及其宅院,如,斯坦顿(Stanton)农场是斯卡斯戴尔勋爵(Lord Scarsdale)新买下的一块250英亩土地,原本就没有农场宅院;面积为330英亩的斯帕农场是新开垦的农场,同样也没有农场宅院。这种农场无疑对投资需求很大。多数农场的投资属于修缮和重置型。北莱瑟(North Laithes)农场是约翰·萨弗莱(John Savile)在诺丁汉郡的地产,面积412英亩。因为农场宅院建筑已破败到无法修复的地步,地主差不多是完全重建了这座农场。他将原有的建筑改建为一座农舍、一对小屋,一套由两个院子组成的农场建筑,院子的四周是可养24头牲畜的畜棚。[2]

地主还要负责兴建和修缮供农业劳工居住的小屋。除小型的家庭农场外,较大的农场通常都要雇用工人。长期雇工一般要在当地居住,因此建造劳工住宅十分必要。小屋有时是单层的平房,有时是两层的楼房,室内面积不会很大,但一般也要包括两或三间卧室、厨房、盥洗室等。小屋建造的投资大约是几十英镑,一般不会超过100英镑。如从1790—1842年间,T.W.科克就在其地产上新建了五十多幢小屋,每幢

① A.D.M. Phillips, "Landlord Investment in Farm Buildings in the English Midlands in the Mid Nineteenth Century", Ed., B.A. Holderness & Michael Turner, Land, *Labour and Agriculture, 1700—1920*, London: The Hambledon Press, 1991, p. 198.

② A.D.M. Phillips, "Landlord Investment in Farm Buildings in the English Midlands in the Mid Nineteenth Century", Ed., B.A. Holderness & Michael Turner, *Land, Labour and Agriculture, 1700—1920*, London: The Hambledon Press, 1991, p. 198—199.

的投资成本在60～100英镑不等，1794年在坎颇斯通（Kempstone）新建一幢小屋的成本是58英镑；1814年又建一幢成本是63英镑；1814年在斯帕汉姆（Sparham）新建的一座小屋成本也是63英镑；19世纪30年代在福里奇汉姆（Flitcham）又建造了三座二层楼的小屋，每座有两套住房，其中有记载的一座小屋的投资成本是224英镑。有些小屋附带一小块园圃，供劳工种些蔬菜自用。到1867年科克的诺福克地产上拥有的小屋已达521座。①

沼泽排水是艰难而巨大的工程，19世纪以前的一些平原河谷地区就已经实施了排水工程，地主通过排干沼泽来获得更多的农用地。但排水的土地有时会因洪水泛滥而重复变为沼泽，因此沼泽排水的投资不仅困难重重而且风险不小。萨默塞特的布瑞（Bure）河谷等地由于排水渠作用不佳，使得排干的土地在1791年和1799年两度被淹。18世纪60年代为了排干维尔兰河（River Welland）北部的迪平沼泽（Deeping Fen），地主建造了50座排水风车将沼泽排干成农用地，但30年后单凭这些风车已无法防止洪水再来。② 沼泽排水投资周期无疑很长，排水工程往往历经数年才能完成。在利弗森-格娄尔家族的特伦特汉（Trentham）和利乐施尔（Lilleshall）地产上，通过沼泽排水而获得耕地是一项重要的投资项目。代理人彼施顿（Bishton）就非常热衷于排水，为此还要求治安法官向议会提出呼吁废除排水管税。有关的排水

① Susanna Wade Martins, *A Great Estate at Work*, Cambridge : Cambridge University Press, 1980, pp. 216, 215, 246.

② Hugh C. Prince, "The Changing Rural Landscape, 1750－1850", Ed., G.E. Mingay, *The Agriculture history of England and Wales*, Vol. Ⅵ: 1750－1850, Cambridge: Cambridge University Press, 1989, pp. 58, 61.

计划大约从 18 世纪 90 年代就开始实施，至少延续到 19 世纪初。① 常见的沼泽排水措施包括挖浚排水河渠、建造水闸、建造排水风车等，19 世纪初期地主开始引入蒸汽机进行排水。19 世纪初贝德福德（Bedford）平原开始引进蒸汽泵排水，蒸汽动力的引进至少使排水工程增加了一项技术支持。1852 年约翰·克拉克这样描述道：

> 从前在林肯郡和剑桥郡之间的全部沼泽边运作的风车超过 700 座。现在林肯郡这边的原地可能大约有 50 座风车，贝德福德原地和邻近沼泽可能是 17 座，总共 220 座。林肯郡这边的蒸汽机的数量估计是 17 台，每台从 10～80 马力不等，原地的其余部分还有 43 台以上。这些蒸汽机将水提升 6～16、甚至 20 英尺高。它们排干的土地面积算起来不少于 222,000 英亩。②

19 世纪初柴郡（Cheshire）尚有 1.8 万英亩未开发的泥炭沼泽，在以后的 50 年中逐步排干成可用的农地。兰开郡的苔原自 18 世纪就开始进行排水，进入 19 世纪已收效颇丰。其中瑞恩福德苔原（Rainford Moss）1780 年时已排干并种上了土豆，特拉福德苔原（Trafford Moss）、伯尔顿苔原（Bolton Moss）、布特尔苔原（Bootle Moss）到 1800

① J.R. Wordie, *Estate Management in Eighteen-Century England: The Building of the Leveson-Grower Fortune*, London: Royal History Society, 1982, pp. 215－216.

② John A. Clarke, *Fen Sketches: Being a Description of the Alluvial District Known as the Great Level of the Fens*, London: Hall, Virtue & Co., 1852, pp. 247－248.

年时也可以耕作了，1833 年查特苔原(Chat Moss)也种上了燕麦和土豆。① J.V.贝克特认为排水投资的单位成本在每英亩 4 英镑至 8 英镑之间。② 这一水平无疑算得上是较高投入了。沼泽排水虽然代价高昂，但地主却有相当高的积极性，其原因就在于投资回报也相当可观。肯特郡卡尔山(Cale-Hill)的乡绅达雷尔(H. Darrel)，1795 年春开始历时 8 个月将一片泥沼排干，获得了 70 英亩土地。相对于 200 或 300 英镑的投资来说，他的回报是每年为此可得到 70 英镑的租金收入。③

一定时期内，某位地主的投资既可能是专项性的，如仅修建农场房舍等，也可能是综合性的多方面投资。从长期来看，地主投资往往会体现出综合性特征。19 世纪中期，城堡高地(Castle Rising)的霍华德(Howards)地产资料即提供了长期综合投资的一些细节(参见表 2-12)。对地产的投资是一个更广泛的概念，不仅包括了地主的农业投资还包括了对自家生活环境的投资，当然后者是非生产性的。明确属于生产性的投资项目包括对农场和排水的投资，对小屋、人工林地和制砖的投资中也有一定的比例属于此类。小屋是提供给农业劳工和家仆居住的房舍，营造人工林地是为了产出木材以用于地产建设或出售，制砖为了修缮或新建地主的宅院、农场的房舍和小屋等。因此，这三项中肯定包含着某种比例的生产性投资。所有这些项目中刨除某些非生产

① Hugh C. Prince, "The Changing Rural Landscape, 1750—1850", Ed., G.E. Mingay, *The Agriculture history of England and Wales*, Vol. VI: 1750—1850, Cambridge: Cambridge University Press, 1989, pp. 63—64.

② J.V. Beckett, "Landownership and Estate Management", Ed., G.E. Mingay, *The Agriculture history of England and Wales*, Vol. VI: 1750—1850, Cambridge: Cambridge University Press, 1989, p. 604.

③ John Boys, *General View of the Agriculture of the County of Kent*, London: B. McMillan, 1805, p. 156.

性投资外,基本上都属于固定资本投资。仅就农场和排水两项投资计算,霍华德地产在19世纪四五十年代的年均投资一般都在租金的8%以上。如加上小屋、人工林地和制砖三项中的生产性部分,投资比率一定更高,或许会超过10%。这个比率虽算不上最高的,但至少也是中等水平的农业投资。

表2-12 城堡高地的霍华德地产投资

年份	总租金	修缮和改进					
		农场	小屋	庄园宅院	排水	人工林地	制砖
1841—1844	£14803	£737 18s.	£993 2s.	£215 6s.	£250 6s.	£605 14s.	£536 14s.
1846—1850	£18420	£1678 5s.	£1423 6s.	£1097 3s.	£365 16s.	£1584 11s.	£524 4s.
1851—1855	£18332	£391 12s.	£1364 3s.	£514 16s.	£1032 12s.	£1921 2s.	£49 10s.
1856—1860	£18707	£1510 2s.	£987 7s.	£160 13s.	£149 14s.	£1749 17s.	£339 9s.

资料来源:B. A. Holderness, "Landlord's Capital Formation in East Anglia, 1750—1870", *Economic History Review*, Aug. 1972, Vol. 25, Issue 3, p. 438.

亚当·斯密曾经说过:"在英国,在若干地方用于农业上的大资本,大多是在农业上获得的。"①地主的地租收入是进行农业投资的主要资本来源。从总体上看,18世纪到19世纪英格兰的农场单位租金是不断上升的,再加之耕地面积的增加,无疑使地主得到了更大的收益(地租变化趋势见图2-2)。18世纪中期到18世纪90年代单位租金的稳定增加,一定程度上要归功于议会圈地的作用。圈围后的土地可以整

① [英]亚当·斯密:《国民财富的性质和原因的研究》上卷,郭大力、王亚南译,商务印书馆,1997,第360页。

合成更大的农场,经营和管理更为方便。圈地投资后地租普遍上涨,即使排除18世纪末期物价上涨的因素,地租的实际上升也是明显的。例如,费茨威廉伯爵在奥沃尔顿的451亩土地进行了圈围,1806年后计算的全部圈地成本为平均每英亩16英镑,即共7216英镑。虽然投入巨大,但圈地却为他带来了相当于总投资额3.4%的地租增长。他的艾瑟灵堡(Irthlingborough)地产在1808年以后圈地,面积是516英亩。由于没有新建建筑物,投资相对较低,平均费用为4英镑,圈地以后导致租金的增加量相当于投资额的33%。他在牟克西(Moxey)和海尔普斯通(Helpstone)地产于1809年后圈地,投资为10,346英镑,由此产生了相当于投资额30%的地租增长。① 因此,G.E.明盖认为,地主在圈地上普遍得到了相当好的收益,收益率可能会有30%,即使将新建道路和建筑的成本也算进去,收益率也可能在15%至20%之间。② 1790年到1815年单位租金的快速上升除了有一定的圈地因素外,更重要的是价格通胀的影响。另外,对土地需求的增大也构成租金上扬的一个原因。这两个世纪中土地的租佃方式也在发生着变化,许多地方古老的长期租约渐渐已为逐年租约取代,短期租约更有利于地主对租金做出调整。良好的租金收入为地主的进一步农业投资增加了可用基金。

① F.M.L. Thompson, *English Landed Society in the Nineteenth Century*, London: Routledge & Kegan Paul, 1969, p. 223.

② G.E. Mingay, *English Landed Society in the Eighteenth Century*, London: Routledge and Kegan Paul Ltd. 1976, p.183.

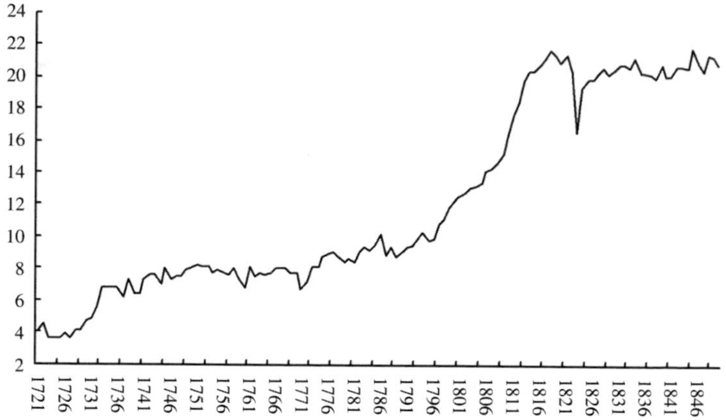

图 2-2 英格兰农业租金 1721—1846 年 单位:先令/每英亩

资料来源:M.E. Turner, J.V. Beckett & B. Afton, *Agricultural Rent in England*, 1690—1914, Cambridge: Cambridge University Press, 1997, pp. 309—313

对于大地产业主来说,其他地产收入在 18 世纪后期也明显上升。这些收入大致包括木材销售、矿产、石灰窑、砖窑、采石场、铁产品的利润或租金。有些大地产的收入是得益于天赐,煤、铁、铅等矿产资源有其特定的地理分布。但一般来说,大地产上拥有木材、石灰、砖、石等自然资源和产品是比较普遍的。明盖认为:"随着人口的增长、工业的发展、交通设施的改善,18 世纪晚期来自木材、矿产和建筑材料的地产利润自然应有惊人的增加。"①例如,迈德尔顿(Myddelton)地产上矿山、石灰窑以及木材生产所带来的利润在 1780 年为 500 英镑,而 18 世纪末上升到每年 4000 英镑。格罗夫纳(Grosvenor)地产的铅矿一部分自

① G.E. Mingay, *English Landed Society in the Eighteenth Century*, London: Routledge and Kegan Paul Ltd., 1976, p. 57.

己经营，一部分出租，18世纪中后期每年产生的利润超过3000英镑。艾什本汉姆（Ashburnham）地产上的木材销售1769年为不到1000英镑，而1790年为2000英镑，1815年更达6194英镑。大地产主的资本有可能来自城市的发展。城市的发展使得原本临近城市郊区的土地不断用于开发城市建筑，这给一些地主带来了可观的收入。如格罗夫纳家族1722年伦敦地产的收入为2000英镑，1779年已能带来7000英镑的收入，1802年更升为12,000英镑。①

工业革命即将结束时，地主已开始利用政府贷款改善农场设施。最初，政府提供的贷款项目仅是排水工程。1846年根据《皮尔条例》为地主提供的排水贷款为200万英镑，1850年又增加200万。② 不久政府贷款的范围扩展到农场建筑等其他设施，并在19世纪中期通过了一系列相应的法律，如1846年的《普通土地排水和改进公司法》、1853年的《土地改进公司法》、1860年的《土地贷款和授权公司法》等。1852年议会批准了第一次针对农场建筑的贷款，到1869年已贷出了125万英镑给英格兰的地主。③ 地主得到政府贷款原则上以他的地产作抵押，以后分期还清。排水的重要性以及它高昂的投资成本引起政府的重视，1846年后政府提供低息的排水贷款，利息是3.5%，偿贷期超过22年。④

---

① G.E. Mingay, *English Landed Society in the Eighteenth Century*, London: Routledge and Kegan Paul Ltd., 1976, pp. 57—58.

② [英]克拉潘：《现代英国经济史》中卷，姚曾廙译，商务印书馆，1997，第348页。

③ A.D.M. Phillips, "Landlord Investment in Farm Buildings in the English Midlands in the Mid Nineteenth Century", Ed., B.A. Holderness & Michael Turner, *Land, Labour and Agriculture, 1700—1920*, London: The Hambledon Press, 1991, p. 193.

④ J.D. Chambers & G.E. Mingay, *The Agricultural Revolution, 1750—1880*, London: B.T. Batsford Ltd., 1982, p. 176.

直到 19 世纪英国依然是一个土地社会。土地仍是最稳定和最有价值的资产，它意味着社会名望、荣誉、地位、财富、权力等上流社会的特征。拥有了土地，就拥有了上流社会的生活方式。因此，土地对各行业的成功人士来说具有很大的吸引力。这就很容易导致其他行业的资本流入农业。麦齐（Mechi）曾是一位企业家，通过卖磨剃刀的砥革和改良煤气等发财。1840 年他买下了埃塞克斯（Essex）的提普垂府邸（Tiptree Hall）农场，开始了他投资和经营农场的事业。仅 1843—1844 年他的改善投资就达 6200 英镑，内容包括：挖了总长约 80 英里的排水暗沟；拆除了长达 5000 码的围堤和围篱；建造了新的排水明渠和道路；砍掉了二三百棵树；运送了 60,000 普什尔石料、300,000 个排水管、400,000 块砖、200 车建筑材料；拆除了旧的农场建筑，建筑了新房舍。到 1845 年末他的全部农场改善投资已达 13,500 英镑。①

二、租佃农场主投资及资本来源

租佃农场主是增长性投资的另一个重要的投入方。他们是土地的租赁者和农业生产的直接实施者。当时租佃农场主的资本投资主要涉及三个领域：一个是对农场运营资本的投资，包括制备生产工具、车辆、畜力等；另一个是改良土壤的投资，包括土地施肥、排水等；最后是对农场建筑的投资。对农场建筑的投资虽然不是租佃农场主的主要投资方向，也不是经常要做出的投资，但同样值得研究。

地主一般不会为农场主提供运营资本，运营资本通常完全是农场

① Stuart Macdonald, "Model Farms", Ed., G. E. Mingay, *The Victorian Countryside*, London: Routledge and Kegan Paul Ltd. 1981, p. 220. 另注：1 码（yard）= 0.914 米。

主的自有资本，自与地主建立租赁关系起农场主就携带他的运营资本进入农场开始生产经营，当租赁关系中止时农场主将带走他的运营资本。由地主提供运营资本的情况很少见。地主出租土地的目的是为了带来地租收入，而只有擅长经营的农场主才可能确保按时交纳租金。一位擅长经营的农场主当然应当具备充足的运营资本，这是他成功经营的标志。因此，地主希望将土地租给拥有相当资本的农场主。农场的运营资本包括生产工具、牲畜、肥料、存货等多种实物或货币形式。一个农场主投资于生产工具的运营资本大致有耕地的农具、运输的车辆、牲畜及其挽具等几种形式，这些都是直接用来支持生产的。B.A.霍德尼斯列举了19世纪初一个150～200英亩的中等农场的生产工具，包括：一辆四轮马车、两或三辆二轮马车、两三副耙、两三副犁、一副磙子、一架筛谷机，其他还要有一些挽具、挤奶工具、牲畜草、临时篱笆等。他估计1800—1830年耕地农场主用于置备农具的资本可能为每英亩1英镑，草地农场则明显要少得多，可能为每英亩0.4英镑。① 牲畜是农场主必不可少的运营资本，常见的大牲畜主要是马和牛。马匹的主要用途是拉车和耕地，有时也用来骑乘；牛的主要用途是提供奶和肉。农场一般还要饲养一些小牲畜和家禽，如羊、猪、鸡之类。固定式脱粒机18世纪90年代已经开始使用，便携式脱粒机1803年也出现了。19世纪早期骨粉、家禽粪便、硝酸盐已经开始作为肥料使用。G. E.明盖估计一个佃户的全部运营资本至少是每英亩2英镑。②

---

① B.A. Holderness, "Agriculture, 1770—1860", Ed., Charles H. Feinstein & Sidney Pollard, *Studies in Capital Formation in the United Kingdom, 1750—1920*, Oxford: Clarendon Press, 1988, pp. 30—31.

② G. E.Mingay, *Enclosure and the Small Farmer in the age of the Industrial Revolution*, London: Macmillan, 1968, p.22.

1770年阿瑟·杨列举了撒福克郡的一个圈地农场的规模、所需生产工具、牲畜以及雇佣劳动的状况，由此可见农场主所需运营资本的大概：

> 土地200英亩，其中草地130英亩、耕地70英亩，年租金120英镑；马7匹、干活的公牛4头、母牛4头、羊70只；仆工2名、劳工2名；一架四轮马车，价值15至17英镑；一架两轮马车，10英镑；一副犁，17先令；一副耙，12先令；一副桦树木的车轮，3英镑15先令；砖，每1000块11先令；橡树和桦树的木材，每英尺1先令4便士至1先令6便士。①

他还认为在英格兰北部：

> 300英镑足够装备一个年租金100英镑的农场，其中一半是草地，一半是耕地。同样面积的农场，如果全是耕地，则需200英镑。

而那里的地租平均是每英亩14先令。② 如此算来，100英镑年租金的农场平均面积在143英亩，而平均运营资本差不多是每英亩2英镑。

改良土壤的投资通常都由佃户负责。英国各地的土壤品质各异，许多地区的土壤都需要不断改良才能保持和提高土地的生产能力。改良土壤的方法主要有给土地施泥灰、白垩土、石灰以及土壤排水等。除此

① Arthur Young, *A Six Months Tour Through the North of England*, Vol. I, London: W. Strahan, 1770, pp. 170－171.

② Arthur Young, *A Six Months Tour Through the North of England*, Vol. I, London: W. Strahan, 1770, pp. 194, 188.

之外还有施肥，一些重要的肥料包括牲畜粪便、牛血、骨粉等。细沙壤和贫瘠的高地壤可通过在地表面施泥灰来改良。这样做的目的是为了使土壤富于结合力，并保持表面的水分和营养。改良黏土地的方法一般是在土壤里掺加白垩土和石灰。黏土壤在掺入白垩土和石灰会比原来变得细腻，其养分更容易被作物吸收，而且还可以改变其在湿润季节里难以耕作的特点。18 世纪诺福克和萨福克的沙土地需要不断地施泥灰来进行改良，而埃塞克斯和萨福克的硬黏土地则需施白垩土，这两种改良方法可以说广泛地应用于各地。据 J.D. 钱伯斯和 G.E.明盖估计，一英亩土地需 20 车的泥灰，如果就近挖取的话每英亩的成本约 40 先令。①

排水也是重要的土壤改良方法。一些地方的田地土质湿重，含水量过高，不利于作物生长，因此需要排水。18 世纪的排水主要是地表排水，方法是在田野里挖筑垄沟，将雨水等多余的水排到更低的地方。米德兰和其他许多重土地区都需要进行土地排水。18 世纪也有地下排水，大致的方式是在排水沟里填充树枝等物，然后上面覆土。这种形式在埃塞克斯、萨福克、诺福克都很常见。据称诺福克以这种方式排水的成本是每英亩 33 先令。② 然而，这种方式不仅成本高而且对严重的湿土地效果也不大。最有效的排水方式是在地下铺设排水管道进行排水。阿瑟·杨认为，圈围后的湿地：

> 如果没有排水管的辅助就不能很好地排干，这种方法在撒福

① J.D. Chambers & G.E. Mingay, *The Agricultural Revolution, 1750—1880*, London: B.T. Batsford Ltd., 1982, p. 63.

② J.D. Chambers & G.E. Mingay, *The Agricultural Revolution, 1750—1880*, London: B.T. Batsford Ltd., 1982, p. 65.

> 克和埃塞克斯之类的地方普遍使用。沟要有足够的深度，排水管被埋入到深 30 英寸、底部宽 4 英寸、上部宽 10 英寸的沟中，上面填满 12 英寸厚的石头、骨头、角或木头，盖一薄层麦秸或灌木枝，然后再盖上土和草泥。①

但由于铺设排水管成本高昂，这种方式也难于推广。直到 19 世纪中期各种制管机的发明使得排水管的价格大大下降，有效的排水才真正可行。1851 年王家农业协会的杂志发表的一份报告称，因制管机的发明每一千个水管的价格已由 20 先令以上下降为 12 先令，适合土地的永久性改善，新发明使得此种改良的投资成本下降到每英亩 4 或 3 英镑。② 即使如此，排水仍是一笔花费巨大的投资。在霍克汉姆地产，1816 年约翰·萨顿·黑斯廷斯(John Sutton Hastings)承租了霍尔(Hall)农场。这是当地正值议会圈地之际，刚刚完成圈地的土地尚待进一步投资。霍尔农场中许多土地原属公地，土地贫瘠，部分重土地尽管已经排水但还需进一步改善。哈德森(Hudson)家族是霍克汉姆地产上农场的经营者，1822 年约翰·哈德森(John Hudson)租下了洛奇(Lodge)农场，他的父亲承租了相邻的曼讷(Manor)农场，两个农场共计 1497 英亩，地租 1238 英镑。在哈德森家族到来之前，这两个农场均经营不佳，亩产量仅为小麦每英亩 20 蒲式耳，大麦每英亩 24 蒲式耳。约翰·哈德森不断进行土壤改良投资，到 1869 年每年的这类投资达三

① Arthur Young, *A Six Months Tour Through the North of England*, Vol. I, London: W. Strahan, 1770, pp. 156—157.

② J.D. Chambers & G.E. Mingay, *The Agricultural Revolution, 1750—1880*, London: B.T. Batsford Ltd., 1982, p. 175.

四千英镑，由于不断的投资，1850年土地的生产率比他刚来时增长了约一倍。① 这些改善工作主要要由黑斯廷斯承担。

如前所述，严格区分地主与佃户之间的投资是困难的。的确，农场建筑等固定资本通常由地主提供，但对这些固定资本的维护甚至重建却不一定完全由地主负责。正常情况下由地主承担全部的投资成本，但也有可能由地主和佃户共同承担，还有可能地主负责出资金、材料，而佃户承担劳动费用。F.M.L.汤普逊就指出："特别在1810年后，有一种地主将他们的修缮工作转由佃户负责的倾向"，而且"所有这些发展模糊了地主资本与佃户资本之间的差异"②。例如，在达灵顿伯爵(Earl of Darlington)的达拉姆(Durham)地产上，由地主支付的每年平均修缮费用在18世纪90年代是150英镑，而到1803年则减少为1英镑。在他继承什洛普郡(Shropshire)和北安普顿郡的地产时，这类投入已由1808年租金的10%下降到1815年的4%。密尔顿(Milton)地产业也有类似情况，在1792—1810年间修缮费用由相当于租金的8%上升为12%，而1816年时反而下降到只占4%。安维克(Alnwick)地产1810年前用于修缮的投资还要占到租金的10%，到1815—1817年间却衰减到2%。地主有关投资的下降很可能是由于佃户直接承担了维护的投资成本。③ 这种趋势的出现有利于对固定资产保持及时的维护，并降低成本。1796年诺福克郡的《农业报告》指出这样做的好处：

---

① Susanna Wade Martins, *A Great Estate at Work*, Cambridge: Cambridge University Press, 1980, pp.114—116.

② F.M.L. Thompson, *English Landed Society in the Nineteenth Century*, London: Routledge & Kegan Paul, 1969, p.227.

③ F.M.L. Thompson, *English Landed Society in the Nineteenth Century*, London: Routledge & Kegan Paul, 1969, p.227.

> 当农场出租时，地主通常将房舍进行修缮。佃户进行维护，离开时照样留下。但如此规则下的地产经常遭忽视，因为当地主没得到要求时，他很自然漠不关心。在租约到期时，因为缺乏一点儿及时的关心，时常造成巨大的、意想不到的修缮费用。……不断地留心不仅能减少维修费用，还能使费用产生更加规则和平均。但是，当在一个所有者或管家方面的努力和勤劳不足以注意到大地产上发生的每件事时，这似乎非常必要，佃户应该像地主一样致力于农场建筑的维护。因为，他总是能设身处地，假如及时的话，他能以1先令的代价修好一处破损，而这处破损如被忽视就会花费地主1基尼。①

在科克的地产上，农场建筑的修缮甚至重建经常由佃户农场主来具体承担工程的实施。投资成本有时由地主全部承担，有时则由地主承担一部分而佃户承担另一部分。霍克汉姆地产上农场的改善主要集中在1790—1840年。1790—1820年农场房舍的重建项目约有30个，其中15个项目涉及整个农场房舍的完全重建，每个项目投资在1500～3500英镑不等。例如，格林斯泰恩(Grenstein)农场重建于1810年，这次大规模投资使得农场设施齐全更适于生产，专用于生产的房舍包括：两间大谷仓、可养16匹马的车马房、一间干草房、一间奶牛舍、一个猪圈、三个养牛的畜栏、一间上面带谷仓的车房、一间烧烤房。潘沃斯府

① Nathaniel Kent, *General View of the Agriculture of the County of Norfolk*, London: George Nicol, 1796, pp. 115—116.

(Panworth Hall)农场的重建晚于格林斯泰恩农场，提供的设施大同小异，1813—1818年间投入2006英镑。南克里克(South Creake)农场面积为865英亩，1793年地产办公室支付给佃户1363英镑，作为建造一个新的谷仓、一个牲口棚、一个奶牛舍、篱墙、猪栏等的补偿，1801年又付给佃户2134英镑，用于补偿建造一座新的农场住房和办公室的投资成本。从1820—1842年共有7个农场建筑经历了完全重建，其他农场房舍也得到了不同程度的改善。如敦顿(Dunton)农场重建于1834至1838年之间，在4个畜栏边上新建了可容纳50头牛的牛棚，另外，牧场上还建了一座可容纳50牲畜的牲口棚。沃特登(Waterden)农场于1843年、古德维克(Godwick)农场于1847年也都建了能容纳超过50头牲畜的牲口棚。1790—1842年霍克汉姆地产上共有23个农场完全重建，这些农场中有7个规模在1000英亩以上，其余16个也在400英亩以上。所有重建的农场中都至少要有一座牲畜棚。牲畜棚的大小根据农场规模大小而不同，一般来说农场越大牲畜棚就越多，其面积也就越大，牛栏从可养20头牛到可养50头以上不等。大部分农场都养着猪和奶牛，因此也建有相应的圈舍。22个农场都至少有一个上层带谷仓的大车房，基本上所有农场都有骑乘马用的马房，少数还有铁匠或木匠铺。重建每座农场的投资成本要视农场的大小和设施的档次而定，一般在1000～3000英镑之间。[①] 在所有这些农场建筑的维修和重建中，尽管由地主支付了相当大比例的资本给农场主，但佃户的确也为此承担了一部分费用，有时用工的全部费由都是由佃户来承担。

① Susanna Wade Martins, *A Great Estate at Work*, Cambridge: Cambridge University Press, 1980, pp.143, 145, 146, 153, 156—159, 161.

租佃农场主是运营资本的所有者，自然应当承担这些资本货物的维护和扩张性投资。农场主又是农场设施和土地直接使用者，比地主及其代理人更清楚这些资产的状况，知道何时适宜做出有关修缮和改进的投资。但佃户既不是农场建筑的所有者也不是地主，为什么还愿意对根本不属于自己的资产投资呢？

诱使佃户进行投资的根本因素是他的财产权益是有保障的，即他对所付出的资本享有权利。首先，对于农场主的投资地主会支付资金作为补偿，或者减免租金，即地主实际是全部或部分投资基金的承担者。有些佃户的固定资产投资是以双方事先签订补偿协议为前提的。在 18 世纪 80 年代，特伦特汉(Trentham)地产上的托夫特(Toft)农场的佃户与地主的代理人签订了有关的协议。到 90 年代，佃户便做出了大规模的固定资产投资。① 地产代理人詹姆斯·劳克(James Loch)在 19 世纪 20 年代的一封信中就同意对佃户的租金进行折减，他在信中是这样说的：“我非常赞同你的意见，在某种程度上依据农场的状况和相应佃户所做的改进为之提供租金减让。”②诺福克的科克也为佃户的固定资本投资提供支持：“1794 年敦顿(Dunton)教区的农场佃户获准减免了 700 英镑的地租，原因是他建成了一座新的农场房舍，把旧的那幢分成了四所农舍，修缮了九个小屋，新建了三个新的。”③

再者，租佃关系的稳定和安全性使得佃户可以长期使用某块土地，

---

① J.R. Wordie, *Estate Management in Eighteen-Century England*: *The Building of the Leveson-Grower Fortune*, London: Royal History Society, 1982, p. 219.

② J.R. Wordie, *Estate Management in Eighteen-Century England*: *The Building of the Leveson-Grower Fortune*, London: Royal History Society, 1982, p. 219.

③ R.A.C. Parker, *Coke of Norfolk*: *A Financial and Agricultural Study 1707—1842*, Oxford: Oxford University Press, 1975, p.95.

这就使佃户的投资有一个很长且稳定的回报期。也就是说,尽管佃户不是地主,但他的投资对于未来的收入是完全值得的。由于租佃关系的安全性,使佃户可以完全预期投资的未来收益。

佃户之所以愿意承担固定资产投资,是因为他的租佃权有保证。19 世纪以前,终身契约或长期契约是普遍的形式。长租约下农场主愿意为固定资产投资,因为他有很长的回报期。进入 19 世纪逐年订约的任意租佃制开始流行。但在这种情况下,租佃关系也是稳定的,佃户仍不必担心解除租佃关系使他蒙受损失。实际上,这一时期农场主已经愿意订立逐年租约,这样会有利于他应付气候和市场变化,以及选择更可获利的农场。而无论在长期租约还是逐年租约的情况下,都存在着一种能够诱发佃户对土地进行投资的机制。按照习惯,佃户的投资要得到地主补偿,这使得佃户投资的权利得到保障。补偿的方式可以是相应地减免租金,也可以是在双方解除租佃关系时由地主以某种方式做出补偿。这是任意租佃制下租佃农场主同样愿意对固定资产投资的重要原因。如在约克郡西区的一些地方,佃户在租期的最后一年可得到种子、肥料等作为他们对土地投入的补偿。① 1852 年詹姆斯·凯尔德有过这样的总结:

> 当任何一方希望终止租佃关系时,农场主可以获得保障。保障可能来自租约的保证。租约规定占有农场的年份数,这给了农场主时间让他的投资充分发挥作用,并使之可以收回投资。或者,

---

① T.W. Beastall, "Landlords and Tenants", Ed., G.E. Mingay, *The Victorian Countryside*, London: Routledge and Kegan Paul Ltd., 1981, p. 432.

如果地主拒绝签署租约，保障将来自一种依据某种原则、对未用尽的改善投资进行补偿的协议。……在萨里郡(Surrey)、萨塞克斯郡、肯特郡的林地(the Weald of Kent)、林肯郡和约克郡西区的部分地区，这种佃权习惯得到了完全的承认。①

由于佃户对土地的投资，使他对本不属于自己的土地拥有了权利。当他要解除租佃关系时，地主就要对他尚未得到完全补偿的权利进行补偿。这种关系对地主并无害处，他做出了相应补偿也得到了自己地产的改善，这可使他在新租佃关系中得到回报。例如，1771 年，当维肯(Wicken)的卡斯托埃克(Castleacre)农场租约期满时，"所有的施泥灰、施黏土、新开沟渠、新建围篱等改善都是由这位占有者单独承担的，另外他还另建了一个牲口棚，房舍又加盖了小屋、院墙等，这些费用也是由他承担的"。维肯的投资有些是来自借贷的，而且在期满时还没有完全偿清投资借贷。为此新来的佃户布托尔(Boutoll)向维肯的债权人支付了 1100 英镑作为他得到租约的条件。在布托尔的租期里他同意在三年内建一座新的仓房，并承担有关的劳务和运输费用，而地主则提供木材、砖、石灰及其他材料。布托尔还承诺在新仓房的边上建一座小屋，费用完全由他负责。而且在布托尔承租的农场里改良土壤、新建沟渠和围篱的投资也都由他负责。② 这种关系中习惯所提供的保障，绝不亚于法律所提供的。如，林肯郡的高地农场主在订立逐年契约时，

---

① James Caird, *English Agriculture in 1850 — 1851*, London: Longman, Brown Green, and Longmans, 1852, p. 505.

② F.M.L. Thompson, *English Landed Society in the Nineteenth Century*, London: Routledge & Kegan Paul, 1969, p.228.

协议中常不包括有关补偿的条款，他们的权利保障完全来源于两方的信誉和当地的习俗。① 因此，詹姆斯·凯尔德说：

> 在许多事例中，佃户大量地投入了他们的资本，我们很愿意证明，除了其地主的人品并没有其他的保证。在英格兰的这两个阶层间存在的信赖，在最大限度上对双方都有利。②

任意租佃名义上是短期契约，但其时间的稳定性与长期租约并无太大区别。期限到后，只要双方都愿意继续维持以往的关系，租期就将延续下去，而且实际情况也常常如此。林肯郡在1815年后每年订立契约的"任意租佃制"日益流行，但这里的实际租期往往仍很稳定、长久。劳森·霍尔默（Lawson Holmes）是亚伯洛伯爵（Earl of Yarborough）在林肯郡的一位佃户，到1843年他去世时，他的家族已经在那块土地上世代耕种了差不多300年。③ 在诺丁汉郡，直到19世纪40年代租佃都是连续的，在多数情况下农场主都是子继父业。④

租佃关系的稳定性还表现在租金的变化上。随着佃户对土地和农场房舍的改善投资，农场的价值当然有所提高，但在农场主真正享有改善带来的好处之前，地主一般不会轻易提高租金。有些地主为了鼓励

---

① T.W. Beastall, "Landlords and Tenants", Ed., G.E. Mingay, *The Victorian Countryside*, London: Routledge and Kegan Paul Ltd. 1981, pp. 432—433.

② James Caird, *English Agriculture in 1850 — 1851*, London: Longman, Brown Green, and Longmans, 1852, p. 504.

③ J.A. Perkins, "Tenure, Tenant Right and Agricultural Progress in Lindsey, 1780—1850", *Agricultural History Review*, Vol. 23, 1975, Part I, p. 8.

④ T.W. Beastall, "Landlords and Tenants", Ed., G.E. Mingay, *The Victorian Countryside*, London: Routledge and Kegan Paul Ltd., 1981, p. 432.

佃户投资甚至长期维持较低的租金，如亚伯洛伯爵的布洛克勒斯比(Brocklesby)地产上，1833 年荒秃山地是以 10～12 先令一英亩的租金出租的，而这样的土地当时租金估价是每英亩 20～27 先令。①

19 世纪初长期租约衰落，逐年订立租佃契约越来越流行。F.M.L.汤普逊说："来自诺福克、约克郡北区、什洛普郡和维尔特郡的证据都证明，1833 年你几乎不可能找到一个愿意订立长期租约的佃户，而十年到二十年前他们曾很乐于订立长期租约。"②但长期租约在诺福克和萨福克的轻土农场还很常见。无论租佃契约是长期的还是逐年签订的，契约关系通常是稳定的。如在霍克汉姆地产上，从 1790 年到 1900 年约有 150 个家庭租佃农场，大量的佃户保持了与地主之间的长期租佃关系。其地产上有 31 个农场在超过 50 年以上的时间里是租给同一个家庭的，甚至有两个农场从 1790 到 1900 年没有换过佃户。租佃关系持续 40～50 年未变化的有 15 个农场，如托马斯·里克斯(Thomas Rix)家 1807 年在泰透施尔(Tittleshall)的租佃期一直持续到 1874 年。③

在 19 世纪 30—60 年代，租佃农场主更为积极地从事土地改良的投资。不仅如此，一些地区的农场主还承担了以往通常由地主负责的投资项目，如在约克郡和林肯郡一些农场帮助地主修建新的谷仓和牛栏。佃户作为土地的租用者和使用者，对在土地投入的财产(对土地、

① T.W. Beastall, "Landlords and Tenants", Ed., G.E. Mingay, *The Victorian Countryside*, London: Routledge and Kegan Paul Ltd., 1981, p. 433.

② F.M.L. Thompson, *English Landed Society in the Nineteenth Century*, London: Routledge & Kegan Paul, 1969, p.230.

③ Susanna Wade Martins, *A Great Estate at Work*, Cambridge: Cambridge University Press, 1980, pp. 106, 107.

农场的投资)享有明确的权利。土地业主和租赁者都认同对这份权利的尊重和维护,并且这不是个别的而是普遍的现象。究其原委,地主和租赁者都遵从着相同的行为模式和社会传统,从这一点出发双方就很容易达成合作的共识。租赁者比地主更了解农场的状况,由他做出的投资,目的将更清楚、效率将更高。因此,选择合作对双方都有利,而达成合作的契合点就是对双方权利的保障。

本章结语:中世纪时的投资仅限于维持现有的固定资本存量不减少和适应人口的变化,但工业革命中的投资则体现出现代增长的特征。造成这种差异的原因有二:一方面,中世纪农业没有进行现代投资的自由,这一自由是在现代早期以来逐步获得的。没有投资的自由意味着不仅资本只能在低效率状态下使用,而且资本也不可以投向导致现代性增长的方向。另一方面,从历史经验来看,现代意义的农业投资依赖于明确的、对土地的个人财产权利的建立,这种权利是在中世纪土地制度瓦解的前提下才出现的。个人权利的残缺甚至会使土地很难被视为可经营生利的资本。而工业革命时的农业投资则是在完全不同的社会机制框架内得以实施,在这个框架内资本完全可以自由地运用,资本的权利也已经界定明晰,任何人都可以利用所能利用的资本去追求利润最大化。

第三章

制造业资本投资

第一节　社会机制与制造业投资

工业革命时期的制造业包括纺织、冶金、机械制造、酿酒等诸多行业。18 世纪 50 年代制造业的生产与资本规模几乎都是很小的，无论在城镇还是乡村都不会见到大工业的景象。在整个工业化的历程中，制造业的资本规模表现出一个从无到有、由小到大、不断增长的过程。冶铁业无疑是一个需要较多资本的部门，但即便如此，事实上生产的增长与投资的起点也不是靠“大资本”造就的。沃克尔（Walker）三兄弟的父亲约瑟夫·沃克尔（Joseph Walker）是制钉匠和刀剪匠，18 世纪前期三兄弟承袭了父亲的职业，以打造小刀、镰刀、锉刀、钉子等小五金产品为生。1741 年他们在谢菲尔德（Sheffield）附近开办了一座小铸造厂，此后他们的事业开始逐步成长，当年已有资本 600 英镑。沃克尔三兄弟经过不断的积累最终成为冶金业的大制造商，拿破仑战争期间他们每年为政府生产的大炮约 26,000 吨。许多冶金业制造商的都有类似的经历，亚伯拉罕·达尔里（Abraham Dary）、艾萨克·维尔金森（Isaac Wilkinson）、约西亚·韦奇伍德（Josiah Wedgwood）原本也都是铁匠或技工出身，最初仅有极少的资本甚或根本没有资本。[1] 本章选取纺织业作为对制造业研究的主要内容。这一方面因为，纺织业是工业革命中最具"革命性"的制造业部门，忽略了纺织业似乎也就不存在工业中的"革命"了。另一方面，在任何制造业部门中进行投资，无论其外表的形式多么不同，投资者所处的社会环境是相同的，他们做出选择的依据有着同样的习惯、思维和行为方式、社会传统的背景。换而言之，任何制造业的投资行为都是在相同的社会机制中完成的。

纺织业是英国的传统产业，自中世纪就出现了越来越细的分工，工业革命开始以前，毛纺织业一直是纺织业中的主力。18 世纪初毛纺织业已广泛分布于英国各地，且在整个制造业中也是最重要的产业。丹尼尔·迪福在约克郡西区游历时对这种生产制度有过一段较为详尽的描述：

> 在我们登上第三座小山之后，我们发现这个乡间有一个延续错落的村庄……当天气晴好时，我们能看到每所房子都有一架拉幅机，而且，几乎在每架拉幅机上都有一件呢绒、凯尔塞绒(Kersie)或夏龙绒(Shalloon)，这些是当地生产的三种布料。……每个呢绒商必须至少要养一匹马，用于将他的羊毛和必需品从市场运回家；用于把他的毛纱运到纺工那里；把他织成的呢绒送到漂洗坊，以及在产品制成后送到市场上去卖，诸如此类。每个呢绒商

---

① Francois Crouzet, "Capital Formation in Great Britain during the Industrial Revolution", Ed., Francois Crouzet, *Capital Formation in the Industrial Revolution*, London: Methuen & Co Ltd., 1972, pp. 166—167; John Addy, *A Coal and Iron Community in the Industrial Revolution, 1760—1860*, Harlow: Longman, 1969, pp.11—18.

一般为其家庭养一两头牛。……妇女和孩子在梳毛或纺纱。从最小的到最老的，所有人都在干活，包括刚刚超过四岁的孩子，但自家的人手是够用的。①

18 世纪中期毛纺织业生产最集中的地区是东盎格利亚(East Anglia)、西部诸郡、约克郡西区。家庭生产或称家内制是毛纺织业最主要的生产组织方式，即使在工业革命中这种生产方式也普遍存在于毛、棉等纺织业中。纺、织等主要生产过程都是在织工家里完成，妻子纺纱、丈夫织呢，织工将生产的成品或半成品直接拿到市场上出售或卖给批发商。也有些生产工序需要更多的资本和更大的生产场所，很难在织工家里完成。在这种情况下织工便会把半成品送到专业作坊中进行加工，如到缩绒坊进行缩绒、到染坊染色。

棉纺织业不能算是英国的古老传统产业，这一点与羊毛纺织业大为不同。棉纺织业大约在 16 世纪时自低地国家传入英国。爱德华·拜恩斯在其著作中是这样谈及此事的：

由于 1585 年面临帕尔玛公爵对这座大商业城市的占领和摧毁，大量的新教工匠和工人于同期逃离了安特卫普，从而将这门技艺从弗兰德斯输入英国，同时也有的技术来自西班牙尼德兰的其他城市。②

---

① Daniel Defoe, *A Tour Through the Whole Island of Great Britain*, the third edition, Vol. Ⅲ, London: J. Osborn, S. Birt, D. Browne, J. Hodges, A. Millar, J. Whiston and J. Robinson, 1742, pp. 126—128.

② Edward Baines, *History of the Cotton Manufacture in Great Britain*, London: H. Fisher, R. Fisher and P. Jackson, 1835, p. 99.

当时棉纺织主要集中于东盎格利亚，产品的品种为粗斜纹布，16世纪末方进入兰开郡，到17世纪40年代棉纺织业在曼彻斯特（Manchester）已得到良好的发展。18世纪的大部分时间内棉纺织业还是纺织业中一个很小的分支，无法与毛纺织业的地位相匹敌。据菲丽丝·迪恩和W.A.科尔估计1770年时棉纺织业的净产出只有60万英镑，是棉、毛、亚麻、丝四个行业中规模最小的，相比之下毛纺织业的净产值为700万英镑。① 然而棉纺织业是工业中最具"革命性"的行业，工业生产最初的快速扩张就出现在棉工业中。从1779年开始，不到30年的时间棉纺织工业就由纺织业中一个微不足道的行业一跃成为仅次于毛纺织业的第二大行业。1821年时净产值为17,500万英镑，超过毛纺织业（16,600万英镑）成为纺织业中的第一大行业，②此后直到第一次世界大战前都保持着这种领头地位。工业革命初始时棉纺织业对整体经济增长的贡献是几可忽略的，而1802年时其产生的增加值就占到了国民收入的4%～5%，1812年上升到7%～8%。③ 尽管毛纺织业的地位随着棉纺织业的迅速崛起而相对衰落，但其产出总量仍维持持续上涨势头。实际上棉、毛纺织共同构成了纺织业的主流，在纺织业的四个行

① Phyllis Deane and W.A. Cole, *British Economic Growth 1688—1959: Trends and Structure*, Cambridge: Cambridge University Press, 1969, p. 212.

② Phyllis Deane and W.A. Cole, *British Economic Growth 1688—1959: Trends and Structure*, Cambridge: Cambridge University Press, 1969, p. 212.

③ Phyllis Deane and W.A. Cole, *British Economic Growth 1688—1959: Trends and Structure*, Cambridge: Cambridge University Press, 1969, p. 184.

业中棉、毛生产通常占到整个行业的70%以上。[1]

工业革命开始后纺织业的发展逐步具备地区专业化的特征，棉纺织业日趋集中于兰开郡(Lancashire)。兰开郡具有悠久的纺织业传统，产品主要包括亚麻和毛纺织品。到18世纪中期为止毛纺织还是纺织业的主流，但异军突起的棉纺织很快代替了其他行业，1770年以后已成为当地纺织业的主体。从雇佣工人的比例来看，1838年兰开郡的棉纺织工人已占到全部棉纺织工人的58.5%，1861年这个比例是70%。而且兰开郡的纺织业实际上已主要是棉纺织业了，该郡的棉纺织厂要占到所有纺织厂的92%。[2] 其他棉纺织业集中的地区主要是柴郡(Cheshire)和约克郡(Yorkshire)，但在19世纪前期这两地的重要性已无法与兰开郡相比(详见表3-1)。工业中的最突出变化首先出现在棉纺织业，我们可以从18世纪中后期的原棉进口量中看出棉纺织业的迅速扩张的基本趋势(图3-1)。棉纺织产品的贸易中心在曼彻斯特，国内外商人都在此设有办事处。毛纺织业则集中于约克郡西区，1800年时毛纺织业产出的约三分之二来自这里。[3] 利兹(Leeds)、哈利法克斯(Halifax)等地是重要的生产、交易中心。

---

① Phyllis Deane and W.A. Cole, *British Economic Growth 1688—1959: Trends and Structure*, Cambridge: Cambridge University Press, 1969, p. 212.根据 Table 52 的统计数据得出。

② Sydney J. Chapman, *The Lancashire Cotton Industry*, *Manchester: Manchester University Press*, 1904, pp. 149—150. Anthony Howe, *The Cotton Masters, 1830—1860*, Oxford: Clarendon Press, 1984, p. 1.

③ John Rule, *The Vital Century: England's Developing Economy, 1714—1815*, London: Longman, 1992, p. 105.

表 3-1　英国棉纺织业技工分布

区 域	1838 年	1898—1899 年
柴郡(Cheshire)	36,400	34,300
坎伯兰(Cumberland)	2000	700
德比郡(Derbyshire)	10,500	10,500
兰开郡(Lancashire)	152,200	398,100
诺丁汉郡(Nottinghamshire)	1500	1600
斯塔福德郡(Staffordshire)	2000	2300
约克郡(Yorkshire)	12,400	35,200
英格兰与威尔士	219,100	496,200
苏格兰	35,600	29,000
爱尔兰	4600	800
联合王国	259,300	526,000

资料来源:Ed., William Farrer, J. Brownbill, *The Victoria History of the Country of Lancaster*, Vol. 2, London: Archibald Constable and Co., 1908, p. 382.

表 3-2　兰开郡纺织业工厂及公司　1835—1861 年

	1835	1841	1850	1856	1861
棉	676	1105	1235	1480	1979
羊毛	99	141	116	99	101
精纺毛	8	13	11	9	3
亚麻	19	19	9	13	13
丝	22	28	29	44	48
棉布印花	—	94	—	—	—
漂洗	—	—	—	32	50

资料来源:Anthony Howe, *The Cotton Masters, 1830－1860*, Oxford: Clarendon Press, 1984, p. 2.

工业革命开始时工业中的固定资本设备通常都简单而廉价，纺织业尤其如此。织机的构造简单，几乎所有部件都是木制的，因此织机绝算不上是昂贵的生产设备。生产的主要组织形式并不是集中生产的"工厂制"，而是分散的"外放包工制"。制造商并不需要拥有厂房、机器等固定资产，也就不必进行大规模的固定资本投资。他们所做的是将棉纱、羊毛等生产原料分发给织工，织工在自己家里进行生产。待生产完成后，制造商收取成品并支付报酬。多数制造商原本就是织工，他们做过学徒、帮工直至成为独立的织工，在积累了一点资本后便开始了自己的事业。17 世纪中期曼彻斯特棉纺织商招收学徒，还要 7 年的学徒期，乡间绅士多将儿子送去做学徒。[①] 迈克尔·泽尔的研究认为，16 世纪后期到 17 世纪小规模的呢绒商的资本不会超过 100 英镑。[②] 迪肯森对约克郡西区（West Riding）的研究表明，18 世纪中期当地的精纺呢绒商的平均财产是 141 英镑 6 先令。[③] 如此看来，几个世纪中一般的呢绒商的规模可能变化并不大。在纺织业中"制造商"是一个相当模糊的概念，能称为制造商的一定是独立经营的而不是受雇于人的人。制造商至少可以分为三种人：其一，从事独立家庭生产的纺织匠当时就称作制造商。他们购进原料在家里从事生产，妻子、孩子都是帮手。规模稍大一些的会招收学徒，还可能雇用几个技工。他们在市场上出售

---

① Sydney J. Chapman, *The Lancashire Cotton Industry*, Manchester: Manchester University Press, 1904, pp. 6—7.

② Michael Zell, "Credit in the Pre-industrial English Woollen Industry", *Economic History Review*, Nov. 1996, Vol. 49 Issue 4, p. 669.

③ Pat Hudson, *The Genesis of Industrial Capital: A Study of the West Riding Wool Textile Industry c.1750—1850*, Cambridge: Cambridge University Press, 1986, p.39. 作者引用 M.J. Dickenson 的博士论文研究结果。M.J. Dickenson, *The West Riding Woollen and Worseted Industries 1689—1770*, University of Nottingham, 1974.

自己的产品或卖给商人。其二，从事外放包工生产的人。其三，工厂主。① 纺纱和织布是棉、毛纺织中共有的主要生产程序，制造商的经营范围可能仅涉及其中一项也可能二者兼营。以棉纺织业为例，有些制造商是纺、织兼营的，这些人既包括小的家庭制造商也包括外放包工制造商。而另一些制造商则只经营一类，其中织布业以外放包工为主要的生产组织形式，即使到工业革命后期工厂化的程度也并不太高，而纺纱在 18 世纪后期已开始采用工厂制的生产方式。

工厂制生产无疑将要求更多的固定资本投资，但一个社会资本储蓄数量的多少与是否会出现增长性投资之间并不具备必然的逻辑关系。据彼得·莱恩估计，1783 年到 1802 年间棉纺织工业的固定资本

① 国内广泛使用的另一个有关概念是“手工工场”，它出自马克思。马克思在《资本论》的“分工和工场手工业”章节做了如下陈述：“工场手工业是以两种方式产生的。一种方式是：不同的独立手工业的工人在同一个资本家的指挥下联合在一个工场里，产品必须经过这些工人之手才能最后完成。”而另一种方式则是“许多从事同一个或同一类工作(例如造纸、铸字或制针)的手工业者，同时在一个工场里为同一个资本所雇用。”(《资本论》第一卷，《马克思恩格斯全集》第 44 卷，人民出版社，2001 年第二版，第 390－391 页。)这段定义中并没有出现“手工工场”一词，但根据内容可知这种手工业生产形式就是“手工工场”。由定义可知，马克思的“手工工场”具有一个资本家控制下、在一个场所内的集中手工生产的特征。定义中的生产场所——“工场”，两次出现都是单数形式——in eine Werkstatt 和 in derselben Werkstatt(Karl Marx, *Das Kapital*, Erster Band, Hamburg: Otto Meissner, 1867, S. 318－319.)。马克思强调的是这种集中的生产组织形式才叫“工场手工业”“手工工场”。“工场手工业”产生的两种方式都是集中生产，只不过一种是多行业协作的集中生产，一种是同行业多工序协作的集中生产。而当代国内学术界通行的“手工工场”概念却与马克思的原意颇为不同。这种概念将手工工场定义为：在资本家雇用下从事手工业生产的经济组织，其形式分为分散的手工工场和集中的手工工场。显然，所谓“分散的手工工场”与马克思对集中生产的强调相抵触。笔者在对这一问题另有详细论述，可参见徐滨：《“手工工场”概念谬误的渊源》，载于《史学理论研究》，2010 年第 2 期。

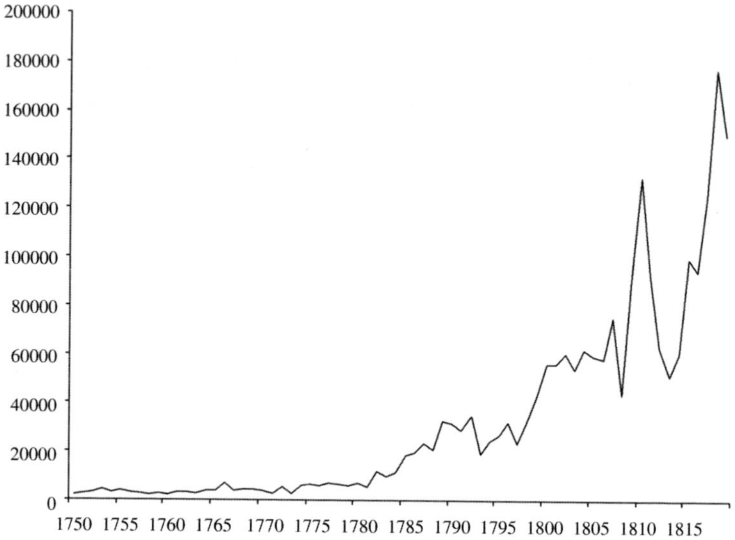

图 3-1 英国原棉进口量 1750—1815 年 单位:千英镑

资料来源:Ed., B.R. Mitchell, *British Historical Statistics*, Cambridge: Cambridge University Press, 1988, pp. 330—331.

投资约为 800 万英镑,①而 1783 年一年的政府开支就是 2350 万英镑,②其中相当的大部分用于当年美洲独立战争的军费。可见,纺织业的固定资本投资实际上只消耗了整个社会中相当有限的资本,即使用于一场战争的资源都远远超过纺织业 20 年的投资。因此,一个社会有相当充裕的资本也未必能用来支持生产性投资,相反,一个社会仅有有

① Peter Lane, *The Industrial Revolution: The Birth of the Modern Age*, London: Weidenfeld and Nicolson, 1978, p. 116.

② "Net Public Income and Expenditure of Great Britain in 1715 and 1783 respectively", Ed., D.B. Horn & Mary Ransome, *English Historical Documents*, Vol. X, London: Eyre & Spottiswoode, 1969, pp. 297—303.

限的剩余她也可能用来支持生产性投资。而决定一定的资本是否能用来支持增长性投资的关键在于这个社会是否具有能使资本得到有效利用的机制。

在罗马人撤离不列颠之后，曾经辉煌的罗马城市荒芜殆尽。到11世纪之后，英格兰方才燃起城市复兴之火。城市的复兴起因于西欧的商业复兴，城市成为商人和手工业者的聚集地。中世纪英格兰城市最终演变为享有特权的城市（尽管不同的城市享有的特权可能不同）。这种特权与领主有着密不可分的联系。城市是建筑在一定土地上的居住群，而非空中楼阁，确切地说，是建筑在领主土地上的居住群。因此，最初对城市土地拥有权利的是贵族领主而不是城市。事实上，一些城市就是由领主建立起来的。城市靠缴纳土地租金或贡奉向领主换取有关的权利，这种形式后来发展成为特许状，城市从而获得自治权。缴税或向领主买断有关权利并不是以个人为单位，而是以城市为单位。商人或手工业者以集体的形式获得城市的自治权。亨利·皮雷纳曾说："中世纪的城市本身是一个个体，但是一个集体的个体，即一个法人。"①这一论断恰当地总结了城市的性质。因为特权是有代价换取的，所以行会垄断行业进入权的合法性解释就是：只有以集体为单位购买有关权利的人才能在本地经营。商人或手工业者的团体就是行会。就制造业而言，手工业者得到从业权利的集体形式就是手工业行会。行会作为一种团体，拥有其自身的组织制度，内容包括如下几个方面：限制本行业的从业人数，只有经过正式的学徒训练才能进入本行业，学徒期一般

① [比]亨利·皮雷纳：《中世纪的城市》，陈国樑译，商务印书馆，1985，第111页。另注：Henri Pirenne 在其著作《中世纪欧洲经济社会史》译为中文时，译为亨利·皮朗。

为五或七年;限制个体单位的经营规模,每个行业师傅招收学徒和使用帮工的数量不能超过一定的标准;规定和监督生产工艺以保证质量,行会有权检查其成员的产品,甚至可以对认为是不合格的产品予以没收等等。行会制度的本质在于对行业实施垄断、对成员实施限制,其目的在于维护全体成员的生存和生产的平等机会。该制度表面上是以维护每个成员的个体利益为宗旨,但在更深层次上却表现出另一种完全不同的制度特征。这种制度安排并非建立在完整的个人权利基础之上,而是建立在一定程度上放弃个人权利从而维护团体利益的基础上。在这种制度框架内,个人权利尽管在一定程度上存在,但缺乏完整性,且低于团体的权力。从个体成员经营资本的特征来看,工匠无疑是其资产的所有者,对其拥有某些个人财产权利,而且似乎是完全的权利。但其实不然,其资产的经营规模受到限制,不允许追求更大程度和更有效的使用方式。行会可以搜查其成员的工作间,甚至可以没收其视为违规的生产设备或不合格产品。这些都意味着手工业者的个人权利,特别是对其资产的个人财产权利是残缺的。这种个人权利的残缺使其资本不具备工业革命中资本的意义,也就是说,资产的所有者仅能用它维持既有的生产状态,不能用它去进一步追求实现利润最大化的有效使用方式。因此,在这种机制下资本的增长性投资很难实现。

由于城市组织获得特许权的垄断特征,所以行业进入也变得十分困难。行业不能自由进入,增长性投资与规模的扩张自然也很难成为可能。中世纪晚期以来,行业垄断比较有效地限制了制造业的投资与规模扩张的自由。其原因在于:一方面,这种垄断是通过行业自律来实施的,限制性规章以行会中的个体生产者的共识为基础。另一方面,虽然城市制造业人口仅占全部人口的极小比例,行业垄断对占人口大多数的农业人口根本没有限制能力，但农业人口自身的特点使之不具备制造业投资的自由。农业从业人口基本上是依附于领主的维兰，他们是领主的人，没有人身自由。正如本书在前一章节所论述的，维兰不具备进行农业增长性投资的自由。那么在这里，他们进行制造业投资的自由就更不具备了。因此中世纪的限制能够有效地发生作用。

民族国家产生后中央政府权力明显增强，经济管制的权力开始由行会、自治城市转到国家手中。有关经济管制的法令覆盖到农业、工业以及商业的诸多领域。国家的经济管制的目的主要有几个方面：一是维护社会稳定，保障民众的基本生活利益。二是鼓励和管理国内的工商业活动，支持有利于增加国家财富和实力的海外贸易。三是维护市场秩序，为市场交易规定“正当”的价格。四是增加政府和国王的收入。最后一点尤其重要，它往往渗透在许多管制政策之中。政府管制的思想基础大致有三方面：首先，是家长制的理念，政府像家长对孩子负有关爱责任一样，有责任关爱自己的百姓，关爱百姓就是要保护他们使之免受疾苦。因此对百姓的生活、劳作、生老病死等事事都要管。其次，是受当时流行的重商主义思想的影响，这种思想主要在对海外贸易的管制中表现出来。最后，非常重要的思想出发点就是要增加政府的收入。在具体的管制政策中这些目的和思想往往是相互交织的，一项管制法律可能包含多种目的和支配思想。

棉纺织品的进口以及国内棉纺织业的生产无疑会造成对毛纺织品的竞争。毛纺织业是纺织业中传统的主要产业，毛纺织业希望通过维护其垄断地位而确保经济利益。他们的要求可以通过议会形成法律，并通过国家权力压制新行业的出现。中世纪手工业行会制度就是以避免竞争、保护行业以及城市的垄断利益为特征，从这一点来看毛纺织业要求维护其行业垄断利益的思维方式带有鲜明的中世纪痕迹，如 1555 年的《织工法令》就限制城镇外居民拥有织机的数量，而且还规定织工不能拥有缩绒坊，同时缩绒匠也不能拥有织机。① 这一法律的目的就是要保证城市毛纺织业的利益不受乡村毛纺织业的竞争，并且限制行业的自由进入。17 世纪到 18 世纪初印度棉纺织品的大量进口使毛、丝纺织业面临竞争压力。于是，毛纺织业利益开始压制棉纺织业，议会出于保护毛、丝纺织业的目的禁止棉纺织品的进口甚至生产。这实际上意味着一个行业利益正通过国家权力实施行业垄断。1666 年和 1678 年议会两度通过有关《禁止奢侈法》，禁止在丧葬中使用羊毛以外的其他织物。② 1700 年的威廉三世十一和十二年法律第十章就明令禁止从波斯、中国、印度进口素棉布。③ 1720 年的《禁止使用和穿着素棉布法》禁止使用或穿着素棉布，在英格兰印染的也在其列。制定这项法律的理由说得非常清楚：

在服装、家居物品、家具和其他地方使用经印、绘、着色、浸染

① "An Act Touching Weavers(2 & 3 Philip and Mary, c. 11)", *Statutes of the Realm*, Vol. IV, Buffalo: William S. Hein. & Co., Inc., 1993, pp. 286—287.

② Patrick O'Brien, Trevor Griffiths & Philip Hunt, "Political Components of the Industrial Revolution: Parliament and the Cotton Textile Industry, 1660—1774", *The Economic History Review*, *New Series*, Vol. 44, No. 33(Aug., 1991), p. 397.

③ "Act Banning Imported Persian, Chinese, and Indian Calicoes, 1700(11 & 12 Will. 3, c. 10)", Ed., J.H. Wiener, *Great Britain The Lion at Home*: *A Documentary History of Domestic Policy 1689—1973*, Vol. Ⅰ, New York: Chelsea House Publishers, 1974, pp.128—131.

的素棉布，显然会对本王国的毛和丝制造业造成很大的损害……①

当然这里的所谓“损害”，其实就是指毛纺织业的垄断利益受到了替代性产品的竞争。哈蒙德夫妇相当精辟地总结了这段历史，他们写道：“使用棉的历史很大程度上是一个传统的毛纺织业试图扼杀其幼小竞争者的历史。”②

棉纺织业是工业革命中的主导产业，但它也并非本来就具备“起飞”的前提条件，毛、丝纺织业的垄断和国家管制完全有可能将其扼死于摇篮之中。对此，17 世纪棉纺织业的利益已开始为争取自己的发展空间而抗争，1654 年的一份请愿书就要求允许兰开郡自由地输入棉绒以解决原料紧缺的问题，因为“除非棉绒被降到比现在售价更低的价格，……英格兰的这一行业将无可避免地遭到摧毁”③。幸而，中世纪以后的管制并没有完全禁锢住棉纺织业的扩展空间。对于兰开郡纺织业的发展，克里斯托弗·希尔做过这样的解释：“兰开郡的纺织业之所以成功是由于那里缺乏行会制度。[偶然的，织绒地区（不包括利物浦）

---

① “Act Prohibiting the Use and Wear of Calicoes, 1720(7 Geo. 1, c.7)”, Ed., J.H. Wiener, *Great Britain The Lion at Home: A Documentary History of Domestic Policy 1689－1973*, Vol. Ⅰ, New York: Chelsea House Publishers, 1974, p.158.

② J.L. Hammond & Barbara Hammond, *The Skilled Labourer*, London: Longman, 1979, p. 38.

③ “Petition for Free Imports of Cotton Wool into Lancashire, 1654”, Ed., Joan Thirsk & J. P. Cooper, *Seventeenth-Century Economic Documents*, Oxford: Clarendon Press, 1972, p. 258.

是内战时期支持议会的兰开郡的地区之一]。”[①]也就是说，兰开郡是由于缺乏有效的管制才使纺织业得到了自由发展的空间。19世纪30年代爱德华·拜恩斯就曾说过：“为商业管制而制定的法律很少产生效果或根本没有用，无论它是支持还是排斥英国的棉制造业。”[②]行业垄断以及通过国家强权实施的行业垄断在纺织业以外的行业也有相同的特征。考文垂(Coventry)的屠夫、烤面包匠、鱼商以及其他行业曾经都自制蜡烛，但1511年蜡烛制造商控制了蜡烛生产，从此，蜡烛制造商禁止上述从业者在家用之外制造和销售蜡烛。1629年切斯特(Chester)酿酒商获得了一个特许权，禁止任何其团体之外的人在本城酿造用于销售的啤酒和淡啤酒，由此引发了当地300名客栈店主和食品供应商对这一垄断的愤怒抗议。[③] 庄园制解体使维兰成为自由人，原来不自由的农业从业者有了自由选择投资方向的可能，包括从事制造业的生产与投资。这种自由是既有的行业垄断所不能遏制的，于是某些制造业行业利益就试图通过国家强权继续维持其独占性。实际上直到19世纪初这种做法仍然存在，1808年一位呢绒商的小册子就这样说：

> 几年来，对可能来自大工厂制度的结果，呢绒匠已经感到了忧虑。……他们有理由相信大工厂制度最终将摧毁制造业的家内制，给小资本生产者带来贫穷，并毁掉他们，而这些人构成了制造

---

① Christopher Hill, *Reformation to Industrial Revolution*, Harmondsworth: Penguin Books Ltd., 1980, p. 80.

② Edward Baines, *History of the Cotton Manufacture in Great Britain*, London: H. Fisher, R. Fisher and P. Jackson, 1835, p. 320.

③ Stella Kramer, *The English Craft Gilds: Studies in Their Progress and Decline*, New York: Columbia University Press, 1976, pp. 131, 125.

> 商的大部分。因此，大工厂主毁掉了合法呢绒匠的前途。那些大工厂主没有在这行业学过徒，按照本国现存的法律他们是被禁止从事这行的。①

然而，英格兰具有长期的地方自治传统，直至19世纪前期这种传统都没有彻底改变。各地方政府可以自行处理地方事务，出于各种原因国家的有关政策往往不能得到有效的贯彻，法律和具体实施状况经常脱节。民族国家产生后，国家的强权的确树立起来了，不过这一强权并没有强大到足以为所欲为的地步。另一些因素也促成了行业垄断的瓦解。内战期间许多自治城市为了老兵就业或弥补劳动力的不足，放松或暂停了行业垄断管制。有些行会成员开始认为某些行业管制行为过多地侵害了自己的利益，故而拒绝和反对一些行业管制制度，如拒绝产品检查等。因此，尽管国家强权试图以限制自由的方式维护一些垄断利益，但结果并未如愿以偿，自由选择投资方向的可能性仍不断增长。

到18世纪纺织业已基本成为可以自由进入的领域，不仅业内人士可以改变和扩展生产领域，而且其他产业领域的人也可以自由地涉足纺织业。过去体现行业垄断的许多限制性法律都已成为名存实亡的空文，并最终被废除。1563年的《工匠法》在1813年由议会通过法律废除，废除它的法律承认：

---

① A Clothier, *Observations on the Woollen Manufacture in the West-Riding of the County of York*, Leeds: Edward Baines, 1808, p.1.

上述法律是一个权宜之计，应当被废除。①

当然，从控制到自由是一个连续变化的过程，即使在工业革命中家长制的思维模式也时常在支配着人们的思想。1820 年马克斯韦尔向议会提议组织一个特别委员会研究棉织工苦痛，他提出由于动力织机给手工织机带来了竞争，因此要向使用动力织机的制造商征税。身为议员的大卫·李嘉图对此极为反对，他认为这是：

对商业的限制和其他形式的障碍，使有组织的劳动受到抑制。……而且，按照这位尊敬的提议人的方针行事，则构成社会最大保障的财产的不可侵犯将受到影响。②

议会辩论的结果是最终撤销了这一动议。米德兰棉纺行业的一项研究表明，棉纺公司老板约有三分之一是由非纺织业转入的，工厂老板的比例也约占四分之一。而原属纺织业的那些人也不一定一开始就是从事棉纺的，甚至有些人原本应属于排斥棉纺织业的群体，如丝绸制造业者。可见，人员及资本在行业间的流动性已不再有明显的阻碍（参见表 3-3）。

---

① *A Bill to Repeal Part of an Act, passed in the fifth year of Queen Elizabeth, intituled, "An Act Containing Divers Orders for Artificers, Labourers, Servants of Husbandry, and Apprentices"*, Parliamentary Papers, 1813—14(187), I. 473.

② ［英］大卫·李嘉图著，斯拉法主编：《李嘉图著作和通信集》第五卷，蔡受百译，商务印书馆，1983，第 85—86 页。

表 3-3　米德兰棉纺公司老板的原职业　1769—1800 年

	公司数	工厂数
漂洗商和乡村针织商	5	13
商人针织商	15	17
绸缎商、布商	7	10
一般商人	2	3
兰开郡的棉制造商	3	7
丝绸织造业	3	6
其他纺织品制造业	4	4
棉制造厂的前经理人	2	2
纺织机器制造商	1	1
所有纺织类职业	42	63
零售业(不包括绸缎商和布商)	4	5
制陶匠	3	3
铅和铁工业	2	2
乡绅、农场主、磨坊主	8	8
建筑业	2	2
酿酒商	1	1
伯明翰同业者	1	1
杂项	1	1
所有非纺织类职业	22	23
所有类目	64	86
未分类[阿克赖特(Arkwright)、斯特拉特(Strutt)与合伙人]	2	15
未知职业	9	9
总 和	75	110

资料来源：Stanley Chapman, *The Early Factory Masters: The Transition to the Factory System in the Midland Textile Industry*, Aldershot: Gregg Revivals, 1992, p. 78.

在纺织业中投资的领域一旦是开放的，一个人从织工到外放包工代理人、再到有一定规模的制造商并不非常困难。资本的多少并不重要，重要的是以何种方式对待资本。在特定的文化范围内，人们总是习惯于按既有的思维方式去处理当前的问题。资本的使用就是财产的使用，18 世纪英格兰社会中有关财产的、业已确立的、最核心的观念是财产的权利是基于个人的和排他的。英国人正是在这种观念的支配下处理个人如何投资以及如何与他人共同投资的问题。

这种社会机制和经济环境不仅有利于投资，还有利于劳动实际收入的改善。① 英国工业革命是在不断拓展和确立经济自由的状态下发生和持续的。17 世纪末以来，阻碍经济发展的商业垄断逐步被打破，《工匠法》《居住法》等限制生产和劳动力流动的法律也已基本置而不用。劳动力实际上获得了自由迁徙和从业的权利。伴随工业化发生的产业结构转变，表现为更多数量和比例的劳动力由农业转向工业。在日益自由的社会环境下，完成这一转变的最重要推动力就是新兴工业的高工资，而非政治上的强制。保持相对高的工资水平是不断扩张的工业产业所需要的，否则扩张必将因得不到足够的劳动力而不能持续。工厂制初期，若非由于高工资，成年男性就几乎没有人愿意到那里做工。其他行业也大抵如此。自由不仅能够实现亚当·斯密所说的"劳动和资本的……均等"②，而且有利于实际收入的改善。而且，工业发展快的地区还会带动周边地区的农业工资上涨。因为工商业需要越来越多的劳动力，会使得农场主找到足够的人手干农活都难。这当然不

---

① 参见徐滨：《工业革命时期英国工人的实际工资》，《世界历史》，2011 年第 6 期。

② [英]亚当·斯密：《国民财富的性质和原因的研究》上卷，郭大力、王亚南译，商务印书馆，1997，第 10 章。

仅会迫使工商业，也迫使农业提高报酬。尽管农业工人生活水平低于工业工人，且改善步伐也明显滞后。①

第二节　制造业的增长与流动资本投资

一、流动资本与制造业生产

对于主张由充足的资本诱发工业革命的人来说，更容易找到的是理论上的支持，而非事实上的依据。纺织业在整体经济中的表现无疑是首屈一指的，可以说如果撇开纺织业不谈的话，似乎也就没有工业革命了。但正是在这个极其重要的行业中，却很难找到资本充裕的证据。实际上，至少在工业革命前期纺织业不仅是一个资本相当缺乏的行业，而且也还是一个对资本缺乏吸引力的行业。因此，对于当时的创业者来说，要想找到适宜的资本来源并非易事。在这种情况下，解决资本来源的问题实质就成了解决如何创造资本的问题。

工业中的重要变化首先出现在纺织业中，而且纺织业自始至终都占有着核心地位，冶铁和铁路建设的兴起要到 19 世纪以后才出现。尽管 18 世纪工厂制生产已经出现，但尚处于初步阶段，远未成为生产形

① 工业革命使英国完成了由农业向工业社会的转变，农业失去了原有的最大、最重要产业的地位。这个过程中，虽然农业工资和生活水平最终也获得改善，但与工业工人相比却有着很大的差距。首先，在工资水平上，原本工业工资就高于农业，工业革命开始后这一差距则变得更大。其次，从变化趋势上看，可以确定的农业实际工资改善出现在 1820 年以后。而除了拿破仑战争时期外，许多工业行业的实际工资自 18 世纪中期开始就是有所改善的，这一特征在北方的工业中尤为明确。工业革命的过程中，英国的劳动力供给一直处于比较充裕的状态，而其中南部的农业劳动力又常常过剩。这种人口特征非常有利于劳动力向工业转移，却不利于农业工人的实际工资改善，这也就是前述特点形成的原因。参见徐滨：《工业革命时代英国农业工人的工资与生活水平》，《首都师范大学学报》(社会科学版)，2011 年第 3 期。

式的主流。家庭仍是主要的生产单位，从事家庭生产的人包括进行独立家庭生产的制造商，以及处于外放包工制下的领取包工活的纺织工。外放包工制下的纺织工除从事雇佣生产外，也可能进行一定的独立生产，并出售成品换取收入。家庭生产这种形式本身就意味着纺织业生产并不是一个需要大量固定资本投入的行业，对固定资本的需要有限。如果这些制造商或纺织工所居住和工作的宅地属于他自己的话，那么这恐怕就是他拥有的最大一部分固定资产。

纺织业中的制造商并不需要具备很多资本才能开始生产，最重要的是他应是一位业内人士。制造商通常是那些做过学徒、技工，最终能够独立经营并熟悉生产和营销过程的人。在毛纺织业中一般的制造商或毛呢商通常是亦工亦农的，从事纺织生产的同时也经营一块小土地。① 制造商的工作流程要覆盖从原毛、纺纱直到半成品或成品毛料的大部分程序。当时投入到生产设备上的资本形式上大多包括手动织机、纺车、珍妮纺机、手动梳毛机、拉幅机等。由于当时的机械多以木质为主而且结构简单，因此对这部分固定资本的投入是相对较小的。M.J.迪肯森曾对约克郡西区的 1689 年至 1769 年的七百余毛呢商的遗嘱进行过研究，结果表明毛料生产主要以小规模为主，平均每个毛呢商的动产为 72 英镑 7 先令。② 这个数字绝不仅是生产设备的价值，其中还

---

① 毛呢商(woollen clothier)，就是对毛纺织制造商的一种称谓。有些毛呢商经营规模较大，拥有多台织机，使用学徒和雇佣技工。有些毛呢商的生产则只限于家庭成员，是纯粹的家庭生产者，实质上是一名独立的织工。

② Pat Hudson, *The Genesis of Industrial Capital: A Study of the West Riding Wool Textile Industry c.1750—1850*, Cambridge: Cambridge University Press, 1986, p. 30. 作者引用 M.J. Dickenson 的博士论文研究结果。M.J. Dickenson, *The West Riding Woollen and Worseted Industries 1689—1770*, University of Nottingham, 1974.

包括了负债，以及毛呢商的家具等各种家用设施。如果是乡村毛呢商的话，动产中一定还有一部分是属于农业生产设备。况且考虑到通常只有较富有的毛呢商才立有遗嘱，这一平均数肯定要比实际状况偏高。在新兴的棉纺织业中情况也基本相似，18 世纪兰开郡的棉纺织制造商大多也是纺织业与农业兼营。许多制造商常常是仅占有几英亩农场的小农场主，单靠农业收入很难维持家庭生计，除农忙时节外主要从事纺织业生产。据棉纺织业制造商威廉·拉德克里夫记述：

> 1770 年，我们小镇的土地由五六十个农场主占用……五六十个农场主中仅有六七个是直接从他们的农场生产中得到收入，其余所有的都是从毛、亚麻或棉纺织之类的行业中得到一部分收入。除了收获季的几周外，小屋农完全从事于这一行业。①

由此来看，工业生产已经成了他们的主要职业，农业反而成了副业。18 世纪的手织、机织工许多都是独立的制造商，他们在自己的家里工作，然后在市场上出售自己的产品或卖给棉布商。

兰开郡的棉纺织制造商最常见的规模不会太大，有完全家庭经营的纺织工，也有招收学徒和几个技工的纺织师傅。因此，18 世纪对于一个一般规模的纺织业制造商来说，用于生产的固定资本充其量有几十英镑就足够了。1795 年，艾金对兰开郡棉纺织业的成长有过非常恰当的概括：

---

① William Radcliffe, *Origin of the New System of Manufacture Commonly Called Power-Loom Weaving*, Stockport: James Lomax, 1828, p. 59.

曼彻斯特的这一行业可以分为四个时期。第一个时期，制造商仅为生计而艰苦工作，没有积累下任何资本。第二个时期，当他们开始获得极少的财富，但仍像以前一样努力工作并按照同样朴素的方式生活，通过勤俭以及适量的收益增加他们的财富。第三个时期，奢华之风开始出现，通过派遣骑行商到本国的各个市场城镇寻求订单而使贸易得以增进。第四个时期，花销和奢侈已经获得很大的进展，二者也都有贸易的支撑。而这种贸易是通过遍布欧洲各地的骑行商和代理商来扩张的。……其中第二个时期的开始时间并不容易确定。但可能从1690年之前既已存在的贸易中获得的资本几乎也不到3000或4000英镑。然而，到上个世纪末和本世纪初，商人肯定已经提前挣到了钱，并开始建筑现代的砖房以替代土木质地的房屋。本世纪前三十年中，业已确立地位的老家族仅限于同伦敦、布里斯托尔（Bristol）、诺里季（Norwich）、纽卡斯尔（Newcastle）和那些经常参加切斯特展销集市的批发销售商做生意。利润因此在批发、制造商以及零售、分销商之间分配，制造商中的那些人从他们所做的生意中得到比现今要少的比例（虽然这与人们接受的观点相反）。他们财富的积累主要是由于他们生活上的节俭，其花销比所用资本的利息低得多。①

威廉·拉德克里夫就是一名织工的儿子，他的自述创业史相当典型：

① J. Aikin, *A Description of the Country from Thirty to Forty Miles round Manchester*, London: John Stockdale, 1795, pp. 181—182.

我母亲教我为自己挣面包(在我太小无法织布时),方式是梳、纺棉绒和为在织布机前干活的父亲和哥哥们缠亚麻或棉的纬线。直到我长到足够的年龄和变得足够强壮,我父亲才把我推到织布机上。在具有几年的实践经验之后,任何勤奋和谨慎的年轻人都可能凭他做织工的所得,存到足够的钱而使自己成为一名制造商。虽然一大群织工中仅有极少的人有勇气做出这样的尝试,但我却是其中之一。利用我十几岁时出现的那些进展,到我结婚时(1785年,24岁),带着我的一点点储蓄以及从棉包到布匹的每一道工序的实用知识,诸如手工或机器梳绒、手动纺车或珍妮机纺纱、缠线、整经、量定尺寸、织网上机、手动或飞梭织布,我准备开始自己的生意。到1789年,我已站稳脚跟,作为雇主制造商在纺纱和织布方面雇佣了很多人。从1789到1794年,我的主要生意是销售织平纹布的经线,这些经线是量裁好、用于上织机的。我将一些经线卖到格拉斯哥(Glasgow)和佩斯利(Paisley)。我自己也制造少量的平纹布,并在曼彻斯特有一间货栈用于我的一般经营。①

而对于从事外放包工生产的家庭纺织工来说,由于本身生产规模小要依赖较大的制造商进行生产,拥有的固定资本水平无疑会更低。许多纺纱工是寡妇和老处女,她们除了纺纱外并无其他技能,用于生产的固定资本主要就是纺车,而使用纺锤纺纱的甚至可以说根本不需要什么固定资本。

① William Radcliffe, *Origin of the New System of Manufacture Commonly Called Power-Loom Weaving*, Stockport: James Lomax, 1828, pp. 9—10.

在18世纪后期毛纺织业中有一个生产程序的确需要较多的固定资本，这就是缩绒和呢绒的成品过程。进行缩绒要有一座缩绒坊，这无疑是一笔较大的固定资产。这项固定资产的来源可能有几种形式：首先，自13世纪起许多庄园就建有水力缩绒坊，这些缩绒坊经不断修缮一直沿用到这个时候，这类固定资产可以说是中世纪的古老遗产。再有，18世纪随着生产的扩张，中世纪的遗产显然不敷所需，这就诱使一些人开始投资建设新的缩绒坊。投资兴建缩绒坊的人大致可分两类。一是业外人士，如杂货商、制革商、旅店老板、农场主等。这些资产的所有者一般不自己经营，而是出租给缩绒工，其投资的目的完全是为了赚取租金收入。二是业内人士，即毛呢商。建造缩绒坊是一项投资相对大的工程，毛呢商经常会选择合伙投资而不是单独投资。毛呢商们的这种投资主要是为了解决缩绒坊供不应求的局面，而投资人也正是缩绒坊的顾客。这类缩绒坊与其说是纯粹为营利不如说更多的是为了不耽误生产。无论缩绒坊是以哪种方式建成的，缩绒工一般都不是资产的所有者而只是租用者，缩绒工通常是一个相对贫穷的群体。据帕特·哈德森研究18世纪70年代约克郡西区有记录的一百多座缩绒坊中大部分坐落在大地产上。① 也就是说多数缩绒坊要么是中世纪的遗产，要么是由地主在此基础上翻建的或新建的。

独立生产的纺织业制造商对固定资本的要求是有限的，支持生产运转的主要是流动资本，其中主要包括购买原材料和持有存货的资本。以毛纺织业为例，据帕特·哈德森估计约克郡西区毛纺织生产中

① Pat Hudson, *The Genesis of Industrial Capital: A Study of the West Riding Wool Textile Industry c.1750—1850*, Cambridge: Cambridge University Press, 1986, p. 32.

80%～90%的资本投资于购买羊毛、毛纱或呢绒的存货，只有3%～6%是用于工具设备。①

外放包工制是一种分散生产制度，它不仅存在于纺织业中而且还存在于制造业的其他领域中。制造商向从事家庭生产的织工和纺工提供生产原料，由纺织工在自己家中完成具体的生产程序，然后制造商将成品或半成品收上来出售或转售给下一道生产程序的制造商。制造商按工作量付给家庭生产者报酬，实际上制造商就成了家庭生产者的雇主，而家庭生产者就成为雇工。较大的制造商还会雇用一些中间商替他分发原料、收取成品。从事外放包工生产的制造商规模各异，雇佣十几家到几百家甚至上千家织工或纺工的制造商都有。而领取包公活的织工和纺工可以受雇于一位制造商，也可同时在几位制造商处领取工活。在整个外放包工体制中资本的使用有其独特性。一般情况下资本的所有者必须同时拥有固定资本和流动资本才可以开始生产，而在外放包工制下则不然，生产原则上可以在一方所有者仅提供流动资本，另一方所有者仅提供固定资本的情况下进行。外放包工制造商是生产的组织者和雇主，但他通常并不必要为受雇于他的织工、纺工提供生产工具等固定资本，他的投资内容主要是流动资本，即用于生产周转的原材料等。而在外放包工体制中，受雇于制造商的家庭纺织工一般是固定资本的所有者和提供者，他们自己拥有生产设备等固定资本而为他人进行生产并获得报酬。这种生产组织形式和资本使用方式在当时的情况下有其明显的优点。其一，制造商不必进行相应规模的固定资本投

① Pat Hudson, *The Genesis of Industrial Capital: A Study of the West Riding Wool Textile Industry c.1750－1850*, Cambridge: Cambridge University Press, 1986, p. 30.

资就可进行较大规模的生产，即在有限的固定资本的基础上就可实现大规模的生产。其二，制造商能更快地适应市场需求的变化，需求扩张时制造商只需扩大发放的工活量，也就是只需增加流动资本的投资，而不必进行固定资本的扩大投资。相反，需求收缩时则不必承担固定资本闲置的损失。总之，外放包工制使制造商实现了在有限资本情况下的大规模生产，且投资的风险相对较低。就整个行业来说，在不改变分散的小资本、不必明显增加固定资本投资的情况下，实现了生产的扩张。当然，在有些情况下制造商也会为家庭生产者提供生产设备甚至住房。但这种方式即使在19世纪也并不普遍，而且通常只有规模大、资本充裕的制造商才会选择这种方式。

外放包工制在纺织业的织、纺等多道工序中都普遍存在。织布和织呢绒都是纺织业中高技术的生产过程，多数织工是在传统的外放包工的组织方式下从事生产，工厂制出现的较晚。19世纪二三十年代以后，织造业仍有相当比例的生产是在工厂外由这种方式进行的。19世纪30年代卡莱尔(Carlisle)的迪克森斯(Dixons)雇佣的织工有3571名，曼彻斯特的詹姆斯·麦瑟斯(James Masseys)在兰开郡的东北部雇佣1200名织工，翰迪(Handy)和安德鲁(Andrew)在斯托克波特(Stockport)附近雇佣织工1000人。[①] 这些雇佣实际都是以外放包工的形式建立起来的，而且在生产规模上还要胜过工厂制。进行外放包工生产的制造商可以分为几种。其一是独立的外放包工制造商，他从纺纱商那里购进纱线，然后分发给受雇于他的织工织成布，最后收取成

① Duncan Bythell, *The Handloom Weavers: A Study in the English Cotton Industry during the Industrial Revolution*, Cambridge: Cambridge University Press, 1969, pp. 29—30.

品出售。其二，有些外放包工商本身就是纺纱厂主，同时也从事织造业生产，他们把自己生产的纱线分包给织工进行家内生产。其三，自己是较大的外放包工商的代理人，收受委托费或工资，为委托人组织外放包工生产。外放包工制造商有时也在自己家里织布，在工作间里置备几台、也可能多达十几台手织机，雇佣织工在自己的工作间里织布。在纺纱业的工厂制出现以前或还没有出现工厂制的地方，外放包工也是纺纱业基本生产组织方式，只不过分放的是棉绒，收取的成品是纱线。制造商将纱线出售或再分包出去进行织布生产。织工的家庭生产常是织、纺一体的，男人织布，女人和孩子纺纱。在这种情况下外放包工商就可以将棉绒分给受雇的织工家庭，最后直接收取布匹。西德尼·J. 查普曼认为，大约 18 世纪中期棉纺织业中的外放包工制开始变得比较普遍，[①]对此，他还有过一段形象的描述：

> 这一初级的工业体制的核心人物是曼彻斯特大商人。他从织工那里买织物，有时还向他们提供棉绒和经纱，织工中许多都是独立生产者。经纱主要是由亚麻制成，并大部分来自德意志和爱尔兰。棉绒由妇女和儿童来清洗、梳理并纺成纱。在无数的例子中一个织布家庭除了从事棉工业外，还在一块小的农用地上劳作，或者特别是在收获季节里在当地的农场帮工。曼彻斯特大商人尽管经常以经纱和棉绒向织工提供信用，但起初仅是小商人。他们发放素白布去染色和加工成成品，以后再以各种方式来利用它。大

---

① Sydney J. Chapman, *The Lancashire Cotton Industry*, Manchester: Manchester University Press, 1904, p. 16.

量的棉纺织品被送到位于纽卡斯尔、切斯特和其他地方的集市上交易。原先货物是由马来驮运，道路改善后改为由马车运输。骑马到乡间搜寻棉布花样的人带来了市场的扩展。上述的体制慢慢地消散。在更大的程度上，曼彻斯特大商人变成了以经纱和棉绒雇用织工或向他们供应纱线的包工商。当供应织工适于织机的经纱成为常事时，粗斜纹布经营商就出现在织工居住的各个乡间社区。粗斜纹布经营商一方面与曼彻斯特做生意，另一方面也与织工做生意，但他们经常充当曼彻斯特交易所的代理人。①

对于组织外放包工生产的制造商，只需有限的固定资本投资就足以开展生产。以棉纺织为例，“手织机制造商仅需很少的固定资本：一些织机附件，用于不同布料的棕丝、筘，这些是为了贷给织工以供所需。整经机和缠线机是为了准备棉纱以使之适合织工的织机所用，以及一所货栈。”②货栈往往是制造商所必备的，他要在那里办公甚至居住，原料和产品也在那里存放。制造商的货栈一般有三种来源。一是租来的，这种情况下货栈就根本不是他自有的固定资产，是借入的。货栈的租金不一定要在租赁的当期立即支付，而是可以在年末支付或分期支付。这样，租赁这项固定资产的资本投入就可以由经营产生的利润来提供，这一方面降低了开始外放包工生意的资本门槛，另一方面使制造商可以将有限的资源更多地投入流动资本的投资中。二是由自家的房舍修

① S.J. Chapman, *The Cotton Industry and Trade*, London: Methuen & Co., 1905, pp. 20—21.

② Duncan Bythell, *The Handloom Weavers: A Study in the English Cotton Industry during the Industrial Revolution*, Cambridge: Cambridge University Press, 1969, p. 32. 另注：这里指的就是从事外放包工生产的制造商。

建而成的，原本是工作间甚或卧室，这种情况同样也不必投入大量的资本。三是制造商新建或购置的。一般来说一个制造商除非拥有了足够充裕的资本，是不会投资建造或购买一所新的货栈，因为这是一笔相当大的投资，不仅成本太高而且也没有必要。托马斯·帕克（Thomas Parker）是安克里夫（Arncliffe）的一个集纺、织于一身的制造商，同时还兼营农业，可算是一位比较典型的乡村制造商。他于 1815 年破产，他的个人资产如下："梳毛机、拉线滑轮梭、纺车、翼锭精纺机、缠线机、投梭器、整经机、线圈架、箕斗、罐子、滑车带、走梭板和工具，大量的铁和铜、铁匠及工匠的工具，超过 200 件的经纱、筘、棕丝等，六匹拉车的好马及马具、一辆新的四轮马车、两辆二轮马车、牛、猪、几捆干草等，四柱床、羽绒褥垫、床上用品、红木书桌、椅子、桌子等，钢琴、沙发椅、一只钟、地毯、眼镜、瓷器以及玻璃器皿和各种厨房用具及酿酒具。"①上述的清单显然是一份破产的清算单，清单上除了一些生产设备和存货外还包括了家具甚至炊具等不值钱的小东西。所有的家具器皿中除了钢琴比较特殊外，其他基本是一个一般织工家庭所必备的。清单中没有提及货栈的情况，想必货栈是租赁的或者就是他自己的家，这对于他这种规模的外放包工制造商来说完全合理。作为一个制造商他所有直接用于生产的固定资本并不多，恐怕也只能支持自己家里的生产。

萨缪尔·欧德诺（Samuel Oldknow）出身于一个约曼家庭。欧德诺的父亲年轻时来到兰开郡的安德顿（Anderton）跟随一个制造商学艺，后因婚姻关系而得到了一块土地。父亲早亡后，欧德诺的母亲改嫁

① Duncan Bythell, *The Handloom Weavers: A Study in the English Cotton Industry during the Industrial Revolution*, Cambridge: Cambridge University Press, 1969, p. 32.

给了一个农场主。1781 年 25 岁的欧德诺开始跟着在诺丁汉(Nottingham)的叔父学徒,但不久后他便回到安德顿开始了他棉纺织制造商的事业。开始时生产粗斜纹布等棉纺织品,后来又生产平纹细布。据罗伯特·欧文记述:

> 当我还跟麦克加福先生(Mr. McGuffog)作学徒时,最早的不列颠平纹细布已由欧德诺先生在柴郡的斯托克颇特生产出来,……他一定大概从 1780、1781 或 1782 年就开始了这个行当。①

萨缪尔·欧德诺创业时是一个以外放包工为经营形式的制造商,而非工厂主。1783 年欧德诺租下了曼彻斯特的一所房舍作为他的营销站,年租金是 13 英镑,另外还将家里的一部分房子改作货栈,货栈的平面为 31 英尺 2 英寸长,19 英尺 6 英寸宽。② 最初的生产规模并不大,受雇于他的家内生产者可能包括 23 个小纺工和 69 个织工。③ 固定资本相当有限,主要是货栈的一些办公设施和有关机械,价值为 57 英镑 17 先令 11 便士。早期的最重要的一次固定资产投资就是扩建他的货栈,花费了 90 英镑。④ 他的资本主要是以流动资本的形式存在的,存货价值 812 英镑,其中五分之四是他在安德顿货栈中的平纹细布,五分之一是曼彻斯特销售所里的棉货,账面应收债款为 1407 英镑。这样,当时

---

① Robert Owen, *The Life of Robert Owen*, London: G. Bell and Sons Ltd., 1920, p. 34.

② George Unwin, *Samuel Oldknow and the Arkwrights*, London: Routledge, 1996, pp. 7, 13.

③ George Unwin, *Samuel Oldknow and the Arkwrights*, London: Routledge, 1996, pp. 15—16.

④ George Unwin, *Samuel Oldknow and the Arkwrights*, London: Routledge, 1996, p. 13.

的总资产合计 2636 英镑。然而这些资本并非全是欧德诺的自有资本，而是包括了总计达 1548 英镑的借入资本，其中的 1000 英镑来自 A.克隆普顿(Crompton)给他的贷款。① 一些规模较大的外放包工制造商不仅通过发放工活来组织生产，而且还拥有自己的生产作坊，雇用织工在他作坊中生产。其中有些制造商就成为后来的工厂主。寇特曼与加德纳公司(Coltman & Gardiner)可算是一家典型的莱斯特(Leicester)织袜商，他们拥有一家价值 580 英镑的货栈，1783 年时他们可能只有 10 或 12 台织袜机，1792 年为 43 台，1800 年有 45 台织袜机和 2 台花边机。显然他们的生意相当好，1791—1792 年的销售额为 6679 英镑，1801—1802 年已上升到 13,818 英镑。然而，合伙人每年提取的利润仅为 200 至 250 英镑，其余都回投到生产过程中，形成资本的再投资和再积累。② 从这家公司的资本结构来看，固定资本的比例保持在 14%～19%，而且增加的固定资本投资主要投向了生产设备。这些设备可能用于公司的作坊生产，也可能提供给织工。其余超过五分之四的资本是流动资本，而且绝对数量相当大(参见表 3-4)。

---

① George Unwin, *Samuel Oldknow and the Arkwrights*, London: Routledge, 1996, p. 16.

② Stanley Chapman, *The Early Factory Masters: The Transition to the Factory System in the Midland Textile Industry*, Aldershot: Gregg Revivals, 1992, p. 26.

表 3-4　寇特曼与加德纳公司资本结构

	1783		1792		1800	
	£	%	£	%	£	%
固定资本：货栈（按 1760 年成本价）	580		580		580	
纺车和器皿	168		896		823	
	766	15	1476	19	1403	14
流动资本：原料、半成品及存货	1319		2305		2967	
顾客债务	3125	85	3844	81	5874	86
总　计	5210	100	7625	100	10,244	100

资料来源：Stanley Chapman, *The Early Factory Masters: The Transition to the Factory System in the Midland Textile Industry*, Aldershot: Gregg Revivals, 1992, p. 25.

制造商使用的资本主要是流动资本，对固定资本的需要相对有限。流动资本显然对维持生产的进行、原材料的周转至关重要，没有流动资本的投入根本不可能组织生产。无论是独立从事家庭生产，还是外放包工的制造商都必须进行购进原料等流动资本投资。而且，正如前文所述，这种投资占有了资本投资的绝大部分比例，一般可能在 80%以上甚或更高。即使对于小规模的外放包工制造商或家庭制造商而言，似乎也意味着必须拥有足够量的资本才能开始生产，才能开始自己的事业。比如，一个想购买 100 英镑羊毛并开始外放包工生产的人，即使他不需要太多的固定资产，但至少也要有 100 英镑以上的资本来购买羊毛。但事实却并非如此。在工业革命以前及其间的大部分时间里，开始一项纺织事业最重要的并不是拥有足够量的资本，而是创业者是否是一位业内人士，以及能否进入到纺织业生产的信用体系之内。多数制造商都是纺织业中某个行业的学徒出身或是子承父业，其中也不乏一些后来成为大制造商的行业精英。真正支持生产运转的流动资本主要并不是现金形式的资本，而是存在于原料批发商、中间商、制造商、家内纺织工之间的信用。

二、信用与制造业资本的创造

在原料乃至成品的购买和销售过程中，卖方允许买方先提取货物，而在其后的一定时期内再偿付货款，这就是所谓的信用。信用的形式主要是赊购和汇票。赊购是由卖方提供的一种信用，准予买方先提走货物进行生产或销售，一段时间后再交付货款。工业革命时期纺织业中允许的赊购期长短不等，最短的为几天或一周，长一些的可达几个月，有些长期的赊购可在一年以上甚或几年。赊购期也会受到整体经济状况的影响，经济萧条时卖方往往不得不提供更长的期限。一个制造商完全可以通过赊购的方式得到生产原料进行生产，待到售出一定的产品后再偿付货款。这样，一个想投身纺织业的人并不需要拥有很多的资本就可以在这一信用体系内开始自己的事业。因此，赫伯特·海顿就曾说过："纺织业对于有能力有抱负但却没有多少资本的人来说是一块机会的乐土。"①在这种信用关系中，买方以延期付款的方式得到生产的原材料，实际上就相当于得到了一笔由卖方提供的贷款。制造商在不完全具备一定量的流动资本的情况下，却能够完成该量流动资本所支持的生产。在这个过程中出现了一个重要的结果，那就是由于信

---

① Herbert Heaton, "Financing the Industrial Revolution", Ed., *Francois Crouzet*, *Capital Formation in the Industrial Revolution*, London: Methuen & Co Ltd, 1972, p. 85.

用而带动的生产流转产生了新的、更多的资本，资本因信用和生产而增长了（这一过程如此之奇妙，我们甚至可以将它称之为流动资本魔术）。

赊购或赊销信用机制在工业化开始前的纺织业中已广泛存在。迈克尔·泽尔的研究表明呢绒商通常会通过信用购买原料，欠账赊购是常见的。“1566 年在罗姆尼沼地（Romney Marsh）的戴姆彻奇（Dymchurch）的牧羊主罗伯特·考特霍普（Robert Courthop）（他本人也是一个著名的坎布鲁克（Cranbrook）呢绒商家庭的一员）被一个有名的维尔登（Wealden）呢绒商——比登登的理查德·阿拉德（Richard Allard）欠了 16 英镑：相当于大约 20 托德（tod）或 450 磅的羊毛的价值，足够生产五六匹宽面呢绒。另一个富有的呢绒商坎布鲁克的约翰·考特霍普（John Courthop）在 1574 年欠一位绅士牧羊主罗姆尼沼地的理查德·奈奇布尔（Richard Knatchbull）11 袋羊毛的货款，多达 81 英镑：大约 2200 磅的羊毛，相当于织 26 匹呢绒的原料。1574 年寇特哈普的全部羊毛存货价值 116 英镑，大多数当时都未付清。几年以后本恩登（Benenden）的大呢绒商西蒙·亨登（Simon Henden）也以赊欠的方式从他的哥哥威廉（William）处买羊毛，其兄是覃特登（Tenterden）附近的农场主。1582 年西蒙欠他 300 磅羊毛的货款 27 英镑。17 世纪初，从罗姆尼沼地的莫斯汉（Mersham）来的一位绅士牧羊主以订立合同的方式提前销售他的夏季羊毛给一个呢绒商，货值 35 英镑，然而到 1605 年 2 月这位牧羊主去世时羊毛还未收剪。鲍顿-马勒伯（Boughton Malherbe）的一位呢绒商托马斯·芬纳尔（Thomas Fennar）从东萨顿（East Sutton）附近的费尔莫斯（Filmers）买羊毛，斯玛登（Smarden）的富有呢绒商理查德·夏普（Richard Sharpe）为买羊毛欠汉普郡（Hampshire）的一位批发商 40 英镑，1641 年海得科恩（Headcorn）的呢绒商威廉·霍格本(William Hogben)因赊购羊毛欠三个肯特(Kent)养羊人 27 英镑。"①

富有的大呢绒商甚至可以向成品的销售方提供信用,但一般的小呢绒商则更希望直接得到现金。这种经营方式为工业革命期间的纺织制造商提供了支持生产的流动资本。焦维特(Jowitt)公司是一家羊毛经营商,18 世纪 70 年代的账目记录反映出他的绝大多数顾客都是小毛呢商。这些人一般每月来购买两三次,每次的购买数量不过几石。典型的小毛呢商威廉·布鲁克(William Brook)和威廉·佩奇(William Page)每月来买两三次,总共 12～13 石的羊毛。② 焦维特提供给毛呢商的信用期要视不同人而定,固定和信誉良好的顾客可以得到较长的赊购期限。1775 年时他一般会允许 4 星期到 6 个月的赊欠期。大卫·斯密(David Smith)买羊毛时,当时支付了货款的三分之一,6 个月后再付三分之一,9 个月后付清最后的三分之一欠款。缀格灵顿(Drighlington)的萨缪尔·豪斯弗(Samuel Horsfall) 1775 年一般可得到 4 个星期的信用期,而到 1776－1777 年上升为 6～8 个月。6～12 个月的信用期也变得越来越普通,奥塞特(Ossett)的约书亚·威廉(Joshua Willam)所享用的信用期超过 12 个月。③

制造商还可以用拖欠工资的方式获得信用,从而进一步增加有限

① Michael Zell, "Credit in the Pre-industrial English Woollen Industry", *Economic History Review*, Nov. 1996, Vol. 49 Issue 4, pp. 677－678.

② Pat Hudson, *The Genesis of Industrial Capital: A Study of the West Riding Wool Textile Industry c.1750－1850*, Cambridge: Cambridge University Press, 1986, p. 122. 另注:石(stone)为重量单位,1 石= 6.356 千克。

③ Pat Hudson, *The Genesis of Industrial Capital: A Study of the West Riding Wool Textile Industry c.1750－1850*, Cambridge: Cambridge University Press, 1986, p. 122.

资本的流动性，而且延付工钱还不用付利息。延期支付的时间无定数可循，可能一月至数月不等。当然，延付工资的方式往往是被动措施。因为制造商经常要面临流动资本短缺得状况，即使是工厂制生产的时代也如此。1806 年 12 月，麦克康奈尔（McConnel）和肯尼迪（Kennedy）的公司就因缺钱付工资而有被迫停产的可能。萨缪尔·欧德诺（Samuel Oldknow）同样经常承受着流动资金紧张的压力，支付的工资只能很小一部分是现金，其余则只能以实物工资等方式支付。①

汇票是另一种重要的信用手段。汇票最先由意大利商人使用，后传到英格兰。英格兰自 15 世纪起开始使用国外汇票，18 世纪时国内汇票已得到内陆商人的普遍认可。汇票本质上是一种信用凭证。商人或制造商在出售货物时向购买方发出一张汇票，指令对方在未来某一时间按票面金额支付货款。购买方在接到汇票后签字并承兑汇票，然后将其返回售货商。售货方就得到了一份在未来某一时刻接受支付的承诺。在这个过程中售货方就是出票人和债权人，购买方为受票人和债务人。出票人可以持有这张汇票，等待到期时接受受票人付给的现金。一开始汇票仅是一种付款承诺书，但在英国后来演变成一种可转让的支付手段。售货方收到承兑的汇票后也可以以此支付自己债权人的货款，汇票经转手后汇票的初始债权、债务关系也发生改变。在汇票到期前，它可以多次转手，实际上就成为一种可以流通的信用凭证，其作用类似现金。1755—1756 年在沃灵顿（Warrington）和利物浦（Liverpool）之间的普雷斯科特（Prescot）和克朗顿（Cronton）地区的一个棉

---

① Seymour Shapiro, *Capital and the Cotton Industry*, Ithaca: Cornell University Press, 1967, pp. 117, 118.

纺合伙经营的例子:“合伙人是三个——一个麦芽商、一个商人(充任书记和出纳)和一个寡妇,他们在两个业务中持有相同的股份,一个业务是谷物代理,另一个是棉纺。此外合伙人中的两个男的还经营朗姆酒和白兰地酒业务。棉的经营是‘根据指令以委托的方式纺棉纱和承揽纺棉纬线,并提供给曼彻斯特的理查德·克拉夫(Richard Clough)使用,克拉夫是主要在此地经营的粗斜纹布制造商。’几乎没有什么资本投入到这项业务中,生意运作主要由每周或每两周从那位曼彻斯特商人那里接受的汇票提供资金支持,平均每周31英镑7先令8便士。对此克拉夫每周收到一袋价值29英镑的纬纱(其中一定包括了原棉的价格),并给予这些合伙人2英镑的委托费。纺纱工作由那个寡妇负责管理。在合伙关系的18个月时营业额超过2000英镑,带来的利润为104英镑。”①利物浦的带扣制造商威廉·詹姆森(William Jameson),“接受了他妻子前夫的亚麻生意,在1750年4月开始与一个小商人做生意,此人是普雷斯顿(Preston)的伍德-旁普顿村(Wood Plumpton)的乔治·夏普勒斯(George Sharples)。到1751年10月詹姆森欠夏普勒斯74英镑4先令,为此他给夏普勒斯发回了汇票。夏普勒斯用这张汇票付给了一位曼彻斯特商人约翰·普拉特(John Platt),普拉特又按利息向另一位利物浦商人马丁·巴尔弗(Martin Balfour)借了这一票面值的钱,巴尔弗就接受了经普拉特背书担保的这张汇票。当支票可偿清时,普拉特询问汇票是否已实际上偿清,但巴尔弗似乎信任詹姆

① Alfred Powell Wadsworth & Julia De Lacy Mann, *The Cotton Trade and Industrial Lancashire, 1600—1780*, Bristol: Thoemmes Press, 1999, pp. 274—275.

森，并没打算催他兑现。”①

汇票作为一种可转手的支付手段当时仅在英国如此，在法国等一些欧洲大陆国家则没有这种特征。具备这一功能的重要意义在于，汇票作为支付手段多次转手从而造成了信用的成倍扩张。制造商和商人之所以普遍接受汇票作为支付手段，是因为购买方常常并不拥有足以支付货款的流动资本，但他可以承诺未来偿清，而债权方也相信对方具有兑现承诺的信用。这样，一位制造商就可以凭借信用做出的承诺替代现金资本，购买原材料支持生产。一张汇票的多次转手就意味着，一份最初的信用承诺多次替代现金充当了流动资本。那么，在纺织业的整个信用体系内，本来不存在的流动资本却成倍地出现了，并且支持了成倍的生产扩张。在这一点上汇票与赊购一样，通过信用创造出了资本，而且创造了多倍的资本。因此，正如 T.S.艾什顿所说的：“工业资本就是其自身主要的创造者。”②约翰·穆勒也对这种机制做出过积极的评价，他说：

> 随着信用基础——信任——的扩大，（利用信用的）各种方法将得到发展，借助于这些方法，甚至数额极小的资本（每人留在手头以应不时之需的金钱）也可用于生产性用途。……因此，虽然现有的资本数量实际上没有增加，但使用的资本数量却由此增加，从而使社会总产量相应地增加。③

---

① B.L. Anderson, "Money and the Structure in the Eighteenth Century", *Business History*, Jul. 1970, Vol. 12 Issue 2, p. 93.

② T.S. Ashton, *The Industrial Revolution*, *1760—1830*, Oxford: Oxford University Press, 1968, p.97.

③ ［英］约翰·穆勒：《政治经济学原理》下卷，赵荣潜等译，商务印书馆，1997，第 42 页。

工业革命中信用可以作为流动资本支持生产，一方面说明开展一项纺织事业并不一定需要有足够的资本，同时也说明实际上当时纺织业中的资本是相当缺乏的。因为卖方通常都更希望在交易发生时就立即得到偿付，接受汇票的确是因为大家都缺乏现金。另外，如果在汇票到期前出票人就希望得到现金时，也可以将汇票拿到银行去贴现，银行按贴现率扣除一定比例后付给出票人汇票的票面额要求的现金。汇票一经贴现后其债权债务关系就发生了相应的改变，银行成了当初受票人的债权人。在工业地区汇票甚至成为最重要的支付形式。刘易斯·劳埃德(Lewis Lloyd)1819 年在回答上院恢复现金支付委员会的提问时，就曾提供了以下证词：

问：曼彻斯特和兰开郡的流通与其他郡有很大的不同，是吗？

答：在曼彻斯特银行家们从来不发行任何他们自己的银行券，整个兰开郡都是这样。现在仅有的例外是布莱克本(Blackburn)，那里有一次发行银行券的尝试。

…………

问：你愿意解释一下兰开郡流通的性质吗？

答：它全部由英格兰银行的银行券和汇票组成。

问：你认为英格兰银行的银行券兑汇票的比例是多少？

答：我认为汇票对英格兰银行的银行券至少是十比一。

问：开出汇票的数量一般是多少？

答：数量与交易的规模成比例，从 5 英镑到 5000 英镑、8000 英镑和 10,000 英镑不等。

问：一般期限是多久？

答：在兰开郡最普通的日期通常是两个月。但很多年中他们已经将期限延长到三个月，而现在是各种期限，从所要求期限到三个月，以及更长的期限。

…………

问：在汇票流转的时间内允许支付利息吗？

答：全部流转之间内都允许有利息，这是兰开郡实际惯例。

…………

问：汇票同时以诸如五或十英镑的小额度发行吗？

答：是的。①

货物的交易本质上是对双方财产权利的交易。购货方在汇票上的承诺就代表了他申明在未来某一时间交出相应的财产权利的义务。汇票之所以能够流通是因为，任何持票人手中的这一票据代表了他对一定财产的要求权，而有人来承担支付的义务通常是有保证的。在 18 世纪的英国最重要的保证就是参与交易者的信用，或说诚信度。工业革命时期，明确的、不可侵犯的个人财产权利的观念已经成为英国社会的共识和传统。个人财产权利具有排他性特征，这意味着个人对其财产享有独占权并且排斥其他人的介入。从另一个角度看，这种排他性也意味着任何个人必须履行不侵害他人财产独占权的义务。在一个明确树立个人财产权利的社会中，这一权利必须含有这两方面的特征。在

① *Report from the Secret Committee on the Expediency of the Bank Resuming Cash Payments with the Minutes of Evidence*, London: Charles Clement, 1819, pp. 240—242.

买卖交易中财产权利的任一方享有得到对方财产的权利的同时，必须承担交出自己相应财产权利的义务，否则交易将无法进行。汇票作为一种定期偿付的承诺，就表明了债务人在承担这一义务，只不过不是当即交出自己的财产而是在未来某个规定的时间。信用体系的存在本身实际上就表明，这个体系中的债务人能够普遍自觉地履行各自的义务。因此，信用才能够替代真正的物质资本支持生产的扩张，并创造更多的资本。在一个社会中，如果某些群体或个人可以侵害他人财产却不受责罚，那么个人对其财产就失去了独占性，财产权利就将不完整，排他性亦将不复存在。然而在这样的社会中，可以任意地剥夺和侵害他人财产的人也难免遭他人的剥夺与侵害。S.D.查普曼认为："商业信用的早期发展肯定是棉工业增长的一个因素，成为制造商的人中有许多都是受教育不多又没什么亲戚的人，并且仅能糊口而已。"①设想一下，如果个人财产权利没有成为当时英国人认可的理念，那么不诚信就很可能变成普遍趋势，信用体系就将彻底崩溃。周转制造商生产的流动资本就将不可能由信用来支持，纺织业的快速扩展也将不可能。

毛纺织业的原材料供应来源有两个，一个是国内的牧羊农场主或批发商，另一个是进口商。工业革命开始以前毛纺织业使用的羊毛基本上由国内养羊业提供，18 世纪后期以来使用进口羊毛的比例逐步上升，到 19 世纪中期已超过三分之一（见表 3-5）。棉绒是棉纺织业生产的最基本原料，它不是英国的原产作物，完全依赖于进口。18 世纪英国的原棉进口主要来自不列颠西印度、法国和西班牙的殖民地、土耳其

---

① S.D. Chapman, *The Cotton Industry in the Industrial Revolution*, London: Macmillan Press Ltd., 1977, pp. 39—40.

等地，19世纪以后埃及、印度、美国又先后成为原料供应地。到1789年为止原棉进口的最重要的港口是伦敦，但到了1795年利物浦的地位已超过了伦敦，成为最大的原棉进口港和交易市场。① 1833年时由经利物浦进口的棉为840,953袋，而伦敦只有40,350袋，格拉斯哥为48,913袋②，可见利物浦是绝对的进口和销售中心。因此就棉、毛这两大主要纺织业的情况而言，提供信用的最初源头一个是国内原料生产者或批发商，一个则是原料进口商。

表3-5 联合王国毛纺织业中使用外国羊毛的比例估计

年份	使用外国羊毛的比例 %
1790	3
1820	10
1828	28
1840	30
1845	36

资料来源：Pat Hudson, *The Genesis of Industrial Capital: a study of the West Riding wool textile industry c.1750—1850*, Cambridge: Cambridge University Press, 1986, p. 117.

利物浦的棉商一般通过中间商将原棉卖给纺纱商，在这最初的交易中支付手段往往不是现金而是信用。棉货中间商为进口商寻找买主，同时也就是为棉经销商和纺织制造商提供货源。由中间商经手，生产的原材料就通过纺织业的这种信用购销体系进入到直接的生产者手

① Sydney J. Chapman, *The Lancashire Cotton Industry*, Manchester: Manchester University Press, 1904, p. 113.

② Edward Baines, *History of the Cotton Manufacture in Great Britain*, London: H. Fisher, R. Fisher and P. Jackson, 1835, p. 318. 每袋棉的重量约为180—240磅，见其著作的第307页。

中，信用充当流动资本的齿轮就不停歇地运转起来。当然，中间商也通过沟通供需双方的交易得到了报酬。18 世纪中期利物浦棉中间人得到的报酬通常是从进口商处得到棉价的 1%，从经销商和纺纱商处得到每英镑 0.5 或 1 便士的报酬。据说第一位棉货中间人是乔治·谆克沃特（George Drunkwater）。① 尼古拉斯·沃特豪斯（Nicholas Waterhouse）18 世纪 80 年代在博尔顿（Bolton）为一位粗斜纹布制造商当学徒，还曾在曼彻斯特的一家棉纺织品货栈中当过雇员。1800 年他来到利物浦成为棉纺织品中间人，联系进口商、经销商、棉纺商之间的买卖。他通过联络买主和卖主，从双方收取佣金，通常是每 100 英镑收取 10 先令。通过他来购买原棉的除了批发商和经销商外，主要是棉纺织制造商，交易数量从五袋到二三百袋不等。有些制造商定期通过他购买大量的原棉。一般的结算方式是允许 10 天的赊欠，然后以三个月的汇票支付。②

18 世纪早期约克郡的较大的制造商经常直接从农场主和其代理人手里购买羊毛，但这种情况到 18 世纪后期已发生改变。他们越来越多地通过中间商和批发商购买羊毛，而不必到外地去购进原料。这种方式的优势是可以尽可能地减少原材料的库存量。由于原料可以随时购进，这样就可以腾出更多的资本用于扩展生产，有利于加快资本的周转速度。从 18 世纪末到 19 世纪早期进口羊毛的地位不断上升。随着越来越多地使用进口羊毛，使得毛呢制造商与批发商的关系也越来越

---

① Thomas Ellison, *The Cotton Trade of Great Britain*, London: Effingham Wilson, 1886, p. 166.

② Francis E. Hyde, Bradbury B. Parkinson & Sheila Marriner, "The Cotton Broker and the Rise of the Liverpool Cotton Market", *The Economic History Review*, New Series, Vol. 8, No. 1(1955), pp. 75—83.

密切。约克郡的一些批发公司的记录就表明，农场主和批发商之间存在一定的信用关系，特别是在有长期稳定关系的双方之间。大卫·斯宾塞(David Spencer)是凯利(Keighley)的一个羊毛批发商，1798 年到兰开郡购买羊毛，他以当地银行开具的汇票来支付货款，汇票的期限通常是 3 个月，但延长到 5 个月也是常有的事。斯宾塞与多达 40 位供应商建立了固定的关系，通过债务延期 1798 年 11 月他得到的全部信用是 2986 英镑，1799 年 7 月的羊毛旺季达 3974 英镑，1800 年 1 月为 4256 英镑，1812 年 8 月为 4500 英镑。从 1809 年到 1821 年，沃克菲尔德(Wakefield)的羊毛批发商约瑟夫·杰克逊(Joseph Jackson)一般都可以得到六个星期的信用，如能在四周内支付的话就可以得到一定的折扣。① 一年内牧羊农场主所提供的信用并非是固定的，在春季等不收羊毛的时期农场主常常是更喜欢收取现金而不是信用。大卫·斯宾塞在 18 世纪 90 年代向固定的客户提供 3 个月的信用期，他有大约 50 至 70 位客户，对他的欠款在 1～1000 英镑不等，平均的债务是 80 英镑。这个时期 3 个月的信用期是比较普遍的，羊毛批发商布拉福德(Bradford)的道森(Dawson)18 世纪 90 年代也提供 3 个月的信用。沃克菲尔德的批发商杰克逊 1809 年允许的信用期一度也是 2～3 个月。凯利的精纺织业的约翰·布里奇公司(John Brigy & Company) 1822—1835 年间自 18 个批发商处购进羊毛，多数情况下都可以有两个月的赊欠期并用期限为两个月的汇票支付。② 19 世纪 20 年代以后

① Pat Hudson, *The Genesis of Industrial Capital: A Study of the West Riding Wool Textile Industry c.1750—1850*, Cambridge: Cambridge University Press, 1986, p. 115.

② Pat Hudson, *The Genesis of Industrial Capital: A Study of the West Riding Wool Textile Industry c.1750—1850*, Cambridge: Cambridge University Press, 1986, p. 115.

由牧羊农场主提供的信用期趋于下降。布拉德福德的约翰·焦维特父子公司(John Jowitt & Sons)的焦维特 1828 年提到信用期越来越短,卖羊毛也愈来愈成了现金交易。萨塞克斯(Sussex)的批发商查尔斯·布尔(Charles Bull)在 19 世纪初经常可得到两个月的信用,而 1825 年他只能得到两三天的信用。① 但出现这种情况并不能说明农场主与经销商及制造商之间的信用机制无法继续存在下去。原因很可能是由于 19 世纪 20 年代以后经济增长的速度明显加快,此时事业有成的经销商和制造商已经越来越具备现金支付的能力,而农场主从来都更喜欢尽快得到现金。

尽管农场主提供的信用越来越短,但批发商有其他的途径得到有利的信用,中间商一般会提供更长和更灵活的信用给批发商。一些中间商可提供 3 个月的信用,或者能付一半现金的话另一半可得到 6 个月的信用。如果能在指定时间内付款,还可得到 2.5%的折扣,但如果延期的话就要收 5%的利息。焦维特父子公司得到国内供应商的信用包括几星期至 3 个月的赊购期和期限为 2 个月的汇票(见表 3-6)。1796 年萨塞克斯的奇切斯特(Chichester)的威廉与纽兰公司(Williams & Newland)在购买西班牙羊毛时可得到 6 个月的赊购期,然后再以期限为两个月的汇票付款。如果货物托运的一个月内就开出汇票的话还可享用 4%的折扣。伦敦的西班牙羊毛供应商布鲁克公司(Brooke & Company)在发货后可提供 8 个月的信用,而不要求为此支

① Pat Hudson, *The Genesis of Industrial Capital: A Study of the West Riding Wool Textile Industry c.1750—1850*, Cambridge: Cambridge University Press, 1986, pp. 115, 116.

付利息。[①] 进口商不同于直接的生产者，他们是纯粹的商人，对他们来说资本周转越快得到的利润越大，因而乐于提供较长的信用。焦维特公司得到进口商的赊购期明显长于国内供应商（见表 3-7）。18 世纪 80 年代到 90 年代焦维特为超过 400 位的毛呢商提供原料，根据不同的人可提供 1～9 个月的赊欠期，有时长达 12 个月或更多，对超期的要收取利息。18 世纪 80 年代以后由于大量从事西班牙羊毛的生意，使他能为顾客提供更长的信用期。经济萧条的年代批发商不得不提供更长的信用期，因为毛呢商的偿付能力更差，拿破仑战争时信用期普遍更长。19 世纪 20 年代焦维特通常允许 10 个月的赊欠，而且收期限为三四个月的汇票（参见表 3-8）。[②]

表 3-6　英格兰羊毛供应商[a] 提供给焦维特父子公司的信用期　1775－1830 年

日 期	所研究的供应商数	不付利息的最普通赊购期	不付利息的赊购期上限	支付的最普通性质
1775－1777	2	2 星期	—	现金或期限为 2 个月的汇票
1790－1815	146	4 星期	3 个月[b]	期限为 2 个月的汇票
1817－1830	197	8 星期	3 个月	期限为 2 个月的汇票

注：a：不包括养羊人。

b：6 个月信用仅出现在 1802－1805 年的温切斯特的宾耐克父子公司（Jas. Pinnack & Sons of Winchester）的个案中，该公司供应高品质羊毛。

资料来源：Pat Hudson，*The Genesis of Industrial Capital：A Study of the West Riding Wool Textile Industry c.1750－1850*，Cambridge：Cambridge University Press，1986，p. 117.

① Pat Hudson，*The Genesis of Industrial Capital：A Study of the West Riding Wool Textile Industry c.1750－1850*，Cambridge：Cambridge University Press，1986，p.116，119.

② Pat Hudson，*The Genesis of Industrial Capital：A Study of the West Riding Wool Textile Industry c.1750－1850*，Cambridge：Cambridge University Press，1986，p. 122，123.

表 3-7　进口羊毛批发商准予焦维特父子公司的信用期

年 份	所研究的供应商数	可能提供的不支付利息的最大赊购期	所采用的最普通的赊购期	最普通的支付性质
1790—1810	3	8 个月	4 星期	期限为 2 个月的汇票
1814—1819	3	6 个月	—	期限为 2 个月的汇票
1819—1821	3	2 个月	—	期限为 2 个月的汇票
1821—1830	1	4 个月	2 星期	期限为 2 个月的汇票
1830—1848	9	6 个月	4 星期	现金

资料来源：Pat Hudson, *The Genesis of Industrial Capital: A Study of the West Riding Wool Textile Industry c.1750—1850*, Cambridge: Cambridge University Press, 1986, p. 119.

表 3-8　焦维特父子公司提供给羊毛购买者的信用期　1775—1840 年

年 份	所研究的购买者数	不必支付利息的最普通赊购期	不必支付利息的赊购期上限	最普通的汇票类型
1775	75	3～4 个月	6 个月	3 个月期
1776—1777	75	6～8 个月	12 个月	—
1790—1802	400	3 个月	9 个月	—
1803—1804	206	2～3 个月	9 个月	—
1804—1807	206	3～6 个月	9 个月	—
1810—1815	212	10 个月	12 个月	三四个月期
1815—1820	638	6～8 个月	12 个月	—
1829—1840	509	3～6 个月	6 个月	2 个月期

资料来源：Pat Hudson, *The Genesis of Industrial Capital: A Study of the West Riding Wool Textile Industry c.1750—1850*, Cambridge: Cambridge University Press, 1986, p. 125.

上述情况在棉纺织业中也是基本相同的。爱德华·拜恩斯 1835 年的著作中是这样描述当时状况：

> 在利物浦原棉由中间商来出售，他们受进口商雇佣，并且由于他们为估价及销售所付出的辛劳，而从每100英镑中得到10先令的报酬。向曼彻斯特棉商购货的人以及全国的纺纱商也雇佣中间商为他们进货，委托费的比率是一样的。原棉的买、卖主要凭样品进行，极少有购买者考虑要验包。……售货许可的赊购期为10天，然后以期限为三个月的汇票支付。①

曼彻斯特的麦克康奈尔和肯尼迪公司也充分利用信用来弥补流动资本的不足，他们购买原棉的信用期常常长达6个月。同时他们也向自己产品的购买方提供信用。②

在购买商有足够的现金支付能力或付现金更有利时，他们也可能不使用信用而直接付现金。爱德华·拜恩斯见证的19世纪30年代初的情况就是这样：

> 由于目前的低贴现率，银行给汇票的贴现率是3.5%，购买者几乎全接受了提供给他们的另一种支付方案，就是直接付现金并减去5%的利息。③

生产出成品后纺织品制造商有可能直接到市场上出售产品，而生产规模较大的制造商则可能要通过成品经销商销售他的产品。但纺织

---

① Edward Baines, *History of the Cotton Manufacture in Great Britain*, London: H. Fisher, R. Fisher and P. Jackson, 1835, pp. 318－319.

② C.H. Lee, *A Cotton Enterprise, 1795－1840: A History of M'Connel & Kennedy Fine Cotton Spinners*, Manchester: Manchester University Press, 1972, pp. 106－107.

③ Edward Baines, *History of the Cotton Manufacture in Great Britain*, London: H. Fisher, R. Fisher and P. Jackson, 1835, p. 319.

业的信用体系并未至完成产品的生产而终止，而是一直延伸到产品进入市场。制造商当然希望出售产品时立即收回现金，但他同样会遇到成品经销商资本不足的问题，在这种情况下，尤其是大的制造商也会向自己的经销客户提供信用。杰迪戴亚·斯特拉特(Jedediah Strutt)是著名的针织品制造商，除自己拥有一些针织机进行织造外，生产主要是外放包工式的，发放棉线给针织工去织出成品。斯特拉特的产品主要销往伦敦。他向客户提供赊购信用，期限通常为六到十二个月，有的则可能长达几年。不过如果客户资本充裕的话，他当然更愿意尽快得到现金付款，所以对付现金或期限为一个月汇票的客户，他会给 2.5% 的折扣。[①] 18 世纪 70 年代初期他的大部分客户的赊欠账款都在十几英镑到几十英镑，超过 150 英镑的情况则比较少见，由此看来多数成品经销商的规模并不大(参见表 3-9)。

表 3-9　杰迪戴亚·斯特拉特提供给他的经销商的信用

金额(英镑)	赊欠的账户数	金额(英镑)	赊欠的账户数
>250	4	50～75	30
200～250	2	25～50	32
150～200	6	15～25	22
100～150	25	<15	14
75～100	11	总 和	146

资料来源：R.S. Fitton & A.P. Wadsworth, *The Strutts and the Arkwrights, 1758—1830*, Manchester: Manchester University Press, 1958, p. 48.

① R.S. Fitton & A.P. Wadsworth, *The Strutts and the Arkwrights, 1758—1830*, Manchester: Manchester University Press, 1958, p. 48.

第三节 工厂制与固定资本投资

一、固定资本投资与工厂制的发展

工厂生产与家庭生产不同，它是一种集中的生产组织形式，许多人受雇于同一场所进行生产。工厂制并不是工业革命的产物，在此之前就已经存在。但在工业化的过程中，工厂制逐步取代家庭生产成为主要的生产组织方式。工厂制最早的起源可能上溯到17世纪末期，有记载的工厂包括威廉·斯坦颇（William Stumpe）在马尔梅斯伯里（Malmesbur）的织造厂、1680年安布罗斯·克劳利爵士（Ambrose Crowley）在桑德兰（Sunderland）建立的工厂，以及一些济贫院。① 斯坦利·查普曼认为，工厂制的起源可追溯到伦敦商人伦比（Lombe）兄弟1719—1721年建立的德比（Derby）丝厂。18世纪70年代后据说成为英格兰第一个成功的动力制造厂，雇佣约300人。② 最初工厂中的工人常常是孤儿或穷人家的孩子，他们以做学徒的名义在工厂中工作。

① J.V. Beckett, "The Eighteenth－Century Origins of the Factory System: A Case Study From the 1740s", *Business History*, Jan. 1977, Vol. 19 Issue 1, p. 55. 另注：所谓济贫院（workhouse），也有译为贫民劳动院或习艺所，为英国济贫法制度下的一种救济机构。教区救济当局将一些老弱病残的、无工作能力又无所养的贫民安排在济贫院中居住，以提供衣食救济。另外，一些有工作能力的贫民也可住入济贫院接受救济，但必须从事教区提供的工作。这样，济贫院或称贫民劳动院某种情况下就成了集中生产的工厂。

② Stanley Chapman, *Merchant Enterprise in Britain*, Cambridge: Cambridge University Press, 1992, pp. 37—38; Stanley Chapman, *The Early Factory Masters: The Transition to the Factory System in the Midland Textile Industry*, Aldershot: Gregg Revivals, 1992, p. 40

18 世纪最初十年，针织商费洛斯(Fellows)来到诺丁汉，在他的工厂中一次性就雇佣了超过 49 名学徒，通常一个学徒工钱是每周 8 先令，学徒的最后一年可以挣到 9～10 先令。① 此时的所谓“学徒”已经不再是传统的学徒概念。因织袜机的操作并不十分难学，一个 10～12 岁的男孩经过 6～9 个月的训练就完全能够熟练使用。这段时间对于传统的 5～7年的学徒期不过算是一个短期培训而已，因此弗罗斯与其说在训练学徒，不如说是使用童工进行工厂制生产。出现最早的工厂制生产往往是以童工为主要劳动力的，以后也大抵如此。1801 年《德比信使报》就有这样一则广告：

> 计划派出学徒：男孩从六到八岁，女孩从 8～14 岁。请向德比郡的德福谷畔马斯顿(Marston-upon-Dove)的济贫法监察员申请。②

教区名义上是送穷孩子做学徒，实则就是送到工厂里做童工。

纺织业中开始工厂化最早的是纺纱业，这与纺纱生产技术要求较低，机械设备革新更容易进入实际应用有关。而织布、织呢业一向对技术水平要求较高，只有专业工匠才能胜任，且机械化革新更困难。因此，直到工业化后期外放包工依然是织造业的重要组织形式。就纺织业整体而论，尽管工厂生产早在工业革命前就已出现，但在 18 世纪的后半期中还未达到取代外放包工和家庭生产的水平。实际上直到 19

---

① Gravenor Henson, *The Civil, Political and Mechanical History of the Framework Knitters in Europe and America*, Vol. I, Nottingham: Richard Sutton, 1831, pp. 96—98.

② *Derby Mercury*, Thursday, April 23, 1801.

世纪 20 年代以后，工厂制生产方才全面展开。工厂制生产能够逐步代替外放包工制，自然有其原因。的确，外放包工制有其前述的诸多优势，但它也有其难以克服的缺点。第一，分散的家庭生产难以保证产品品质均一。第二，生产过程无法有效监督，织工盗窃原料及掺假的行为难以避免。1702 年和 1749 年议会曾通过法律对盗窃给予惩罚，但这类法律往往难以得以有效实施。① 第三，生产地点过于分散，由此也带来了生产成本的上升。而工厂制生产恰恰避免了这些缺点，实现了生产的集中管理，产品质量容易规范。工厂主与外放包工制造商之间并不存在必然的逻辑关系，也就是说，工厂主并不一定是由外放包工商转化而来。外放包工制造商有可能在积累了较多的资本以后转入工厂制生产。他们除了组织外放包工生产，也时常会在自己的家里或作坊里雇用技工进行生产，在看到工厂纺纱有利可图时便开始投资开办纺纱厂。但许多工厂主自开始进入纺织业制造领域起就是以工厂作为生产的组织形式，根本未做过外放包工商。罗伯特·欧文就是从一个小职员转而直接投资工厂制生产。

1787 年 5 月萨缪尔·欧德诺似乎已开始用工厂制的形式组织生产。他开始工厂制生产的直接原因可能有几个：一个原因是他曾寻求小理查德·阿克赖特（Richard Arkwright Junior）合伙生产棉纱以解决自己的原料供应问题，但合作并未达成。另一个原因也许正如罗伯特·欧文（Robert Owen）说的：

---

① Neil J. Smelser, *Social Change in the Industrial Revolution*, Chicago: The University of Chicago Press, 1973, p. 166.

> 他认为纺纱厂可挣得很大的利润，而且他与满足当前成就的其他人不同，他有更大的抱负，想要成为一个大棉纺商以及最大的平纹细布制造商。①

1796年欧德诺在斯托克波特（Stockport）建成了他的第一家蒸汽动力棉纺厂，同时他在德比郡的麦勒（Mellor）开始动工建设一座更大的工厂，麦勒厂直到1793年才完成。麦勒厂为水力纺纱厂，雇佣了400多名妇女、儿童和学徒。斯托克波特厂雇佣了大约50名纺工。欧德诺此时的经营方式仍是二元的，一方面以工厂制进行纺纱生产，另一方面织布生产仍保持着外放包工的组织形式。织布已有了相当的规模，仅斯托克波特附近他就雇佣了约一千名织工。②

工厂生产需要有生产车间和集中使用的生产设备，机械化生产还需要为厂房配置动力，这些都意味着固定资本的投入。因此，工厂制生产似乎无疑是以大量的固定资本投资为特点。这一判断理论上无疑是正确的，但它却只突出了历史变化的结果，忽视了历史变化的过程。实际上在18世纪中期，一位打算开始工厂制生产的制造商并不一定必须投入大量的固定资本。所谓"工厂"，其厂房可能仅是能放下一两台机器的乡村小屋，有些规模较大的常常是由过去的农场的仓库、车房改建而成。比较外放包工制生产，制造商同样需要拥有或租赁一间货栈，也需要有一些生产设备，因此至少在18世纪，最初的工厂对固定资本投

① Robert Owen, *The Life of Robert Owen*, London: G. Bell and Sons Ltd., 1920, p. 55.

② George Unwin, *Samuel Oldknow and the Arkwrights*, London: Routledge ,1996, p. 128.

资的要求也是相对有限的。

制造商对厂房的投资根据具体实施的方式可分为三类：

第一种是利用自己已有的建筑。18 世纪制造商将自己的原有建筑改作厂房是相当常见的，这是一种既快速又经济的投资方式。建造一座乡村小屋的投资一般要在 50～100 英镑，而将已有的小屋改成车间则只需很少的投资并且建设周期短，很快就能投入使用。威廉·拉德克利夫当时回忆：

> 旧织布机不够用，每个存放杂物的房间，甚至旧库房、各种房舍的附属建筑都加以修复，在旧墙上开窗户，所有的修缮都为了使之适于用作织布机车间。①

巴特沃斯记述欧德汉姆(Oldham)的情况时也提道："欧德汉姆和邻近地区的原始工厂中最小的几个开始事业时平均不超过八或十人。在许多事例中，两层或三层的大住宅或住宅的某些部分，主要在宽敞的卧室，就是进行生产的地方。"②骡机的发明人萨缪尔·克隆普顿(Samuel Crompton)在技术上对棉纺业有着杰出的贡献。按照他自己的调查，1812 年在英格兰、苏格兰和爱尔兰的棉纺织地区按他的原理工作的纺

---

① William Radcliffe, *Origin of the New System of Manufacture Commonly Called Power-Loom Weaving*, Stockport: James Lomax, 1828, p. 65.

② E. Butterworth, *Historical Sketches of Oldham*, 1856, pp. 118, 135. 转引自 Stanley D. Chapman, "Fixed Capital Formation in the British Cotton Industry 1770—1815", *The Economic History Review*, Aug. 1970, Vol. 23 Issue 2, p. 237.

锭数有 400 到 500 万。而按肯尼迪的估计,1829 年时已达 700 万。①但可惜他缺乏成为欧文那样大纺织家的经营才能,不过他的创业却一样有代表性。

> 克隆普顿 1791 年搬到博尔顿(Bolton),占用了现在国王街 17 号的房子作为住所,以这所房子的阁楼和毗邻的两座房子做纺织之用。……在中央阁楼他安上了准备阶段的机械,在其他两所房子他装上了两架新骡机。他现在由他的两个大儿子帮助在这里工作。②

农场的原有农业生产建筑也适于改造为厂房,如仓库、车库等。

第二种方式是租赁。不是每个开始创业的制造商都有自己可改造的房舍或农场,有些人甚至几乎没有任何不动产,而且也没有其他形式的丰厚资本。在这种情况下,租赁适合生产的建筑物无疑是最经济的解决方案。制造商无须建造厂房,只需按合同支付租金,实际上相当于贷入了一笔固定资产。而租金可以分期或在完成一定的生产周期之后支付,只要生产能够良好运转,所产生的收益就能偿付借入这笔固定资产的代价。这样,制造商就可以将有限的资本投入到制备生产设备和流动资本领域。1777 年阿克赖特(Arkwright)在绰利(Chorley)附近的伯克埃克(Birkacre)建设了一座纺纱厂,但实际上全部建筑设施都

---

① John Kennedy, *A Brief Memoir of Samuel Crompton*, Manchester: Henry Smith, 1830, p. 7.

② Gilbert J. French, *The Life and Times Samuel Crompton*, London: Simpkin, Marshall & Co., 1859, p. 112—113.

是租用的。那些建筑原本是一座锻铁厂，包括厂房、一座磨谷坊、一座宅院、一些小屋，这些房的年租金是150英镑，另外还有一块13.5英亩的土地，租金是31英镑。资本是合伙筹集的，合伙人有阿克赖特、杰迪戴亚·斯特拉特、萨缪尔·尼德(Samuel Need)、托马斯·沃施曼(Thomas Walshman)、约翰·克鲁斯(John Cross)。[1] 罗伯特·欧文创业时同样是以租用的建筑作厂房。他15岁时来到曼彻斯特，在一家公司中作小职员，年收入为40英镑。三年以后他受别人怂恿开始与人合股经营棉纺生产，他的最初投资是从他哥哥处借来的100英镑。但这次投资很快以失败而告终，他的合伙人琼斯为了另谋合伙人将他排挤出公司，分手时他得到：

> 他们提供给我这份生意中我的那份，……6架骡机、1架卷纱机以及一架整理机。

而实际上，骡机他只是得到了3架。[2] 这就是他真正开始自己事业的最初的固定资本。“他在恩科茨路租了一爿大工厂，把其中的大部分转租给了别人，以此弥补他的租赁费用。他在工厂的一个小角落里安装了他的5台机器，雇了3名纺纱工人操作走锭纺纱机。于是在1791年，20岁的罗伯特·欧文成了棉纺业主。……不满一年，欧文和他的3名纺纱工已经能为他每星期净赚6英镑，其办法是买来粗纱，纺成精

---

① R.S. Fitton & A.P. Wadsworth, *The Strutts and the Arkwrights, 1758—1830*, Manchester: Manchester University Press, 1958, p. 78.

② Robert Owen, *The Life of Robert Owen*, London: G. Bell and Sons Ltd., 1920, pp. 31—33.

纱，再卖给一位平纹细布制造商的代理人。对于一个不久以前还满足于每年 40 英镑薪水的人来说，这份收入是相当可观的了，而且他的住宿和伙食所费有限。”①

对于欧文这样的初出茅庐的小制造商来说，许多出租的建筑物往往太大，有时远超出他们的生产能力，而完全合适的情况又不常见。于是制造商就将整幢建筑物租下后再分租给其他的小工厂制造商，厂房的最初租赁者甚至完全可以靠分租的收入偿付整座建筑的租金。如此不仅租赁的成本就被分摊掉了，而且风险也被分摊掉了。同时，接受分租的小制造商既可以得到合适的生产车间，又有权根据合同选择缴纳租金的时机，对双方都有利。1800 年，克隆普顿因他的骡机发明得到了李（Lee）和肯尼迪（Kennedy）为他筹集了四五百英镑奖金：

> 作为占有这笔额外资本的结果，他不久就租下了附近一家工厂的顶层，在那里他安置了两架骡机，一架有 360 锭，另一架 200 锭，并附有必要的准备设备。运转这些机械的动力是从该建筑里租用的。

1803 年 1 月，克隆普顿在这里雇佣了 3 个男工、1 个女工、6 个童工。②以改造或租借的方式获得厂房的方式非常适合于没有多少资本的小制造商或刚刚创业的新手，这可以使他们将有限的资本更多地投入到生

---

① ［英］玛格丽特·柯尔：《欧文传》，何世鲁、马爱农译，商务印书馆，1995，第 21—23 页。

② Gilbert J. French, *The Life and Times Samuel Crompton*, London: Simpkin, Marshall & Co., 1859, p. 125.

产设备、原料和工资周转上。在18世纪以上述这两种方式开始工厂生产是尤为常见的。此外,偶尔还有一些工厂是连同设备一起出租的。1832年《曼彻斯特时报》登载着这样的广告:

> 出租一所工厂,30码长14码宽,并附带一座小的相邻建筑。有一台大蒸汽机,以及全部的纺纱机,状态良好,即时就可开工。①

由广告的内容可知,这是做小规模的工厂,也许原来就有人经营纺纱,后来转租他人。

第三种是建造新的厂房。新建厂房投资的第一步是要获得对有关土地的权利,方式通常有两个,其一是长期租赁,有时租期可长达99年,其二是购买土地。第二步才是兴建厂房及其相关建筑。尽管18世纪时兴建厂房的投资还算比较适中,但与传统的家庭生产相比,新建工厂无论如何都是一项巨额的固定资本投资。因此,即使像欧文这样成就卓著的大纺织家,在他们初创业时也无法以这种投资方式开始生产。

在对工厂制生产的固定资本投资的研究中,理查德·阿克赖特(Richard Arkwirght)是最值得关注的,他是向工厂制过渡过程中的一个重要人物,甚至有"英格兰工厂制之父"的美誉。阿克赖特1732年12月23日生于普雷斯顿(Preston)的一个穷困的大家庭,是家中13个孩子里最小的。他曾给一位理发匠做过学徒,开过理发店,以后又经营过小酒馆但并不成功。放弃了理发店和小酒馆生意后,他还曾做过假发商。这些经营经历除了为他积累了经营经验外,显然并未给他积累

① *Manchester Times and Gazette*, Saturday, March 24, 1832.

下多少资本。1768年春他开始对革新滚纺机发生兴趣，并离开兰开郡到诺丁汉寻求创业机会。阿克赖特的革新尝试最终得到了诺丁汉的针织品制造商萨缪尔·尼德和杰迪戴亚·斯特拉特的支持，他们达成了开始工厂制生产的合伙关系。不过此时阿克赖特主要还只是一位技术革新者而不是一位富有资本的制造商，他在合伙关系中的权利来自他持有的技术。建厂的资本主要来自尼德和斯特拉特，他们的合伙工厂建在克隆姆福德(Cromford)，那里水源丰富且终年不结冰，兴建的时间可能是1771年。他们的经营是成功的，并使阿克赖特逐步成为富有资本的制造商。1781年萨缪尔·尼德死后，他们的合伙关系就终结了。阿克赖特开始继续扩展他的纺纱业梦想，当时他已在维克斯沃斯建有一座工厂，并在曼彻斯特建造另一座工厂。①

阿克赖特的重要性主要体现在他对动力纺纱技术的应用和推广，以及由此产生的在工厂投资规模上的表率作用。使用非人力动力进行生产既非18世纪才出现，更非工厂制独享的发明。中世纪庄园里的磨房已经使用水力驱动石磨来碾磨谷物，实际上，工业革命中水力纺纱厂所使用的动力技术基本上就是这种。18世纪中期，工厂生产中使用动力和不使用动力的情况同时存在。动力工厂所依赖的动力一般有两种，即畜力和水力。蒸汽动力虽然在18世纪后期已开始使用，但并不常见，工业革命初期的工厂多为水力工厂。阿克赖特热衷于水力纺纱，而且成为著名的纺纱业制造商。因此，他的工厂投资规划就成为其他

① See Edward Baines, *History of the Cotton Manufacture in Great Britain*, London: H. Fisher, R. Fisher and P. Jackson, 1835, p. 147—196; R.S. Fitton & A.P. Wadsworth, *The Strutts and the Arkwrights, 1758—1830*, Manchester: Manchester University Press, 1958, pp. 60—85.

纺纱工厂的榜样。阿克赖特式的水力纺纱厂发展迅速，约翰·肯尼迪是这样记述的：

> 1771 年阿克赖特在克隆姆福德建立第一个纺纱厂之后的 10 或 15 年内，所有主要的工厂都已在大河的水流下降处竖立了起来。除了水之外没有发现其他的动力有实际用处。①

水力纺纱厂无疑要求厂址要紧靠近水源，由水力驱动水车为车间提供动力。水力工厂受水力资源的限制，其生产规模的扩展存在着一个无法逾越的上限。因此，一家公司投资的扩张主要表现为在不同的地方建更多的工厂，而不是将原有的工厂不断地扩大。如阿克赖特在米德兰(Midlands)就有 10 家工厂。

表 3-10　阿克赖特及其合伙人的工厂资本规模　1771—1784 年　单位：英镑

建厂年份	厂址	厂房	机器	存货	总计
1771	上克隆姆福德(Cromford Upper)	—	—	—	1500
1777	下克隆姆福德(Cromford Lower)	1000	1000	1000	3000
1778	贝克维尔(Bakewell)	1000	1000	1000	3000
1779	贝尔颇(Belper)	1000	1000	1000	3000
1784	曼彻斯特(Manchester)	3000		1000	4000

资料来源：Stanley Chapman, *The Early Factory Masters: The Transition to the Factory System in the Midland Textile Industry*, London: Gregg Revivals, 1992, p. 128.

① John Kennedy, *Observation on the Rise and Progress of the Cotton Trade in Great Britain*, Manchester: S. Russell, 1818, p. 14.

阿克赖特的水力纺纱厂扩张速度很快。1771 年在诺丁汉的霍克利(Hockley)附近建造了他自己的第一座水力棉纺厂，这是一座四层楼的建筑，1772 年时已雇佣约 300 人。同一年，在德比郡的克隆姆福德又兴建了第二座工厂。其他地方，1780 年维克斯沃斯(Wirksworth)的厂开工运营，到 1789 年时雇佣 200 人；18 世纪 80 年代早期克瑞斯布鲁克(Cressbrook)的厂投入使用；1778 年投产的贝克维尔的厂雇佣 300 人；1781 年他又在斯塔福德郡的罗斯特(Rocester)买下一座磨谷坊和一座缩绒坊，后来也转为棉纺厂。[①] 阿克赖特在约克郡、兰开郡也都开设工厂。到 1782 年时“他建立了一个企业，雇佣了超过五千人，全部资本不少于 200,000 英镑”[②]。表 3-10 是阿克赖特几个厂的初建规模，厂房和机器设备等固定资产的投资规模通常是 2000 到 3000 英镑，最少的甚至可能不到 1000 英镑，这样的固定资本投资规模在 18 世纪是比较适中的。其他许多工厂初建时都有相近的规模。1778 年开工的罗宾逊(Robinson)在林比(Linby)的第一家工厂厂房、机器、存货的价值总计是 3600 英镑，诺丁汉郡的本杰明·钱伯斯(Benjamin Chambess)的工厂、埃文斯(Evans)的工厂固定资产的保险额都是 2000 英镑。18 世纪七八十年代其他地区的工厂也有相似的情况，如

① Ed., William Page, *The Victoria History of the County of Nottingham*, Vol. II, London: Dawsons of Pall Mall, 1970, p. 351; R.S. Fitton & A.P. Wadsworth, *The Strutts and the Arkwrights, 1758－1830*, Manchester: Manchester University Press 1958, pp. 99, 224, 107; Stephen Glover, *The History, Gazetteer and Directory of the County of Derby*, Derby: Henry Mozley and Son, 1829, p.250; Ed., M.W. Greenslade & J.G. Jenkins, *A History of the County of Stafford*, Vol. II, London: Oxford University Press, 1969, p. 219.

② *The Case of Mr. Richard Arkwright and Co.*, 1782, p. 3.

1786 年大卫·戴尔(David Dale)在新拉纳克(New Lanark)的工厂保险额为 4800 英镑,萨缪尔·格里季(Samuel Gregy)在斯泰尔(Styall)的厂房、设备保险额为 3500 英镑。① 对此,弗朗索瓦·克鲁则的观点具有相当的概括性,他认为:"开设一家工厂的初始支出是适度的,18 世纪末期几千英镑就能够支持一家大的棉制造厂了"②。

阿克赖特在诺丁汉"建起了世界第一座水力棉纺厂"之后的十几年中,③水力纺纱厂获得了极大的成功。1788 年帕特里克·库尔科霍恩(Patrick Colquhoun)做了一次很有价值的统计:

> 大约此时,传播用水力机械纺纱知识的理查德·阿克赖特的专利过期,水力纺纱厂在这个国家的各个部分建立起来。……目前已有 143 座水力纺纱厂。④

他还估计此时这些棉纺纱厂完全开工的情况下,雇佣 2.6 万男工、3.1 万女工、5.3 万童工,而每座厂的平均投资成本在 5000～6000 英镑。厂址主要集中英格兰北部和中部,其中兰开郡 41 座、德比郡 22 座、诺丁

---

① Stanley Chapman, *The Early Factory Masters: The Transition to the Factory System in the Midland Textile Industry*, London: Gregg Revivals, 1992, p.128.

② Francois Crouzet, "Capital Formation in Great Britain during the Industrial Revolution", Ed., Francois Crouzet, *Capital Formation in the Industrial Revolution*, London: Methuen & Co Ltd., 1972, p. 164.

③ John Blackner, *The History of Nottingham*, Nottingham: Sutton and Son, 1815, p. 247.

④ *An Important Crisis in the Callico and Muslin Manufactory in Great Britain*, London, 1788, pp. 2—3.

汉郡 17 座、约克郡 11 座、柴郡 8 座、斯塔福德郡 7 座。[①] 1790 年的《不列颠棉纺商和布匹制造商状况》统计当时英格兰的水力纺纱厂数位 130 座，苏格兰 25 座，纺锭 31 万枚，总资本值为 87.5 万英镑。棉纺业就业人数为，男工 3.5 万、女工 4.5 万、童工 6 万。[②] 平均每座水力厂的投资额为 5645 英镑，与库尔科霍恩的估计相近。

工厂初建时规模的相似很可能是由于阿克赖特工厂的示范作用。阿克赖特的工厂对米德兰棉纺织工业的分布也有着明显影响，各地工厂的分布密度与他的选址有着紧密关系。

纺纱厂也有一些规模较小的。德比郡的小威廉·凯灵(William Keeling)的棉制造厂，总资产总计 310 英镑，其中厂房和机器加起来只有 150 英镑，这个投资水平的厂房规模差不多只相当于一座两层的乡村小屋。另一家德比郡的工厂规模大一些，但也属这类小工厂，总资产为 1000 英镑，其中厂房价值 330 英镑。18 世纪 90 年代，那些利用过去乡村建筑的厂房已开始让位于砖石结构的建筑。诺丁汉的戴尼森与奥茨公司(Denison & Oates)的厂房是较大的，厂房为七层砖楼，可容纳的纺纱机共计 3024 纺锭，雇工可达 300 人。[③]

蒸汽动力的引进使工厂的规模突破了水力生产的限制，工厂的规模可以更大，而且选址也更灵活，不必紧靠水源。之所以说水力动力能够支持的工厂规模是有限的，是因为一条溪流不可能在同一地点驱动

---

① *An Important Crisis in the Callico and Muslin Manufactory in Great Britain*, London, 1788, pp. 4, 5.

② *Case of the British Cotton Spinners and Manufacturers of Piece Goods*, London, 1790, Appendix.

③ Stanley Chapman, *The Early Factory Masters: The Transition to the Factory System in the Midland Textile Industry*, London: Gregg Revivals, 1992, pp. 130, 84.

多架水车。而蒸汽动力则不然，工厂主可根据工厂的大小来选择不同马力的蒸汽机，而且随着生产的扩展，工厂主可以在同一地点建造新的厂房，安装新的蒸汽机来驱动。所以，蒸汽动力工厂的投资理论上是可以无限扩大的。建造蒸汽机的投资本身就比建造水车的投资要高得多，况且还必须建盖专门的蒸汽机车间来安置蒸汽机。由于蒸汽动力的上述特征，投资建设蒸汽动力工厂的费用要明显高于水力工厂。虽然蒸汽动力工厂投资意味着更高昂的成本，但对于已经积累了比较充裕资本的制造商来说，确实是更优的选择。因为水力受季节的影响，无法提供恒定的动力，而蒸汽机则没有这一缺点。再者，使用蒸汽机可以支持更大的生产规模，更大的规模对于制造商来说则更经济。

据称首次将白棉布印染技术引入兰开郡的是一位叫克莱顿（Clayton）的人，时间是 1764 年。但在此领域大有建树的则是皮尔家族（Peels）。① 1774 年"欧芹皮尔"的事业开始步入正轨，②这一年他与豪沃斯（Howorth）及耶茨（Yates）一起在彻奇（Church）开设了他们的第一家棉布印花厂。彻奇厂的生意在几年之内发展迅速，于是皮尔于 1779 年在布莱克本（Blackbarn）附近的安瑟姆（Antham）开设了一处货栈，用于白棉布的外放包工生产。同一年皮尔将其部分资本转移到伯顿（Burton）进行新工厂的投资，1780 年在伯顿的第一家工厂正式开张营业，1784 年和 1787 年又相继开办了两家工厂，这三家工厂一开始都是水力厂。从投资规模来看，它们与阿克赖特式的水力工厂很相近，厂

---

① G. N. Wright, *Lancashire: Its History, Legends and Manufactures*, London: Fisher, Son & Co., 1843, p. 23.

② Robert Peel 是大臣 Robert Peel 的父亲，因其设计的著名棉布花样是欧芹叶，故得此绰号"欧芹皮尔"。参见[法]保尔·芒图：《十八世纪产业革命》，第 301 页正文及注释，Stanley D. Chapman 的论文"The Peels in the Early English Cotton Industry".

房等建筑的投资都在1000多英镑，机器设备的投资也在这一水平上。其中1784年开张的邦德区(Bond End)厂在1791年进行了扩建并新添了蒸汽动力，扩建后的邦德区厂在厂房建筑与机械设备上的投资大大高于水力厂，支持了更大规模的生产。邦德区厂总的固定资本投资约为7000英镑，而阿克赖特式的水力厂几乎不可能达到这一规模。其中仅蒸汽机的投资就为1500英镑，这已经相当于普通水力厂所有厂房等建筑的投资。三个厂的投资见表3-11。

表3-11　皮尔与耶茨公司在伯顿的棉制造厂的资本值　单位：英镑

	建筑物	机械	水车匠建造的设备	蒸汽机	存货	合计
维尔厂(Weir Mill) 1780年	1254	1590	244	—	126	3214
温施尔厂(Winshill Mill)约1787年	1000	1280	256	—	150	2686
邦德区厂(Bond End Mill)1784、1791年	2118	2762	570	1500	300	7250
总　计	4372	5632	1070	1500	576	13150

资料来源：Stanley D. Chapman, "The Peels in the Early English Cotton Industry", *Business History*, Jul. 1969, Vol. 11, Issue 2, p. 66.

1788年蒸汽机开始引入米德兰，米德兰的第一家使用蒸汽机的工厂是卡特赖特(Cartwright)在瑞特福德的革命厂，全部的固定资产投资达13,000英镑，其中厂房建筑为2700英镑，机器、蒸汽机等投资则达8000英镑。其他米德兰的蒸汽机工厂也出现这一特征，如布拉德利公司的新厂1795年的建设总投资为10,000英镑，斯特拉特的贝尔颇西厂的厂房投资为 6793 英镑，同时机器设备也投入了大致相似的资本。① 在水力工厂的固定资本投资中，厂房的建设往往占到一个相当大的比例，而且规模越小的其厂房资产的比例会越大。但蒸汽机厂则不同，用于机器设备的投资显得更为重要。

蒸汽动力虽然在较早时就已引入到工厂制生产，但它的推广却要自 19 世纪才开始。19 世纪 30 年代蒸汽动力已成为工厂的主要动力来源，1838 年动力的 80％以上均由蒸汽机来提供，1850 年则几乎是 90％。而同期工厂所使用的水力动力数不仅未见增长，反而下降了(参见表 3-12)。这说明至少从 30 年代开始，蒸汽动力工厂已经成为固定资产投资的主要模式。

纺织业中固定资产投资的发展过程也正是工厂制度获得全面成功的过程。到工业革命结束时，家庭手工生产虽未完全消失，但也彻底衰落了，生产方式的主体转为了工厂制。1819 年手织机数量为 24 万，动力织机仅 1.4 万～1.5 万，而到 1844－1846 年手织机的数量就剩下 6 万了，动力织机则为 22.5 万。从 1830 至 1845 年，大约 165，000 名手织机工人要么转变为工厂中的动力织机工人，要么转入了丝和花样织物行业。②

---

① Stanley Chapman, *The Early Factory Masters: The Transition to the Factory System in the Midland Textile Industry*, London: Gregg Revivals, 1992, pp.131, 133－134.

② Thomas Ellison, *The Cotton Trade of Great Britain*, London: Effingham Wilson, 1886, pp. 65－66.

表 3-12　A.J. 泰勒根据《工厂调查报告》所做的统计

	工厂数	蒸汽机动力的马力数	水动力的马力数	水动力所占的比例%
1838 年				
兰开郡	1186	29,909	3558	1.1
柴郡	166	6921	1726	19.6
约克郡	173	1789	1495	46.6
德比郡	95	960	2138	69.0
总计	1620	39,579	8917	18.4
1850 年				
兰开郡	1235	46,910	3376	0.67
柴郡	145	8744	1115	11.7
约克郡	227	4348	1337	23.5
德比郡	74	1584	1690	53.2
总计	1681	61,586	7518	10.9

资料来源:A. J. Taylor, "Concentration and Specialization in the Lancashire Cotton Industry, 1825—1850", *Economic History Review*, New Series, Vol. 1, No. 2/3(1949), p. 115.

二、工厂制固定资本的来源

针对工业革命初期工厂制固定资本投资的困难,保尔·芒图曾说过:"找到出资的人并不容易,尤其是在一开始时,这时,机器和工厂被视为是可疑的、前途无定的新事物。"①外放包工制生产以传统的家庭生产为依托,制造商不需要太多地考虑固定资本投资问题。但工厂生产则完全不同,它就是以相对高比例的固定资产投资为特征的。然而,

① [法]保尔·芒图:《十八世纪产业革命》,杨人楩等译,商务印书馆,1997,第 305 页。

工厂制的固定资产同样是由小到大成长起来的，而非生而如此。像欧文这类的“大工厂主”其实是从投资很有限的小工厂开始的，初始资本或许只有一百甚或几十英镑，这在工业革命前期是很常见的工厂制创业规模。欧文对麦克康奈尔（McConnell）和肯尼迪（Kennedy）创业的回忆同样是：

> 约1790年时，我已经与两个勤勉的苏格兰人变得熟识起来，他们的名字是麦克康奈尔和肯尼迪，他们大约与我同时开始小规模制造棉纺纱机。……这是麦克康奈尔和肯尼迪二位先生作为棉纺家成功生涯的开始。①

织袜商可以说是工厂制投资中相当重要的一类投资者，就米德兰的情况，织袜匠出身低微是常有的事，尤其是那些小企业主。乔治·里森特·考克斯（George Lisant Cox）原本是一个针织匠的学徒，后来成为织袜商并最终成为工厂主。萨缪尔·豪（Samuel Howe）是由针织匠的儿子成长为织袜商乃至工厂主的，在莱斯特的纺纱厂具有684锭的规模。托马斯·坎垂尔（Thomas Cantrell）是一位约曼农场主，1776年来到哈廷顿（Hartington）买下了一片仅有半英亩的宅地，包括一座农场住房以及几间仓库和外房。他从这笔投资开始进行棉纺织生产，据称雇佣了60人，并且使用珍妮纺纱机、织布机等设施。1786年其工厂毁于火灾，损失达2000英镑。四年后坎垂尔和他的三个儿子又租下了曼福德河（River Manifold）边上的一座磨坊，且又建了一座棉纺织厂，从

① Robert Owen, *The Life of Robert Owen*, London: G. Bell and Sons Ltd., 1920, p. 35.

事棉纺和织造平纹布的生产。萨缪尔·安温(Samuel Unwin)可算是米德兰最有成就的乡间织袜商。他出身于一个针织品制造业家庭,其家族的从业历史可追溯到17世纪中期。18世纪初他的父亲创业时是一个外放包工代理商,据说在村里开了一家货栈,为大制造商做代理。安温18世纪中叶开始继承了他父亲的事业,并建立了他的第一家水力制造厂以及一座用作货栈和办公的大宅院。1782年他与女婿詹姆斯·海盖特(James Heygate)合伙在曼斯菲尔德(Mansfield)开了第二家工厂。他的女婿是一个伦敦织袜商和银行家。①

工厂制的固定资产同样经历了由小到大的成长过程,其形成和增长主要通过以下四种方式获得:

其一,合伙投资。大工厂可以由小工厂成长出来,但创业开始仍然需要一定的投资规模。为了解决资本缺乏的问题,制造商选择了合伙的投资形式。一家资本做不到的事情,几家资本就完全可以做到。合伙投资兴建工厂亦非工业革命中的发明,早期工厂投资中就已存在。1732年在斯托克波特筹建的一个丝纺织厂最初就是一个六人合伙企业,合伙人中有三位是当地的绅士,两位是小商贩,一位是伦敦的丝纺织商。资本是以参股的形式筹集的,其中厂房、机械等固定资产价值3000英镑,流动资本9000,全部资产共值12,000英镑,分成每股1000英镑的股份共12股,由合伙人持有。② 合伙投资人的投资可以多种形式体现出来,包括货币资本、设备资产、技术和专利等。

---

① Stanley Chapman, *The Early Factory Masters: The Transition to the Factory System in the Midland Textile Industry*, London: Gregg Revivals, 1992, pp. 81—82, 58, 79.

② George Unwin, *Samuel Oldknow and the Arkwrights*, London: Routledge, 1996, pp. 23—24.

曼彻斯特的麦克康奈尔与肯尼迪公司建立于1795年3月。詹姆士·麦克康奈尔(James M'Connel)生于1762年,父母是苏格兰的农场主。1781年他跟随叔叔做学徒,学习机械制造,1788年来到曼彻斯特。1791年他与斯坦福(Standford)兄弟、约翰·肯尼迪(John Kennedy)合伙经营。他投入的资本是他自己造的2台骡机,价值70英镑;1架梳绒机,6英镑;92英镑现金;另外,还有些其他设备。合伙的资本共600~700英镑,其中麦克康奈尔的设备等资本约170英镑,其余主要来自斯坦福兄弟,管理与经营由麦克康奈尔与肯尼迪负责,斯坦福兄弟基本不参与经营,厂房是租来的。①

1830年"欧芹皮尔"去世时所留下的遗产竟达140万英镑。② 然而在创业初期,皮尔家族面临与大多数企业家相同的资本短缺问题。为了解决创业期的资本问题,皮尔家最好的应对方式就是通过合伙筹集资本。与皮尔家的合伙关系大致有三种:第一种是亲戚合伙关系,这种合伙关系不仅包括皮尔父子和皮尔兄弟,而且还包括他们的姻亲。第二种是一些皮尔家族企业中的管理和专业人员,将合伙关系扩展到这些人主要是为了更好地管理和经营企业。如合伙人詹姆斯·哈利维尔(James Halliwell)原是曼彻斯特货栈的职员,约翰·罗伯茨(John Roberts)是贝里(Bury)厂里的一名刻板工。第三种,每当皮尔家族发展到一个新的地区时,总要找一些既有资本又熟悉当地环境的人当合伙人,如托马斯·梯平(Thomas Tipping)是曼彻斯特的布商及棉纱商,"欧芹皮

① C.H. Lee, *A Cotton Enterprise, 1795—1840: A History of M'Connel & Kennedy Fine Cotton Spinners*, Manchester: Manchester University Press, 1972, pp. 10—12.

② [法]保尔·芒图:《十八世纪产业革命》,杨人楩等译,商务印书馆,1997,第30页正文及注释。

尔"与之合作主要是为了发展在当地的生意。小皮尔在塔姆沃斯(Tamworth)的合伙人就是当地企业家约瑟夫·威尔克斯(Joseph Wilks)。①

合伙经营的投资方式解决了工厂的初始资本问题,使得制造商可以选择较高起点的生产。合伙让分散的资本得到了集中的使用,并使之发挥出原本无法达到的效率。合伙投资并不是解决资本不足的个别现象,到工业革命时期它已成为当时经济中相当普遍的筹资方式。合伙筹资能成为广为接受的投资方式依赖于一个必不可少的前提,这就是各方所出资本的权利不仅是界定清楚的,而且是有保障、不受任意损害的。否则的话,资本的所有者是不可能愿意将自己的财产拿出来与他人合作的,合作的前提是个人财产权利的完整性。罗伯特·欧文初创业时尽管合伙投资并不成功,但解除契约时仍得到了他可接受的补偿。选择合伙投资的各方往往是亲戚、朋友或生意伙伴关系,有时甚至是父子或兄弟关系,但无论合伙人的社会关系如何,都对各自的财产享有完整的个人权利。

"才能"与资本一样在合伙投资中有权享有应得的权益。阿克赖特创业时甚至连支持革新和申请专利的资本都不具备,但他可以通过与别人合伙实现自己的梦想。出资人有权享有资本的相应受益,而阿克赖特同样也有权享有所持技术的收益。② 他靠技术合作起家,获得了进入棉纺业的资格,且 1775 年后,

① Stanley D. Chapman, "The Peels in the Early English Cotton Industry", *Business History*, Jul. 1969, Vol. 11 ,Issue 2, pp. 80—84.

② 阿克赖特在纺织技术革新方面的能力确实很可疑,他的发明基本上来路不明,很可能是从他人那里窃取的。但他的确是因持有那些技术才具备合伙资格的。他的真正优势在于富有商业头脑和经营才能,能够将技术和生产经营良好地结合起来。

> 阿克赖特先生卖了很多他的专利机器给大量的投机家，那些人就住在德比、莱斯特、诺丁汉、伍斯特、斯塔福德、约克、赫特福德(Hertford)、兰开斯特(Lancaster)各郡。按照适当的计算，由于这一交易而花的钱至少达 60,000 英镑。①

麦克康奈尔与肯尼迪创业时也有这样的特点，肯尼迪的合伙资本主要来自他的机械制造能力而非货币资本。

其二，不断的利润回投。尽可能多地将经营利润重新投入到固定资产领域，是固定资本增长的最重要源泉。

工业革命中尚缺乏一种将社会储蓄自动转移到工业投资的金融渠道，这样，利润就成为制造商再投资的最重要资本来源。在这一点上，阿瑟·刘易斯的总结的确非常符合当时的历史情况，他说："……发展初期，自由储蓄用于投资的情况是很少的，没有经过适当组织的资本市场，只有为生产目的借贷资金的初步机构(放债人和典当商自然始终是存在的)。在这个阶段，生产投资大部分来源于未分配利润。"②一些因素促使制造商将积累下来的利润不断回投到生产中，一个是竞争的压力，另一个是投资收益的吸引力。工业革命时期行业垄断已基本打破，压制经济扩张的国家管制许多也早已名存实亡，任何人都有在纺织业中自由投资的权利，竞争成为每个制造商都面临的生存压力。只有物美价廉的产品才能赢得市场，而更大的生产规模就意味着更低的单位成本，因此竞争促使制造商将利润转化为扩大生产规模的投资。纺织

---

① *The Case of Mr. Richard Arkwright and Co.*, 1782, p. 2.

② [英]阿瑟·刘易斯:《经济增长理论》，周师铭等译，商务印书馆，1999，第 326 页。

业不仅是当时工业中最活跃、扩展最快的行业，而且利润的确相当丰厚。这也促使制造商将利润留在本行业，而不是另谋出路。

麦克康奈尔和肯尼迪最初的事业从与斯坦福兄弟合伙开始，他们除了每年提取 40 英镑作为薪水外，其余的利润都回投到生产中了。合伙期到 1795 年终止，四位合伙人每人分得的利润是 816 英镑 6 先令。麦克康奈尔与肯尼迪就是用两人的总共 1600 多英镑开始了他们的下一步创业，并用同样的方式尽可能多地积累资本。1795 年他们在舒特斯溪（Shooters Brook）租下了一处房地产，开始了他们自己的生产，租金是每年 102 英镑。1796 年又租下了孟加拉街（Bengal Street）的工厂。1797 年两人已经积累了足够的资本，他们在联合街（Union Street）和亨利街（Henry Street）交口处买了一块地开始建设自己的工厂——"老厂"。到 1798 年在老厂建筑和蒸汽机上的投资共 6074 英镑。1801 年开始建设"新厂"，1806 年建成，工厂高 8 层，占地 650 平方码。① 公司的成长非常迅速，1810 年资本已达 88,000 英镑。棉纺厂的纱锭数在 1797 年末为 7464 锭，1810 年时为 78,972 锭，1825 年为 124,848 锭。1833 年雇工人数达 1553 人，成为曼彻斯特棉纺业首屈一指的大公司，而当地一般的棉纺公司不过三四百人。②

小约翰·海格（John Hague）将他的投资从 1812 年的 1977 英镑增加到 1819 年的 8664 英镑，投资的增长完全是以利润回投的方式取得的，1832 年他的资本已超过 13,000 英镑，19 世纪 40 年代早期为

---

① C.H. Lee, *A Cotton Enterprise, 1795 — 1840: A History of M'Connel & Kennedy Fine Cotton Spinners*, Manchester: Manchester University Press, 1972, pp. 10—12, 101—102.

② C.H. Lee, "Marketing Organisation and Policy in the Cotton Trade: M'Connel & kennedy of Manchester 1795 — 1835", *Business History*, Jul. 1968, Vol. 10 Issue 2, pp. 89—90.

21,000英镑。约克郡的布劳德本特(Broadbent)兄弟用他们父亲借给的4500英镑和另外借入的6000英镑开始了他们的事业。直到1832年应付给他们父亲的利息一直欠而未还,并且到1834年他们也未提取过利润所得。在19世纪40年代福斯特(Foster)每年从利息和租金收入中提取的一般不超过1000英镑,十年后建起了自己的厂房。波斯托公司(T. & M. Bairstow)是一家精纺毛企业,在公司建立的前十年里一直保持着低利润提取和高固定资本投入。1844年其利润率高达35%,公司花了1407英镑建了一座新的棚房和一些小屋,只提取了很少一部分利润。1853年利润率达到22%,而利润提取仅为931英镑,同时投资了2076英镑用于扩建厂房和棚房。① 兰开郡的詹姆斯·汤姆森(James Thomson)公司1812—1826年间大部分年份的总利润(利息+利润)都超过了30%,如1813年为37%、1816年为39%、1821年为63%、1824年为34%、1825年为38%。所有这些利润中约有超过五分之三的比例作为追加的投资不断地回投到生产领域中,提取用作制造商消费的总体来说约占37%,与此同时从1812年到1826年公司的资本额增长了差不多16倍(参见表3-14)。

生活上的低消耗和利润的高积累,至少在创业阶段是制造业投资中的普遍现象。因此这样的说法在当时广为接受:

> 资本是勤劳的利润积累,如果没有某些外部扰乱因素妨碍他的利润,每个勤勉的人都应有为自己积累资本的方法。资本的权

---

① Pat Hudson, *The Genesis of Industrial Capital: A Study of the West Riding Wool Textile Industry c.1750—1850*, Cambridge: Cambridge University Press, 1986, pp. 251, 249, 252.

> 利和勤劳的权利是同时扩张的。因为，如果一个勤劳的人对他的劳动的报酬享有权利，他对于通过其每日花销而从这种报酬中节省出来的也有同样的权利。并且，如此储蓄的积累，而非他物，形成了所称为资本的东西。①

纺织业的丰厚利润不仅吸引了无数有识之士投身于纺织业，而且还为其进一步扩张提供了主要的资本来源。仅以棉纺织业为例，兰开郡的许多棉纺织企业的利润都保持在较高的水平，如麦肯奈尔与肯尼迪公司、卡德威尔与布瑞利公司、霍伊尔和艾施沃斯公司、皮尔公司、泰勒父子公司等（详见表 3-13）。总体来说，工业化时期棉纺织的利润水平都是比较好的，18 世纪 90 年代到 1815 年尤其是一个高利润的年代。而且此处所指的利润为全部资本的净利润，即扣除了全部资本的利息。当时的利息率通常波动在 5%左右，如果将利息包括在内，总利润将更为可观。

---

① W. Cooke Taylor, *Factories and the Factory System*, London: Jeremiah How, 1844, p. 6.

表 3-13　兰开郡棉制造公司资本及利润状况　单位:英镑

公司	年份	平均资本	每年平均利润	利润占资本的平均百分比
卡德威尔与布瑞利(Cardwell & Birley)	1778—1798	46,787	6149	13.1
N.达格戴尔(N. Dugdale)	1797—1802	3325	824	24.8
麦克康奈尔与肯尼迪(M'Connel & Kennedy)	1798—1809	49,916	7967	16.0
霍洛克斯与米勒(Horrocks, Miller & Co.)	1801—1829	203,122	13,556	6.7
汤姆森与切平达尔(Thomson, Chippindall)	1812—1826	153,545	11,914	7.8
汤姆博与英格兰(Thomber, England)	1821—1825	24,194	2284	9.4
霍伊尔与艾施沃斯(Hoyle, Ashworth & Co.)	1832—1833	84,779	7635	9.0
E. & R.皮尔(E. & R. Peel)	1831—1834	58,305	1236	2.1
H. & E. 艾施沃斯(i) (H. & E. Ashworth)	1832—1854	45,190	1410	3.1
新伊格利(Ⅱ) (New Eagley)	1854—1879	72,485	6356	8.8
J. & J.海斯(J. & J. Hayes)	1845—1857	8044	576	7.2
T.泰勒父子(T. Taylor & Sons)	1849—1865	61,150	3558	5.8
J.凯尼恩(J. Kenyon)	1855—1858	23,241	4142	17.9

资料来源：Anthony Howe, *The Cotton Masters, 1830 — 1860*, Oxford: Clarendon Press, 1984, p. 27.

表 3-14 詹姆斯·汤姆森的资本和利润状况 单位:英镑

年 份	公司资本	利息	利润	提取金额
1812	2515	—	469	—
1813	2984	149	951	466
1814	3618	180	9605	1007
1815	12,187	609	1779	2867
1816	11,708	585	3992	2622
1817	13,593	—	4028	1775
1818	7789	389	7326	1970
1819	13,534	676	7865	4051
1820	18,025	777	—	3770
1821	15,031	951	8538	3404
1822	20,917	1045	5185	2673
1823	24,475	1223	4450	3202
1824	26,947	1347	7855	2663
1825	33,486	1674	11103	2899
1826	43,385	2168	10,541	3256

资料来源:Anthony Howe, *The Cotton Masters, 1830 — 1860*, Oxford: Clarendon Press, 1984, p. 318.

其三,通过贷款,尤其是财产抵押贷款进行固定资产投资。

整个工业革命中银行也很少会为制造业的固定资产投资提供贷款。所谓贷款主要来自工厂主的亲缘关系和同行,其中抵押贷款是非常重要的形式。1801 年,拉德克里夫决定与罗斯(Rose)合伙开始工厂织布。但显然除了手中的存货外,他们能够用于固定资产投资的资本远不敷所需,于是:

> 仲夏，准确地计算存货后，我们发现我们的公司值 11,000 英镑以上。我以在麦勒(Mellor)的地产……抵押贷了 1800 英镑。罗斯先生的父亲是一位蒙托斯(Montrose)的商人和治安官，……我的合伙人是他唯一的儿子，他随时可以借给我们几千英镑，后来总共借给了 6000 英镑，其中包括我们合伙关系形成时付给的 2500 英镑。用这笔实际资本……我们谈定从欧德诺先生和阿克赖特先生那里购买位于希尔盖特(Hillgate)的业已空置的地产建筑。①

萨缪尔·欧德诺为了建筑新工厂和购买工厂周围的土地，也曾以自己的地产用作抵押向阿克赖特贷款 12,000 英镑，利息是 5%。② 在寻求贷款的过程中，土地往往是最好的抵押品。这同时也说明土地已经完全摆脱了中世纪仅仅作为世袭物和生活来源的特征，成为可投资资产。通过土地抵押、转让等方式，资本可以自由和无阻碍地进入到包括工业在内的各个行业。

其四，通过流动资本向固定资本的转化实现后者的增长。

外放包工制造商关注的是流动资本，不必担负固定资本的投资。而工厂制造商则必须承担起固定资本投资的任务，同时必须有足以使生产运转起来的流动资本。当将有限的资源投入到固定资本领域后，工厂制造商会面临缺乏流动资本的问题。在这一点上工厂制造商与小

① William Radcliffe, *Origin of the New System of Manufacture Commonly Called Power-Loom Weaving*, Stockport: James Lomax, 1828, p. 15.

② George Unwin, *Samuel Oldknow and the Arkwrights*, London: Routledge, 1996, p. 140.

的家庭制造商和外放包工制造商处于完全相同的困境，不过幸运的是他们也有着相同的解决手段。当工厂制造商缺乏足以周转生产的流动资本时，信用体系就成了支持生产的流动资本。信用体系为工厂主解决了流动资本的问题，使得他们可以将有限的资源投入到固定资本方面。并且，随着生产的扩展又将创造出更多的资本。因此，历史学家普遍认同在家庭生产向工厂制生产的转变中，资源从流动资本转到了固定资本。而这一转变的核心枢纽就是纺织业中广泛存在的信用体系，它创造了流动资本并通过工厂主之手转化为固定资本。信用体系使制造商在流动资本不足的情况下实现了生产周转，同时也为制造商带来了经营的利润。

投资工厂制生产的制造商往往不会仅依靠某一种方式来实现固定资本的增长，其来源和增长的渠道是多样化的和综合性的。

皮尔家族世代居住在兰开郡的布莱克本。保尔・芒图提及皮尔家族到 18 世纪前世代都是约曼农①，但斯坦利・D.查普曼认为这一说法并不完整，17 世纪中期皮尔家族的一位罗伯特・皮尔已开始成为毛纺织商，且纺织业的从业传统就此延续了下来。皮尔家到 18 世纪中期以前已经有很长的工农兼营的历史了，从“欧芹皮尔”曾继承了一处年租为 100 英镑的农场来看，皮尔家应算是比较富裕。可能是在 1764 年“欧芹皮尔”与豪沃斯及耶茨（Howarth and Yates）合伙经营棉布印花业，皮尔的资本即来自抵押上述农场而得到的约 2000 英镑，他们所做的很可能是为较大的制造商充当中间商。皮尔在伯顿（Burton）的合伙人主要是威廉・耶茨（William Yates），另外还有他的三个儿子威廉

① ［法］保尔・芒图：《十八世纪产业革命》，杨人楩等译，商务印书馆，1997，第 301 页。

(William)、乔特安(Johnthan)、劳伦斯(Lawrence)。“欧芹皮尔”更大的投资是在博尔顿,为此他与 1788 年同托马斯·安斯沃斯(Thomas Ainsworth)结成了合伙关系。在博尔顿的投资使得皮尔家族集织、纺、染为一体的工业帝国开始初具规模。到“欧芹皮尔”退休时,他在博尔顿已建成了细木工、车工及铁匠车间,三座棉纺厂和一座平纹布摘选车间,骡机纺纱车间和棉布印染厂。另外他还建造了 53 所住房,给从事家内生产的织布工居住。这些设施已经能够构成了一个功能齐备的工业社区。皮尔家族另一处取得巨大成功的投资是在曼彻斯特附近的贝里。对贝里的投资由小罗伯特·皮尔经营,开始于 1773 年。与皮尔家族的早期经营相似,最初的资本并不多,“欧芹皮尔”给了儿子 500 英镑另立门户。500 英镑对于开设印染厂来说显然不多,小罗伯特·皮尔很可能是为了筹集更多的资本而寻求了两位合伙人共同经营。贝里的事业经过小皮尔 20 年的发展最终成为兰开郡最大的制造企业。1794 年后小皮尔的棉制造厂数继续增长,1797 年达到 10 家,1803 年为 15 家。小皮尔的生产规模可算是首屈一指,次之的只有豪沃斯家的印染厂,估价为 28,650 英镑,福特、泰勒与贝里(Fort, Taylor & Bury)公司,估价为 21,000 英镑。到 1795 年皮尔家族的工业产业分布在五个地区,彻奇(Church)、伯顿、博尔顿、贝里、塔姆沃斯,总资产的保险值为 191,690,而这还不是一个完全的数字。①

本杰明·戈特(Benjamin Gott)是一个绅士的儿子,1780 年他到利兹的沃马尔德和方汀(Wormald and Fountain)商人公司做学徒,1785

① Stanley D. Chapman, “The Peels in the Early English Cotton Industry”, *Business History*, Jul. 1969, Vol. 11, Issue 2, pp. 61—62, 69, 76—77, 65, 67, 84.

年就成为公司的合伙人。1792 年沃马尔德和方汀死后他重组了公司，在利兹郊区新建了厂房，他的工厂包含了毛纺织的初步程序、织、染、成品等几乎全部流程。① 1792 年以前戈特公司依据三种投资方式，利润回投、新合伙人和贷款，且后二者很突出。从 1787 年到 1792 年虽然也有利润回投，但贷入资本和新的合伙资本占据了大部分。这很可能因为公司此时正处于工厂建设期，一方面生产能力不足，而另一方面所需的固定资本投资又很大，因此只有靠新的合伙资本和借贷资本来进行投资。初建期过后，经营利润变成了支持固定资本扩展的主要来源（见表 3-15）。

表 3-15　本杰明·戈特利润回投、新合伙人及贷款　单位：英镑

年　份	回投利润	新合伙人带来的资本	贷　款
1787	4220	—	11,600
1788	4659	—	3860
1789	1507	—	4200
1790	2292	7270	10,070
1791	—	—	17,150
1792	5418	—	16,600
1793	−3605（亏损）	5241	—
1794	3724	—	600
1795	5052	—	—
1796	10,218	—	100
1797	8734	—	170

① John Smail, Merchants, *Markets and Manufacture*, Basingstoke: Macmillan, 1999, pp. 133.

续表

年　份	回投利润	新合伙人带来的资本	贷　款
1798	6331	—	400
1799	14,046	—	—
1800	5116	—	16400
1801	3015	—	660
1802	3475	—	400
1803	19,425	—	1000
1804	15,943	—	—
1805	17,480	—	2100
1806	11,085	—	—
1807	−4502(亏损)	—	—
1808	−18,243(亏损)	—	—

资料来源:Pat Hudson, *The Genesis of Industrial Capital: A Study of the West Riding Wool Textile Industry c. 1750 – 1850*, Cambridge: Cambridge University Press, 1986, p. 254.

以合伙、借贷的方式聚集资本,通过高比例的利润积累和流动向固定资本的转化,制造业固定资本实现了较快的增长。一些公司多年的资本增长率都维持在10%以上,如菲利浦与李公司、麦克康奈尔与肯尼迪公司、N.达格戴尔公司、汤姆森与切平达尔公司、J.凯尼恩公司等,其中麦克康奈尔与肯尼迪公司1795—1810年的年均资本增长率竟高达30%(见表3-16)。

表 3-16　兰开郡纺织制造公司的资本增长　1778—1857 年

公　司	年份	资本(英镑)	每年增长率(%)
卡德威尔、波利与霍姆比	1778	15,324	9.8
(Cardwell, Birley & Homby)	1798	100,000	
菲利浦与李	1794	21,697	11.2
(Philips & Lee)	1814	179,991	
麦克康奈尔与肯尼迪	1795	1770	29.8
(M'Connel & Kennedy)	1810	88,375	
N.达格戴尔	1796	1000	16.7
(N. Dugdale)	1824	76,229	
霍洛克斯与米勒	1800	105,541	3.7
(Horrocks, Miller)	1842	482,788	
W. 格雷	1801	8221	5.6
(W. Gray)	1810	13,447	
汤姆森与切平达尔	1813	32,489	18.1
(Thomson, Chippindall)	1826	284,161	
汤姆博与英格兰	1822	20,119	11.0
(Thomber, England)	1825	27,540	
J.海斯 (1)	1823	5440	5.1
(J. Hayes)	1836	10,390	
H. & E.艾施沃斯	1831	57,790	0.9
(H. & E. Ashwoth)	1854	70,218	
J. 凯尼恩	1831	510	16.2
(J. Kenyon)	1860	39,910	
J. & N.菲利浦	1834	38,116	4.0
(J. & N. Philips)	1870	119,136	
巴施尔与布劳德曼	1839	66,381	4.0
(Bashall & Boardman)	1860	149,030	
J.海斯(2)	1845	4315	8.2
(J. Hayes)	1857	11,185	

资料来源:Anthony Howe, *The Cotton Masters, 1830 — 1860*, Oxford: Clarendon Press, 1984, p. 316.

本章结语：的确，纺织业是工业革命经济中最活跃的部门。尽管工业革命是一个整体经济的变化过程，但说纺织业点燃了工业革命的引擎也并不为过。然而，有一点是绝对不可以忽视的，那就是这一引擎原本是戴着枷锁的。纺织业并不是从来就可以自由扩张，资本也不是从来就可以投向最有发展前途的方向。资本就像投入引擎的煤炭，但如果引擎的车轮被锁住，煤炭就将白白地耗尽。幸运的是自由取代了经济垄断和经济管制，引擎前进的道路被逐步扫清了。从纯粹的理论上看，经济增长无疑是需要资本。但正是在这样一个亟须资本的部门中，资本却恰恰是最缺乏的。显然，纺织业并不是因为有了充足的资本才开始扩张，而是因为它能够为自身的扩张创造资本。信用体系的实质就是个人财产权利契约的关系网。享有自己的财产同时不侵害他人的财产使得信用充当了周转生产的资本，并且在运转中创造了真正的、更多的资本。因此，我们完全可以肯定，使资本可以自由使用并使资本的权利不受任意损害的社会机制比起拥有足够的、充裕的资本更为重要。

第四章

交通业资本投资

第一节 社会机制与交通业投资

工业革命以前英国内陆的交通基本只有道路和内河两种形式。18世纪以前的道路状况即使对于当时的要求来说也很不理想，路面相当脆弱，一遇降雨就会变得泥泞不堪、难以行走，货物运输主要靠马匹驮运和马车载运。货物由经陆路运输不仅困难重重而且成本颇高。据T.S.威兰估计，16至17世纪正常的陆路运输成本在每吨1英里4便士至12便士之间。① 相比之下河流运输在成本方面存在着很大的优势，17世纪曾有人认为当时河流运输的成本仅是道路的十六分之一。② 尽管这个评价很可能有失偏颇，但河流运输费用明显低于道路却是不争的事实。然而，直至18世纪后期运河投资时代来临以前，河运的渠道基本上只是自然河流，而且其里程也非常有限。这种状况无疑不利于

---

① T. S. Willan, *The Inland Trade: Studies in English Internal Trade in the Sixteenth and Seventeenth Centuries*, Manchester: Manchester University Press, 1976, p. 7.

② T. S. Willan, *The Inland Trade: Studies in English Internal Trade in the Sixteenth and Seventeenth Centuries*, Manchester: Manchester University Press, 1976, p. 1.

18世纪中期以后的工商业的扩张。纺织业所需的原材料要从利物浦、伦敦以及国内的羊毛产地运抵生产地，约克郡、兰开郡、米德兰的纺织品要销往全国各地以及经由伦敦出口，所以，无论是制造商还是经销商或进出口商都需要有快捷和廉价的运输方式。对交通运输能力增长的要求同样来自采矿业、金属制造业、制陶业乃至农业等各个行业。

大规模交通建设投资开始于18世纪中期。交通线路的供给无疑因人们对交通的要求而增加，这一点的确是当时投资开始的直接诱因，因此人们往往会将工业革命中交通建设投资归因于社会需求。然而，如果我们回顾一下工业革命以前的交通状况及历史，我们就会发现其因果关系绝非如此简单。

罗马人撤离不列颠以后，原有的罗马大道并未完全废弃，仍能发挥作用，而且中世纪前期的国王们还要求各地的居民负责维护已有的路桥设施。从12或13世纪以后，英格兰的陆路交通线路被称作“国王公路”。但实际上所谓“国王公路”并不是今天意义上的有确定形态的道路。它是一种法律和习惯上的权利，“对于国王自己及其臣民，是一种在他人土地上的永久通行权”，即地役权。“一种沿着某种习惯路线的道路的权利，它大致由从一个村庄到另一个村庄为公众享有，如果这条路线经常使用它就变成了一条踏出来的路径。”①这种道路与罗马大道和现今的铁路、公路不同，它不是人为建造出来的，而是“走”出来的。经常走的地方就是道路，长时间不走或雨水淹没而不能使用的地方也就不是道路了。因此，某条“国王公路”完全可能经常改变线路。但“国

① Sidney & Beatrice Webb, *The Story of the King's Highway*, London: Frank Cass, 1963, p. 5.

王公路”并非完全处于没有任何管理的自然状态，依据习惯和法律，维护公路是一项相关土地持有者的基本义务。维护道路的义务最终落在庄园居民的身上，并且没有报酬。公路维护并不需要修建路面，而是只要保证有路可行即可。这种道路状况对于村庄之间的居民往来需要尚能满足，但对于行商贩运或行军作战则很难应付。实际上，整个中世纪的道路状况并不一定比罗马不列颠时期更好。14 到 15 世纪利用道路行游四方的各类人等越来越多，对道路交通的要求显著增加。然而，王朝战争带来的地产整合、教区的圈围都引起对道路维护的忽视，行路却变得日益困难，乃至道路问题在 16 世纪变成了一项公众关注的事项。仅凭中世纪的习惯做法明显不能解决根本问题，于是 1555 年至 1698 年议会制定了一系列法律来规定“国王公路”的管理。这些法律规定，由教区负责公路的维护和保养。作为教区居民的义务，教区居民要无偿出车马、工具、劳力对公路进行维护，维护不当者要罚款，同时任命无薪水的公路管理员进行管理。对管理、维护不当的行为治安法官要处以罚金。但这种义务维护的制度经常无法有效实施。1654 年的共和国时期议会制定了强制征税以维护公路的法令，复辟后的 1662 年法律也授权在所有教区征收公路维护税。但法律依然经常行之无效，公路仍得不到所需的维护。

直到中世纪结束，社会并非没有对道路建设的需要，而且在中世纪末期这种需要的确已变得日益迫切，但却一直没有相应的建设投资出现，其根本原因在于缺乏能够激发此种投资的社会机制。“国王公路”是自然形成的一种过路权，其由经的土地、方位有着一定的不确定性。道路的权利属性是一种公共权利，这一点多少类似于庄园的公地。的确，存在一种对道路的维护制度，用今天的观点看也就是一种对已有固定资产的投资，但实际上当时的国王公路根本算不上是资产。这种所谓的投资甚至连替代折旧的作用都无法保证，更不用说产生增长性的结果了。原因在于提供维护的人(即投资者)与道路之间没有明确的权利所属关系，道路不属于投资者，投资者也不能从投资中得到明显的好处。相对的，不承担维护义务的远途使用者却可能得到行路的好处，而不付出任何代价。这样，各地的教区居民就得不到主动建设公路的利益刺激。同时，即使是在强权君主时期政府也没有能力强迫居民必须执行其政策。16 世纪以后尽管有明确的法律规范，但仍行之无效，原因也在于此。

17 世纪开始采用一种新的道路保养原则，从行路者身上收取通行税。地主和农场主都愿意由“国王公路”的使用者来担负维护费用，议会本身就是土地利益的代表，这种观念理所当然得到了议会的支持，收费公路代理制开始出现。1706 年以后，有数千个议会法令授权建立收费公路委托。代理人得到建筑、维护公路的权利以及就特定路段收取通行税的权力。议会授权都有限定年限，一般为 21 年。原有的教区义务修缮的法律依然有效，但对额外用工则要花钱雇佣。1716 年以来，收费公路管理员得到授权可与教区达成协议，得到一定的税收来代替义务劳动。这样收费公路就有两方面的收入来修缮公路，通行税和教区的有关税收。代理人有权建立收费站、闸口等向过路的车辆、骑乘者、牲畜收取通行税。收费公路制度的出现说明人们的思想已发生了一个重要的变化，这就是以享受权利与承担义务对等的方式来维护道路这种设施，谁使用谁付费，谁建设谁受益。到 1838 年议会通过了 3800 多项收费公路法案，在英格兰和威尔士授权建立了 1116 项收费公路委托，里程达22,000英里。[1] 尽管教区居民的无偿义务仍然存在，但公路税无疑已成为投资的主要资本来源。收费公路的代理人有权从维护或扩建公路的经营中获得投资收益。由此，由义务劳动支持的交通建设变成了可投资经营并获取收益的投资事业。投资者与道路之间建立了明确的财产权利关系，虽然道路不是投资者的财产，但投资使其获得了确定无疑的收益权。这种财产权利与农场佃户所享有的权利是一致的。约翰·洛克在论及土地财产权时曾这样说：

> 只要他使任何东西脱离自然所提供的和那个东西所处的状态，他就已经掺进他的劳动，在这上面参加他自己所有的某些东西，因而使它成为他的财产。……成为他的私有的权利了。[2]

按照洛克的观点，当人们对某种事物付出了代价，也就建立了相应的权利，有权获得由它带来的好处。这种观点至少能够在一定程度上反映出当时社会的观念。所谓“国王公路”的路面形态与我们今天的公路概念相去甚远，公路经常只是几英尺宽的羊肠小道，两边往往杂草树木丛生。原本公路只是一种权利，一种公共的使用权。18世纪前期推广收费公路制度时，由于对社会对交通改善的压力，一些收费公路代理人不仅要维护路况而且要拓宽路面。拓宽路面的需要使得原有的道路权利不够用，代理人唯一的选择就是购买公路沿线的土地用于加宽路面。也就是说，到18世纪前期公路已不仅仅是一种由历史传统形成的公共

---

① Edwin A. Pratt, *A History of Inland Transport and Communication in England*, London: Kegan Paul, Trench, Trübner & Co., 1912, p.312.

② [英]洛克：《政府论》下卷，叶启芳、瞿菊农译，商务印书馆，2004，第19页。

权利，而至少是部分地由购买他人土地资产而形成的一种财产权利。如此，无疑就形成了一种观念，在自己拥有权利的地产上修建交通设施，就是在投资一种属于自己的资产，就可以因他人的使用而收取费用和获得利润。这一点如同地主将土地租给农场主而获得租金一样。

收费公路制度虽然是对陆路交通建设制度上的突破，并带来了陆路交通状况的改善，但仍存在着机制上的缺陷。收费公路的代理并不是建立在企业自由的基础上的，而是由地方利益集团垄断的，其结果无法保证投资的有效性。到 18 世纪中期对陆路交通设施建设的利益垄断一定程度上依然存在，然而已有的自由却从另一个领域打破了垄断，并使投资的自由渗透到更广泛的交通建设领域。这就是运河投资的出现。投资者通过购买土地资产而获得了对相应交通设施的权利，这种权利使投资者有权获得如地主一样的资产收益。

正如棉纺织业发展的历史一定程度上就是打破传统纺织业压制的历史一样，交通建设的投资也曾遭受到旧有运输利益集团的反对。如果旧有的垄断不能打破，新形式的投资同样不能实现。行业垄断是自中世纪就存在的一种经济现象，民族国家产生后行业垄断利益转而通过国家强权来维护自身的特殊地位。1600 年纽卡斯尔的煤炭商从伊丽莎白女王那里得到了以泰恩河为起点的各地煤炭贸易的垄断权，代价是向女王缴纳每卡尔德伦 1 先令的沿海贸易税。① 获得垄断权的纽卡斯尔煤炭商在经营中排斥小煤商，甚至用限制供给量的手段抬高价格。收费公路代理人为了维护自己的利益会阻碍其他竞争性线路的建

---

① [英]约翰·克拉潘：《简明不列颠经济史》，范定九、王祖廉译，上海译文出版社，1980，第 368 页。另注：卡尔德伦为重量单位，约等于 4480 磅。

设和开通，主要方式是向议会请愿。18 世纪已有的收费公路的利益与当地的利益密切相关，一些收费公路的债权人就是当地的地主或农场主。因此某些土地利益的反对有可能构成很强的议会阻碍势力，限制竞争性线路的授权。

工业革命中交通运输业的发展同样受到过既有的运输利益群体的排斥，只不过 18 世纪时这种通过国家权力实施的限制已变得不那么严厉，打破垄断、创造竞争已变得越来越可能。运河投资是传统的道路和河流运输的竞争性项目，铁路投资同样也是所有已存的运输手段的竞争性项目。路轨交通在运河时代经常是作为运河的附属设施修建的，后来铁路的发展成为运河的竞争对手。任何一个运河公司都试图维护自己对航运路线的垄断，不仅排斥竞争性线路的运河的修建，更排斥铁路。在议案提交议会前，曼彻斯特-利兹铁路（Manchester & Leeds Railway）董事会就派出代表团游说反对势力，其中运河公司是重要的谈判对象。董事会试图说服运河公司不要提交反对的请愿，并与罗奇代尔运河（Rochdale Canal）公司和卡尔德-赫伯航运公司（Calder & Hebble Navigation Company）取得共识，但埃尔-卡尔德航运公司（Aire & Calder Navigation Company）却执意反对铁路计划。[①] 1824 年格罗斯特郡（Gloucestershire）的铁路倡议者计划修建“斯特劳德-塞文轨路”（Stroud & Severn Rail Road），投资 50,000 英镑。但 1825 年提交议会的提案遭到地主、斯特劳德沃特（Stroudwater）运河公司以及泰晤士-塞文运河公司（Thames & Severn Canal Company）的反对，导

---

① Seymour Broadbridge, *Studies in Railway Expansion and the Capital Market in England 1825－1873*, London: Frank Cass, 1970, p. 5.

致提案被否决。[1] 水运利益集团坚决反对早期的铁路法案，致使铁路公司为获得议会法案而付出更加昂贵的代价。克拉潘就曾如此评价道："有一些早期的铁路是专门为打破运河或航运的垄断权而建造的。尽人皆知这是利物浦-曼彻斯特铁路（Liverpool & Manchester Railway）的目的，沿着这条路线各水运公司保持着严格的、褊私的同盟。……在铁路通车的时候，据说运河经营者各个垂头丧气，鉴于伊利瓦什运河——似乎是受损害的运河之一——在二十年代时所付股息曾经高达百分之五六十，这种说法不像是靠不住的。到处的运河利益集团自然都和铁路计划势不两立……"[2]铁路不仅创造了竞争而且更加降低了运输成本。在利物浦（Liverpool）与曼彻斯特（Manchester）之间，运河的轻货运输费用是每吨 16 先令，而且铁路则是 10 先令。[3] 面对竞争运河公司不得不降低运输价格。1825 年斯特劳德沃特运河面对即将到来的铁路竞争，许诺把每吨 3 先令 6 便士的运费降低到 2 先令 6 便士。19 世纪 40 年代伊利瓦什运河（Erewash Canal）的煤运费由每吨 1 先令降到 4 便士，大交汇运河（Grand Junction Canal）将运往伦敦的煤炭价格由 9 先令 1 便士降至 2 先令 1/4 便士，埃尔-卡尔德航运公司把普通货运费从每吨 7 先令减到 2 先令 3 便士。[4] 实际上运河投资时代来临时，兴建运河也曾遭到既有河流航运利益集团的反对，运河

---

① Charles Hadfield, *British Canals: An Illustrated History*, London: Phoenix House, 1959, p. 196.

② [英]约翰·克拉潘：《现代英国经济史》上卷，姚曾廙译，商务印书馆，1997，第 491 页。

③ [英]约翰·克拉潘：《现代英国经济史》上卷，姚曾廙译，商务印书馆，1997，第 492 页。

④ Charles Hadfield, *British Canals: An Illustrated History*, London: Phoenix House, 1959, p.196；[英]约翰·克拉潘：《现代英国经济史》上卷，姚曾廙译，商务印书馆，1997，第 492—493 页。

投资同样也是通过创造竞争来打破垄断的。于是这就形成了一个颇为发人深思的逻辑，新的竞争势力通过打破旧的垄断去寻求获得新的垄断，而更新的竞争则要再去打破这初建的垄断。交通建设的投资环境就在这寻求竞争和垄断的反复中变得越来越自由，越来越能够创造出更新的投资机会。查尔斯·哈德菲尔德曾评论道："许多运河公司的高利润，以及当面对铁路竞争威胁时拒绝减少通行费，导致铁路被公众视为免受运河垄断压榨的救星。"①最终，一些运河公司也开始转变思路，转而支持并兴建铁路。既有的利益群体也会意识到更多的自由同样也会为他们创造更多的获利机会。

由回顾工业革命前的历史我们可以得出这样的结论：第一，中世纪以来的交通状况从来不曾满足需要，特别是中世纪晚期开始的日益增加的人口流动使已有的交通设施更不敷所用，而工业革命中的这种交通建设投资却没有出现。因此，需求并不一定能导致有相应的投资。第二，当时人们尚未形成一种观念，即公路、河流之类的交通设施可以作为一种资产去经营。一种不值得经营的东西当然不可能激励人们的投资热情。第三，没有经营的自由，也就不可能有投资的有效扩张。第四，只有具备了某种社会机制，新的投资方式才有可能。交通设施同样可以作为一种资产去经营并享有权利，而且任何人应当都可以有经营的自由，对此的保障首先来自社会观念的认可，以及其次上升至法律的强制。这种社会机制在工业革命前方才逐步形成，并不断得以完善。这样，一切增长性投资所依赖的社会机制都已基本具备，只要有社会的

① Charles Hadfield, *British Canals: An Illustrated History*, London: Phoenix House, 1959, p. 198.

需求出现，交通设施需求与供给之间的逻辑链条就会建立，投资就会出现。关键在于由于建立了权利就可以因此得到相应的收益，这种观点已由最熟识的地产投资领域扩展到了交通建设领域。

工业革命中交通建设的社会基础资本投资由两种形式构成，并在不同时期分别占据主导地位。第一种形式是运河建设，它是工业革命前期交通建设的主要投资方式，持续时间是从 18 世纪 50 年代到 19 世纪初。此后虽然运河仍不失为一种重要的交通手段，并还有新的运河投资出现，但运河投资的时代已经过去。第二种是铁路建设，铁路建设开始于 19 世纪 20 年代中期，一直持续到 19 世纪 80 年代。从整个铁路建设持续的时间来看，工业革命后期的铁路投资只不过是全过程的前期而已。1886 年不列颠铁路的通车里程为 16,700 英里，相比之下 1848 年时为 4646 英里，仅占四分之一稍强。① 但铁路建设却无疑是工业革命的最后二三十年中最主要的交通投资方式。尽管运河与铁路在外貌上看起来大不相同，一个是人工开凿的河渠，通过船舶运载货物，一个是人工建筑的轨道，通过车厢运载货物，但二者在整体经济中的作用、投资的特征上都有惊人的相似之处。它们都是沟通经济交流的血脉，铁路建设几乎完全沿用了运河的筹资和获得有关财产权利的方式。我们甚至可以说铁路只不过是运河、公路的新的替代性交通方式，它在另一种外表上补充和开拓了已有的方式。另外，铁路交通最初所使用的技术与运河的一样都是古老技术，并没有多少新东西。

第一条现代意义上的运河是 1755 年法令授权修建的，原计划将一条名为山基溪（Sankey Brook）的小河改造成航运河流。但由于计划不

① ［英］约翰·克拉潘：《现代英国经济史》中卷，姚曾廙译，商务印书馆，1997，第 237 页。

可行，最终决定另建一条运河，后来命名为圣海伦运河（St. Helen Canal），1757 年这条运河的大部分已开通。① 但运河时代的真正开始要归之于布里奇沃特公爵（Duke of Bridgewater）1759 年开凿的从沃斯利（Worsley）到曼彻斯特的布里奇沃特运河（Bridgewater's Canal）。它使人们认识到运河是更有效、更廉价的交通方式：

> 由陆地运输供给曼彻斯特城的煤，其平均费用是每吨 9 至 10 先令。从任何煤矿到沃灵顿（Warrington）以上的默西（Mersey）或埃尔维尔（Irwell）河都没有水陆交通。布里奇沃特公爵在他位

---

① Charles Hadfield, *British Canals: An Illustrated History*, London: Phoenix House, 1959, p. 29. 另注：罗马人曾在不列颠岛修筑过运河，其中最著名的是福斯-迪克（Foss-Dyke）运河，自林肯（Lincoln）连接到特伦特河，长 11 英里。另一条是卡尔迪克（Caerdike）运河，联通尼恩河（River Nyne or Nen）与维萨姆河（River Witham），长度超过 40 英里。从罗马人撤离直到都铎王朝建立再也没有新建过运河。英国人自己修建的第一条运河要算是埃克塞特运河，开凿于 1564—1566 年，这是一条短小的死水运河。此后直到运河时代来临之前，都没有修建新运河的记载，内陆航运仅以自然河流为航线。内陆航运的建设主要指的是疏浚自然河流。在伊丽莎白一世以前英国就以立法的方式保证河流的航运能力，但主要涉及排除渔业生产带来的障碍、排水、防洪等。伊丽莎白一世以后，为了使河流适于航运而进行的立法和建设主要有三个时期。第一个时期是在 1662—1665 年，共涉及泰晤士河、塞文河、特伦特河、约克郡欧瑟河（Yorkshire Ouse）、大欧瑟河（Great Ouse），总长 685 英里。第二个时期是 1697—1700 年，有关的立法涉及托恩河（Tone）、埃尔和卡尔德河（Aire and Calder）、特伦特河、拉克河（Lark）、布里斯托尔埃文河（Bristol Avon）等。第三个时期是从 1719—1721 年，与南海泡沫事件同期发生，法律涉及整治航运的河流包括德比郡的德文特河（Derwent）、道格拉斯河（Douglas）、埃窦河（Idle）、肯奈特河（Kennet）、织工河（Weaver）、默西和埃维尔河（Mersey and Irwell）等。到 1724 年经治理的适于航运的河流已达 1160 英里，至此除了山区，英格兰的多数地区已都在河运交通的覆盖范围之内。1760 年时英格兰和威尔士的内陆水运里程是 1398.5 英里，几乎全部是自然河流的航运。（See H. Gordon Thompson, *The Canal System of England*, London: T. Fisher Unwin, 1904, pp. 2—3; Baron F. Duckham, "Canals and River Navigations", Ed., Derek H. Aldcroft & Michael J. Freeman, *Transport in the Industrial Revolution*, Manchester: Manchester University Press, 1983, p. 100; Charles Hadfield, *British Canals: An Illustrated History*, London: Phoenix House, 1959, pp. 23—26.）

于沃斯利的地产上有大量煤矿，大约在埃尔维尔河以北 4 英里处。依据 1759 和 1760 年通过的两个议会法案，他已经能够开凿一条从沃斯利的风车到曼彻斯特的运河，并扩充了一条到朗福德(Longford)桥的分支，……每吨的费用是 2 先令 6 便士。①

18 世纪 50 年代至 60 年代是运河建设的第一个时期，运河建设的区域主要包括将默西河与塞文河和特伦特河(Trent)连接起来的运河，将默西河与埃伊河和考尔德河连接起来的运河。② 从 18 世纪 80 年代后期到 1815 年为运河建设的第二个时期，其中 18 世纪 90 年代中期是运河狂潮期，进入 19 世纪运河建设就日趋衰落。运河建设狂潮出现在 1790 年至 1797 年之间，表 4-1 给出了授权建设的运河数和授权的投资额。1830 年时内陆水运里程已达 3875.5 英里，1850 年约 4000 英里，几乎覆盖了所有城镇和工业地区。③ 从 1755 年至 1815 年间用于运河建设及河流改善的投资共计约 1700 万英镑。④

初期的运河建设通常都是地方性的，运河投资的兴起直接受地区经济扩展的影响。从 1759 年到 1774 年共有 52 个内陆航运法案，其中关于英格兰北部和米德兰的就有 33 个，关于苏格兰低地地区的是 5

① *The History of the Inland Navigations*, London: T. Lowndes, 1766, pp. 23—24.

② Charles Hadfield, *British Canals: An Illustrated History*, London: Phoenix House, 1959, p. 92.

③ Baron F. Duckham, "Canals and River Navigations", Ed., Derek H. Aldcroft & Michael J. Freeman, *Transport in the Industrial Revolution*, Manchester: Manchester University Press, 1983, p. 109.

④ J.R. Ward, *The Finance of Canal Building in Eighteenth—Century England*, Oxford: Oxford University Press, 1974, p. 73.

个，英国其他地区的14个。[①] 英格兰北部和米德兰正是工业生产密度高并最先开始工业化的地区，差不多三分之二的内陆航运建设都集中在这里。筹建运河的人主要是各类制造商及矿产主，目的是为了以更低廉的成本将自己的产品运出以及得到更廉价的生产原料。一群陶器制造商在约西亚·韦奇伍德(Josiah Wedgwood)的带领下修建了特伦特-默西运河(Trent & Mersey Canal)，因为运河不仅可以使陶器运输更安稳、更便宜，而且还可以保证煤、黏土等原料的廉价供应。格拉摩根郡运河(Glamorganshire Canal)是一些铁厂主修建的，什鲁斯伯里(Shrewsbury)、考文垂(Coventry)、伯明翰(Birmingham)的运河是由煤矿主和燃煤的城市共同修建的。[②] 18世纪约翰·坎贝尔(John Campbell)谈及工商业者对运河投资的热情时说：

> 这条运河(沃斯利桥到曼彻斯特)本是为私人便利之用，现在成为对兰开郡和柴郡有更多公共用途的工程，它的扩展很自然地激励了毗邻地方居民的效仿。其中的贸易和制造业方面特别看到了这种新水运方式的重要性，他们感到自己特别需要，并且在经过深思熟虑之后，他们认为也可以用同样的方式缓解(运输困难)。[③]

---

① Baron F. Duckham, "Canals and River Navigations", Ed., Derek H. Aldcroft & Michael J. Freeman, *Transport in the Industrial Revolution*, Manchester: Manchester University Press 1983, p. 105.

② Charles Hadfield, *British Canals: An Illustrated History*, London: Phoenix House, 1959, p. 33.

③ "John Campbell on the Canal Building in the Mid-Eighteenth Century, 1774", Ed., D.B. Horn & Mary Ransome, *English Historical Documents*, Vol. X, London: Eyre & Spottiswoode Ltd., 1969, p. 546.

从1758年到1803年的165个运河法案中有90个直接与煤炭利益相关。[①] 运河航运与公路运输相比大大降低了运输成本。1772年最初的伯明翰运河建成后，煤的运输成本由原来公路运输的13先令降低到7先令。由于利润前景良好，到1782年运河股份的价值已由以前的每股140英镑上升到420英镑，当年红利是15%。[②] 投资运河的收益率也大大高于投资国债，如伯明翰各运河、堂航运(Don Navigation)的股份分红为年均13%～17%(参见表4-2)。于是，人们看到投资运河是非常有利可图之事。

表4-1　运河狂潮时期的建设与投资

年　份	授权建设的新运河数	授权的资本额(英镑)
1789	2	131,000
1790	1	90,000
1791	7	743,000
1792	7	1,056,100
1793	20	2,824,700
1794	10	2,037,900
1795	4	395,000
1796	3	585,000
1797	1	18,000

资料来源:Charles Hadfield, *British Canals: An Illustrated History*, London: Phoenix House, 1959, p. 106.

① Maurice W. Kirby, *The Origins of Railway Enterprise: the Stockton and Darlington Railway, 1821—1863*, Cambridge: Cambridge University Press, 1993, p. 24.

② Charles Hadfield, *British Canals: An Illustrated History*, London: Phoenix House, 1959, p. 92.

表 4-2　部分内陆航运公司股份分红　1779—1793 年　单位:%

	年份	分红	年份	分红
伯明翰诸运河 (Birmingham Canals)	1780—1782	13.9[a]	1789—1791	17.5[a]
考文垂运河	1789	3.0	1791	8.0
堂航运	1779—1783	13.0[a]	1789—1793	17.0[a]
利兹-利物浦运河 (Leeds & Liverpool Canal)	1781	—	1790	5.3
罗夫伯罗航运 (Loughborough Navigation)	1780	5.0	1790	20.0
特伦特-默西航运 (Trent & Mersey Navigation)	1780	—	1790	6.5

a:指年均比例。

资料来源:Baron F. Duckham, "Canals and River Navigations"; Ed., Derek H. Aldcroft & Michael J. Freeman, *Transport in the Industrial Revolution*, Manchester: Manchester University Press, 1983, p. 108.

供马拉的矿车轨道在 18 世纪的煤矿地区已较为普遍,18 世纪末虽已开始了铸铁轨道的尝试,但路轨一般还都是木制的。第一个铁路法于 1801 年通过,授权建设"萨里铁路"(Surrey Iron Railway),该铁路主线长度为 9.5 英里,投资 6 万英镑。① 1820 年以前的所谓铁路基本仍以马匹为拖动力,目的主要是为了从矿山到河流码头的运输,有时也载运乘客。线路长度通常为几英里到十几英里,如蒙茅斯铁路

① H. G. Lewin, *Early British Railways*, London: Routledge/Thoemmes Press, 1998, pp. 2—3.

(Monmouth Railway)长 8 英里。长的也有超过 20 英里的,如普利茅斯-达特摩尔铁路(Plymouth & Dartmoor Railway)长 23 英里。① 19 世纪 20 年代已开始使用蒸汽机车作动力,但显然并不太成功。再有一种动力拖动的方式是用固定蒸汽机,车厢由很长的绳索连接到固定蒸汽机带动的一个卷筒上,通过蒸汽机卷拉绳索拖动车厢前进。开通于 1825 年的斯托克顿-达灵顿铁路(Stockton & Darlington Railway)在铁路建设史上具有划时代的意义,它是第一条使用蒸汽机车牵引的铁路。这条铁路建设的目的是为了便利从西奥克兰(West Auckland)煤矿到达灵顿和斯托克顿的煤运输,开通后也承运旅客。② 伦敦的《早晨邮报》报道了开通时的情景:

> 惊讶并不限制于人类,田野里的动物与天上的飞禽似乎都好奇和敬畏地看着这台机器,它现在以每小时 10 或 12 英里的速度拖着不少于 80 吨的重量向前行进。……从维顿园煤矿(Witton Park Colliery)开始,线路全长近 25 英里,我们认为这是本王国最长的轨路。铁路几英里范围内的城镇和村庄的全部居民此次好像都到齐了,当我们说有不少于 4 或 5 万人聚集到一起来目睹这一天的进程时,我们认为我们说的是符合事实的。③

---

① H.G. Lewin, *Early British Railways*, London: Routledge/Thoemmes Press, 1998, pp. 6, 8.

② H.G. Lewin, *Early British Railways*, London: Routledge/Thoemmes Press, 1998, p. 10; M.C. Reed, *Investment in Railways in Britain, 1820—1844*, Oxford: Oxford University Press, 1975, p. 4.

③ "Opening of the Stockton and Darlington Railway", *Morning Post*, Tuesday, October 4, 1825.

19 世纪 20 年代的铁路运输动力是一个三种形式混合并存的时代。斯托克顿-达灵顿铁路、利物浦-曼彻斯特铁路(Liverpool & Manchester Railway)、蒙克兰-柯琴提洛克铁路(Monkland & Kirkintilloch Railway)是蒸汽机车铁路。斯特拉福德-莫尔顿铁路(Stratford & Moreton Railway)、雷德鲁斯-柴斯沃特铁路(Redruth & Chacewater Railway)、达夫林・林威-波特考铁路(Duffryn Liynvi & Porthcawl)是马拉铁路。博尔顿-利铁路(Bolton & Leigh Railway)部分使用蒸汽机车,部分使用固定蒸汽机。克隆姆福德-高匹克铁路(Cromford & High Peak)使用固定蒸汽机和马匹。坎特伯雷-魏茨特保铁路(Canterbury & Whitstable Railway)使用三台固定蒸汽机、马匹和蒸汽机车。① 时至 19 世纪 20 年代仍有不少人不相信蒸汽机车作牵引动力的优势,1830 年以前授权建设的铁路中许多是按马匹作动力来设计的。1824 年 11 月 30 日,工程师查尔斯・西尔威斯特专门向利物浦-曼彻斯特铁路委员会提交了一份报告,目的是为了从工程学的角度证明,在动力方面蒸汽机车比马匹更有优势。② 作者以大量的工程力学计算和对比最终说服了委员会,该铁路于 1830 年 9 月开通。此后,真正的铁路时代方才来临。

1830 年以前只能算作铁路建设的预备期,此后才进入真正的建设期。仅 1835 年一年议会授权的铁路资本就是 1500 万英镑,超过了所

---

① H. G. Lewin, *Early British Railways*, London: Routledge/Thoemmes Press, 1998, pp. 10—14.

② Charles Sylvester, *Report on Rail Roads and Locomotive Engines*, Liverpool: Thos. Kaye, 1825.

有的运河投资。[1] 到 1848 年年末联合王国的铁路通车里程已达约 5000英里,其中爱尔兰不到 400 英里。[2] 主要的干线铁路已经形成,如连接伦敦和布里斯托尔(Bristol)的大西铁路(Great Western Railway)、兰开郡-约克郡铁路(Lancashire & Yorkshire Railway)、伦敦-伯明翰铁路(London & Birmingham Railway)、利物浦到曼彻斯特的大交会铁路(Grand Junction Railway)、米德兰铁路(Midland Railway)等。1845 年至 1847 年的铁路狂潮后有 15 家大的铁路公司掌握了联合王国总运输收入的 75%,1850 年时它们已占有已付资本的 61%。[3] 但铁路公司的总数目仍很庞大,据说到 1875 年大不列颠还有铁路公司 247 家。[4] 与运河相比铁路建设投资更为巨大。伦敦-伯明翰铁路每英里的造价是 5 万英镑,伯明翰-曼彻斯特铁路是 2.3 万英镑,伦敦-布赖顿铁路(London & Brighton Railway)是 6 万英镑。[5] 大交会铁路每英里造价近 1.9 万英镑。[6] 从铁路时代开始到工业革命结束,铁路建设共经历了两次投资高潮,第一次在 1836—1837 年,第二次

---

① L. Girard, "Railways and Packet Boats, 1830—69", Ed., H.J. Habakkuk & M. Postan, *The Cambridge Economic History of Europe*, Vol. VI, *The Industrial Revolutions and After Part I*, Cambridge: Cambridge University Press, 1979, p. 228.

② [英]约翰·克拉潘:《现代英国经济史》上卷,姚曾廙译,商务印书馆,1997 年,第 485 页。

③ T.R. Gourvish, *Railways and the British Economy, 1830—1914*, London: Macmillan, 1980, p. 10.

④ W.E. Simnett, *Railway Amalgamation in Great Britain*, London: The Railway Gazette, 1923, p. 5.

⑤ L. Girard, "Railways and Packet Boats, 1830—69", Ed., H.J. Habakkuk & M. Postan, *The Cambridge Economic History of Europe*, Vol. VI, *The Industrial Revolutions and After Part I*, Cambridge University Press, 1965, 1979, p. 228.

⑥ Rex Christiansen, *The West Midlands*, Newton Abbot: David St John Thomas, 1983, p. 30.

在1845—1847年(参见表4-3、图4-1)。而且到1842年为止,联合王国铁路资本的95%都集中在英格兰和威尔士。40年代中期的这次投资高潮比第一次热度更高,年均增长率约为20%。①

差不多任何一个交通建设项目的投资数量都异常巨大,个人投资几乎不可能。然而对于当时社会来说,交通建设投资却相当有限。18世纪内英国政府共打了四场战争,1702—1713年的西班牙王位继承战争、1739—1748年的"詹金斯耳之战"和奥地利王位继承战争、1756—1763年的七年战争、1775—1783年的美洲独立战争。这四次战争每次都造成巨额的政府军费开支,西班牙王位继承战中年均军费开支是540万英镑、奥地利王位继承战550万英镑、七年战争990万英镑、美洲独立战争1220万英镑。② 1793年至1816年英国政府又参加了拿破仑战争,军费开支共计15.73亿英镑,其中6.52亿英镑来自税收,其余均在伦敦以公债的形式筹集而来。③ 相比之下,从1755年至1815年间用于运河建设及河流改善的投资共计约1700万英镑,④差不多仅相当于西班牙王位继承战中三年的军费或美洲独立战争一年多的军费。从1825年到1851年整个联合王国的铁路投资资本共计约2.47亿英

---

① G.R. Hawke & M.C. Reed, "Railway Capital in the United Kingdom in the Nineteenth Century", *The Economic History Review*, *Aug*. 1969, Vol. 22, Issue 2, pp. 273, 276.

② John Brewer, *The Sinews of Power*: *War*, *Money and the English State*, *1688—1783*, Cambridge, Massachusetts: Harvard University Press, 1990, p. 41.

③ Leland Hamilton Jenks, *The Migration of British Capital to 1875*, London: Jonathan Cape, 1938, p. 17.

④ J.R. Ward, *The Finance of Canal Building in Eighteenth-Century England*, Oxford: Oxford University Press, 1974, p. 73.

镑,①也仅相当于拿破仑战争全部开销的15.7%。政府的战争开支少部分来自税收,大部分来自借贷。来自政府借贷实际上就是来自当时社会总消费的剩余,即社会储蓄,也就是社会的可投资基金。从上述统计数据的比较可以得知,整个工业革命中的交通建设投资所消耗的资本仅占当时社会剩余的极小的比例。因此,完全有理由认为,即使在16和17世纪英国社会也肯定具有与此相当的资本,甚至具有支持所有工业投资的资本,而且,即使在中世纪也不一定就不具备这些资本。然而,却不会有工业革命,因为工业革命中投资所需的社会机制尚不具备。

表4-3 议会通过的铁路法案的数量

年份	法案数	年份	法案数
1825—1835	54	1845	120
1836—1837	39	1846	270
1838—1839	6	1847	190
1844	48	1848	85

资料来源:L. Girard, "Railways and Packet Boats, 1830—69", Ed., H.J. Habakkuk & M. Postan, *The Cambridge Economic History of Europe*, *Vol. VI*, *The Industrial Revolutions and After · Part I*, Cambridge: Cambridge University Press, 1979, p. 228.

① G.R. Hawke & M.C. Reed, "Railway Capital in the United Kingdom in the Nineteenth Century", *The Economic History Review*, *Aug*. 1969, Vol. 22, Issue 2, p. 271.

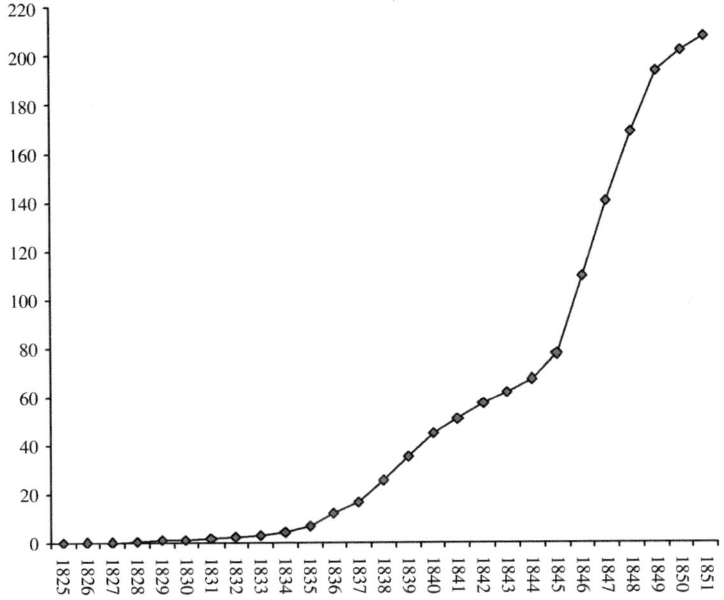

图 4-1　英格兰与威尔士铁路资本　1825—1851　单位:百万英镑

资料来源：G.R. Hawke and M.C. Reed, "Railway Capital in the United Kingdom in the Nineteenth Century", *Economic History Review*, new series, Vol. 22, No.2 (Aug., 1969), p. 270.

第二节　交通建设的权利确定与工程投资

一、交通业投资的权利确定

交通项目投资从其内容上可大致分为两部分,即确定相关权利的投资和工程的投资,而社会机制的作用在前者体现得最为明显。

交通建设项目投资有其自身的独特性。理论上,到了英国工业革命时期每个拥有资本的人都可以成为投资者，但现实中必须解决一个问题，那就是究竟谁有权利去投资？修筑交通线路一般经由多个教区甚至多个郡，影响多种社会利益。工业革命时期的交通建设项目完全由企业或个人投资建成，但他们在解决如此复杂的社会利益问题时显然并不具有优势，因为他们不具备强制他人接受某一建设规划的能力。然而，在这方面国家权力却具有明显的优势。民族国家产生后，政府就是唯一的、能够通过强权支配整个社会资源的垄断组织。这样，对于企业来说能够得到国家权力的授权无疑是解决如此复杂问题的良好途径，而且也能为投资者的权利提供法律上的保障。工业革命时期国内政治权力的核心已经是议会而不是国王，因此，交通建设企业通常都要征得议会的授权。议会授权的主要内容包括三个方面，首先是授权运河或铁路公司按照规定的线路修建运河或铁路。其次，授予运河或铁路公司"强制购买土地"的权力。最后，授权运河或铁路公司筹集相应的资本。

交通建设，简而言之就是建设一条由一个地点到另一个地点的交通线路。这种线路，无论是水路还是陆路都肯定要建造在土地上。而运河公司或铁路公司几乎不太可能原本就是该线路上土地的所有者，因此，只有获得有关土地的权利，才能完成该土地上的建设项目。获得有关权利的形式一般有两种：其一是租赁；其二是购买。租赁土地在许多其他的产业领域是风险更小、成本更低的投资方式，但对交通建设业却恰恰相反。交通建设用地是以购买的方式取得，而不是租赁，可能有如下原因：几乎任何一个交通建设项目都要涉及数量很多的业主的土地，达成一致租赁期的可能性很小。在租期长短不等的许多块土地上投资一个长期经营的项目显然不可能。再有，对交通建设用地来说，表面上租赁比购买成本更低，但实际却不然。如果是租赁使用土地，一旦租赁到期后某些业主坚决不再续约，那么该交通线路无疑就无法继续运营。租赁土地的业主越多未来的不确定性就越大，由此带来的风险和成本将大大高于购买土地。因此对于交通建设项目的投资者来说，必须获得有关土地的排他性权利。就当时的状况来看，获得权利就是获得有关土地的排他性财产权。

在大多数情况下，只有获得了议会授权和相应的土地，才能成为成功的交通建设投资者。交通建设投资就是一个投资确定权利，并在已确定的权利上继续投资的过程。其结果就是，交通设施最终变成了一种所属权利明确的财产，一种像其他资产一样可获利的财产。

创办运河和铁路建设事业不同于开创制造业，不是一两个制造商就可以承担的生产。它通常涉及众多投资者和土地业主的利益，所以一开始就必须广泛告知公众以征求有关意见。修建运河和铁路必然要遇到有关土地财产权利的事务，如购买土地、水流改道、道路交会等。为了能获得有关的权利，运河或铁路公司都要向议会申请一个特别法案，获得购买有关土地和征收费用的授权。运河及铁路投资在程序上非常近似于农业的圈地投资。圈地同样涉及多方土地业主的利益，并且同样是由多方共同进行的投资，实际上人们是用与圈地相同的思维和行为方式在处理筹建运河或铁路的问题。

确定相关权利的投资对于运河与铁路具有同样重要的意义，且二者在过程和内容上也是基本相同的。有关程序自运河建设初期即开始制度化，铁路建设几乎完全沿袭了这些程序。其程序大致可分三部分：一、发起公司并规划线路；二、争取相关许可和议会授权；三、购买土地。这些程序在进程上大致是前后相继的，但土地购买有时在议会授权前就已经开始。

运河公司的创立大多遵从一些通行的步骤，首先是在当地报纸上发布广告，内容主要是公布筹建运河的设想、通告召开一个有关的会议以及邀请有关人士参加，会议的地点、时间也会同时写明。这一步骤一直袭用下来，并成为运河与铁路筹备中的法定程序。1830 年的《议会议事程序》规定：

> 3. 有意申请的通告必须在打算提交申请的议会会期前的八月、九月、十月或十一月的几个月中，或其中任何一个月，在发行于每个受影响的郡一份报纸上公布三次。①

如果初步筹建会议顺利的话，会上就会选出一个临时委员会，委员会成员当然是由那些积极的筹建者和参与者组成。公司的发起人同样也要召开一个地方性会议，召集有意的投资者和有关各方利益共同商议筹建事宜。会议通常会在小酒馆之类的地方举行，与会者都是自愿参加的。这种会议实际上就是公司的筹建会，发起人将根据与会者的态度来决定是否建立运河或铁路公司。如果参与者反应积极，公司的建立就有了一个良好的开端。在人们看到最初的运河和铁路成功经验后，潜在的投资者对投资往往已抱有热切的愿望。无论一个公司的投资规划最终是否能够成功，得到发起公司的支持通常都不太成问题。发起者在筹建会上会建立一个临时委员会，负责最初阶段的工作。

---

① *Standing Orders of the House of Commons, Relating to Private Bills, and Other Matters*: *1685—1830*, p. 18, Parliamentary Papers, 1830(692), XXX.113.

这个阶段运河或铁路筹建者的工作主要是两方面：其一聘请工程师进行线路勘察并做出规划；其二，是争取更广泛的支持和设法募集更多的资本。公司首先发布招股书来筹集股本，招股书一般都刊登在地方的报纸上。到了铁路时代出现了专业的铁路杂志，铁路公司则常将招股书刊登在这类杂志上。在向议会提出申请时，必须提交线路规划方案，且已筹集到一定的股份，否则法案不可能获得批准。对此，议会程序也有明确规定：

> 5. 在当年的十一月三十日之前，按照不小于每英里 3 英寸的比例来制定的……一份地图或者规划和区域……要交托到每个受影响的郡的治安秘书处保管，……地图或规划要描述该线路或位置……以及工程计划在其内或由经其上土地……
>
> 11. 在任何请愿将要呈交下院之前……一份如此工程的预期费用……与为此认缴钱款的账户一起，以及认股者名字和他们各自的认购数，要在下院的特别法案部备案……
>
> 14. 没有法案会进入二读……除非所要求的该工程预计的费用的一半已经得到认缴……①

对于一个线路如果有多个的议案提交议会，则只有一个可以进入三读，其他的在此之前就会被否决。1836 年议会对铁路议案的提交程序做了一定的修改，规划图的比例尺改为 4 英寸代表 1 英里，在提案的请愿

---

① *Standing Orders of the House of Commons, Relating to Private Bills, and Other Matters: 1685－1830*, pp. 18－19, 21－22, Parliamentary Papers, 1830(692), XXX.113.

之前仍要求要有一半的资本已经认购，但在议案陈述之前必须已认购三分之二的股份。① 议会对通过特别法案有严格的程序要求，运河或铁路公司的议案常会因不符合程序而遭否决，有些线路经多年反复申请才获批准。

接下来便是争取相关许可和议会授权。所谓争取“许可”，就是争取线路所涉及的有关利益的同意和支持。这一步骤是运河和铁路投资中最为关键的。得不到足够的支持，规划线路将不可能获得议会授权，因为议会是这些利益的代表。这些利益主要为土地业主。获得许可也就成了议会申请程序的必备要求：

> 在任何申请传达到下院之前……早前的申请要传达给那些土地的业主或声称的业主或占有者……在这样的申请上的分别列出的名单，要由这样的相应表达了……同意、不同意、中立……的业主和占有者的名字构成。②

为此，运河和铁路公司常常要派出一些代表到计划的线路沿途去游说，争取有关利益者的支持。这一步骤如此之关键以及它能成为法律之原因，完全由于此时的英国已经成为一个个人财产至上的社会。经济活动要遵循这一原则，法律也遵循这一原则。

争取相关利益的同意和支持本身就花费颇多，运河公司建立初期

---

① M.C. Reed, *Investment in Railways in Britain, 1820—1844*, Oxford: Oxford University Press, 1975, p. 77.

② *Standing Orders of the House of Commons, Relating to Private Bills, and Other Matters: 1685—1830*, pp. 19—20, Parliamentary Papers, 1830(692), XXX.113.

的资本大量耗费在这上边。所涉及的利益中有支持修建运河的，也有反对的，要想得到议会授权法案就必须得到有关利益的多数支持。反对修建运河的人来自社会各个阶层，地主可能害怕运河会影响土地的肥力和水源，损害园林地貌；磨坊主可能担心修建运河会占用水资源，使他丧失水力；农场主也会担心将来运河带来的便利交通要降低粮食价格，从而使他的收入受损。这些人都可能出于自身的利益反对修建运河或要求更高的补偿，反对的呼声会在议会引发更多的阻力。修建运河除了占用土地外，很可能会改变周边地区的地理外貌、资源状况、交通状况等。这些状况的改变将影响到附近所有者的经济利益、出行方式等方面。运河线路周边的所有者自然对有关利益享有权利，因此要求运河公司做出相应的补偿是完全合理的。1730 年当一个法案授权将斯特鲁德沃特河(River Stroudwater)改造为航运河时，就遭到了沿岸 19 个磨坊主的强烈反对。1759 年的第二个有关法案通过时，为了平息磨坊主的反对公司不得不对建设规划做出修改，以保证磨坊主的利益。① 较早的布里奇沃特运河在修建时，有人记述了补偿有关权利的状况：

> 在土地用于此法案的目的之前，全部的补偿被付给所有的土地，并且全部的补偿也被付给了所有重要的和无法预见的损害。为了土地业主和占用者的方便，布里奇沃特公爵有义务提供合适的桥梁和其他便利。②

---

① Charles Hadfield, *British Canals: An Illustrated History*, London: Phoenix House, 1959, pp. 86—87.

② *The History of the Inland Navigations*, London: T. Lowndes, 1766, p. 25.

除了购买直接占用的土地外还要对相关利益做出补偿，这一原则在运河和铁路建设中都同样适用。对相关利益做出足够的补偿是获得支持的重要原则。多数情况下只要补偿足够，业主就愿意出让土地。个人权利传统的完整性依赖意味着每个人的权利都是完整的，此中包含着一个必不可少的隐含逻辑，即不满足他人权利的完整性也将导致自己的权利失去保证。交通建设投资者总是不得不为有关的权利做出某种程度的补偿，关键就在于如果不满足对方权利的完整性，自身投资的权利就无法确定，投资的未来就无法实现。

铁路与运河一样为了最终获得议会授权，必须在满足相关各方利益的前提下达成有权购买土地的协议。但地主对铁路的态度往往不甚积极，W.T.杰克曼的评论反映了很多地主的想法："他们固执地反对那些黑魔对他们领域的侵犯，拖着烟云的火车机车污损了风景，毁坏了他们地产的私密和幽僻，给他们土地价值带来了很大的降低。……许多人反对，因为似乎对于他们来说，有着绝不会小心对待他人财产和财产权利的人们的铁路，绝对是一个魔鬼。"①实际上，这些担心都是出于一种考虑，即他个人及其财产的权利将因此受到损害。因此，争取土地转让的谈判经常非常艰难，铁路公司为了获得许可和同意总是不得不做出许多让步。

地主在同意出让土地往往会带有一些附加条件。这些条件五花八门，但最重要的核心就是保证自己的利益得到维护或补偿。而且越是

① W.T. Jackman, *The Development of Transportation in Modern England*, Vol. II, Cambridge: Cambridge University Press, 1916, pp. 498—499.

大的土地业主或出让的土地越多，越具有与铁路公司讨价还价的优势。有些地主的要求最终写入相应的铁路法案中，使自己的利益或补偿得到明确的界定。相关条款是土地业主或占有者与铁路公司谈判的结果，也是答应出让土地的条件。从铁路公司的角度看，做出这些承诺则是换取投资权利的必要成本。

曼彻斯特-利兹铁路 1836 年得到授权法案，法案长达 200 页，其中包含了许多这类条款。铁路经过约翰·索普(John Thorpe)的地产，对此《建筑曼彻斯特-利兹铁路法》第 66 款规定：

> 上述铁路计划跨越或越过、穿过和沿着属于曼彻斯特的约翰·索普……的某块土地，和跨过上述的约翰·索普的私有道路……在地产上有一处由爱德华·约瑟夫·休斯(Edward Joseph Hughes)占用的住宅或住房。因此依照法律，上述铁路和工程不能接近上述住宅或住房的任何部分的 60 码范围以内。并且在跨越该道路的上述铁路开工之前，上述公司应该并据此被要求，由自己承担费用……拓宽和扩大上述的……到达上述通往住宅或住房的大门的道路，宽度整体为 30 英尺。①

铁路与其地产上的道路相交，按照索普的要求，铁路要以桥的方式跨越该道路以方便原有道路的通行。而且，对于桥梁的高度、护栏、材质等都规定得相当明确：

---

① *An Act for Making a Railway from Manchester to Leeds*, *Royal Assent*, *4th July*, *1836*, University of London Library, p. 52.

第67款 法律进一步规定：在上述铁路跨越上述的约翰·索普的道路的地方，同样将以一座桥的方式跨越上述道路，桥梁将以砖、石或铁建造。将构建桥拱，以使桥墩之间留下至少24英尺宽的敞开空间，当下到桥拱的下面，从上述道路的表面往上要有不少于16英尺的高度。上述桥的栏墙应由砖、石或铁建造，并且从铁路的表面开始应有4英尺的高度。栏墙要沿着上述桥梁的每侧修建，道路的整个横跨处都要有。①

托德蒙登府邸地产（Todmorden Hall Estate）属于安妮·泰勒（Ann Taylor）和詹姆斯·泰勒（James Taylor），泰勒夫妇显然很勉强才同意出售部分土地给铁路公司。他们不仅要求铁路要与“大厦的任何部分保持至少70码”②，而且该铁路不得再进入该地产的其他地方，法律的第71款为此规定：

对于该公司……来说，占用、干扰、使用或进入上述的托德蒙登府邸地产，无论是永久还是暂时的，都是非法的。……在上述公司能够在上述的……托德蒙登府邸地产的任何土地上做其他工程之前，上述公司应该自己承担费用来分隔这块土地，并总是保持同一块土地与毗邻的土地分开，分割方式是用好的和足够的标杆、栅

---

① *An Act for Making a Railway from Manchester to Leeds*, *Royal Assent*, *4th July*, *1836*, University of London Library, p.53.

② *An Act for Making a Railway from Manchester to Leeds*, *Royal Assent*, *4th July*, *1836*, University of London Library, p.53.

栏、壕沟、护堤和其他好的和坚固的围篱。①

第 72 款进而规定：

> 上述公司在上述的……托德蒙登府邸地产的任何部分建造、维持或使用（任何永久的或暂时的）任何可移动或固定的建筑物或无论什么样的建筑、不动的或固定的机械或其他种类的工程建筑……将是非法的。②

为了获取议会法案，铁路公司有时还要争取其他机构或竞争性交通组织的支持。其原因大致有两种：一、这些机构同样具有相关土地的权利，如大学、运河公司等。尤其是运河公司，它们不仅是某些土地的业主，而且还有竞争性的交通利益。铁路要穿越这样的地产，就必须满足它们的某些利益要求。二、一些公共设施机构，如煤气公司、水公司等。铁路建设会影响到这些公司的原有线路设备，铁路公司自然也要给予相应的补偿。

获得土地业主出让土地的许可绝非易事，铁路公司的确有可能遇到坚决不出售的人，这种情况下铁路公司最终的选择只能是修改规划路线，绕开某块地产。斯托克顿-达灵顿铁路线路的最初规划要穿越达灵顿伯爵（Earl of Darlington）和艾尔顿伯爵（Earl of Eldon）的地产，在

---

① *An Act for Making a Railway from Manchester to Leeds*, *Royal Assent*, *4th July*, *1836*, University of London Library, p.54.

② *An Act for Making a Railway from Manchester to Leeds*, *Royal Assent*, *4th July*, *1836*, University of London Library, p.54.

购买土地的问题上就遇到了很大的阻碍。也许因为艾尔顿伯爵本身就从事煤炭贸易，与铁路有一定的相关利益，最终同意了公司的土地购买。而达灵顿伯爵却正相反，他更热衷于田园生活和狩猎，对商业投资兴致不高。由于唯恐铁路破坏了这一切，故而坚决不同意公司购买他的土地。最后公司不得不制定新的线路规划，避开了达灵顿伯爵的地产。① 当然，这种情况并不常见。一般来说，只要铁路公司承诺的条件足够优惠、价格足够高，地主没有必要坚决不同意出让土地。能把土地卖得大大高于以往的市场价，大多数地主自然会乐而为之。但作为市场交易行为，交通建设企业又无疑希望以尽量低的成本换得相应的权利。所以，争取支持的难度总是存在。

线路调查、勘测土地、建立办公机构、争取支持、议会立法程序等都需要相当多的投入。利物浦-曼彻斯特铁路花在议会、司法程序以及土地调查上的费用超过 48,000 英镑。② 伦敦-伯明翰铁路在获得议会法案之前就已花费了 72,869 英镑。③ 大西铁路 1834 年第一次申请议会立法没有成功，即花去了 30,000 英镑。1838 年第二次申请方才成功，至此，仅立法的费用就累计达 89,436 英镑。④ 为了应付这个阶段的开支需要，部分股东在正式的股本缴付之前就会预付一部分资本。再有，

---

① Maurice W. Kirby, *The Origins of Railway Enterprise: the Stockton and Darlington Railway, 1821－1863*, Cambridge: Cambridge University Press, 1993, pp. 34－35.

② "Account of the Construction of the Liverpool－Manchester Railway, 1830", Edited by J.H. Wiener, *Great Britain The Lion at Home: A Documentary History of Domestic Policy 1689－1973*, Vol. II.New York: Chelsea House Publishers, 1974, p. 1258.

③ Peter Lecount, *The History of the Railway Connecting London and Birmingham*, London: Simpkin, Marshall and Co., 1839, p. 20.

④ G. A. Sekon, *A history of the Great Western Railway*, London: Digby, Long & Co., 1895, pp.6－8.

由于议会程序要求运河和铁路公司在申请前就必须筹集到一定比例的资本，所以在议会授权之前铁路公司实际已经开始发售股票，只不过此时的股票形式上常是临时股票。认股者在支付一部分定金后就可得到临时股票证书。临时股份证书既是授予持有人相应股份的权利证明，同时也承认他有义务分期付清公司要求的股金。获得议会授权后铁路公司正式成立，这时公司再收回临时证书，代之以股份证书。

获得法案后，运河和铁路公司照例要举行一个股东大会。会上要任命一个执行委员会，人员要包括一名委员和几名职员，职员通常是一名会计、一名出纳员和一名书记。书记负责写备忘录、重要的信件及做一些法律工作，这名书记可能就是当地的律师，并配有一名专职助理。为了解决有关的技术问题，委员会还要雇用一位顾问工程师和一位现场工程师，也可能还有一两位工程助理和一位工程书记。此后才能开始购买土地和招聘工人的工作。执行委员会的职责是监督工程师的工作和款项的支出。

土地购买通常在获得议会法案之后进行。前述的有关谈判是为了争取土地出让许可，而以何种价格交易土地则可能又是另一回事。得到议会授权的公司也就获得了“强制购买”沿线土地的权力。相关授权法案中大多会包含类似的条款，如《建筑伦敦-伯明翰铁路法》规定：

> 在如此的土地、保有产或世袭产之内或之上，或在任何与之相连的土地、保有产或世袭产之内或之上，他们由本法授权去开凿、

挖掘、砍伐、筑路基……[1]

然而，这种"强制购买"权却只是形式上的。实质上运河和铁路公司并不是利用议会的授权去强行购买土地，而只是得到一个依法购买的名义。在获得议会授权法案之前，这些企业肯定就已经得到了有关土地业主转让土地权利的许可，而且这些许可至少要代表多数有关土地的权利。19世纪的英国仍是一个以土地利益为核心的社会，如果沿线的多数土地的业主拒不同意转让自己的权利，那么申请就根本不可能在议会通过。因此，所谓的"强制购买"本质上仍是一种市场交易，是一个先同意后授权的过程。土地的价格是由公司雇佣的专业估价员评定，如果地主不接受公司提出的价格，地主与公司之间就必须进一步谈判。双方的价格争议有可能提交给由郡里所有地主组成的委员会来评断，结果经常有利于地主。运河和铁路公司有权就土地买卖出价，但绝没有权按自己的意愿定价，价格的确定必须要经双方同意。

购买线路设施用地不同于一般的土地市场中的购买。一般土地市场中的供需双方都是自愿在寻求交易对象，只要找到自己合意的土地和价格即可成交，交易的价格是由市场决定的。而交通设施是在特定的地理范围内购买土地，在这个范围内地主通常原本并不打算将土地提供到市场，所以这样的市场是一个非常有利于供给方的市场。其价格也就会明显高于其他条件相同情况下的一般土地市场，过高的代价中实际就包括了说服或诱使地主出卖土地的成本。约翰·弗朗西斯当

---

① *An Act for Making a Railway from London to Birmingham*, University of London Library, p. 6.

时就这样说：

> 买通反对方的方法各式各样。5000、6000、10,000、30,000，甚至35,000英镑的数目名义上是给几小片土地，但实际上是为了阻止反对。①

购买土地的全部价格不仅包括土地本身的价值，还包括各种名目的补偿。由于交通线路不仅要占用土地，而且还会造成原有土地的重新分割，对相邻土地的农业生产和交通都可能产生不利的影响。运河和铁路公司要对此做出相应补偿，有时还包括新建桥梁、道路等。1845年布里斯托尔-埃克塞特铁路（Bristol & Exeter Railway）公司计划修建一条从达斯顿（Durston）到约维尔（Yeovil）的支线，线路要穿过大地主乔治亚娜·费恩夫人（Lady Georgiana Fane）的土地。费恩夫人担心铁路从她的土地上经过会破坏这里恬静的生活环境，降低地产的价值，因此支持向议会提交反对请愿。不过她还是同意让自己的律师与铁路公司的代表谈判，商议土地购买事宜。最终双方达成了协议，铁路公司满足了她的大量要求。铁路方面承诺不在她的土地上修建车站，不安装固定蒸汽机。她以3500英镑的总价卖给铁路公司15英亩的土地，这个价格明显高于这些土地的农业用地价值。而且得到公司的承诺，如果再购地的话，价格是每英亩150英镑。因为铁路线与她地产上的一条橡树林荫道相交，费恩夫人声称铁路破坏了她窗外的景致，对这

① John Francis, *A History of the English Railway*, Vol. II, London: Longman, Brown, Green & Longmans, 1851, p. 173.

块土地要求更高的价格。事实上林荫道在与铁路交会之前就到头了，而且由于铁路位置较低，因此从她的房子那里实际是看不到火车的。但为了平息反对的意见，铁路方还是高价收买了这块地。托马斯·格里塞尔(Thomas Grissell)原本是一位大建筑承包商，在铁路建设狂潮时曾经承包过铁路工程建筑。狂潮后他放弃了铁路建设业，开始投资地产，买下了诺伯里园(Norbury Park)。这是一块地理位置绝佳的地产，地势高起，北向伦敦，南向大海。当1863年伦敦-布赖顿-南海岸铁路(London Brighton & South Coast Railway)公司打算经此建设铁路时，遭到了格里塞尔的反对，谈判相当困难。结果公司以10,000英镑的价格购买了10英亩所需的土地。这笔钱在法案通过时先支付1000英镑，铁路在其地产上开工时再支付其余9000英镑。此外，为了补偿铁路造成的影响，铁路公司还同意了其他条款。负责在铁路和他的房屋之间种植大量的树木，以形成隔离带，树高的标准为15英尺。包括一条长度为530码的隧道在内的工程必须在两年之内完成，超时将每周罚款50英镑。不能拆毁附近的幼儿学校，车站的设计风格要经格里塞尔同意。① 在切尔滕纳姆-大西联合铁路(Cheltenham & Great Western Union)计划中，公司付给了罗伯特·戈登(Robert Gordon)7500英镑以补偿对其地产景观做出的损害，而且法案规定铁路要以隧道的形式经过他的地产并不能在其地产上修建车站。② 1845年以前许多铁路公司的法案中都有类似的条款。大的土地业主有更具优势的讨价还价的资格，可以要求铁路公司按照自己的要求选择车站的位置，甚

① Jack Simmons, *The Railway in Town and Country, 1830—1914*, Newton Abbot: David & Charles, 1986, pp. 306—307.

② Jack Simmons, *The Railways of Britain*, London: Macmillan, 1986, p. 75.

至专设私人车站以备其用。

原则上土地价格由地主与铁路公司协商决定，价格高低取决于双方讨价还价的能力。而实际过程中许多地主都索价过高，即使是小地主也敢于坚持高得离谱的价格，致使交易很难达成。如，斯塔福德林地(Stratford Grove)的曼比(Mr. Manby)为他的不到 1 英亩草场向铁路公司索要 4347 英镑 15 先令，哈斯本(Mr. Husband)则为陪审团估定为 10 英镑的土地索要 1200 英镑。① 这种情况下，买卖双方会要求第三方进行价格仲裁。但由于仲裁方的成员大多也是来自土地利益者，因此结果往往仍会对地主有利。斯托克顿-达灵顿铁路要购买罗恩垂(Mr. Rowntree)在艾格里斯里夫(Eggleseliffe)教区的一处地产，面积为 1 英亩 2 路德 6 杆。8 位独立土地调查员给出的估价是 200～320 英镑，铁路公司愿出价 350 英镑，而他想要 700 英镑。结果，陪审托裁定给地主的价格是 500 英镑。② 克拉伦斯铁路(Clarence Railway)计划购买霍格兄弟(John and Jefferson Hogg)在诺顿(Norton)的 10.5 英亩土地，他们索要 3605 英镑的高价，公司被迫要求陪审团裁决，最终的裁定价是 2100 英镑。斯托克顿-达灵顿公司 1829 年开辟支线时也遇到了同样问题，达拉姆(Durham)主教的代理人就 6 英亩多的土地所要 5073 英镑 9 先令，陪审团的裁定是 2000 英镑。③ 1839 年曼彻斯特-利兹公司估计购买土地的开支为 20 万英镑，最多不超过 25 万英镑。但

---

① Harold Pollins, "A Note on Railway Constructional Costs, 1825—1850", *Economica, new series*, Vol. 19, No. 76 (Nov., 1952), p. 398.

② William Weaver Tomlinson, *The North Eastern Railway*, Newcastle-upon-Tyne: Andrew Reid & Company, 1914, pp. 102—103.

③ William Weaver Tomlinson, *The North Eastern Railway*, Newcastle-upon-Tyne: Andrew Reid & Company, 1914, pp. 181—182.

实际的地价谈判却困难重重，一年后公司估计买地的代价可能达到30万英镑。由于一些地主索要的价格过高，公司不得不诉诸陪审团来估定土地价格。在7宗案例中，地主要求的价格总计146,448英镑，但法庭裁定的价格只有44,628英镑。① 伦敦-伯明翰铁路公司起初估计购买土地的费用是25万英镑，但实际花了62万英镑以上，伯明翰地区的价格是平均每英亩315镑，伦敦地区是335镑。②

如果对租佃农场主的作物等相应权利造成损失，也必须给予赔偿。故明智的公司会选择在秋后购买土地，以减少购地的投资成本。土地的购买价格差异甚大，这要依据土地的状况、地理位置、双方的谈判能力等多种因素决定。最终达成的价格可能是公平的，也可能是不公平的。接受不公平价格的既有可能是铁路公司也有可能是地主。土地购买的支付有多种形式，有些地主愿意接受现金，有些同意铁路公司延期支付购地款并享有相应的利息，有些对铁路发展看好的地主则会接受公司的股票作为转让土地的补偿。个别情况下铁路公司也有机会低价购得土地，如贫瘠的、无经济价值的土地。铁路公司也会遇到支持铁路建设的地主，这无疑能大大降低购地谈判的难度。1845年大格里姆斯比-设菲尔德联合铁路（Great Grimsby & Sheffield Junction Railway）发起时就得到了亚伯洛勋爵（Lord Yarborough）父子的支持，在一封亚伯洛勋爵的代理人给铁路公司律师的信中这样写道："对于请愿，如果牵扯到亚伯洛勋爵的任何佃户的签字，你可以提及：这是亚伯洛勋爵和

① Seymour Broadbridge, *Studies in Railway Expansion and the Capital Market in England 1825—1873*, London: Frank Cass, 1970, p. 10.

② Peter Lecount, *The History of the Railway Connecting London and Birmingham*, London: Simpkin, Marshall, 1839, p. 16.

其子沃斯利勋爵两人的愿望，（他们的佃户可以）依照他们的权力给予这些铁路最大的支持，目前没有比加入这些请愿更好有利于他们的方式了。"①

汤姆林森认为，到1841年这个时期整个英格兰的铁路投资在土地上的资本占16%。② 普林斯对1850年前建设的27条铁路的统计结论是，购买土地的支出平均占总投资的13.9%。③运河公司在此项上的投资比例也大致相仿。1789年开通的兰开斯特运河(Lancaster Canal)总投资额382,565英镑，其中用于线路规划、地产评估、议会申请、土地购买等的费用为71,033英镑，占18.6%。④ 总体来说，投资在土地购买上的比例不算太高。但其意义重大，它是具体工程建设的前提，且是最能反映社会机制作用的过程之一。

二、交通设施的工程建设投资

确定有关权利的制度性投资是交通建设的首要内容，其顺利与否将直接影响着以后的投资过程。在获得了法律授权和土地权利后，具体工程的投资就进入了按部就班的程序。运河和铁路的工程建设最终要占用整个投资项目的大部分资本，这一点与圈地大为不同。因为圈地的目的是为了确定或重新安排土地的权利，而主要不是为了在土地

---

① Jack Simmons, *The Railways of Britain*, London: Macmillan, 1986, p. 76.

② William Weaver Tomlinson, *The North Eastern Railway*, Newcastle-upon-Tyne: Andrew Reid & Company, 1914, p. 354.

③ Harold Pollins, "A Note on Railway Constructional Costs, 1825—1850", *Economica, new series*, Vol. 19, No. 76 (Nov., 1952), p. 403.

④ Lancaster Canal, *Report of the Committee at the General Meeting of Proprietors held the 1st January, 1799*, University of London Library.

上建设工程。圈地的围篱、道路等工程投资相对于涉及的土地面积来说比较小。运河和铁路投资要在获得了权利的土地上进行大规模工程建设,这样的交通设施建成后甚至令沿线的景观大为改变,因此,此类工程投资不仅必定所费浩繁,且所占比例甚高。兰开斯特运河总投资额的 80% 以上主要是工程建设投资。① 东北铁路(North-Eastern Railway)自 1825 年开始建设,到 1841 年各线路共投资约 700 万英镑。其中用于购买土地和补偿有关损失的支出占 14%,议会和法律开支 2.5%,工程投资 67.5%。②

工程的具体实施由承包商完成。由于工程巨大,运河或铁路公司经常将工程分段或分项目承包给多家承包商同时施工。伦敦-伯明翰铁路最初承包给 30 家承包商,如雷河(Rea)高架桥 1834 年承包给詹姆士·诺威尔(James Nowell),哈罗(Harrow)段 1834 年承包给诺威尔父子(Nowell and sons),斯托山(Stowe Hill)段 1835 年承包给约翰·查普曼(John Chapman),埃文河(Avon)高架桥 1835 年承包给萨缪尔·海明(Samuel Heming)。③ 随着铁路建设项目的不断出现,工程建设变得更为专业,一些工程承包商有多条铁路的承建经历,甚至同时承包多条铁路的某些工程。托马斯·布腊西(Thomas Brassey)是土地测量员的学徒出身,先后在伦敦-南安普顿铁路(London & Southampton Railway)、大北铁路(Great Northern Railway)中承包过工程;

---

① Lancaster Canal, *Report of the Committee at the General Meeting of Proprietors held the 1st January, 1799*, University of London Library.

② William Weaver Tomlinson, *The North Eastern Railway*, Newcastle-upon-Tyne: Andrew Reid & Company, 1914, p. 354.

③ Peter Lecount, *The History of the Railway Connecting London and Birmingham*, London: Simpkin, Marshall and Co., 1839, p. 26.

托马斯·杰克逊(Thomas Jackson)曾是机械匠,19世纪30年代就开始承包铁路建设合同,1846年同时握有3条铁路的承包合同,雇佣3500人;萨缪尔·佩托(Samuel Peto)1834年开始承包铁路建设工程,据说1847—1850年间雇佣了1.4万名工人。①

运河和铁路的特征各异,前者为水路交通设施,后者为陆地轨道交通设施。运河主要是开挖河渠,而铁路则要建筑路基并铺设轨道。这就使得铁路对铁的需求和付出的代价远高于运河。轨道交通对铁的需求不仅构成了铁路的造价明显高于运河的部分原因,实际上也成为带动当时冶铁业发展的重要原因。运河有时在某些地段也会修有轨道,但属于附属设施,算不上主体工程。铁路时代刚开始时有些线路依靠固定机器解决坡道行驶问题,蒸汽机车获得广泛应用后,机车本身就能克服上坡的阻力,因此不需要其他的专门设施。不列颠岛的地势多起伏,运河解决线路地势落差的办法是修建塘闸。通过塘闸将船舶由低水位水道提升到高水位水道,或将高水位的船下放到低水位。塘闸往往是运河线路中常见的设施。由于塘闸的两壁必须由砖石砌造,两侧闸口有闸门,再配有闸门的开启设施和提水设施等,自然会令运河公司花费颇多,属于工程中的耗资项目。铁路公司常会在线路两侧修建围篱作为地产的分割设施,铁路工程师戴就建议:

> 对于一条铁路,非常紧密的树篱是特别必要的附属设施。……当一条铁路线路被标出后,我们建议在开凿地段和路基

① [英]约翰·克拉潘:《现代英国经济史》上卷,姚曾廙译,商务印书馆,1997,第504—505页。

完成之前仅建立栅栏围栏，因为在工程进行当中幼苗树篱容易遭踩踏，插条树篱也容易毁坏。①

在一些地区铁路也使用石墙作为隔离带。建筑围篱的目的主要是为了将铁路与其他地产隔离开来，达到明确财产界限的目的，这种解决问题的理念与圈地完全一致。

运河和铁路建设中有一些工程项目是非常相近的，主要包括隧道、跨越桥梁或桥渠、站点等，且这些设施大多是巨额投资项目。

修建隧道的目的主要是为了缩短线路里程，减少旅行时间。牛津运河（Oxford Canal）1829 年至 1834 年间即因修建隧道使里程从 91 英里减为 77.5 英里。② 修建隧道不仅工程浩繁，而且难度颇大。由于工程规划时很难获知山体内部的地质结构，所以施工时时常出现无法想像的困难，造成工期大大延长和投资远超预算的情况时有发生。伦敦-伯明翰铁路在拉格比（Rugby）附近修有一处隧道，长约 2400 码（2200 米）。工程于 1835 年 6 月承包给诺威尔父子，开工后便险阻重重。由于地质结构透水，部分隧道一度淹没，连续排水 9 个月才将问题解决，排水量经常达每分钟 2000 加仑（约 9 立方米）。此后，施工又遭遇到长达 450 码的流沙层，1836 年 11 月隧道突然大规模透水。如此等等，工程难度可想而知。到 1838 年 10 月，隧道终于完工。工程当初是以 99,000 英镑承包的，但最后的成本超过 32 万英镑，平均每码的造价在

---

① Jas. Day, *A Practical Treatise on the Construction and Formation of Railways*, London: John Weale, 1839, p. 138.

② Charles Hadfield, *British Canals: An Illustrated History*, London: Phoenix House, 1959, p. 165.

133 英镑以上，用砖量达到 3000 万块。[1] 因为隧道在工程难度和投资方面的不确定性，一些工程师曾经建议尽量避免隧道施工。但实际上线路不可能总是避开山体，于是常有工程奇迹创造出来。利物浦-曼彻斯特铁路有一处隧道，名为的“大隧道”(Great Tunnel)，全长 1980 码，整体高 16 英尺，宽 22 英尺。当时人这样描述它：

> 第一次考察这个宏伟和异常巨大拱顶的陌生人都禁不住产生敬畏和羡慕的印象。它是整个工程中最非凡的部分。[2]

隧道因其工程难度经常成为某一项运河或铁路项目中耗资最大的单项工程。

所谓桥梁或桥渠，在运河工程中指的是高架渠、拱形渠等，在铁路工程中为高架桥、桥梁等。它们都是起跨越作用的，不同的只不过是“渠”引导过去的主要是水道，“桥”则是路面。运河跨越高深山谷或河谷的称为高架渠，铁路则称高架桥，特点是总跨度大、体量高。高架桥、渠的建设成本按单位长度计算也许没有隧道多，但也称得上是高额投资工程。兰开斯特运河在兰开斯特平原段和南端段都修有高架桥，投资数万英镑(参见表 4-4)。利物浦-曼彻斯特铁路在距利物浦 14.5 英里处修有一座跨越峡谷的高架桥：

---

① Peter Lecount, *The History of the Railway Connecting London and Birmingham*, London: Simpkin, Marshall and Co., 1839, pp. 34—36.

② James Scott Walker, *An Accurate Description of the Liverpool and Manchester Railway*, Liverpool: J.F. Cannell, 1832, pp. 10, 12, 9.

> 这座高架桥有 9 拱，每拱跨度 50 英尺，高 60 至 70 英尺。……全部成本超过 40,000 英镑。①

达拉姆交会铁路(Durham Junction Railway)跨越维尔(Wear)河谷处，建有一座名为“维多利亚桥”的高架桥。戴这样描述：

> 它的最大长度为 930 英尺，自河床到拱顶面高 130 英尺，拱腹宽 23 英尺。桥有 4 个半圆桥拱，中间两拱的跨度分别为 160 和 147 英尺，两个相邻的拱跨度均为 100 英尺。桥两头的终端各有 3 个跨度 20 英尺的小桥拱，这些小桥拱很大程度上减轻了结构的重量。②

按照利物浦-曼彻斯特铁路那座桥的投资额来看，如此长度和高度的“维多利亚桥”恐怕绝非几万英镑能够建成。拱形渠有单栱或多拱结构，没有高耸的桥墩，是运河用来跨越道路或河流的设施。一般的铁路桥特征类似于运河的拱形桥，作用也相近。

---

① James Scott Walker, *An Accurate Description of the Liverpool and Manchester Railway*, Liverpool: J.F. Cannell, 1832, p. 32.

② Jas. Day, *A Practical Treatise on the Construction and Formation of Railways*, London: John Weale, 1839, pp. 110—111.

表 4-4　兰开斯特运河的投资项目　1791—1789 年

兰开斯特平原段，从沃顿教区（Warton）到普雷斯顿（Preston），长 42 英里	
土地、水磨房、房屋的购买	42,604 镑 17 先令 1.5 便士
土石工程，包括停船闸、干渠、旋桥、围篱	118,176 镑 4 先令 1 便士
砖石和砌墙工程，包括所有高架渠、涵洞、桥梁	53,827 镑 8 先令 6.5 便士
跨拱渠基础设施，包括蒸汽机、泥灰坊	13,820 镑 8 先令 3 便士
跨拱渠的砖石工程	34,500 镑 10 先令 7 便士
来自意大利的帕左拉诺水泥	321 镑 8 先令 9 便士
沿线各部分的采石场和道路	909 镑 10 先令 5 便士
损害、租金、税等	5245 镑 8 先令 1.5 便士
合　计	269,405 镑 15 先令 10.5 便士
南端段，从威根（Wigan）到克莱顿草地（Clayton Green），长 15 英里	
土地	5760 镑 1 先令 6 便士
土石工程，包括停船闸、干渠、旋桥、围篱	32,694 镑 9 先令 2 便士
砖石，包括所有高架渠、涵洞、桥梁	20,726 镑 6 先令 11 便士
代理人现场住宿费	502 镑 19 先令 6 便士
损害、租金、税等	1493 镑零 8.5 便士
合　计	61,176 镑 17 先令 9.5 便士

资料来源：Lancaster Canal, *Report of the Committee at the General Meeting of Proprietors held the* 1*st January*, *1799*, University of London Library.

运河的一般工程是挖掘河道，铁路则是建筑路基。这就意味着交通建设总要实施大量的挖掘、堆筑之类的土方工程，也是大部分路段上的主要工程内容。戴估算过，平均每个工人每天能挖运 8 立方码土，平均工资是每天 3 先令，挖运土方的成本是每立方码 4.5 便士，而且凿石和挖土的成本差不多。他记录了克拉伦斯铁路在克拉伦斯港（Prot

Clarence)以西5英里处的一处开掘，土石方达40万立方码；维顿(Whitton)开掘量为22万立方码；在拉德山(Rudds Hill)施工遇到岩体，开掘量达10万立方码。① 这几处的土方工程量总计达72万立方码，投资可能就达14,000英镑。当然，土方工程往往也只是初始建设内容。

站点对于运河来说其特征并不突出。由于船舶速度慢且随时可停止，实际上不需要像铁路一样的时刻表和固定停靠地点。所谓运河站点主要指的是修建于河堤边的码头和货栈，这些设施往往修建于城市或货物的集中出入地。运河货栈的目的是为了提供货物的储存、转运之便。货仓大多为多层建筑，也有单层的棚式建筑，仓储面积常达几千平方米。货仓以运河分支或码头的形式与干道相连以便于货物搬运，货仓常要装配起重设施用于货物提升。布里奇沃特运河在曼彻斯特的货栈修建于18世纪70年代，很可能是运河时代开始的第一个建立的货栈。② 罗奇代尔运河公司1807年在曼彻斯特修建了第一个货栈，高6层，面积为2150平方米，1808年的保险额是3000英镑。1817年随着商业发展的要求，罗奇代尔公司又在一座原有的棚式货栈的基础上新建了一座5层高的货栈，成本估计为4330英镑。从1807年到1841年，公司在曼彻斯特的匹克代利(Piccadilly)流域共建货栈8座，2座为

---

① Jas. Day, *A Practical Treatise on the Construction and Formation of Railways*, London: John Weale, 1839, pp. 57, 63, 36.

② Michael Nevell, "The Archaeology of the Canal Warehouses of North-West England and the Social Archaeology of Industrialisation", *Industrial Archaeology Review*, XXV: 1, 2003, p. 46.

6 层建筑，3 座 5 层，1 座 3 层，2 座 2 层，总面积超过 2 万平方米。①

站点是铁路的必备设施，但最早的火车站则大多非常简陋，甚至连站台也没有，即使是终点站有时也如此。造成这种状况的原因是由于铁路投资巨大，通常都会大大超过预算，这样，铁路公司总是能省就省，尽量节约开支。斯托克顿-达灵顿铁路 1825 年就开通了，其在达灵顿的车站是 1833 年由一座小货栈改成的，以作订票、候车之用，并修有木质站台，一直使用到 1842 年。斯托克顿车站最早是一座木质马车棚，到 1836 年才建起一座小的石砌车站，且还没有站台。克拉伦斯火车站 1838 年才有一间候车室。② 随着铁路的开通和运营获利，各铁路公司开始越来越重视火车站的建设。伦敦-伯明翰铁路 1838 年的账目显示，全部车站建筑的投资成本是 154,521 英镑，约占总投资额的 3.5%（参见表 4-5）。到 19 世纪 40 年代大城市或终点的火车站往往建设得高大宽敞、气势不凡，有些火车站还会分别建设客站和货站。1846 年开始建设的大北铁路（伦敦至约克）规划在伦敦的国王十字（King's Cross）建立火车站，其中客站计划占地 10 英亩以上，货站 40 英亩，预计投资额 5 万至 6 万英镑。③ 区间车站也开始修建得比较正规，具备站台、候车室、售票室等设施，当然规模要远小于终点站。

在运营资本投资方面，运河和铁路有着明显的不同。理论上讲，运

---

① Peter Maw, Terry Wyke and Alan Kidd, "The Rochdale Canal Company's Piccadilly Basin, 1792—1856", *Industrial Archaeology Review*, XXXI: 1, 2009, pp. 22—25. 罗奇代尔运河 1794 年获得议会法令，1804 年完工。

② William Weaver Tomlinson, *The North Eastern Railway*, Newcastle-upon-Tyne: Andrew Reid & Company, 1914, pp. 412—413.

③ Charles H. Grinling, *The History of the Great Northern Railway*, *1845—1895*, London: Methuen, 1898, pp. 27—28.

河公司投资运河建设的目的是为运输船只提供一种水路公共交通通道，并为此获得收益。任何人或企业只要交纳相应费用就可使用某条运河水路。因此，运河公司并不必要投资船舶等运营资本。这一特征与收费公路相同。当然，像布里奇沃特公爵那样既拥有运河又自己运输煤炭的情况也是有的。但运河公司一般也会拥有一些运营资本，如固定牵引机械、马匹等。

表 4-5　伦敦-伯明翰铁路 1838 年公布的投资账目

项　目	金　额（英镑）
获得议会法案的支出	72,869
土地和补偿	506,500
筑路的合同工程	2,146,068
永久性道路材料	693,822
各车站建筑	154,521
所有火车机车	100,215
客车车厢、货车车厢	153,500
尤斯顿（Euston）延长线	255,722
贷款利息	114,262
法律程序，包括两个新法案	12,000
财产转让业务	53,800
工程规划和调查	127,100
管理	13,300
办公费用	27,515
印刷和广告	4800
杂项	10,600
总　计	4,446,594

资料来源：Peter Lecount, *The History of the Railway Connecting London and Birmingham*, London: Simpkin, Marshall and Co., 1839, p. 60.

运营资本投资却是铁路投资中的重要内容，铁路公司不仅修建线路和站点，而且承担牵引机车或动力、车辆的投资，是一种包括线路及运输设备在内的整体投资。在蒸汽机车引入前，主要的运营资本包括用于牵引的马匹、固定蒸汽机等。一些铁路线上使用固定蒸汽机来牵引列车，如斯托克顿-达灵顿铁路在艾则立山（Etherley Hill）安装的一台 30 马力固定发动机，成本为 1982 镑 15 先令；在布拉素顿山（Brusselton Hill）的一台 60 马力的，成本为 3482 镑 15 先令。东北铁路（North Eastern Railway）在许多地段也都安装有固定发动机，

> 这些发动机一共有 30 台，代表了 10 万英镑的资本支出。较小的发动机（20～52 马力）连同机房、绳索等平均每组价值 2000 英镑，较大的发动机（60～120 马力）平均价值 4000 英镑。①

蒸汽机车引入后，固定牵引机械的作用也就逐渐丧失了。一家铁路公司同时需要多台机车才能应付运输要求。而且，随着技术的更新换代和对动力要求的不断提高，总要建造新的机车。单台蒸汽机车的制造成本比起斯蒂芬孙的“火箭号”时代也不断提高。因此，仅机车一项就能够成为铁路投资的重要内容了，而且需要不断投入。《利兹信使报》1849 年 9 月 1 日刊登的西北铁路（North-Western Railway）董事报告上称：

---

① William Weaver Tomlinson, *The North Eastern Railway*, Newcastle-upon-Tyne: Andrew Reid & Company, 1914, pp. 96, 377.

> 1846 年春天已经与曼彻斯特的费尔本(Fairbairn)先生签署了供给 20 辆火车机车的合同，每辆 2300 英镑，共 46,000 英镑。1849 年将全部交货。①

各类车厢也是铁路公司必备的运营资本，其中货车厢在使用过程中更易受损，铁路公司不得不对每隔一定时期对这类资产进行补偿性投资。到 1838 年伦敦-伯明翰铁路在火车机车的投入约 10 万英镑，各类车厢约 15.4 万英镑(参见表 4-5)。东南铁路(South-Eastern Railway)1849 年 9 月刊登在《每日新闻》上的董事报告中提及，半年内为弥补运输车辆耗损的投资为 4154 英镑，为货运部更新的货车厢、封闭货车厢、马匹的 600 英镑。②

运河及铁路建设随线路长度短、地质变化的不同，复杂性和难度各异。一些远程线路更是工程浩繁，建设项目众多。大北铁路从伦敦到约克，预计的工程量为工程土石方 1450 万立方码、隧道 14 条、桥 420 座、车站 42 座。③ 从兰开斯特运河和伦敦-伯明翰铁路的资本账目也可见这两类工程投资状况之一斑(参见表 4-4 和 4-5)。由于线路的地理等因素的差异，每条运河或铁路的平均建设成本都殊为不同。不过一般来说，铁路的平均成本都要高于运河。这主要是因为铁路建设更为复杂，路轨、车站、车辆等方面的投资是必需的，而运河则基本不需要类似的设施。兰开斯特运河总长 57 英里，到 1789 年为止总投资额超

---

① "North—Western Railway", *Leeds Mercury*, Saturday, September 1, 1849.

② "South—Eastern Railway", *Daily News*, Thursday, September 20, 1849.

③ Charles H. Grinling, *The History of the Great Northern Railway*, *1845—1895*, London: Methuen, 1898, p. 27.

过 33 万英镑，平均每英里成本 5800 英镑（参见表 4-4）。莱斯特-斯温宁顿（Leicester and Swannington）铁路，建筑成本是每英里 7970 英镑。[1] 伯明翰到利物浦的大交会铁路每英里的成本是 18,846 英镑，伦敦-伯明翰铁路则是 53,000 英镑。[2] 高额的平均成本通常意味着线路要克服的地理困难更大，隧道、高架桥渠之类的等高投入项目数量多或难度高。

第三节　交通业资本来源及分布特征

一、交通业资本的来源

交通建设项目投资与制造业投资在初始规模上差异很大，工厂投资可以由很小的规模开始逐步积累成大规模，但交通项目投资则从一开始就确定了最终的规模，而且在建设完成或部分完成之前不可能有投资回报。因此，交通建设投资意味着巨大的资本开支，通常都不是单个出资者或几个出资者能够承担的。这样，制造业中的个人或合伙投资的方式就不适合交通建设投资。运河建设时代只有很少的投资项目

---

① Clement E. Stretton, *The History of the Midland Railway*, London: Methuen & Co., 1901, p. 30.

② Rex Christiansen, *The West Midlands*, Newton Abbot: David St John Thomas, 1983, p. 30.

是由个人投资的，而到了铁路建设时代这种情况几乎已不存在了。[①]参股筹资自始至终都是交通建设的最主要、最具代表性的投资方式。股份公司出现于16世纪，其组织形式源自行会的一些通行做法。商人行会和其他行业行会都有集体采购原料和商品的传统。由于大批量购买可以降低价格，所以行会成员常常不是单独购买货物而是集体购买，然后再按比例分给各个成员。16世纪的股份公司与行会在思维方式和传统上还有另一个相似之处，这就是行业垄断。行会成员以自己是自由人和拥有个人财产为自豪。然而，这种自由仅限于行会成员本身，行会并不允许外来者拥有同等的"职业自由"，16世纪的股份公司也是一样。这种垄断权在强权君主时期可以通过向王权寻租获得。但在国家强权由君主转向整个土地贵族和土地利益之后，行业垄断的政治可能性就变得越来越小。因此，交通建设中参股原则能够得以广泛采用也一定程度上依赖于社会所能允许的自由。

以股份公司的方式筹集资本比起合伙公司的方式意味着更复杂的资本组成和资本权利结构。受《泡沫法》的限制，合伙公司的出资人不能超过六人。合伙投资在制造业中相当常见，投资者有限，且投资者往

① 运河建设初期很小规模的运河投资也是存在，这些一般都是地方性的小运河，里程短且河床浅窄，投资额不过一两千英镑，甚至只有几百英镑。这种情况下通过参股形式筹资的必要性也就不大。另一种情况，即使是长距离、大规模投资的运河也存在个人投资的案例。罗金汉姆侯爵(Marquess of Rockingham)及费茨威廉伯爵(Earl Fitswilliam)是约克郡德文特航运(Yorkshire Derwent Navigation)的完全所有者，约翰·拉姆斯登爵士(Sir John Ramsden)是约克郡西区拉姆斯登航运的单独所有者，斯塔福德郡的格瑞斯利运河(Gresley Canal)是奈杰尔·格瑞斯利爵士(Sir Nigel Gresley)为了将自己煤矿的煤运到纽卡斯尔而投资建设的。(Baron F. Duckham, "Canals and River Navigations", Ed., Derek H. Aldcroft & Michael J. Freeman, *Transport in the Industrial Revolution*, Manchester: Manchester University Press, 1983, p. 113.)但上述情况并非运河建设时代的主流，多数运河建设的资本是由参股的形式筹集的。

往既是投资者又是经营者，因而不仅资本的结构简单，而且资本的权利容易得到有效监督。但股份公司不同，一家公司少则几十位股东，多则数千，其中绝大多数人仅是投资者而非实际的资本运用者。大多数人愿意拿出自己的财产让少数人去使用，这本身就说明社会认可和接受这种资本的使用方式。之所以如此，是因为参股投资与合伙投资的出现有着完全相同的社会制度背景。资本的所有者不仅完全清楚自己的权利所在，而且清楚其他共同出资者的权利所在。股东大会是最能体现所有者权利的一种形式，这是从运河时代到铁路时代的股份公司必不可少的活动内容。运河建设时代股份公司通常每年要举行一两次所有者大会。类似的广告时而会见诸报端：

> 克里南运河(Crinan Canal)：所有者大会即将举行，地点考克斯珀尔街(Cockspur Street)，时间4月3日星期四，一点整。[①]

投资者在会上听取公司的建设进度以及财务状况报告，有关费用由公司承担(当然，由公司承担费用实际上就是由全部投资人自己承担费用)。这种监督和保障所有者权利的方式是投资方和使用方都接受的。而且更发人深省的是，工业革命中的人们选择以这种方式解决资本的权利问题，其实不过就是遵循了他们一贯的处事原则而非效仿了某种榜样。定期举行股东大会后来在《公司条款法》中成为股份公司的法定活动：

---

① "Crinan Canal", *St. James's Chronicle*, March 27, 1800—March 29, 1800.

第一次公司持股人大会应在规定时间内举行，如无规定，则在有关法案通过后一个月内举行。未来的股东大会应在规定时期内举行，如无规定，则在每年的二月和八月举行……①

交通建设所需的资本是由参股的形式筹集起来的，参股将分散的个人资本合并为集中的巨额资本，使个人资本原本不可能达到的投资规模得以实现。运河的资本投资往往在数万至数十万英镑，铁路则更为庞大，动辄几十万甚至几百万以上。交通建设投资与制造业投资不同，它在建成营运之前不可能产生利润，因此也就不可能由少量资本带来的利润积累增长为大资本。但它的巨大资本量通常并不是一次性筹集，从投资的过程看，也是由较少的资本量开始，经过积累和再投资最终达到最后的巨额资本规模。只不过这个积累的过程不是由运河或铁路自身带来的，而是由投资人从其他行业的经营带来的。运河和铁路的建设周期往往要长达几年，从运河建设开始股票的股金就是在施工期内分期缴纳，铁路建设依然沿用了这一做法。

运河和铁路的股票最常见的面额是每股 100 英镑，运河股票有时也会是一百多英镑，但一般不超过 150 英镑。有些公司为了更深入地挖掘社会的投资潜力也会发行小面额的股票，如肯奈特-埃文公司(Kennet & Avon)1809 年发行的 80,000 英镑的股票即为每股 24 英镑，威尔特郡-伯克郡运河(Wiltshire & Berkshire)发行的 10,000 股股

① Companies Clauses Consolidation, p. 17, *Parliamentary Papers*, 1845(54), Ⅱ. 217.

票面值为 5 英镑。①

运河和铁路的筹资过程基本相同。在股份公司得到正式授权之前，交通建设的投资者实际就开始缴纳股金，这一阶段公司通常只向投资者收取其所购股份的押金，最常见的押金大多不超过每股 5 英镑。北米德兰铁路（North Midland Railway）1836 年授权，初始的授权资本是 150 万英镑，每股面值 100 英镑，认股定金 5 英镑。纽卡斯尔-卡莱尔铁路（Newcastle & Carlisle Railway）1825 年成立公司，1829 获得议会法案。最初授权资本 30 万镑，面值 100 英镑。1825 年每股的定金是 2 英镑，1829 年获得法案后每股又再缴了 3 英镑。英格兰大北铁路（Great North England Railway）原始股为 100 英镑面值，第一次缴付股款是每股 2 英镑。② 投资者在缴纳了股份押金后得到公司发给的证书，待到公司正式成立再以此换取公司的正式股票证书。运河或铁路公司的前期投资就由每股缴纳的押金支付，每份股票面额所代表的最终投资量实际上也是从缴纳的押金量开始。公司得到议会授权后便开始正式征收股金，以每股 100 英镑的股票为例，第一次征缴股金通常是每股征收 20 或 25 英镑，其余的股金在整个工程期内按规定分期收取。由于每个运河或铁路的工程量和投资量不同，分期缴纳的要求也不同。每次缴纳的数额可能为 5 英镑、10 英镑或 25 英镑等。这样，交通建设的股份资本实际上是在建设期的几年内分期缴清的。投资人不一定具备足够量的资本才开始铁路投资，而是通过在其他行业内的积累，不断

---

① Baron F. Duckham, "Canals and River Navigations", Ed., Derek H. Aldcroft & Michael J. Freeman, *Transport in the Industrial Revolution*, Manchester: Manchester University Press, 1983, p. 115.

② M.C. Reed, *Investment in Railways in Britain, 1820—1844*, Oxford: Oxford University Press, 1975, pp. 162, 178, 184—185.

地将资本转移到铁路投资上面，最终形成由小到大的投资规模。

公司根据申请分配股份，建设的高峰期筹集资本是相当容易的。格雷夫申德铁路（Gravesend Railway）1834 年招股时很少有人申请，但一年后公司重组时正值铁路建设的高峰，对于公司要发行的 3 万股股份申请竟达 8 万份。1845 年苏格兰大北铁路（Great North of Scotland Railway）接受的申请是其股份数的三倍，直西铁路（Direct Western Railway）发行 12 万份股份而申请却是 140 万份，伦敦-埃克塞特直通铁路（Direct London-Exeter）发行 12 万股却有 40 万份申请。① 而 19 世纪 30 年代早期的低谷期筹集资本则比较困难。

交通建设投资同样存在着风险，在缴纳了定金或第一笔股金之后，有些项目由于种种原因工期远比预料的长，投资者的回报似乎变得遥遥无期，在这种情况下投资者的信心就可能深受打击。有些投资者感到前途无望，不再缴纳股票的后期股金，甚至干脆放弃了股票。一些投资者可能由于自身的经济原因，没有能力继续缴纳公司要求的股金。这些原因都造成了一些投资者长期拖欠股金的情况，对此，运河或铁路公司的通行做法就是没收拖欠者的股票。1845 年的《公司条款法》规定：

> 任何时候，该公司向每个持股者做出付款要求都是合法的，……假若在每个付款要求之前发出至少二十一天的通告，不要求超过规定数目的付款。如果有任何连续的付款要求也不能在规

① Harold Pollins, "The Marketing of Railway Shares in the First Half of the Nineteenth Century", *Economic History Review*, New Series, Vol. 7 No. 2, 1954, p. 233.

定间隔时间内做出……如果……任何持股人不按付款要求付款……这样的持股人就有义务支付自应付款之日到实际付款之日的利息；如果任何持股人不能按付款要求偿付他所应付的，以及如果有任何由此产生的利息，从规定的偿付之日起的两个月过后的任何时间内，公司董事可以宣布没收股份……公司董事销售遭没收的股份是合法的；公司不得出售或转让任何拖欠股款者的股票超过……足以支付所欠款的数目。①

对于拖欠后期股款不交者，股份公司有权没收其股份。但这并不等同于没收投资者投入的资本，实际上公司一方根本没有权力没收投资者财产。投资者对于已投入的财产享有排他性权利是不容侵犯的（当然，他转让了使用权），否则的话参股制度也就无法确立。因为股份的股金通常不是一次性交齐，而是多次分期缴付。如常见的每股100英镑的股票，第一次缴付一般可能只缴25英镑，余者以后再分批缴纳。长期拖欠或干脆无意再缴纳余额的股东对未缴部分没有投入财产，当然也就没权利，也更无权取得收益。公司没收股份，是指没收相当于未缴纳股金的那部分股票。也就是说，由于投资者未兑现进一步投资的承诺，公司收回了他进一步投资的权利，同时也剥夺了他享有那部分收益的权利。而他已投入的那部分财产依然拥有按契约规定的有关权利。这种"没收"，是基于个人财产权利处事原则的处理，也是对其他尽到缴纳义务的所有者权利的保障和公平对待。

---

① Companies Clauses Consolidation, pp. 7—10, *Parliamentary Papers*, 1845(54), Ⅱ.217.

无论是运河项目还是铁路项目，在进行预算规划时工程师往往对工程难度的估计过于乐观，因此最初的预算额并不足以完成建设工程。这是一个在运河时代和铁路时代的交通建设企业普遍面临的问题。对此，公司可以就已发行的股份做出补充股款要求，即要求股东就每股股票再补充股金。1797 年格兰瑟姆运河（Grantham Canal）筹集的20,000英镑资本就是通过每股追加 50 英镑股金得到的，奥克汉姆（Oakham）运河公司 1800 年通过每股追加 30 英镑筹集资本 15,000 英镑，1808 年巴恩斯利（Barnsley）运河每股追加 60 英镑筹集43,200英镑。[①] 但最普遍的做法是发行新股份，具体方式可分为两类。

其一，为了防止出现授权资本不足的情况，议会一开始就会同时授权股份公司可以在授权数额之外再筹集一定量的补充股份，数量一般相当于最初授权资本的四分之一到一半。1770 年授权的利兹-利物浦运河（Leeds and Liverpool Canal）最初的授权资本是 26 万英镑，授权的补充资本是 6 万英镑；1793 年授权的大交汇运河（Grand Junction Canal）最初授权资本为 50 万英镑，补充资本为 10 万英镑；1791 年授权的伍斯特-伯明翰运河（Worcester and Birmingham Canal）最初授权资本为 18 万英镑，补充资本为 7 万英镑；1794 年授权的哈德斯菲尔德运河（Huddersfield Canal）最初的授权资本为 18.4 万英镑，补充资本为 9 万英镑。[②]

其二，运河和铁路公司还可以再次向议会提出申请，要求授权发行

---

① J.R. Ward, *The Finance of Canal Building in Eighteenth-Century England*, Oxford: Oxford University Press, 1974, p. 119.

② J.R. Ward, *The Finance of Canal Building in Eighteenth-Century England*, Oxford: Oxford University Press, 1974, pp. 33, 43, 47, 61.

新股票。增发新股的方式在铁路建设时代尤为常见，有些公司甚至多次得到议会授权法案增发新股。阿伯丁郡运河（Aberdeenshire Canal）1796 年得到议会授权法案，获权以每股 50 英镑筹集 20,000 英镑股本，但实际筹到的是 17,800 英镑。1801 年又获权增发每股 20 英镑的 1000 份股票。① 大交汇运河最初授权筹集的股本是 50 万英镑，补充资本是 10 万英镑，但这些数目远不能达到工程的实际要求。1796、1803、1811 年又获权发行新股分别筹集到股本 225,000、234,500、160,000英镑，另外还多次发行贷款券筹集资本。最终的投资达到 180 万英镑。② 利物浦-曼彻斯特铁路在 1826 年得到授权，发行票面为 100 英镑的股票 5100 股，贷款 127,500 英镑。但第一次筹资显然不够完成整个工程。1827 年以后又多次通过增发股票和贷款筹集资本。1827 年公司获得了第二个法令，获权从财政部贷款委员会借款 10 万英镑。1829 年的法令授权增发每股为 25 英镑的股票，筹集股本12.75万英镑。1831 年再次获授权增发每股为 25 英镑的股票，筹集股本159,375英镑。1832 年和 1837 又获得授权通过贷款分别筹集资本 20 万英镑和 40 英镑。③ 莱斯特-斯温宁顿铁路 1830 年获得授权，授权资本是 9 万英镑，1833 年和 1837 又两度获得授权，分别增发股本 1 万和 4 万英镑。北米德兰铁路 1836 年第一次授权的股份资本是 150 万英镑，每股 100 英镑，1842 年再次得到授权发行股本 270 万英镑。纽卡斯尔-卡莱

---

① Joseph Priestley, *Historical Account of the Navigable Rivers, Canals and Railways of Great Britain*, London: Longman, Rees, Orme, Brown & Green, 1831, p. 3.

② J.R. Ward, *The Finance of Canal Building in Eighteenth-Century England*, Oxford: Oxford University Press, 1974, pp.43—46.

③ Harold Pollins, "The Finances of the Liverpool and Manchester Railway", *The Economic History Review, New series*, Vol. 5 Issue 1(1952), pp. 95—96.

尔铁路最初的授权资本是30万英镑，每股为100英镑；1835年的授权股本是9万英镑，每股为25英镑；1838年以后又获授权发行3000股，每股100英镑。①

除发行股票外，交通建设企业还可通过发行债券和抵押贷款筹集资本。这种筹资形式一般也要得到议会法案的授权。特伦特-默西运河1766年的授权资本为13万英镑，1770年、1775年、1776年又分别获得法案授权以通行费作抵押共贷款166,600英镑。考文垂运河1768年的授权资本是5万英镑，1785年又被授权以贷款筹资37,500英镑。大交汇运河分别在1801、1803、1804—1805年发行贷款券筹集资本。曼彻斯特-博尔顿-贝里运河(Manchester, Bolton and Bury Canal)1791至1796年间通过发行股票筹集67,700英镑，1810年又以通行费作抵押贷款1万英镑。兰开斯特运河1792年被授权发行股份，1819年获得授权以抵押贷款筹集27万英镑。② 牛津运河1769年得到议会授权，获权按每股100英镑筹集15万英镑股本，必要时可增加5万英镑。1778年获权贷款7万英镑，1786年再次获权贷款6万镑。③

铁路建设完全沿用了运河的贷款筹资方式。斯托克顿-达灵顿铁路1821年得到授权，到1845年共筹集股本127.5万英镑，贷款超过58.4万英镑。1828年克拉伦斯铁路得到授权筹集股本10万英镑同时

① M.C. Reed, *Investment in Railways in Britain, 1820—1844*, Oxford: Oxford University Press 1975, pp. 158, 162—163, 178.

② J.R. Ward, *The Finance of Canal Building in Eighteenth-Century England*, Oxford: Oxford University Press, 1974, pp. 29, 31, 45, 55.

③ Joseph Priestley, *Historical Account of the Navigable Rivers, Canals and Railways of Great Britain*, London: Longman, Rees, Orme, Brown & Green, 1831, pp. 501—502.

可以借款 6 万英镑，1829 年的修正法案授权公司通过发行股票或借贷筹集 10 万英镑，1832 年以相同的形式授权筹集 10 万英镑，1833 年又授权筹集 10 万和 2 万英镑。伦敦-伯明翰铁路 1833 年得到授权的股本是 250 万英镑，借款权是 83.5 万英镑，1835 年的法案准允再借款 16.5 万英镑。类似的贷款授权在其他许多著名的铁路建设项目中同样普遍存在，如伦敦-南安普敦铁路、大西铁路、东北铁路、利物浦-曼彻斯特铁路等。[①] 曼彻斯特-利兹公司的公司债券是以未付的股本作抵押。1839 年 6 月 30 日到 12 月 31 日公司债券为 72,802 英镑，但到 1840 年 12 月以公司债券的形式筹集的资本已超过 50 万英镑，约占总资本量的 20%。1842 年则达到 80.5 万英镑，占全部已收资本的 27%。[②]

铁路公司希望通过贷款的方式筹集资本，必须得到议会的法案授权。1836 年议会授权铁路公司的贷款额为不超过授权资本额的三分之一。在 1836 年以前的铁路法案对于贷款额的规定具有较大的宽容度，实际上允许超过授权资本三分之一的贷款额度。1837 年的《伦敦-克罗伊登铁路法》授权该公司以贷款筹集资本：

> 该公司的下述行为是合法的：在上述的资本的一半已偿付之后，除了他们上述的一百八十万英镑的资本之外，(该公司)通过任何一般或特殊的公司大会，可以借总数不超过六十万英镑的任一数目的款额并付利息，(贷款)以该企业作担保，对他们来说是合适

---

① M.C. Reed, *Investment in Railways in Britain, 1820—1844*, Oxford: Oxford University Press, 1975, pp. 169, 225.

② Seymour Broadbridge, *Studies in Railway Expansion and the Capital Market in England 1825—1873*, London: Frank Cass, 1970, p. 83.

的。在任何一般或特殊的公司大会上，将为此目的做出一项规定，……此后，该公司及其董事……被授权去抵押、转让与支付该企业的财产和根据本法律收取或将要收取的费用、通行费和其他款项，或关于它的任何事物，……以此作为上述这笔借款的任何部分的担保，以及（它的）利息。……所有的抵押、转让与支付，都将通过及时盖有该公司印章的契约做出……①

尽管1836年以后对贷款额做了严格规定，但铁路公司可通过多种方式借款，一些公司的贷款额仍远多于其权限。1836年的法案授予曼彻斯特-利兹公司发行130万英镑股份的权力，并可通过抵押贷款筹集43.3万英镑。1839年公司又获得一项法令，授权再贷款21.6万英镑。到1840年6月已发行抵押贷款648,490英镑。议会法案通常要求在实际筹集的资本达到授权资本量的一半以后，才能够通过贷款筹集资本。但铁路公司有可能违法行事，1841年5月曼彻斯特-利兹公司又获得法令授权筹集股本48.75万英镑和抵押贷款16.25万英镑，同年6月30日的账目显示已筹集抵押贷款31,100英镑，但新授权的股份却尚未发行。② 伦敦与西北铁路（London and North Western Railway）1846年由伦敦-伯明翰、大交会、曼彻斯特-伯明翰三大铁路公司合并而成，合并后的总资本额为22,989,620英镑，其中贷款为5,747,310英

① An Act for Making a Railway from the London and Croydon Railway to Brighton, *Anno Primo Victoriae Reginae*, Cap. CXIX, University of London Library, pp. 2827—2828.

② Seymour Broadbridge, *Studies in Railway Expansion and the Capital Market in England 1825—1873*, London: Frank Cass, 1970, pp. 86—88.

镑,贷款占总资本额的 25%。[①] 贷款的保证主要是两个,其一是以公司及其收入作抵押,另一个是盖有公司印章的契约。运河建设中的一些筹款方式也同样适用于铁路建设,如发行年金等。公司在规定的期限内付给期票一定的利息,如果公司在期限内不能偿清的话,期票就自动转成正常债券。有些债券实际上就是优先股,无论普通股是否有收益公司都必须付给这种证券固定利率的收益,如摄政运河(Regent's Canal)公司在 1818 年、格罗斯特-伯克利运河(Gloucester & Berkeley Canal)在 1822 以后的都发行过这种债券。[②]

19 世纪 30 年代中期以后贷款资本的比例有逐步增加的趋势(详见表 4-6)。在这个时期中实际筹集的股份资本常达不到授权资本的数量,1843 年授权的资本为 520 万英镑,而实际靠发行股票筹集到的只有 390 万英镑。[③] 贷款比例的升高与利息率的变化并不存在明显的相关关系。

交通建设公司在增发股份和贷款时通常都会优先考虑最初投资者的利益。原有的公司股东有优先购买的权利,有时还可以折价购买。1838 年伦敦-伯明翰铁路增发每股 25 英镑的股票 25,000 股,除 155 股外都被公司原有的股东购买。[④] 类似的情况在许多铁路公司也都存在。

---

① Wilfred L. Steel, *The History of the London & North Western Railway*, London: The Railway and Travel Monthly, 1914, p. 134.

② Baron F. Duckham, "Canals and River Navigations", Ed., Derek H. Aldcroft & Michael J. Freeman, *Transport in the Industrial Revolution*, Manchester: Manchester University Press, 1983, p. 116.

③ M.C. Reed, *Investment in Railways in Britain, 1820—1844*, Oxford ,Oxford University Press ,1975, p. 56.

④ *Minutes of Evidence Taken Before the Committee on the London and Birmingham Railway Bill*, pp. 24—27, Parliamentary Papers, 1839(242), XIII, 331.

表 4-6　英格兰和威尔士的铁路建设投资成分　1835—1844 年　单位：百万英镑

年　份	每年筹集的股份资本	每年筹集的贷款资本	贷款资本占总资本量的比例%
1835	1.53	0.55	26
1836	4.17	1.33	24
1837	2.74	1.46	35
1838	5.42	3.69	41
1839	6.66	2.88	30
1840	5.40	4.16	44
1841	4.11	2.13	34
1842	3.26	3.04	48
1843	1.75	2.55	59
1844	3.65	1.85	34

资料来源：M. C. Reed, *Investment in Railways in Britain, 1820 — 1844*, Oxford: Oxford University Press, 1975, p. 57.

二、交通业资本的分布特征

运河建设时期尚未形成真正的、铁路时代那样的资本市场。资本主要来自运河线路涉及的地区，尤其是项目发起地，这一特点在运河建设前期表现得特别明显。1768—1798 年建设的伯明翰运河的股份共 500 股，其中 300 股的认购人在伯明翰，100 股在斯塔夫德郡（Strafordshire），它是与伯明翰运河相邻的地区。1768—1790 年建设的考文垂运河的最初认购股份中，考文垂认购的股份就占了约一半，其余的股份认购人均来自邻近地区和运河沿线。某些比例的资本也来自非沿线地区，但这类资本分布比较分散，除伦敦外很难发现其他的一致性。无论线路是否涉及伦敦，它经常都是一个较集中的资本来源地，地位一般仅次于沿线地区。这与伦敦的金融地位有关，各地的金融往来经常与之相关或最终在那里结算，这样，伦敦的资本易于流向国内的各个领域。伍斯特-伯明翰运河开凿于1791—1815年，正值运河建设狂潮期，31%股份的持有人来自伍斯特郡，伯明翰人持有16%的股份，斯塔福德郡人12%，布里斯托尔8%，伦敦15%，其余地区18%。[①] 利兹-利物浦运河(Leeds & Liverpool Canal)的原始股股东的65.5%来自沿线的约克郡和兰开郡，股份数占到47%，伦敦则占有了股东数的14.2%、股票数18.7%(详见表4-7)。

表4-7 利兹-利物浦运河原始股股东及股份分布 1795年

区 域	股东人数	%	股份数	%
约克郡	199	45.4	688	31.8
兰开郡	88	20.1	327.5	15.2
伦敦	62	14.2	404	18.7
诺福克郡	22	5	363	16.8
其他20余郡	67	15.3	378	17.5
总 计	438	100	2160.5	100

资料来源：*An Alphabetical List of the Proprietors of the Leeds and Liverpool Canal*, Bradford: Sedgwick, 1795.

项目的发起人并不一定是主要的出资者，而主要是投资项目筹划者和组织者。特伦特-默西运河最初的资本为130,000英镑，发起人约书亚·韦奇伍德自己的投资只有1000英镑，其他的陶器商认购的股份

① J.R. Ward, *The Finance of Canal Building in Eighteenth-Century England*, Oxford: Oxford University Press, 1974, pp. 30, 31, 47.

也不过是15,000英镑。[①] 资本主要来自煤矿主、工厂主、商人、贵族、土地乡绅、租佃农场主、富有的教士、专业人士等。运河建设狂潮时希望借此发财的人来自社会各界人等,埃文河畔斯特拉福德运河(Stratford-upon-Avon Canal)的认股者中就包括了四个杂货商、两个制桶匠、一个小客栈老板、一个粗磨粉匠、一个细木匠、一个绸缎商、一个制假发匠。[②] 资本甚至来自一些社会下层人物,德比运河公司的股票认购者中就包括了四个自称是劳工的人以及一名男仆,这五个人每人认购了面值为150英镑的股票各一股。资本雄厚的大投资者也不乏其人,尤其在运河狂潮期更是如此,兰开斯特运河的股东就有许多购买了50股,有人甚至买了100或120股。[③] 尽管有些地主会坚决反对运河建设,但多数地主最终还是采取了支持和认可的态度。布里奇沃特公爵的行为不仅是地主投资的典范,而且成为效仿的榜样。J.R.沃德研究了50个运河公司的投资案例,总投资额约500万英镑,约占英格兰和威尔士总航运建设投资的29%。这50家公司的资本来源见表4-8。在分类中,资本家指的是大批发商人、银行家、食息者。零售商指的是酒商、木材商、杂货商、绸缎商、五金商、酿酒商、皮革匠、车轮匠等。专业人士包括律师、外科医生、药剂师等。土地乡绅包括准男爵、士绅、乡绅。贵族、土地乡绅、约曼、牧场主、租佃农场主都代表了土地利益,资

① Baron F. Duckham, "Canals and River Navigations", Ed., Derek H. Aldcroft & Michael J. Freeman, *Transport in the Industrial Revolution*, Manchester: Manchester University Press, 1983, p. 120.

② Charles Hadfield, *British Canals: An Illustrated History*, London: Phoenix House, 1959, p. 35.

③ J.R. Ward, *The Finance of Canal Building in Eighteenth-Century England*, Oxford: Oxford University Press, 1974, pp. 42, 55.

本家、制造商、零售商则代表工商业利益。J.R.沃德的研究中超过半数的资本来自工商业者的投资，四分之一来自土地利益。

表 4-8　50 家运河公司投资者的社会地位和职业

资本来源分类	投资所占%
贵族	5.4
土地乡绅	17.3
约曼、牧场主、租佃农场主	1.6
资本家	21.4
制造商	14.7
零售商	17.6
专业人士	10.0
牧师	5.5
妇女	6.5
合计投资	约 500 万英镑

资料来源：J.R. Ward, *The Finance of Canal Building in Eighteenth-Century England*, Oxford: Oxford University Press, 1974, p.74.

铁路时代来临时已是工业革命后期，其资本来源与运河投资有着相当的近似性，克拉潘就曾总结过："铁路迄所得到的像当时那一点成就，主要归功于地方实业界一些小集团的决心，乡土观念的激发和对工程比对股息更加关心的少数工程师的信心和推动力。"①例如：1818 年斯托克顿-达灵顿铁路发布 1207 股股份，面额为 100 英镑。其中三分之二的股份由当地认购，包括达灵顿的巴克豪斯（Backhouse）家族 2 万

① [英]约翰·克拉潘：《现代英国经济史》上卷，姚曾廙译，商务印书馆，1997，第 478 页。

英镑、匹兹(Peases)家族6200英镑、亚姆(Yarm)的本杰明·弗朗德(Benjamin Flounders)家5000英镑等,以及只认购一两股的许多小股东。① 然而,铁路投资的资本来源又有着某些新特征。

从投资者的地理分布上看铁路资本来源有两大特点,即本地性和跨地区性共存。

本地性是指,全部股本中铁路的发起城市及沿线地区筹集的股本占最大或相当大的比例。这种特点在兰开郡和约克郡的铁路尤为明显。利物浦-曼彻斯特铁路第二次议会申请时提交的认股合同共包括股份4233.5股,股东308位。其中172位是利物浦人,认股1979股,占全部股份的47%;曼彻斯特人15位,认股124股,占全部股份3%;伦敦人96位,认股844股,占全部股份的20%;斯塔福德侯爵(Marquis of Stafford)认1000股,占全部股份的23%;其他地方的股东24位,认购了剩下的股份。② 曼彻斯特-利兹铁路在1830年最初计划筹资80万英镑,股票面值为100英镑,资本主要是地方性的。当年10月18日的会议上确定了29位董事,其中10个是曼彻斯特人,8个是利兹人,4个是利物浦人、3个是哈利法克斯人,两个是布拉德福(Bradford)人,一个是托德摩登(Todmorden)人,所有人都有从骑士头衔。③ 1835—1836年全部股本的91%来自兰开郡和约克郡,30年代后期也在70%左右。兰开郡的铁路股份资本绝大部分来自本地和邻近地区,

---

① Maurice W. Kirby, *The Origins of Railway Enterprise: the Stockton and Darlington Railway, 1821—1863*, Cambridge: Cambridge University Press, 1993, p. 33.

② Harold Pollins, "The Finances of the Liverpool and Manchester Railway", *The Economic History Review*, New series, Vol. 5 Issue 1(1952), p. 92.

③ *The Morning Post*, Saturday, October 23, 1830;"Manchester and Leeds Railway", *The York Herald*, Saturday, October 23, 1830.

1837年博尔顿-普雷斯顿铁路股份的98%是兰开郡认购的,1844年布莱克本-普雷斯顿铁路的这一比例是71%,1845年利物浦-欧姆斯科克-普雷斯顿铁路为48%,1845年利物浦-贝里铁路为72%,1845年布莱克本-达尔文-博尔顿铁路为96%,这些铁路的其余股份主要由约克郡和柴郡这两个相邻地区认购(参见表4-9)。利物浦和曼彻斯特又是兰开郡及周边铁路股份资本的重点来源地,1835—1836年曼彻斯特-利兹铁路股份中来自这两个城市的比例是64%,1844年艾什顿-斯塔利桥-利物浦铁路的比例是43%,1844—1845年布莱克本-博里-艾格林顿-科恩铁路的比例为26%,1845年利物浦-贝里铁路的比例为56%。① 其他一些地区也有这种趋势。莱斯特-斯温宁顿铁路1830年获得议会授权,此后的第一次董事会共有15位董事参加,其中13位来自莱斯特。② 自伦敦至布里斯托尔的大西铁路,1835—1836年有37%的股本来自伦敦,26%来自布里斯托尔。③

---

① Seymour Broadbridge, *Studies in Railway Expansion and the Capital Market in England 1825—1873*, London: Frank Cass, 1970, p. 131.

② Clement E. Stretton, *The History of the Midland Railway*, London: Methuen & Co., 1901, p. 11.

③ M.C. Reed, *Investment in Railways in Britain*, *1820—1844*, Oxford: Oxford University Press, 1975, p. 154.

表 4-9 兰开郡和约克郡的铁路公司的股份认购额分布 单位:%

公司	年份	兰开郡	约克郡	柴郡	伦敦	其他
曼彻斯特-利兹(Manchester & Leeds)	1835—1836	71	20	1	5	3
曼彻斯特-利兹	1838	60	8	5	10	16
曼彻斯特-利兹	1839—1840	66	7	5	10	13
艾什顿-斯塔利桥-利物浦(Ashton, Stalybridge & Liverpool Junction)	1844	50	10	—	30	11
博尔顿-普雷斯顿(Bolton & Preston)	1837	98	—	—	<0.5	2
布莱克本-普雷斯顿(Blackburn & Preston)	1844	71	16	1	—	12
曼彻斯特-贝里-罗森代尔(Manchester, Bury & Rossendale)	1844	96	3	—	—	1
布莱克本-博里-艾克林顿-科恩(Blackburn, Burnley, Accrington &Coln)	1844—1845	85	10	1	<0.5	4
利物浦-欧姆斯科克-普雷斯顿(Liverpool, Ormskirk & Preston)	1845	48	30	2	9	11
利物浦-贝里(Liverpool & Bury)	1845	72	3	2	12	11
布莱克本-达尔文-博尔顿(Blackburn, Darwen & Bolton)	1845	96	—	—	3	1
韦克菲尔德-庞特法科特-古尔(Wakefield, Pontefract & Goole)	1844—1845	56	42	—	<0.5	2
哈德斯菲尔德-谢菲尔德交会(Huddersfield & Sheffield Junction)	1845	12	83	1	2	2

资料来源:Seymour Broadbridge, *Studies in Railway Expansion and the Capital Market in England 1825—1873*, London: Frank Cass, 1970, p. 113.

跨地区性是指铁路资本的来源中外地资本甚大，甚至明显超过本地筹得的资本。跨地区性资本主要来自两个地区，首先是兰开郡，其次是伦敦。

兰开郡是工业革命中铁路建设的重要资本输出地，其中尤以利物浦和曼彻斯特为代表。利物浦不仅是兰开郡铁路的重要资本供应地，而且还是其他诸多地区铁路的资本供应地。大交会铁路原本计划从伯明翰到利物浦，后来授权的线路却未到利物浦。但其 1833 年股本中仍有 66%来自利物浦，1845 年也高达 55%。在与之无关的一些重要的干线铁路中利物浦的投资比例也是惊人的，有时甚至是压倒优势的比例。曼彻斯特-伯明翰铁路 1838 年有 9%的股本来自利物浦。1839 年伦敦-南安普顿铁路的股本中利物浦占有 10%。1835—1836 年在大西铁路股本中占 5%。在莱斯特-斯温宁顿铁路中占 1830 年股本的 23%、1833 年的 29%、1837 年的 29%。1836 年在北米德兰铁路中占有股本 11%。[①] 曼彻斯特也是一些重要的干线铁路的重要资本来源地。在曼彻斯特-伯明翰铁路（Manchester & Birmingham Railway）中，1838 年它独占了 39%了份额。在伦敦-南安普顿铁路中 1834 年占所筹股本的 40%，1839 年占 34%，不亚于在伦敦筹得的股本。在北米德兰铁路中 1836 年自曼彻斯特筹得的股本占 16%。[②] 伦敦-伯明翰铁路 1837 年登记的股份持有人共约 1500 位，每位股东持有的股票分别为 100 英镑和 25 英镑的面额两种。每股 100 英镑的股票共发行了 25,000

① M.C. Reed, *Investment in Railways in Britain, 1820—1844*, Oxford: Oxford University Press, 1975, pp. 128, 135, 141, 149, 154, 159, 164.

② M.C. Reed, *Investment in Railways in Britain, 1820—1844*, Oxford: Oxford University Press, 1975, pp. 135, 141, 149, 164.

股。虽然也有不少资本来源于伦敦和伯明翰，但兰开郡的重要性却远胜过二者。来自兰开郡股东有723位，占到总数的48%，认购的股份数为15,215股，占股本的61%。兰开郡中，利物浦和曼彻斯特的投资比例又十分突出。许多大投资者也都来自这两地，如托马斯·库克(Thomas Cooke)是曼彻斯特商人，认购201股；罗伯特·加尼特(Robert Garnett)，曼彻斯特商人，900股；爱德华·劳埃德(Edward Loyd)，曼彻斯特银行家，218股；詹姆斯·麦格雷戈(James M'Gregor)，利物浦银行家，258股；爱德华·威尔逊(Edward Wilson)，利物浦商人，800股。其他来自兰开郡的制造业资本也为数不少。①

在铁路的跨地区性资本来源中伦敦的作用也比较突出，大量与伦敦不相关的铁路都有一定的资本来自伦敦。大交会铁路1833年有4%的股本来自伦敦，1845年是8%。曼彻斯特-伯明翰铁路1838年有26%股本来自伦敦。北米德兰铁路由德比至利兹，1836年股本的34%来自伦敦，这个比例超过了利兹及附近相关地区。纽卡斯尔-卡莱尔铁路1825年股本的34%、1829年的13%、1832年的19%、1839年的19%、1844年的20%都来自伦敦。英格兰大北铁路连接纽卡斯尔、达灵顿、约克，1836年股本的23%、1838年的19%、1845年的17%来自伦敦。② 伦敦之所以成为其他地区铁路建设的资本供应地是由于它是英国的金融和外贸中心，同时也是政治中心。一切申请法案的议会程序都在伦敦进行，为了达到议会的筹资要求并获得法案，铁路的发起者

---

① *Minutes of Evidence Taken Before the Committee on the London and Birmingham Railway Bill*, pp. 101—125, Parliamentary Papers, 1839(242), XIII, 331.

② M.C. Reed, *Investment in Railways in Britain, 1820—1844*, Oxford: Oxford University Press, 1975, pp. 128, 141, 164, 179, 186.

往往会在伦敦筹资。同时各地的铁路建设也为这里的资本所有者提供了一个投资或投机的机会。

综合资本来源的本地性和跨地区性来分析，我们可以发现兰开郡在整个工业革命的铁路投资中占有突出地位。兰开郡的资本不单是本地和周边地区铁路建设的最主要支持者，而且还其他许多地区铁路建设的支持者。其中原因不难辩明，其一，兰开郡地处工业化程度最高的英格兰北部，它不仅是棉制造业的核心和纺织品的商业核心，还是标志着铁路成功的利物浦-曼彻斯特铁路的起止点。这里的人们最早理解到铁路完全可以成为现实的交通设施，也享受到了投资铁路得到的利润。因此更乐于将资本投资于其他地方的铁路事业。其二，经过几十年的工业化，18 世纪资本缺乏的状况已有所改善，兰开郡与其他地区相比已有了相对比较好的资本储蓄。

从社会职业的特征来看，铁路投资资本主要来自商业、制造业及土地利益，其中土地利益者的投资兴趣与运河投资相比有所增长。从 M. C.理德对英格兰 10 条干线铁路的认股职业人群的统计我们可以得知，商业和制造业多数情况下都是重要的投资群体(参见表 4-10)。商业从业者包括大商人、经纪人、代理人、零售商、船主，制造业里则包括了采矿业。其中有 6 条铁路这两个群体的认股比例约在 40%至 60%之间，如利物浦-曼彻斯特铁路、大交会铁路、伦敦-伯明翰铁路、北米德兰铁路等。考虑到职业不明类别中很可能有部分属于工商业者，因此这两个群体认购股份少于 30%的情况就不多了。土地从业者指的是农场主、牧羊主，这些与乡绅、贵族等共同构成了土地利益人群。土地利益在投资上有着仅次于工商界层的重要性，其中有 4 条铁路来自土地利益的认股额都在 40%以上，如利物浦-曼彻斯特铁路、大西铁路、莱斯特-斯温宁顿铁路。其他人群中专业阶层相对比较重要，专业人员包括律师、医生、牧师、建筑师等。除了斯托克顿-达灵顿铁路外，来自银行业的资本通常都比较有限。杂项包括教师、工程师、受益人、仆役等，这些人通常都是小持股人，一般只认购一两股股票。里德统计的铁路遍布于英格兰，且主要是干线铁路，因而一定程度上代表了当时的总体状况。

表 4-10　不同职业人群认购股本比例　单位：%

铁路公司	年　份	名义股本（千英镑）	商业	制造业	银行	专业人士	杂项	土地	绅士乡绅贵族	职业不明	妇女
利物浦-曼彻斯特	1826	421.7	43	2	3	8	1	0	40	4	0
	1845	1651.0	21	4	2	8	3	0	43	2	16
大交会	1833	877.5	53	8	3	10	5	—	20	—	1
	1845	2457.2	30	2	7	13	3	0	34	1	11
伦敦-伯明翰	1833	1982.2	51	14	4	8	3	1	16	0	3
	1837	3152.5	40	8	5	9	2	0	31	0	5
曼彻斯特-伯明翰	1838	2052.9	19	8	2	7	2	0	5	55	1
伦敦-南安普顿	1834	779.1	32	11	11	13	4	0	27	0	3
	1839	246.2	35	6	7	8	2	0	40	1	1
大西	1835/6	2235.8	28	8	3	9	5	0	42	1	4
莱斯特-斯文宁顿	1830	82.5	19	13	2	9	11	2	41	1	2
	1833	11.3	21	8	1	9	9	3	40	1	9
	1837	40.7	18	6	1	6	13	3	41	4	9
北米德兰	1836	1310.9	41	14	3	10	6	2	21	0	3
	1842	1512	21	17	2	9	6	0	44	0	11

续表

铁路公司	年份	名义股本（千英镑）	商业	制造业	银行	专业人士	杂项	土地	绅士乡绅贵族	职业不明	妇女
斯托克顿-达灵顿	1823	53.7	26	3	47	4	2	—	15	0	2
	1830	98.6	26	3	54	1	1	—	10	1	4
	1838	98.7	27	2	50	1	—	0	12	0	5
	1844	99.3	15	5	31	2	2	—	38	1	8
英格兰大北	1836	624.1	33	9	5	8	12	5	16	2	9
	1838	886.4	26	9	5	5	3	1	12	33	6
	1845	963.9	15	7	7	10	3	2	9	41	6

资料来源：M. C. Reed，*Investment in Railways in Britain，1820—1844*，Oxford：Oxford University Press，1975，pp. 118—192，chapter V—VII.

位于英格兰北部的兰开郡和约克郡情况最为特殊，这里是工业发展的核心区域，来自商业和工业的资本占据了主导地位，相比之下其他的行业则显得不甚重要（参见表 4-11）。这里的商业从业者包括大批发商、运输商、经纪人、杂货商、客栈店主、商店主等。工业从业者包括所有的制造商和少许煤矿业主。这两个阶层的投资常占到 50%以上，甚至 70%以上，如曼彻斯特-利兹铁路、博尔顿-普雷斯顿铁路、曼彻斯特-贝里-罗森代尔铁路、布莱克本-伯里-艾克林顿-科恩铁路、哈德斯菲尔德-谢菲尔德联合铁路。这个时期商业和工业之间的界限是模糊的，许多自称是商人的人实际上就是制造业主。土地职业指从农业得到收入的乡绅、约曼、农场主，来自这个阶层的资本比例明显低于英格兰其他地区。银行业指的是银行家，法律从业人员包括律师、初级律师等，杂业则涵盖了其余的专业人士，非职业人员指的是绅士阶层，这些职业群体的投资倾向于总体情况比较接近。

表 4-11　兰开郡和约克郡的铁路公司的股本的社会职业来源　单位：%

公　司	年　份	商业	工业	法律	土地	银行	杂业	非职业人员
曼彻斯特-利兹	1835—1836	54	25	3	1	5	4	10
曼彻斯特-利兹	1839—1840	34	10	5	17	5	11	17
艾什顿-斯塔利桥-利物浦	1844	42	9	4	23	12	7	4
博尔顿-普雷斯顿	1837	39	32	9	—	3	6	12
布莱克本-普雷斯顿	1844	38	16	5	18	2	14	7
曼彻斯特-贝里-罗森代尔	1844	47	30	6	4	<0.5	3	11
布莱克本-博里-艾克林顿-科恩	1844—1845	33	41	4	5	1	7	9
利物浦-欧姆斯科克-普雷斯顿	1845	42	15	6	7	3	11	15
利物浦-贝里	1845	41	16	10	10	1	5	17
布莱克本-达尔文-博尔顿	1845	26	30	8	16	1	13	6
韦克菲尔德-庞特法科特-古尔	1844—1845	43	4	4	18	2	15	14
哈德斯菲尔德-谢菲尔德交汇	1845	43	29	5	1	2	12	9

资料来源：Seymour Broadbridge, *Studies in Railway Expansion and the Capital Market in England 1825—1873*, London: Frank Cass, 1970, pp. 138—139.

工业革命中银行业很少愿意为固定资本投资项目提供长期贷款，能够提供的多为短期贷款。交通建设项目主要通过参股和债券的形式筹措资本，而筹措本身需要一定的过程，这就可能使资本的筹措与费用的开销之间有时难免出现资金缺口。以运河建设为例，股东有时会拖延付款，从而造成实际的资本筹集滞后于工程需要，在这种情况下银行有可能为运河公司垫付一部分资本以解决一时之需。但银行垫付的比例在整个工程投资中是很有限的，而且要得到银行的垫付资本并不容易。铁路项目似乎比运河项目较容易得到银行资本的支持，但依然以短期垫付形式的贷款居多，而且数量同样比较有限。1826 年斯托克顿-达灵顿铁路从古尔内银行(Gurney & Company) 获得 4 万英镑贷款，从理查德森-奥夫伦德银行(Richardson, Overend & Compamy)贷款 2 万英镑。① 1838 年伦敦-伯明翰铁路从格林银行贷得 10 万英镑。曼彻斯特-利兹铁路从曼彻斯特与萨尔福德银行(Manchester & Salford)至少贷到过 11,000 英镑，从兰开斯特银行公司(Lancaster Banking Company)贷款 15,000 英镑，从北维尔特郡银行(North Wiltshire Bank)贷款 5000 英镑。② 曼彻斯特-利兹铁路公司除了会向本公司的股东、董事、私人关系寻求贷款外，有时也向银行寻求贷款，特别是那些与公司有账目关系的银行。1845 年和 1846 年公司偿还了曼彻斯特与利物浦地区银行(Manchester and Liverpool District Bank)贷款 9.5万英镑。1847 年 1 月这家银行还为曼彻斯特-南波特铁路(Manch-

---

① J.S. Jeans, *Jubilee Memorial of the Railway System*, London: Longmans, Green and Co., 1875, p. 300.

② M.C. Reed, *Investment in Railways in Britain, 1820—1844*, Oxford: Oxford University Press 1975, p. 241—242.

ester & Southport Railway)垫付了 3 万英镑。[1] 英格兰银行(Bank of England)1842 年也曾贷款 10 万英镑给伦敦-布赖顿铁路。[2] 此外,拿破仑战争结束后,国债的数量减少、收益降低,致使银行也选择一些公司证券作为投资对象。1842 年北维尔特郡银行也曾投资 1 万英镑购买东南铁路公司的债券。[3]

铁路公司还可能从保险公司、政府等机构得到一定的资本支持。保险公司是拥有丰厚可投资基金的企业,以往主要的投资项目就是政府证券,19 世纪这些企业也开始寻找其他更有利的投资机会。铁路债券的高回报率对保险公司有着很好的吸引力,因此保险公司有时也就成为铁路公司寻求贷款的对象。一些著名的保险公司都有一些向铁路公司贷款的记录,如王家交易保险公司、环球保险公司、联合保险公司、太阳保险公司等,贷款额一般在 1 万至 5 万英镑之间。从提供贷款的额度上看,利用这类贷款的铁路公司也仅是在很小的比例上依赖此类资本供给(参见表 4-12)。有些运河公司还可能得到政府的贷款,1784 年政府就向福斯-克莱德运河(Forth & Clyde Canal)公司贷款50,000 英镑,1799 年又向克里南运河公司提供了贷款。[4] 1817 年的《贫困人员雇佣法》(Poor Employment Act)规定政府可以贷款给雇佣贫民的

---

① Seymour Broadbridge, *Studies in Railway Expansion and the Capital Market in England 1825—1873*, London: Frank Cass, 1970, p.93.

② John Clapham, *The Bank of England: A History*, Vol. II, Cambridge: Cambridge University Press, 1944, p. 145.

③ R.S. Sayers, *Lloyds Bank in the History of English Banking*, Oxford: Oxford University Press, 1957, p. 187.

④ Charles Hadfield, *British Canals: An Illustrated History*, London: Phoenix House, 1959, p. 48.

工程。1817—1828年间共有60万英镑贷给各类航运建设，摄政运河和格罗斯特-伯克利运河(Gloucester & Berkeley Canal)都是受益者。[①] 19世纪前期政府也向铁路建设公司提供贷款，如利物浦-曼彻斯特铁路1827年得到政府的一笔10万英镑的20年期贷款，克拉伦斯铁路于1832、1833、1835年分别得到50,000、50,000、11,000英镑的20年期贷款，谢菲尔德-曼彻斯特铁路也在1842年得到过20年期的50,000英镑贷款(参见表4-13)。但这种贷款不仅数量有限，而且能够得到的公司也很有限。

铁路公司还可能从一些其他的团体得到贷款。英格兰大北铁路从布拉德福德和纽卡斯尔的两个友谊会得到过贷款，贷款额分别是15,000英镑和500英镑。一些宗教团体也成为寻求贷款的对象。斯托克顿-达灵顿铁路从盖斯伯络月度会议(Guisborough Monthly Meeting)的代理人处借款200英镑。英格兰大北铁路从达拉姆(Durham)附近的一个天主教机构优绶学院(Ushaw College)的代理人处借款15,000英镑。1835年大交会铁路公司从利物浦教会捐献基金的代理人获得105,000英镑的贷款。[②] 一些稍小的铁路公司的资本部分来源于其他实力雄厚的大的干线铁路公司的投资，这种大公司的投资一定意义上是为了控制支线的小公司。1835年成立的大西铁路公司在19世纪40年代向多家铁路公司投资，包括南威尔士铁路(South Wales Railway)、康沃尔铁路(Cornwall Railway)、威尔特-萨默塞特-

① Charles Hadfield, *British Canals: An Illustrated History*, London: Phoenix House, 1959, p. 48.

② M.C. Reed, *Investment in Railways in Britain, 1820—1844*, Oxford: Oxford University Press, 1975, p. 247.

韦茅斯(Wilts, Somerset and Weymouth)铁路、牛津-伍斯特-伍尔弗汉普顿(Oxford, Worcester and Wolverhampton)铁路、贝克-汉特(Berks and Hants)铁路、蒙茅斯-赫里福德铁路(Monmouth and Hereford)、格洛斯特-迪恩森林(Gloucester and Dean Forest)铁路。1845年成立的南威尔士铁路公司认购了10万英镑的格洛斯特-迪恩森林铁路的股份、127,780英镑的尼斯谷铁路(Vale of Neath Railway)股份、25万英镑的沃特福德-韦克斯福德-韦克洛-都柏林(Waterford, Wexford, Wicklow and Dublin)铁路股份、8万英镑的科尔克-沃特福德(Cork and Waterford)铁路股份。伦敦-西南铁路(London and South Western Railway)公司持有埃克塞特-约维尔-多尔切斯特铁路(Exeter, Yeovil and Dorchester Railway)的56,000份股份的35,000份,埃克斯特-克瑞迪顿(Exeter and Credition)铁路资本的五分之三,埃克斯特-埃克茅斯(Exeter and Exmouth)铁路股份的四分之一。[①]

① Harold Pollins, "The Marketing of Railway Shares in the First Half of the Nineteenth Century", *Economic History Review*, New Series, Vol. 7 No. 2, 1954, p. 234—235.

表 4-12 保险公司提供给铁路公司的贷款

1. 王家交易保险公司(Royal Exchange Assurance Company)			
铁路公司	年 份	本金(英镑)	利息率(%)
伦敦-伯明翰铁路	1838	30,000	5
达拉姆-桑德兰(Durham & Sunderland)铁路	1841	25,000	5
英格兰大北铁路	1841	30,000	5
北部联合铁路	1841—1842	40,000	5
伦敦-布赖顿铁路	1841—1842	25,000	5
兰开斯特-布雷斯顿铁路	1841—1842	15,000	5
布雷斯顿-维尔(Preston & Wyre)铁路	1842	66,000	5
2. 环球保险公司(Globe Insurance Company)			
伯明翰-德比(Birmingham & Derby)铁路	1841	10,000	—
东北铁路	1841	30,000	—
纽卡斯尔-北谢尔德(Newcastle & North Shields)铁路	1838	40,000	5
纽卡斯尔-北谢尔德铁路	1841	25,000	—
伦敦 伯明翰铁路	1840	19,860	—
伦敦-布莱克沃(London & Blackwall)铁路	1840	25,000	—
3. 联合保险公司(Alliance Assurance Company)			
斯坦霍普-泰恩(Stanhope & Tyne)铁路	1834	60,000	5
东北铁路	1840	60,000	6
4. 太阳保险公司(Sun Insurance Offic)			
伦敦-伯明翰铁路	1844	50,000	3.5
5. 经济人寿保险公司(Economic Life Assurance Company)			
切斯特-布里登海德(Chester & Birdenhead)铁路	1839	50,000	5

资料来源：M. C. Reed, *Investment in Railways in Britain, 1820 — 1844*, Oxford: Oxford University Press, 1975, p. 245.

表 4-13　财政部贷款委员会提供给英格兰和威尔士的铁路公司的贷款

年　份	公　司	本金(英镑)	利息(%)	期限(年)
1827	利物浦-曼彻斯特	100,000	5	20
1832	克拉伦斯	50,000	5	20
1833	克拉伦斯	50,000	5	20
1833	纽卡斯尔-卡莱尔	25,000	5	20
1834	纽卡斯尔-卡莱尔	50,000	5	20
1834	博德明-瓦德布里奇(Bodmin & Wadebridge)	8000	5	20
1835	克拉伦斯	11,000	5	20
1835	纽卡斯尔-卡莱尔	25,000	5	20
1835	纽卡斯尔-卡莱尔	60,000	5	10
1842	谢菲尔德-曼彻斯特(Sheffield & Manchester)	50,000	5	20
总　计		429,000		

资料来源：M. C. Reed, *Investment in Railways in Britain, 1820 — 1844*, Oxford: Oxford University Press, 1975, p. 249.

铁路投资同时依赖于本地和外地的资本供给，外地资本主要来自兰开郡和伦敦。铁路公司聘用代理人在外地销售股票，并付给代理人佣金。南米德兰铁路付给一位利物浦代理人的佣金是每股 1 先令或 1 先令 3 便士，格拉斯哥-佩斯利-格林诺克铁路(Glasgow, Paisley & Greenock Railway)公司每股付给利物浦代理人是 1 先令 6 便士，约克-北米德兰(York & North Midland)铁路付给伦敦代理人的费用是每股 2 先令 6 便士。[①] 1835 年至 1836 年南米德兰铁路在利物浦、曼彻斯特、利兹的三位股票经纪人每人有权分派 2000 股。[②] 通过代理人发售股票，筹措资本的阻力很可能更小。因为代理人作为专业的筹资人士，比铁路公司更容易发现富于资本的地区和人群。再有，铁路股份比之运河股份交易频率更高。以上两点都促成了建设性资本市场。股票交易的程度主要受公司自身情况的影响，不同公司之间差异较大。从地域上看，股票易手的情况在伦敦的股票认购人中特别常见，而北米德兰、英格兰大北、大西等铁路公司的情况则表明地方的认购人并不愿意出售自己的股票。从 19 世纪二三十年代以来，伦敦、兰开郡先后成为各地铁路投资的资本来源地。与运河的资本来源不同，铁路的投资已变成同时依赖当地和外部的资本供给，投资者不仅关注本地的投资，而且开始寻求外地的投资机会。铁路建设的成功和投资铁路的收益为许多投资者提供了现实经验。1831 年以后铁路股票在伦敦证券交所的业务不断增加。1830 年和 1831 年列入交易科目的铁路公司只有 4 家，1835 年 7 月已增至 21 家，1836 年为 62 家，1843 年铁路建设的低谷降至 37 家，1844 年又回升至 43 家。[③] 铁路的发展也为伦敦证券交易所开拓了新的经营空间。伦敦以外的地区，铁路股票交易也通过中间人进行交易。但 19 世纪二三十年代股票中间人还不是一个独立的职业，股票中间人可能是从事商业活动的各类人士，如会计师、银行家、

---

① M.C. Reed, *Investment in Railways in Britain, 1820－1844*, Oxford: Oxford University Press, 1975, pp. 86－87.

② Harold Pollins, "The Marketing of Railway Shares in the First Half of the Nineteenth Century", *Economic History Review*, New Series, Vol. 7 No. 2, 1954, p. 237.

③ M.C. Reed, *Investment in Railways in Britain, 1820－1844*, Oxford: Oxford University Press, 1975, pp. 210－211.

拍卖商、律师等。1836 年成立的“利物浦股票经纪人协会”的 16 位创始人中还没有一个将自己的职业列为“股票经纪人”，他们中有 5 个是会计师、5 个商人、2 个船舶经纪人、1 个律师、1 个保险代理人、1 个经纪人、1 个拍卖商兼委托代理人。① 但随着铁路建设的发展，股票市场越来越活跃，股票发行和买卖的数量也越来越多，股票经纪人最终成为一个独立的职业。股票经纪人通过地方报纸发布广告经营自己代理的各公司股票。地方铁路股票市场在 19 世纪 30 年代中期开始形成，1836 年 4 月利物浦成立了利物浦股票经纪人协会，到当年年底已有成员 40 余人。同年 5 月曼彻斯特证券交易所成立，有成员 20 人。② 铁路发展对投资的需求刺激了地方股票市场的形成。一方面，资本来源的跨地区性和易手的特点造就了铁路资本市场。另一方面，资本的市场化又为铁路建设吸引了更多的资本，加速了 19 世纪三四十年代的铁路发展。

从交通建设业的资本来源及筹集形式上看，对资本跨地区和跨行业流动的阻碍已经消失，可以认为资本在经济中的自由流动已基本实现。资本来源的地域特征完全是由各地经济发展的特点造成的，而且到 19 世纪来自工商业的资本已变得更为显著。其中工业不仅创造了自身的资本，还为铁路建设提供了重要的资本来源。纵观从运河到铁路时代资本来源的特征变化，不难得出这样的结论：在当时的社会机制中，资本已具备了实现在行业和地域间自由流动的能力。资本的密度

① M.C. Reed, *Investment in Railways in Britain, 1820—1844*, Oxford: Oxford University Press, 1975, p. 213.

② M.C. Reed, *Investment in Railways in Britain, 1820—1844*, Oxford: Oxford University Press 1975, p. 215.

在不同地域和不同行业的人群中肯定存在着很大差异，自由的存在使得资本能够通畅地流到最需要的地方，实现最有效的应用。资本分布在社会阶层和地域上的差异反映出的是人们在投资倾向和储蓄量上的差异，而不是行业和地理隔绝造成的差异。同时，这一结论也从另一个角度再次回答了上一节提出的问题：任何人都有对交通建设事业投资的自由，只要他愿意按照遵照个人财产权利的原则去行事。

本章结语：交通建设业的现代增长是以建立了相关的权利和自由为前提的。交通建设项目是将资本由分散转为集中使用的典型案例，这种集中并不是通过强制或剥夺实现的，而是通过基于个人权利的资本安排方式实现的，同时又是在垄断日弱、自由日强的环境中实现的。通过上述机制实现资本集中使用的意义在于，投资者将更愿意并能够将储蓄拿出来以实现资本的增长。否则的话，与其投资无保障倒不如消费更能得到满足，如此，资本在生产性投资上的意义和效率将仅能维持在相对低的水平。

第五章

金融业资本投资

第一节　社会机制与金融业投资

工业革命中的金融业包括银行、保险公司、证券交易所以及一些民间的私人金融服务等。但本书仅选取了银行业作为主要研究对象，这是因为银行业是当时金融业的核心和最主要的行业，而且增长的特征也最明显。

金融市场是将资金由多余者转向需要者的市场，在这种意义上欧洲在中世纪和更早的历史中就已存在比较简单的金融市场。尽管银行业是出现较晚的事物，但提供信贷服务却自古有之。信贷作为一种服务，总是应其他行业或个人的需要而存在。正如前文所述，由于缺乏相应的社会机制，中世纪以来农业、制造业等行业中很难出现增长性投资，对信贷相应要求也就缺乏。金融业自然没有更大发展的必要。需要外部提供金融服务的人主要来自两个方面，其一是贵族领主，其二是商人。提供给贵族或国王的贷款几乎总是被用于个人消费或战争等非生产性目的，而提供者通常是商人。在国王或贵族与商人的关系中，由于前者拥有武力强权，故总处于强势一方。如果前者拒不偿还贷款，后者将无能为力。也就是说，在这种双方权利不对等的借贷关系中出借者的个人权利既没有法律上的，也没有社会地位上的保证。不过，提供贷款服务仍能以被迫的或自愿的方式存在。国王有时会强迫城市提供贷款，这实际上就是一种税收而非真正意义上的商业贷款。再者，毕竟向贵族提供贷款有着很强的利润诱惑，所以总会有人甘冒极大的风险提供此项服务。为了能引诱商人提供贷款，国王也会授予特许权或征税作抵押，有时甚至是王室的珠宝。然而，无论如何出借者的个人财产权利总是处于不对等及不完整的境地，国王言而无信总是难以避免。商人之间提供贷款服务时，无疑双方的地位和权利是对等的，但商业特许权和垄断的中世纪特征本身就限制了商业投资与扩张的程度和可能。

中世纪以来的另一种社会机制也遏制了金融业增长的可能性。工业革命中的银行是为货币交易提供金融服务的机构，生意的实质就是以某种形式贷出资本，并获取某种形式的利息收入，如经营国债、买卖汇票、汇款等。这种经营行为在工业革命时的英国已是平常之事，但在此前的历史上却并非如此。约翰·克拉潘说过："获利，在中世纪人们的心目中往往是一件不可思议的事，而且是一件罪孽深重的不可思议的事。"①西欧相当长的时期内，为获利而贷出资本的行为并不为道德所容许，甚至不为法律所容许。因而，也就没有信贷的自由。《圣经》上说：

---

① [英]约翰·克拉潘：《简明不列颠经济史》，范定九、王祖廉译，上海译文出版社，1980，第175页。

我民中有贫穷人与你同住，你若借钱给他，不可如放债的向他取利。[①]

中世纪西欧是一个基督教社会，高利贷至少在思想上是遭到完全禁止的。所谓禁止高利贷，实际上是反对任何贷出金钱牟利的行为，无论出借人索取的利息是高还是低。换而言之，基督徒的道德认为，贷出的金钱根本就不应该收取利息。托马斯·阿奎纳曾指出：

贷出款项而接受高利，按其本质来说是不公道的；因为这等于是出卖并不存在的东西，显然一定会产生不平等现象，而不平等现象是违反正义的。[②]

在英格兰民族国家产生的过程中，利息仍为道德和法律所禁止。在托马斯·莫尔所颂扬的"乌托邦岛"中"黄金是可耻的标志"，乌托邦人在进行贸易时"毫不计较是售货取得现款，还是使用赊欠办法"。[③] 由此可知，贷款牟利无疑更为莫尔鄙夷。爱德华六世的一项法律甚至禁止对贷款收取任何利息。这种道德和法律上的禁锢目的在于保护借款人不受利息的压迫，维护基督教道德。这实际上意味着，金钱至少在道德和法律上不能被视为金融资本，更不能作为金融资本来使用。金钱可以使用，但不可以投资。而金融业却只能是以货币作为资本的行业！可想而知，在这种社会机制的背景下，银行业即使存在也只能维持在有

① 《新旧约全书·出埃及记》第22章，第25节。

② 《阿奎那政治著作选》，马清槐译，商务印书馆，2007，第144页。

③ [英]托马斯·莫尔：《乌托邦》，戴镏龄译，商务印书馆，1997，第67、69页。

限规模内，更不用说出现工业革命中的增长性投资。①

然而，此社会制度上的忌禁却与人们从事经济活动的另一种心理相抵触。从中世纪到现代，投资某些贸易和工业而获取利润是完全合理、合法的行为，并不为社会机制禁止。但是拥有投资机会的个人并不一定总有适量的资本，而拥有一定资本的个人却也不一定总能找到投资的机会。在这种情况下，借贷就成了沟通资本和投资机会的良好方式。具有投资机会的人可以借入货币资本进行投资，并获得资本利润，这也就是他从事这一活动的最终目的。借出货币的人同样希望以此获利，却不为社会机制所容许。如此便造就了一个矛盾的逻辑：从事经济活动的人都是以获得经济利益为目的的，然而，借钱的人可以用借来的钱去生利，借出钱的人却不能用借出的钱生息。一个人所拥有的资源无论其多少都是有限的，如此，与其借出而无利，当然不如储存而无利。因为贷出金钱存在着风险，而储存则没有风险。如果这种社会机制能够确保忌禁有效的话，沟通资本的渠道就会被阻塞，资本只能获得有限的使用。实际上在利息的忌禁未遭破除之前，人们只能以变相的手段

---

① 西欧银行业的起源最早可追溯到13世纪的意大利，但直到中世纪结束以前，商人只能以变相的方式获取利息收入。历史学家詹姆斯·W.汤普逊归纳出三种方式："教会禁止放债生利，而逃避这一禁令的锦囊妙计就是出售收租权。许多土地所有权都拥有交纳固定租金的佃户，而这种情况就被视为一种权利并可以将其出售。如果地主需要金钱，他就把自己的土地，包括收租权一起，出售给别人以获得一笔金钱，然后地主又收回自己的地产，条件是以后由他向买主支付租金。还有另一种方法，即合伙制或叫合资制。这样的一个团体可没有什么灵魂，因此，一个人怯于教会惩罚而不敢做的许多事，他却可以公然行之。……第三种既不违反法律规定，又能放债谋利的妙计就是：双方约定，放债人可以不付利息地使用一笔钱，直到预定的某个时候。但期满后债务人并不归还借款，以便债主控告他撕毁契约，从而要求债务人赔偿损失。"例如，1501年富格尔家族为教皇亚历山大六世的十字军筹款，由于教会禁止收取利息，他们就要求教皇以投资的形式偿还高于本金的款额。（[美]詹姆斯·W.汤普逊：《中世纪晚期欧洲经济社会史》，徐家玲等译，商务印书馆，1996，第599—600、582页。）

获取利息。禁止利息是否真的能达到道德目的也值得怀疑，亚当·斯密曾说过："这种法律，不但防止不了重利盘剥的罪恶，反会使它加甚，因为，债务人不但要支付使用货币的报酬，而且要对出借人冒险接受这种报酬支付一笔费用。"①

禁止收取利息的法律最终未能长久实施。这个时期，欧洲君主为了战争、奢靡等开销也不得不依赖贷款，所支付的利息常在10%到15%之间。②实际上英国王室经常需要借贷，而且也必须向商人支付利息，否则将没有人愿提供贷款。1545年亨利八世的议会法律许可的利率上限为10%，1571年议会又重申了这一上限。③ 王权的确在民族国家的框架内强大起来，但幸运的是它还没有强大到完全凌驾于个人权利之上的地步。伊丽莎白女王时期已不再禁止贷款利息，《高利贷法》变为限制利息上限。1571年的利率上限是10%，1623年为8%。从1651年到1714年的《高利贷法》禁止私人贷款的利率超过6%，1714年以后是5%。④ 有关的《高利贷法》直到19世纪仍存在，不过由于利率上限大多不会低于市场利率，因此实际影响并不大。1660年的一项限制高利贷的法律就是这样解释降低利率上限的：

> 鉴于在最近的记忆中，从百分之八到百分之六的同样的降

① ［英］亚当·斯密：《国民财富的性质和原因的研究》上卷，郭大力、王亚南译，商务印书馆，1997，第327页。

② Sidney Homer and Richard Sylla, *A History of Interest Rates*, New Jersey: John Wiley & Son, 2005, pp. 111－114.

③ Charles R. Geisst, *Beggar Thy Neighbor: A History of Usury and Debt*, Philadelphia: University of Pennsylvania Press, 2013, p. 76.

④ Christopher Hill, *Reformation to Industrial Revolution, 1530－1780*, Harmondsworth: Penguin Books Ltd., 1980, p. 244.

低……已经达到同样的成功……由于上述原因，由最尊贵的国王陛下和所召集的本届议会的上院及下院制定法律：没有人能够因……一百英镑的延期为一年的贷款直接或间接地索取高于六英镑的价值。①

亚当·斯密认为国家可以设定最高利率，但

这个最高利率，总应略高于最低市场利息率，……这个法定利息率若低于最低市场利息率，其结果将无异于全然禁止放贷取利的结果。②

斯密作为一个经济自由主义者，他对高利贷上限的认可中暗含着一个有趣的逻辑：他所谓的“最低市场利息率”应该指的就是由自由市场决定的平均利息率。这样，如果法定利率上限总是高于市场利率，就无疑意味着法律对市场实际没有限制，贷款的利率高低完全听任市场决定。如果法定上限低于市场利率，斯密则坚决反对！如同中世纪人们会有一些逃脱高利贷禁令的手段一样，当此时英格兰的银行业希望得到的利息高于法定利息时，银行也会有一些方法规避法律。《高利贷法》失去实际控制力的意义在于，资本借贷的成本将由市场决定，而不是由武断的法律决定。当资本借贷的成本由市场决定时，资本才能最有效地

---

① “An Act for Restraining the Taking of Excessive Usury (12 Car. Ⅱ. c. 13)”, *Statutes of the Realm*, Vol. V, Buffalo: William S. Hein. & Co., Inc., 1993, p. 236.

② ［英］亚当·斯密：《国民财富的性质和原因的研究》上卷，郭大力、王亚南译，商务印书馆，1997，第 327－328 页。

达到供需平衡。需要资本的人才能按市场价格得到资本，寻求投资机会的人才愿意提供资本。因此，只有社会机制能够允许市场以自由时，银行业才可以应社会经济的需要而增长。否则的话，将空有剩余的资本而无法有效地寻求应用的方向。道德上的忌禁最终也被破除。约瑟夫·马西是18世纪中期的一位经济学家，在他看来获取利息已经成为财产所有者名正言顺的权利，他说：

> 由于任何商品的所有者像他对这一商品本身具有权利一样，对该商品所能提供的一切利益也无可置疑的具有同样的权利，因而毫无疑问，他将这些利益中的任何一种转让给任何人，这个人就对他负有义务……出借人实际上有权要求得到这种利润。[①]

可见，道德与法律观念的转变依赖于有关个人权利传统的形成。由此，货币获得了金融资本的合法地位。

英国最早的银行生意由犹太人、伦巴底人等经营，到16世纪以后自身的银行业才得以发展。"银行家(banker)"的名称在16世纪已经开始使用，但主要指外币兑换商。[②] 也就是说，只是特指从事这一种金融生意的人，而不是后来从事全部银行业务的人。16世纪的英格兰银行业主要以兼营的形式出现，经营者包括商人、誊写人、金匠、中间商之类。其中金匠到银行家的转变对现代银行业的形成作用颇大。大

---

① [英]约瑟夫·马西:《论决定自然利息率的原因》，胡企林译，商务印书馆，1996，第39—40页。

② Albert Feavearyear, *The Pound Sterling: A History of English Money*, Oxford: Oxford University Press, 1963, p. 101. Edward Nevin & E.W. Davis, *The London Clearing Banks*, London: Elek Books, 1970, p. 9.

卫·米歇尔认为，"金匠对17世纪晚期到18世纪早期的金融革命做出了主要贡献。"[①]施瓦茨伯格称金匠银行家奠定了英国银行业的基础。[②]实际上，上述类似言论基本已成为主流的学术观点。17世纪中期开始金匠银行家在提供金融服务方面开始胜出商人、誊写人等其他出身的银行家。[③]

金匠行当虽然比较特殊，但仍属传统的制造业，因此，传统制造行业所表现出的许多社会制度特征金匠行业也具有。中世纪以来的金匠行会同样限制竞争、限制行业进入、实施行业垄断，这些行业特征是以集体利益为核心并以牺牲个体利益为代价。民族国家产生后这种局部的行业垄断又开始变为通过国家强权实行的垄断。如，1635年伦敦的绸布商很可能是因为触及了金匠的有关生意，结果遭到"买卖体面金匠器皿"的金匠的指控。1705年瓦灵福德的一位金匠因为拒绝向该城的行业特权阶层支付费用，而被市政当局关闭了店铺。[④] 但17世纪金匠业开始遭到与其他制造业相同的命运，行业或国家强权都难以使垄断继续维持下去(其中因由已在第三章有所论述)。伦敦的金匠就遭到如此难堪的境遇，1622年伦敦金匠行会的会长曾控告外来者抢了他们的

---

① David Mitchel, "Innovation and the Transfer of Skill in the Goldsmiths' Trade in Restoration London", in David Mitchel, ed., *Goldsmiths, Silversmiths and Bankers: Innovation and the Transfer of Skill, 1550 to 1750*, London: Alan Sutton Publishing Lit. and Centre for Metropolitan History, 1995, pp. 5—6.

② Raphaelle Schwarzberg, "The Openness of the London Goldsmiths' Company in the Second Half of the Seventeenth Century: an Empirical Study", *Financial History Review*, Vol. 23, Issue 2, Aug., 2016, p. 247.

③ Glyn Davies, *A History of Money: From Ancient Times to the Present Day*, Cardiff: University of Wales Press, 2002, p. 238.

④ Stella Kramer, *The English Craft Gilds: Studies in Their Progress and Decline*, New York: Columbia University Press, 1976, pp. 112, 141.

生意，他们指控：

> 由于他们（外来者）在这个城市和市郊买卖和制造的金银器皿、珠宝、昂贵宝石以及从事其他活动的数量越来越大，而这本来完全和彻底地属于本城的金匠的职业……上述的外来人和陌生人抢走了本城自由金匠的大部分生计……①

但如此的控告似乎对维持他们的行业垄断并没有起什么实质性作用，拆解垄断的力量仍不断蔓延。1653 年 10 月 14 日，伦敦的几个金匠向助理法庭请愿，声称：

> 他们几乎让外来陌生人的侵入毁掉了，这些人私自开业，现在数量如此之多以至于已经超过他们。于是请愿者请求法庭指派一些人与他们一起去驱逐那些陌生人。艾舍先生（Mr. Ashe）和其他人得到任命，请愿者也提名了一些身份是行会成员的工人一同做这件事。②

对行会垄断特权的质疑和反抗甚至也来自行会内部。按照传统或规章，行会有权规定和检查会员的产品质量，对于不符合要求的可以给予惩罚甚至查封店铺。但 17 世纪，许多地方的行会成员开始抵制行会

① "The Goldsmiths' Complaints Against the Aliens, 1622", Ed., Joan Thirsk & J. P. Cooper, *Seventeenth-Century Economic Documents*, Oxford: Clarendon Press, 1972, p. 716.

② Walter Sherburne Prideaux, *Memorials of the Goldsmiths' Company*, Vol. II, London: Eyre and Spottiswoode, 1897, p. 46.

官员入室检查的权力，甚至引发冲突。伦敦就发生过不少金匠拒绝行会会长检查的案例。到18世纪中期，自治城市和行会的控制与垄断在大多数地方已经不复存在，而有些地方则早在17世纪末就已如此。变革之后的社会机制为金匠、金匠银行家以及其他行业提供了相对自由的经济环境，可自由进入的行业当然会具有更充分的扩张活力。最终，行业垄断的合法性在法律上也被国家强权废除。1835年的《市镇机构法》规定：

> 兹授权……在任何自治市镇中，为了以批发或零售的方式销售所有合法的物品和商品，任何人可以经营任何店铺；在任何自治市镇中，为了雇佣、获益、销售或其他目的，任何人可以利用各种合法手艺的和手工的营生、职业。①

这项法案在法律上取缔了自治城市和行会的行业垄断权。

银行业本身就是由信用体系编织而成。贷款、汇票贴现、汇款等乍一看起来仅是习常的银行业务，但其之所以存在却依赖于交易双方对遵守契约的信用。这是一种个人对处理相互间财产关系的契约，这种契约的有效性和完整性首先来自对个人对契约的承诺，而不是外部的强制。面对契约任何定约人都是平等的，都必须在使用他人财产时承担相应的义务。财产的权利是基于个人的，这是当时社会的传统和理

① *Municipal Corporations. An Act to provide for the Regulation of Municipal Corporations in England and Wales*, p. 12. Parliamentary Papers, 1835(574), I. 807.

念。而且,最为关键的是国家强权也不能超越个人权利之上。① 因此,工业革命中的契约信用机制是以个人财产权利的传统为基石确立起来的。处于同一社会传统、观念中的人们往往会以相同的思维方式考虑不同的问题,寻求他们所特有的解决方案。当银行业经营需要大资本,而投资者只有相对少的资本时他们选择了与其他行业一致的筹资方式。即,在确保个人财产的前提下,通过合伙或参股的形式达成资本由分散到集中的整合。

18 世纪,社会机制对经济的作用已为诸多时代的精英所认识。约瑟夫·马西就将自由和对私人权利的保护视为决定商业繁荣的必不可少的因素。他认为即使自然条件并不理想,但只要能够享有自由,人们就宁愿在这种地方从事商业户活动。而且,

> 在自由国家,人们的私人权利和对劳动成果的享有,较之独断专行的君主变化无常的意愿具有更可靠的保障;因而专制国家的贸易不可能像自由国家的贸易那样长期的兴旺发达。②

---

① 实际上在英国即使是王权最鼎盛的时期,专制强权也没能完全超越个人权利之上。而且正是由于国王试图凌驾于个人权利之上,议会最终与国王决裂。冲突的结果导致专制君主制一去不复返。最早的个人权利的观念仅是贵族的权利,但却随着历史的延续与历史的变革,变成了浸渍整个社会的观念。马尔萨斯曾称赞了贵族在英国历史上的这种作用,他说道:"使英国人闻名于世的宪法、自由和权利,其最初的形成以及以后的保存与改进,主要是地主贵族政治的结果,这是一件不容争辩的历史事实。"([英]马尔萨斯:《政治经济学原理》,厦门大学经济学系翻译,商务印书馆,1962,第 312 页。)

② [英]约瑟夫·马西:《论决定自然利息率的原因》,胡企林译,商务印书馆,1996,第 49 页。英文版最早于 1750 年出版。另注:约瑟夫·马西认为决定商业繁荣的条件一共有四个:一、自然的必要性;二、自由;三、私人权利的保护;四、社会安全。

一些重商主义的羁绊最终在法律上也清除了，1819 年的《皮尔法》废除了对贵金属贸易的限制。[1] 而且，尽管英格兰银行长期享有股份银行的特权，但这种垄断并没有真正地妨碍银行业的扩张自由。马歇尔就曾指出："授予英格兰银行的某些独占权是无法维持的。因为英格兰银行当时没有分行，而一家伦敦银行不足以应付一个大国的所有货币业务。"[2]

从 18 世纪中期到 1825 年英格兰的银行可以分为三种类型，英格兰银行(Bank of England)、伦敦的私人银行和地方的私人银行。英格兰银行建立于 1694 年，初建的目的是为了处理政府债务和为政府提供贷款。18 世纪初英格兰即禁止银行合伙人数超过 6 人。唯一例外的是英格兰银行，它是股东人数不受限制的股份公司。因此，从 18 世纪初到 1825 年的一百多年中，英格兰的银行体制是私人合伙银行制，再加上唯一的股份银行——英格兰银行。18 世纪英格兰银行尚不是中央银行，但 18 世纪末已具有了一定中央银行的性质。一方面，它仍是一家伦敦的商业银行，但另一方面，它已成为政府的银行家和国债的管理人。18 世纪 60 年代英格兰银行管理着大约 70%的国债。[3] 1826 年的法律才授予英格兰银行开办支行的权利。

其余两类银行均是私人银行。受 18 世纪初有关法律的限制，这些银行的合伙人数目都不得超过六人。伦敦的私人银行许多都是从金匠发展而来，如著名的霍尔银行(Hoare's Bank)。霍尔银行的创业者是

---

① [英]约翰·克拉潘:《现代英国经济史》上卷，姚曾廙译，商务印书馆，1997，第 331 页。

② [英]马歇尔:《货币、信用与商业》，叶元龙、郭家麟译，商务印书馆，1997，第 307 页。

③ H.V. Bowen, "The Bank of England During the Long Eighteenth Century, 1694－1820", Ed., Richard Roberts & David Kynaston, *The Bank of England: Money, Power and Influence 1694－1994*, Oxford: Clarendon Press, 1995, p. 10.

理查德·霍尔(Richard Hoare),生于1648年,他的父亲是个伦敦的马商。17岁时理查德被送到伦敦的金匠理查德·摩尔(Richard Moore)那里做学徒,1673年开始自己经营。1702年理查德·霍尔已将自己描述为:"伦敦的理查德·霍尔,银行家和金匠。"他所做的生意是"为顾客管理现金,付给他们支票,从其他金匠那里收回欠他们的钱,当需要时向他们递送他们的账目副本。"①这些生意与今天的银行并无二致。18世纪伦敦银行业的顾客主要包括政府、参股公司、贵族等。伦敦银行业在地方银行出现之前就得到了很大的发展,18世纪开始伦敦的私人银行的数量明显增加。据F.希尔顿·普利斯统计,1725年伦敦有私人银行23家,1759年24家,1771年40家,1781年51家,1792年62家,1801年68家,1810年84家,1821年69家,1831年65家,1841年82家,1851年79家。②

伦敦的私人银行业可分为两个群体。其一是西区(West End)银行家。从18世纪末开始西区银行主要的存款人和来往客户关系是地主、律师,1785年有15家这样的银行。主要业务包括为客户接受地产收入,替客户在伦敦市场作证券投资,为其委托人提供钞票、汇票等金融工具。贷款主要是针对乡绅和贵族的抵押贷款和债券。另外,还为伦敦人提供以各种证券为担保的垫付,包括东印度公司股票、南海股票、英格兰银行股票等,贴现不是主要业务内容。切尔德银行(Child's Bank)就是一家以土地群体为对象的银行,存款人主要是贵族和乡绅。

---

① *Hoare's Bank: A Record 1673—1932*, London: 37 Fleet Street, 1932, pp. 3—5, 16.

② F.G. Hilton Price, *A Handbook of London Bankers with Some Account of Their Predecessors*, London: Simpkin, Marshall, Hamilton, Kent & Co., Ltd., 1890—1, pp. 184—283.

其二是伦敦伦巴第街(Lombard Street)的银行家,18世纪早期这里的许多银行都是由金匠发展而来。这些银行的顾客和存款人大多是伦敦人,同时还有许多乡间客户。其业务主要是为伦敦人提供贷款和汇票贴现等业务。①

诺丁汉(Nottingham)的斯密银行(Smith's Bank)是著名的地方银行,它的起源可追溯到1658年,据知它是英格兰第一家地方银行。②地方银行的发展是应地方工商业发展要求出现的,是为工商业活动提供金融服务的机构。工业革命之前伦敦是英国最主要的商业和进出口贸易中心,当时包括原棉在内的许多重要原料都从这里进口,因此英国的银行业也就主要集中于伦敦。工业革命开始后地方银行方才获得真正的发展,1750年时伦敦以外的银行家店铺还不超过12家,1776年时就发展到了150家,1790年350家,1797年230家,1808年超过600家,1810年721家。③ 1820年超过780家,④1838年则超过1200家。⑤尽管1750年之后地方银行有了较快的发展,但至少在19世纪之前,地方银行提供的金融服务仍不能满足各地工商业的要求。

18世纪英格兰北部的兰开郡(Lancashire)、约克郡(Yorkshire)已

---

① D.M. Joslin, "London Private Bankers, 1720—1785", *The Economic History Review*, New Series, Vol. 7, No. 2(1954), pp. 175—180.

② I.S. Black, "The London Agency System in English Banking, 1780—1825", Ed., R.C. Michie, *The Development of London as a Financial Centre*, London: I.B. Tauris & Co. Ltd, 2000, p. 75.

③ W.T.C. King, "The Rise of the Bill Brokers", Ed., R.C. Michie, *The Development of London as a Financial Centre*, Londno: I.B. Tauris & Co. Ltd, 2000, p. 99.

④ R.D. Richards, *The Early History of Banking in England*, London: P.S. King & Son, Ltd. 1929, p. 193.

⑤ *A List of the Country Banks of England and Wales, Private and Proprietary*, London: M.A. Marchant, 1838, pp. 1—69.

经成为英国工业的优势地区，但 19 世纪 30 年代之前利物浦(Liverpool)和兰开郡的银行业发展普遍滞后于工商业的发展。1804 年利物浦仅有三家合伙银行，曼彻斯特(Manchester)有两家，相比之下，英格兰南部的布里斯托尔(Bristol)和埃克塞特(Exeter)还各有 7 家。① 这也从一个侧面证实了，制造业的发展的确不是由金融资本支持的。实际上恰恰相反，地方银行业，尤其是制造业发达地区的银行业是由当地工商业的发展提供资本支持。1766 年威廉·克拉克(William Clark)是亚麻商，1774 年开始从事银行业，据知他是利物浦有记载的第一位银行家；威廉·格里格森(William Gregson)从事银行业之前是商人，业务广泛，包括从事非洲奴隶贸易、做船东、私掠，还拥有一家制绳厂，代理保险，可能在 1790 年与人合伙经营银行；托马斯·斯坦尼弗斯(Thomas Staniforth) 从事格陵兰(Greenland)渔业，经营海豹皮、海豹油、鲸油等，他也参与酒类生意以及奴隶贸易，1791 年与弗兰西斯·英格拉姆(Francis Ingram)、乔纳斯·伯德(Jonas Bold)、约瑟夫·达尔特拉(Joseph Daltera)合伙经营银行，合伙人也都是商人；约瑟夫·哈德温(Joseph Hadwen)父子的生意是杂货和茶叶，1807 年小哈德温开始经营银行业。② 这些人基本都是从 18 世纪 70 年代或更晚开始从事银行业经营，有的则迟到 19 世纪才开始。这些人大部分是商人出身，也有个别来自制造业或只是当过银行职员。斯图亚特·琼斯的研究结论认为，19 世纪 20 年代兰开郡棉纺织业的迅速扩张为

---

① B.L. Anderson & P. L. Cottrell, "Another Victorian Capital Market: A Study of Banking and Bank Investors on Merseyside", *The Economic History Review*, Nov. 1975, Vol. 28 Issue 4, p. 605.

② John Hughes, *Liverpool Banks & Banders 1760 — 1837*, Liverpool: Henry Young & Sons, 1906, pp. 56, 107—110, 127—143, 210.

金融服务提出了更大的要求。他的数据表明,从 1825 年到 1836 年英国的棉纺织品出口值从 1830 万英镑上升到 2460 万,同时曼彻斯特的银行从 7 家增长到 16 家,这之间存在着很高的相关性。①

地方商人和制造商之所以投资金融业,首先是由于 18 世纪的银行服务无法满足工商业交易的需要。于是,一些商人和制造商为了自己和同业的交易便利,在经营原有职业的同时也开始经营银行业。其次,将一部分资本投入银行业获得金融资本带来的利润。因此斯图亚特·琼斯这样说:"在 19 世纪第二个二十五年,曼彻斯特的经历为以下论题提供了令人信服的证据,即金融制度的发展是由工业扩展所引发的一个后项联系。棉工业的连续扩展为维持这个由工业扩张引起的联系提供了动力。"②银行资本的增长肯定受工商业拉动,只有更多的生产和更多的交易,才需要更多的金融资本。而且,18 世纪工业生产赖以生存的信用体系已经为地方银行建立了稳定的制度框架。对此,T. S.艾什顿认为:"在正式的银行在北方建立的很久以前,兰开郡已经形成了一种信用体制。当正式的银行出现时,他们的主要功能就是去扩展先前个体商人提供的金融工具。"③

伦敦私人银行与地方私人银行之间保持着密切的联系。地方银行通常都在伦敦雇用代理人,处理与伦敦之间的业务往来。这些代理人常常就是伦敦的银行家。伦敦代理人的作用主要是为地方银行去兑现

---

① Stuart Jones, "The Cotton Industry and Joint-Stock Banking in Manchester, 1825—1850", *Business History*, Jul. 1978, Vol. 20 Issue 2, pp. 165—167.

② Stuart Jones, "The Cotton Industry and Joint-Stock Banking in Manchester, 1825—1850", *Business History*, Jul. 1978, Vol. 20 Issue 2, p. 182.

③ T.S. Ashton, "The Bill of Exchange and Private Banks in Lancashire, 1790—1830", *The Economic History Review*, Vol. 15, No. 1/2(1945), p. 28.

由伦敦承兑的汇票。另外,代理人也代理地方银行间的余额过户,为地方银行家做证券交易,如买卖证券、接受分红等。伦敦的著名银行——波尔公司,1825 年末所代理的地方银行数目在 46 或 47 家之多。波尔银行与地方银行的关系是当时伦敦银行业的典型模式,伦敦的私人银行常常为地方银行代理在伦敦的金融业务和资金往来。① 地方银行与伦敦银行之间还通过汇票经纪人保持联络,汇票经纪人负责中介地方与伦敦的汇票交易,但他们自己并不买卖汇票。通过代理人和汇票经纪人,伦敦的银行业与各地方的银行业形成了一个覆盖性的网络。由经这一网络,伦敦的富余资本可以流向资本缺乏的工业地区。

私人银行家的钞票发行量并不受议会规范。在 1820 年之前,780 家地方私人银行和 60 家伦敦私人银行都有权发行自己的钞票,但这些银行必须遵守如下的规定:一、符合法律规定的钞票最低面额;二、1804 年以后要交纳钞票印花税。三、1808 年以后所有钞票发行行必须要获得执照。地方银行发行的钞票补充了通货量,实际上 18 世纪英格兰银行发行的钞票基本上只流通于以伦敦为中心的 60 英里半径范围内。② 进入 19 世纪,伦敦私人银行已不再发行自己的钞票,而是使用英格兰银行的钞票,需要现金时再到英格兰银行以钞票或汇票兑取黄金。自 1777 年起,英格兰即立法禁止任何银行发行 5 英镑以下面额的钞票,1793 年前英格兰银行的钞票面额均在 10 英镑以上。1797 年,为了应

① 徐滨:《一八二五年英国金融危机中的政府对应与制度变革》,《历史研究》,2017 年第 5 期,第 168 页。

② R.D. Richards, *The Early History of Banking in England*, London: P.S. King & Son, Ltd. 1929, p. 195.

付对法战争需要，议会始授权银行业界可以发行 5 英镑以下钞票。[①] 1825 年金融危机发生前，1 和 2 英镑的钞票在各地的发行量都很大，小规模的私人银行家同样很乐于发行这类钞票并获取利润。危机发生后议会通过了《钞票限制法》，即“乔治四世 7 年法律第 6 章”。规定，不允许发行 5 英镑以下面额的钞票和汇票，但现有的钞票可以继续使用到 1829 年 4 月 5 日。[②] 英格兰的钞票发行体制重新回到了 1797 年之前的体制。小面额钞票即将禁止，钞票重新成为大额交易媒介。

在参股银行方面，英格兰银行的垄断权一直维持到 1826 年。1825 年秋英国陷入了一场大范围的金融危机。危机覆盖生产流通、货币银行、海外证券投资各领域，大量企业倒闭，金融信用体系受到重创，同时也使经济制度上的一些弊端凸显出来。英国政府采取了相应的市场拯救措施，并实施了金融制度改革，其中最重要的改革是通过了 1826 年的《银行合伙人法》。[③] 其主要内容有两点：其一，任何个人和团体有权组建股份银行公司，股东人数不受限制。同时，英格兰银行在伦敦的 65 英里范围内仍有参股银行的垄断权；其二，英格兰银行可“授权和赋予权力给任何委员或委员会、代理人……在联合王国的、被称作英格兰的部分的任何地方……开展银行业贸易和生意。”[④]即授权英格兰银行建立分行。借此改革，英格兰的银行体制由私人银行向股份银行转变。股份银行体制更适合日益扩张的经济活动，具有抗风险能力和金融安

---

① John Clapham, *The Bank of England: A History*, vol. II, Cambridge: Cambridge University Press, 1958, pp. 2—3.

② “7 Geo. IV, C. VI”, *The Statutes of the United Kingdom*, 1826, pp. 4—7.

③ 相关研究参见徐滨：《一八二五年英国金融危机中的政府对应与制度变革》，《历史研究》，2017 年第 5 期。

④ “7 Geo. IV, C. VI”, *The Statutes of the United Kingdom*, 1826, pp. 130, 136.

全性上的优势，是现代银行业的发展方向。

短短两年多时间，英格兰银行就率先在一些工商业重镇建立起分行。① 这些分行同样有权发行钞票，由此英格兰银行的发行范围由伦敦扩大到各主要城市。最初几年，或许因为股份制银行的“好处还未得到普遍理解”，②新建立的股份制银行数目并不很多。但从 1831 年开始，股份制银行开始集中涌现，到 1836 年已达 89 家。③ 金融服务总与生产密切相关，故而股份制银行在主要工业区发展更快。1836 年 5 月，兰开郡和约克郡共有股份制银行 33 家，本部与分行的总数为 180 家。④“在伦敦和地方私人银行的数目每年都在减少。另一方面，股份银行在各地都在增加。”⑤ 1850 年英格兰和威尔士共有银行 426 家，其中 327 家是私人银行。⑥ 到 19 世纪末私人银行已逐渐不再是银行业的主流，据当时的银行家萨缪尔·劳埃德回忆：“1810 年，伦巴第街有四十家私人银行，现在(19 世纪末)仅有两三家。”⑦这一方面由于一些合伙银行在 1826 年以后已经转制为股份银行。另一方面，私人银行倒闭是银行业常见之事，许多私人银行经营不佳，根本经不起风吹草动。

---

① 到 1828 年英格兰银行已在曼彻斯特、伯明翰、利物浦等 12 个城市建立了分行。参见 John Clapham, *The Bank of England: A History*, vol. II, Cambridge: Cambridge University Press, 1958, p. 112.

② D. Gavin Scott, *History of the Rise and Progress of Joint Stock Banks in England*, London: William Morrison, 1837, p. 5.

③ D. Gavin Scott, *History of the Rise and Progress of Joint Stock Banks in England*, London: William Morrison, 1837, p. 5.

④ *The Circular to Bankers*, *no*. 407, Friday, May 6, 1836, pp.330－331.

⑤ Daniel Hardcastle, *Banks and Bankers*, London: Whittaker and Co., 1842, p. 40.

⑥ Michael Collins, "The Business of Banking: English Bank Balance Sheets, 1840－80", *Business History*, Mar. 1984, Vol. 26 Issue 1, p. 43.

⑦ Samuel Lloyd, *The Lloyds of Birmingham*, *with Some Account of the Founding of Lloyds Bank*, second edition, Birmingham: Cornish Borthers, 1907, p. 74.

而1826年以后成立的银行，则更乐于采用股份制筹集资本。除银行之外，证券市场是当时最重要的金融组织。17世纪末伦敦就已出现专业的经纪人、股票经纪人，而且数量不断增长。1697年政府试图通过法律将证券经纪人的数量限制为100人，但这一限制却完全没有作用，经纪人的数量仍上升不已。1704年英格兰银行和东印度公司就有180万英镑的股票交易，占两个公司已付资本的85%。[①] 股票市场已经存在。随着运河建设时代的来临以及大量的运河参股公司的出现，地方性的股票市场开始出现，运河股票也在伦敦寻求投资人，但对于伦敦来说证券市场主要交易的是国债。

第二节　银行业的资本来源和分布

一、伦敦银行业的资本来源和分布

依照资本的筹集方式，18—19世纪的银行可分为两类。其一是私人银行，最初的资本金由银行家个人资本构成，合伙开立的私人银行由合伙人共同出资。整个工业革命时期内，合伙的私人银行是更为常见的组织形式。当时习惯地将从事私人银行业的人称之为银行家，银行的名称通常也以银行家或多个合伙人的姓氏命名。1826年之前，私人银行的合伙人数量不能超过6人。其二是参股银行，参股银行的最初资本是通过公开发行股份的形式筹集。银行公司的股份持有者是银行的所有者，银行按照股份公司的组织原则进行商业运作。

---

① Ranald C. Michie, *The London Stock Exchange: A History*, Oxford: Oxford University Press, 1999, p. 16.

银行的全部资产由负债加资本金构成。其中资本金就是银行的所有者所出的资本，对于私人合伙银行来说就是合伙人的资本，对于参股银行来说就是股份资本。负债通常就是存款人在银行的存款，是银行的借入资本。无论是私人银行还是参股银行，都肯定有一部分资本是借入资本。这样，银行的资本就由自有资本和借入资本共同构成。伦敦的私人银行家正是凭借这两类资本开展抵押贷款、汇票贴现、证券投资等业务，并获取资本收入。

私人银行根据所处的地域不同，其银行家的起源和资本来源直到 19 世纪前期都有着明显的差异。无论是工业革命之前还是工业革命中，伦敦都是英国银行业中心。实际上，在 18 世纪 50 年代以前伦敦之外就少有银行。伦敦的私人银行家多数都是由金匠发展而来，另外还包括一些投资银行业的商人。伦敦私人银行业在 18 世纪后期的发展无疑与工业革命是分不开的，但它的出现与工业革命没有任何关系。至少工业革命开始以前的几个世纪，伦敦的金匠就已经在经营贷款和货币兑换业务。金匠作为制造金银饰品的手艺人，时常也会代人保管金银，并将暂时不用的黄金贷出谋取利息收入。这样，金匠就成为最早的银行家，并被习惯地称为“金匠银行家”。论及工业革命时期的伦敦私人银行，我们就不得不从更早的历史开始谈起。在工业革命时已名声显赫的许多伦敦银行家是从过去的金匠逐步创业而成的，有些甚至是经过数代人的积累。17 世纪 80 年代中期，弗朗西斯·切尔德(Francis Child)的资产平衡表显示他的全部资产略超过 10 万英镑，其中 57,622 英镑是以现金形式持有的，全部贷款为 29,619 英镑 8 先令

4 便士。余者为金匠业的运营资本，包括钻石、戒指、宝石、珍珠、金银餐具。[①] 这是一个主要为土地利益服务的银行。贷款大多是提供给贵族、乡绅的抵押贷款，存款人也多数来自这一阶层。进入 18 世纪伦敦的霍尔银行逐渐不再从事金匠、典当、珠宝等生意，成为主要经营贵族、乡绅及商人生意的银行。霍尔银行（Hoare's Bank）为其顾客代理证券投资和收取分红。1725 年这家银行以存款为主的负债总计达 209,074 英镑，以贷款和投资为主的资产为 90,868 英镑。1785 年存款等负债已达 821,002 英镑，贷款、垫付、投资共计 599,220 英镑。18 世纪后期其存款人和顾客主要是地主和律师，与商人的联系已变得不太重要。[②] 以上两家银行都属于伦敦西区银行，由于它们的存款人和客户都是以土地利益为主，因此其借入资本应有相当的比例来源于土地或与之相关的收入。它们投资的主要内容是各种证券，如东印度公司股票、南海证券、英格兰银行的股票等。

伦巴第街银行家是伦敦私人银行家的另一个群体，这些银行家大多数也是由 18 世纪早期的金匠银行家转变而来。与西区银行家不同，伦巴第街银行家的服务对象主要不是土地利益，而是伦敦人，也就是主要为伦敦的商业提供金融往来服务。资本除依赖金融业自身的积累外，还有从一些商业和制造业领域的借入资本。萨尔曼（Surman）和斯通（Stone）的银行 18 世纪初已不再经营金匠生意，公司的资本用于获取利息、汇票贴现和购买证券。其存款人和顾客大多是伦敦城人。

---

① D.M. Joslin, "London Private Bankers, 1720—1785", *The Economic History Review*, New Series, Vol. 7, No. 2(1954), p. 168.

② D.M. Joslin, "London Private Bankers, 1720—1785", *The Economic History Review*, New Series, Vol. 7, No. 2(1954), pp. 171, 176.

1731年全部存款是139,995英镑,1789年上升为370,210英镑。[①] 巴克莱银行(Barclay Bank)创建的历史可以追溯到1690年4月,创始人约翰·福瑞姆(John Freame)与托马斯·古尔德(Thomas Gould)合伙在伦敦的伦巴第街开了一家金匠铺。此时福瑞姆年仅21岁,刚刚完成7年的学徒学业。当时一位金匠银行家的开业资本可能要500到3000英镑,所以,很显然此时的福瑞姆已经是富人了。[②] 巴克莱姓氏的加入开始于1733年,这一年约翰·福瑞姆的儿子约瑟夫·福瑞姆(Joseph Freame)与詹姆士·巴克莱(James Barclay)结成了新的合伙关系。从此,这家伦巴第街的银行又被称之为福瑞姆与巴克莱银行(Freame & Barclay Bank)。詹姆士·巴克莱的祖父是一位苏格兰土地乡绅,他的父亲大卫·巴克莱(David Barclay)从其祖父得到了一份价值500英镑的财产后到伦敦做学徒,并于1707年与一位伦敦亚麻布商的女儿结婚,婚后的孩子就是詹姆士·巴克莱。詹姆士·巴克莱的母亲死后,他的父亲又与约翰·福瑞姆的女儿普里西拉(Priscilla)结婚。1733年詹姆士·巴克莱与继母普里西拉的妹妹结婚,这样巴克莱家就与福瑞姆家结成了双重姻亲。大卫·巴克莱的亚麻布生意经营得相当成功,成为伦敦最富有的商人之一,他去世时的财产价值10万英镑。詹姆斯·巴克莱经营银行业的资本就是来自其父大卫的资助(后来巴克莱家完全掌管了这家银行)。18世纪60年代福瑞姆与巴克莱银行合伙人的资本收益率大约为36%。18世纪60年代合伙人的资本为2万英镑,

---

① D.M. Joslin, "London Private Bankers, 1720—1785", *The Economic History Review*, New Series, Vol. 7, No. 2(1954), p. 179.

② Margaret Ackrill & Leslie Hannah, *Barclays: The Business of Banking 1690—1996*, Cambridge: Cambridge University Press, 2001, p.1, 8.

到 19 世纪 40 年代已上升为 20 万英镑。[①] 巴克莱银行的成长即得益于金匠银行业经营的积累，又得益于商业资本的注入。

尤其在工业革命开始后，制造业和商业的连续扩张对伦巴第街银行业提出了更高的要求。不仅伦敦本地的制造业需要银行提供更多的金融方便，更重要的是由经伦敦的进出口贸易需要越来越多的金融服务。在这种情况下，一方面银行业自身的再投资更具吸引力，另一方面，在制造业和商业中积累下的资本也被吸引到银行业中来。商人和制造商通过合伙关系投资银行业既可以便利自己的金融业务往来，又可以获得诱人的投资回报。1774 年建立的马尔拉（Marlar）、拉斯赛尔斯（Lascelles）、佩尔（Pell）和唐恩（Down）合伙银行开始的规模比较小，每年的利润大致在 1500 至 2000 英镑之间。1784 年时年 24 岁的亨利·桑顿（Henry Thornton）加入该公司，银行更名为唐恩、桑顿和福理（Down, Thornton and Free）银行。[②] 桑顿的高祖父是一位约克郡的牧师，从其曾祖父起他的家族开始从商。后来他的祖父和叔祖父来到伦敦，两人都从事俄罗斯和波罗的海贸易，并且都是英格兰银行的董事。亨利·桑顿的父亲也是从事俄罗斯贸易的商人，同时还是一位大慈善家。据亨利·桑顿的日记记载，1790 年他的父亲去世，他继承了 4 万英镑，而此前他只从父亲处得到过 6000 英镑。桑顿加入合伙后，公司的事业显然变得蒸蒸日上，仅他一人每年得到的收入就有 8000 到

---

① Margaret Ackrill & Leslie Hannah, *Barclays: The Business of Banking 1690—1996*, Cambridge: Cambridge University Press, 2001, pp. 15—16, 49.

② D.M. Joslin, "London Private Bankers, 1720—1785", *The Economic History Review*, New Series, Vol. 7, No. 2(1954), p. 181.

12,000 英镑。[1] 1773 年梅森(Mason)、卡理(Currie)、詹姆士(James)和耶娄利(Yallowley)建立合伙银行。查尔斯·詹姆士(Charles James)和雅可布·耶娄利(Jacob Yallowley)曾经分别是同一家啤酒酿造商的合伙人和职员,威廉·卡理(William Currie)则是一位威士忌酒酿造商。开始时银行的顾客还不到 100 人,存款也刚刚超过 87,000 英镑。他们的存款人和借款人基本都是商人和制造商,包括亚麻布商、毛呢布商、威士忌酒酿造商、啤酒酿造商、帽子制造商、茶叶商等。[2]

由此可见,18 世纪行业垄断在金匠及金匠银行家的行业中已不存在,银行业已经成为可自由进入的行业。银行业的资本不仅来自金匠业,还可来自商业、制造业等领域。从巴克莱银行以及唐恩、桑顿和福理银行的经历来看,正是由于有来自制造业和商业的投资者的加入,这两家银行才得到了繁荣发展。行业的自由进入,意味着任何潜在的、擅长运用资本的人都可以成为这个行业的经营者。资本在自由环境中将获得最有利的应用和最大可能的增长。

金匠是伦敦私人银行家的一个重要来源。与大多数手艺人不同,一位独立经营的金匠需要比其他行业多得多的资本才可能开业。金匠经营需要有一些非常昂贵的存货,如黄金、白银、各种宝石等原料,以及首饰、贵重器皿等成品以供顾客选择。这些存货即使数量不多,其价值也会不菲,故而成为一位金匠所需的资本绝非纺织、铁匠等行业的资本要求可比。17 世纪要想在伦敦开一家金匠铺至少要有几百英镑的资

① F.A.V. Hayek, "Introduction", Henry Thornton, *An Enquiry into the Nature and Effects of the Paper Credit of Great Britain*, first published 1802, Ed. *With an Introduction by F.A.v. Hayek*, New York: Rinehart & Company, Inc., 1939, pp. 11—36.

② D.M. Joslin, "London Private Bankers, 1720—1785", *The Economic History Review*, New Series, Vol. 7, No. 2(1954), p. 182.

本,而这还只是小规模的生意。成为一位金匠银行家的初始投资的确是相当高,相比之下,作一位纺织业的小外放包工商有几十英镑也就可以了。据当时人估计,18 世纪后期在伦敦要想成为一家银行的合伙人大概需要 2 万英镑的资本。① 或许这个估计数并不能代表平均值,但无论是 1 万英镑还是几万英镑在当时都是非常巨大的资本。与之相比开始工厂制生产有 1000 至 3000 英镑的资本也就足够了。如此说明从金匠到银行家的投资,几个世纪以来都很大。但是,金匠这个行业自古就存在。换而言之,从整个社会的角度看,社会从来都不缺少使某些人成为金匠的资本。只不过有些人由原来单纯的金匠转变成了金匠银行家,并进而成为工业革命中的银行家。因此,过多地追寻一个金匠从何得来的初始资本并不重要,所需资本的多少也不重要。早在工业革命开始前几百年的意大利,那里并不缺乏造就银行家的资本,也不缺乏银行家,但却没有工业革命。② 最重要的是何种社会机制滋养了金融资本的增长,而不是有多少金融资本。

参股银行业的状况很特殊,直到 1826 年之前英格兰银行都是英格兰唯一的一家股份银行,它的这种垄断地位受议会法律保护。1694 年英格兰银行成立时的全部股本为 120 万英镑。第一份认购的股份是在国王和女王名下的 10,000 英镑,其余的股份为 1267 个个人持有。有 11 位投资人持有允许的最大份额 10,000 英镑,包括波特兰伯爵(Earl

---

① D.M. Joslin, "London Private Bankers, 1720—1785", *The Economic History Review*, New Series, Vol. 7, No. 2(1954), p. 181.

② 1338 年意大利的佛罗伦萨就有 80 家经营银行和货币兑换业的商号,其中最大的是巴尔迪家族和佩卢奇家族。这两个家族 1290 年就将生意发展到了英格兰,1290—1326 年间他们贷给英格兰国王的款额至少 72,631 英镑。([美]詹姆斯·W.汤普逊:《中世纪晚期欧洲经济社会史》,徐家玲等译,商务印书馆,1996,第 567—568 页。)

of Portland)、6个乡绅[伦敦的詹姆斯·德·拉·布里顿艾尔(James de la Brettoniere of London)、萨里郡伍德科特的威廉·布朗劳(William Brownlowe of Woodcott, Surrey)、威斯敏斯特的托马斯·霍华德(Thomas Howard of Westminster)、中殿法学院的托马斯·缪尔索(Thomas Mulsoe of the Middle Temple)、伦敦的马修·翰伯斯通(Matthew Humberstone)和安东尼·帕森斯(Anthony Parsons),约翰·霍伯隆爵士(Sir John Houblon)和其弟亚伯拉罕(Abraham)、西奥多·简森(Theodore Janssen)、威廉·斯卡文爵士(Sir William Scawen)]。[①] 这些最大的股份持有人几乎都来自土地利益或与之相关的群体,但次一级的股东中商人的比例最显著,且从地域上看来大多来自伦敦。克拉潘的统计结果是,最初的500名认购者中大约450个住在伦敦,大约250个是各个等级的伦敦商人。[②] 从1826年开始到1829年,英格兰银行已经在11个地方开设了分行,分别在格罗斯特(Gloucester)、斯旺西(Swansea)、伯明翰(Birmingham)、利物浦、布里斯托尔、利兹(Leeds)、埃克塞特、纽卡斯尔(Newcastle)、赫尔(Hull)、曼彻斯特、诺里季(Norwich)。[③] 这些分行大多处于工商业重镇或港口。1826年和1833年的《银行法》颁布后,地方的和伦敦的参股银行开始获得了发展。到1833年末英格兰已有82家参股银行,大多位于工业地区。1836年是99家,1841年达到115家,包括了3家新成立的

① John Giuseppi, *The Bank of England: A History from its Foundation in 1694*, London: Evans Brothers Ltd., 1966, pp. 12—13.

② John Clapham, *The Bank of England: A History*, Vol. I, Cambridge: Cambridge University Press, 1944, pp. 275—276.

③ Dieter Ziegler, "Central Banking in the English Provinces in the Second Quarter of the Nineteenth Century", *Business History*, Nov. 1989, Vol. 31 Issue 4, p. 34.

伦敦公司。由于法律的限制1834年伦敦的第一家参股银行方才出现，即伦敦与威斯敏斯特银行(London and Westminster Bank)。参股银行的管制解禁后，私人银行的数量开始明显衰落。1831年私人银行的数目已减少到321家。[①] 一部分私人银行已转变为参股银行，一些则被参股银行合并。

二、地方银行业的资本来源和分布

地方私人银行与伦敦私人银行的起源明显不同，投资人的特征也有着较大的差异。地方银行的数量1750年以后方才出现明显的增长，几乎可以被视为工业革命中的新事物。

地方银行的发展主要受工业革命开始后工商业发展的带动，这一逻辑关系在工业占优势的英格兰北部反映得尤为明显。地方缺乏银行也就缺乏为工商业交易提供服务的金融机构。这种状况到工业革命前期都没有得到完全的缓解。为了能够给自己的工商业交易提供便利的金融服务，一些工商业者开始投资银行业。他们将在制造业、商业经营中积累下的资本投入银行业经营，为同业承兑汇票、汇款以及提供某些形式的贷款。因此，帕特·哈德森将约克郡西区(West Riding)的这种与制造业联系紧密的银行称为"工业银行"的确颇有道理。[②] 有些工业地区的地方银行就是由制造业公司兼营的，甚至在经营多年后制造公司和银行公司的账目都不分开。海格与库克公司原本是杜斯伯里的毛

---

① W.M. Scammll, "The London Discount Market: The Early 19th Century", Ed., R. C. Michie, *The Development of London as a Financial Centre*, I.B. Tauris & Co. Ltd 2000, p. 218.

② Pat Hudson, *The Genesis of Industrial Capital: A Study of the West Riding Wool Textile Industry c. 1750—1850*, Cambridge: Cambridge University Press, 1986, p. 219.

毯制造商，后来经营银行业。其银行不仅为公司的生产经营提供了金融便利，而且还带来了丰厚的利润，1812 至 1822 年间公司全部利润的 26% 来自银行业。① 达灵顿（Darlington）的巴克豪斯公司（Backhouse & Co.）建立于 1774 年，詹姆士·巴克豪斯（James Backhouse）和他的儿子乔纳森（Jonathan）是亚麻和精纺毛制造商，从事银行业之前为皇家交易保险公司（Royal Exchange Assurance Company）做过代理商。② 除工商业者，一些土地利益和专业人士也会投资开办地方银行。而且从事地方银行业的资本门槛有时并不十分高，不一定只有很富有的人才能成为银行家，小商人、小制造商等也可以成为银行家。开办地方银行或成为银行家并非都需要伦敦银行家那样的"巨额"资本，尽管一定量的资本肯定是必需的。W.H.B.考特就认为，在 18 世纪"任何人，无论男人或女人，只要有了一小笔钱，他就可以以银行家的身份在邻里之间开展业务。……十八世纪开设的乡镇银行中没有几家的寿命是长的。有的乡镇银行维持下来，如铁厂老板桑普森·劳埃德和他的合伙人泰勒于 1764—1765 年在伯明翰创办的银行和 1775 年格内家族在诺威奇创办的银行就是目前的劳埃德银行和巴克利银行的前身。"③

众多地方私人银行的建立都与商业、制造业、采矿业等有着紧密的联系。斯塔福德（Stafford）的史蒂文森·索尔特（Stevenson Salt）本是一位绸缎商，1737 年开始开办银行。I. 赖特（Wright）和 I.C. 赖特是诺丁汉商人，与波罗的海国家做木材、铁及大麻生意，1760 年开始开办自

---

① Pat Hudson, *The Genesis of Industrial Capital: A Study of the West Riding Wool Textile Industry c. 1750—1850*, Cambridge: Cambridge University Press, 1986, p. 219.

② Maberly Phillips, *A History of Banks, Bankers and Banking in Northumberland, Durham and North Yorkshire*, London: Effingham Wilson & Co., 1894, p. 134.

③ [英]W.H.B.考特：《简明英国经济史》，方廷钰等译，商务印书馆，1992，第 102 页。

己的银行。1765 年基尔福德(Guildford)的海顿·斯迈尔皮斯(Haydon Smallpieces)银行是由一位布商建立的。1772 年创立的伍斯特(Worcester)的贝里克氏(Berwicks)银行的创办人是约瑟夫·贝里克(Joseph Berwick),他是税收官,由纺织品生意发家。制造业出身也不乏其人,1787 年的福克斯公司(Fox and Company)是由威灵顿(Wellington)的羊毛织造业起家,1792 年开张的布莱克本(Blackburn)的坎利夫·布鲁克斯(Cunliffe Brooks)银行的业主原是素棉布制造商,1791 年塔维斯托克(Tavistock)的基尔(Gill)和莫尔斯海德(Morshead)原是毛制造厂主和铸铁厂主。1788 年创立的纽卡斯尔(Newcastle)的兰伯顿氏(Lambtons)银行的四个合伙人中一个是皮革商,一个是五金商,一个是地主,一个是律师。①

18 世纪后期伯明翰出现的私人银行即与当地的冶铁等工业的发展有关。劳埃德银行的前身是伯明翰泰勒氏与劳埃德氏银行公司(The Birmingham Firm of Taylors and Lloyds)。银行开创于 1765 年,原始合伙人是四个,桑普森·劳埃德(Sampson Lloyd Ⅱ)、约翰·泰勒(John Taylor)、小桑普森·劳埃德(Sampson Lloyd junior, Ⅲ)、小约翰·泰勒(John Taylor junior)。初始的资本为 8000 英镑,每人出资四分之一。劳埃德家族主要来自他们经营铁贸易的所得。创始人桑普森·劳埃德曾在一位曼彻斯特商人处做过学徒,后从事家族的铁生意。另一位重要的合伙人约翰·泰勒是柜橱制造商。② 伯明翰的另一家银

① R.S. Sayers, *Lloyds Bank in the History of English Banking*, Oxford: Oxford University Press, 1957, pp. 1—4.

② R.S. Sayers, *Lloyds Bank in the History of English Banking*, Oxford: Oxford University Press, 1957, pp. 5—7.

行的创始人罗伯特·考尔斯(Robert Coales)原是造剑商和代理人。[①] 这类银行的创始人最初的目的往往是为了给往来的客户提供支付的便利,后由此转而经营银行业。伯明翰银行业与当地工业的发展联系颇深,其主要业务是为工业贸易提供汇票贴现服务。当地的制造商出售产品后持所出汇票到银行贴现,得到流动资本以支持未来的生产,银行从贴现中得到收入。

米德兰的银行与工业的关系还反映在这两大产业投资人之间的关系上,一些投资人既是工厂主的合伙人,又是银行家的合伙人。在米德兰,梅山姆的沃尔克氏(Wilkes of Measham)、德比的埃文氏(Evans of Derby)、沃里克的帕克氏(W & J. Parkes of Warwick)、塔姆沃斯的威廉·哈丁(William Harding of Tamworth),这些人曾经就是银行家,后来成为纺纱厂主。一些人利用亲属关系使资本可以在行业间流动。萨缪尔·安温(Samuel Unwin)与其女婿合伙,而他的女婿是伦敦的织袜商和银行家。[②] 工业资本也流入金融业,18 世纪末米德兰就有五家纺纱厂主成为银行家,如佩尔斯-海盖特(Pares & Heygate)公司和米尔-罗公司(Mill, Rowe & Co.)。[③]

在威尔士的雷克斯汉姆(Wrexham),首家银行是由法兰绒商人理查德·M.劳埃德(Richard Myddleton Lloyd)创立的。弗林特郡银行(Flintshire Bank)的合伙人共四位,理查德·山基(Richard Sankey)是一位当地

---

① David J. Moss, "The Private Banks of Birmingham, 1800—1827", *Business History*, Mar. 1982, Vol. 20 Issue 2, p. 80.

② Stanley Chapman, *The Early Factory Masters: The Transition to the Factory System in the Midland Textile Industry*, Aldershot: Gregg Revivals, 1992, p.142.

③ Stanley Chapman, *The Early Factory Masters: The Transition to the Factory System in the Midland Textile Industry*, Aldershot: Gregg Revivals, 1992, p.142.

的煤矿所有者，欧德菲尔德（Oldfield）和奥克莱（Oakley）是两个与煤矿和铅矿有关的人，托马斯·琼斯（Thomas Jones）是一位铁厂主。①

进入19世纪地方私人银行家仍不断自各行各业产生和转变而来。1809年建立的爱迪生公司（Addison and Co.）的创建者是几个杂货商。图克斯伯里（Tewkesbury）的纳撒尼尔·哈特兰（Nathaniel Hartland）原是制革商，1809年成为银行家。莱斯特（Leicester）的佩吉特（Paget）是一位富有的家畜育种商，并与花边和织袜业有家族联系，1811年与当地的一位银行家结成合伙关系，1825年开始独立开办银行。伍尔弗汉普顿（Wolverhampton）的菲尔氏银行（Fryers Bank）的创始人理查德·菲尔（Richard Fryer）原是一个小客栈老板，1807年意外地得到了一笔法国金币，此后便开始经营银行业。②

地方私人银行的投资者还可能包括一些专业人士以及与土地利益相关的人，如律师、乡绅等。威尔士的卡迪夫银行（Cardiff Bank）创始人是老约翰·伍德，他是一位律师，同时兼任收费公路的司库、格拉摩根郡（Glamorgan）的司库，自己还拥有大量的不动产。他从处理有关财产、遗嘱的法律实践中积累了大量金融知识，由于他充任的职位，他还要处理大量的有关现金、汇款等金融业务。这些个人背景使他具备了成为银行家的才能，于是19世纪初老约翰·伍德（John Wood）开始经营银行业。与老伍德合伙经营的还有三位合伙人。1813年其他三位合伙人都退休离开了公司后，老约翰·伍德又与其子小约翰·伍德

---

① A. H. Dodd, *The Industrial Revolution in Wales*, Cardiff: University of Wales Press Board, 1933, pp. 315—316.

② R.S. Sayers, *Lloyds Bank in the History of English Banking*, Oxford: Oxford University Press, 1957, pp. 1—4.

及另一位出资人结成了合伙关系。在新合伙关系中,合伙人按照所贡献的资本共同承担风险和收益,比例是2∶2∶1。各方合伙人的具体出资数目并未记录下来,只知道1817年老约翰·伍德去世时银行对他的负债是8699英镑12先令2便士。① 桑德兰(Sunderland)的罗素、艾伦和马林银行(Russell, Allan & Maling),又称桑德兰银行,建立于1787年。主要合伙人威廉·罗素(William Russell)是乡绅之子,他从父亲那里继承了10,000英镑,这也许就是他作为银行家的资本来源。他的叔叔是木材商、造船商,并因此发了财。叔叔失明后,威廉替他照管公司并最终得到了10,000英镑遗产。② 总共20,000英镑的遗产足够支持相当规模的银行业务。

私人银行自有资本的来源中,合伙资本成为最常见的形式,而且即使是家族式企业资本也往往由家族成员以合伙的形式持有。在家族合伙中,投资人经常是父子、兄弟、姻亲等关系。不过无论投资人的关系如何,任何合伙人对自己那份资本的权利都是排他的和独立的,都对自己的资本享有权利和承担义务。这种处置方式完全来自英国人独特的传统,在英国人的观念中财产的权利是基于个人的,而不是基于家族或组织的。合伙的原则是财产是排他的个人财产。

合伙银行经常会由于合伙人的退出、退休、死亡等原因而改变投资状况。这种情况出现后,投资合伙关系往往会出现重新组合。合伙公司重新组合的目的为的是不断地吸收新的资本投入,保证资本具有一

---

① T.M. Hodges, "Early Banking in Cardiff", *The Economic History Review*, Vol. 18, No. 1/2(1948), pp. 84—86.

② Maberly Phillips, *A History of Banks, Bankers and Banking in Northumberland, Durham and North Yorkshire*, London: Effingham Wilson & Co., 1894, p.363.

定的规模。纽卡斯尔(Newcastle-upon-Tyne)的戴夫森-布兰德公司(Davison-Bland & Co.)成立于1788年,共6位合伙人,初始资本是每人2000英镑。除最初的6位合伙人外,从1790年到1861年先后进入和退出合伙关系的投资人共有17位,合伙关系大多比较稳定且时间较长,如詹姆士·派布斯(James Pybus)1794至1828年间加入合伙关系,长达34年;托马斯·芬威克(Thomas Fenwick)1795年加入公司,1852年退出,长达57年。①

表5-1 联合王国棉纺织品出口和曼彻斯特银行数目 1825—1836年

年份	出口值(千英镑)	曼彻斯特的银行数	曼彻斯特控制的参股银行数
1825	18,300	7	0
1826	14,300	8	0
1827	17,600	7	0
1828	17,200	7	0
1829	17,500	9	2
1830	19,400	9	2
1831	17,300	9	2
1832	17,400	9	2
1833	18,500	9	2
1834	20,500	11	4
1835	22,100	11	4
1836	24,600	16	8

资料来源:Stuart Jones, "The Cotton Industry and Joint-Stock Banking in Manchester, 1825—1850", *Business History*, Jul. 1978, Vol. 20, Issue 2, p. 167.

① Maberly Phillips, *A History of Banks, Bankers and Banking in Northumberland, Durham and North Yorkshire*, London: Effingham Wilson & Co., 1894, pp. 239—241.

与英格兰的地方私人银行发展相似，地方参股银行的发展很大程度上是受工商业发展的带动，而且地方工商业阶层还为此提供了重要的资本支持。仅就纺织业而论，19 世纪 20 年代以后蒸汽动力开始得到较广泛的采用，蒸汽动力工厂比水力工厂要具有更大的规模和更大的投资。不仅如此，大规模的固定资本投资的扩张势必意味着，要有更多的流动资本来支持生产的运行，这就要求银行业提供更多的金融服务。

19 世纪兰开郡已成为棉纺织业最集中的生产区域，绝大部分原棉都从利物浦进口，曼彻斯特是各种棉纺织品和原料交易的中心。1820 年曼彻斯特的货栈有 126 家，1829 年已有将近 1000 家，数目相当于原来的 8 倍之多。[①] 19 世纪前期曼彻斯特共成立了 8 家参股银行，建立的时间均在 1828 年至 1836 年间，这一时期也恰是棉纺织业扩张最快的时期。英国国内消费的和出口的棉纺织品大多会在曼彻斯特交易，所以出口量和曼彻斯特市场之间无疑有着紧密的逻辑关系。从表 5-1 可以看出，英国棉纺织品的出口值与曼彻斯特银行数目之间存在着较高的相关性，而且 1826 年以后银行数量的增长完全依赖于参股形式。从 19 世纪二三十年代曼彻斯特参股银行业投资者的成分看，当时的资本来源很大程度上受益于棉纺织品商人和制造商。曼彻斯特银行、曼彻斯特和萨尔福德银行、地区银行、英格兰北中银行的建立都直接源于棉纺织利益的发起和支持。北南威尔士银行（North and South Wales Bank）成立于 1836 年，发行面值 20 英镑的股份 21,545 股，共有认股人

---

① Stuart Jones, "The Cotton Industry and Joint-Stock Banking in Manchester, 1825—1850", *Business History*, Jul. 1978, Vol. 20, Issue 2, pp. 166—167.

712位。[①] 威尔士北部紧邻兰开郡和利物浦，来自那里的资本实际却成了这家银行的主要资本来源。全部投资人中有63%是兰开郡人，且其所持有的股份占全部股份的69%（参见表5-3）。利物浦的资本显然占据了主要的比例，从大股东的状况看，共有11位持有200股的大股东，其中8位来自利物浦。利物浦的8位大股东中，托马斯·哈里森（Thomas Harrison）、威廉·拉文斯克劳福特（William Ravenscroft）、约翰·汉密尔顿（John Hamilton）是大批发商，约翰·安斯沃斯（John Unsworth）、詹姆斯·郎德（James Lund）是肥皂制造商，克里斯托弗·本瑟姆（Christopher Bentham）是茶叶商。另外三个分别是银行家、磨房主和大批发商。68.8%的持股人是商业、工业和采矿业人士，他们所持有的股份占全部股份的71%，其中商业人士尤占主流（参见表5-4）。在712位认股者中仅持有1～10股的小股东就占了40%，持有15～50股的中等股东占49%。这些中小股东占有了资本总量的60%。[②] 1827年布拉德福德银行公司有94位股东，其中有超过一半的人是毛纺织制造商和羊毛商。19世纪二三十年代，约克郡西区的8家参股银行的董事会大多与制造业联系密切，52位董事中31位从事毛纺织制造和贸易。[③]

---

① B.L. Anderson & P. L. Cottrell, "Another Victorian Capital Market: A Study of Banking and Bank Investors on Merseyside", *The Economic History Review*, Nov. 1975, Vol. 28 Issue 4, p. 607.

② B.L. Anderson & P. L. Cottrell, "Another Victorian Capital Market: A Study of Banking and Bank Investors on Merseyside", *The Economic History Review*, Nov. 1975, Vol. 28 Issue 4, pp. 607—609. 另注：部分数字经再次统计得到。

③ Pat Hudson, *The Genesis of Industrial Capital: A Study of the West Riding Wool Textile Industry c. 1750—1850*, Cambridge: Cambridge University Press, 1986, p. 218.

表 5-2 曼彻斯特参股银行的建立 1828—1836 年

年 份	银 行
1828	曼彻斯特银行(The Bank of Manchester)
1829	地区银行(The District Bank)
1833	英格兰北中银行(The Northern and Central Bank of England)
1834	英格兰商业银行(The Commercial Bank of England)
1836	联合银行(The Union Bank)
1836	曼彻斯特和萨尔福德银行(The Manchester and Salford Bank)
1836	英格兰帝国银行(The Imperial Bank of England)
1836	南兰开郡银行(The South Lancashire Bank)

资料来源:Stuart Jones, "The Cotton Industry and Joint-Stock Banking in Manchester, 1825—1850", *Business History*, Jul. 1978, Vol. 20 Issue 2, p. 168.

表 5-3 1836 年北南威尔士银行持股人的地区及规模分布

	利物浦及周边地区	不包括利物浦在内的兰开郡	全部兰开郡	北威尔士	柴郡	其余地区	总和
投资人数量	368	78	446	189	40	37	712
占全部投资人的比例	52	11	63	26.5	5.5	5	100
占全部股份的比例	53	16	69	18	6.5	6.5	100

资料来源:B.L. Anderson & P. L. Cottrell, "Another Victorian Capital Market: A Study of Banking and Bank Investors on Merseyside", *The Economic History Review*, Nov. 1975, Vol. 28, Issue 4, p. 609.

表 5-4　1836 年北南威尔士银行股份的职业群体分布

	所占股份的比例 %	所占持股人的比例 %
无职业	14.0	14.0
土　地	2.0	5.0
专　业	11.0	12.5
贸易和销售	60.0	59.0
工业和矿业	13.0	9.5

资料来源：B.L. Anderson & P. L. Cottrell，"Another Victorian Capital Market：A Study of Banking and Bank Investors on Merseyside"，*The Economic History Review*，Nov. 1975，Vol. 28，Issue 4，p. 610.

英格兰南部的经济以农业为主，工业经济比较薄弱。其银行业的发展与土地利益关系相对更为紧密，土地收入的管理、地主的证券投资、汇款等业务都需要银行的服务。实际上，工业革命前南方的银行业发展状况还要优于北方。参股银行的发展虽远不如北方，但也有一定的成绩。维尔特和多塞特银行公司是英格兰南部的一家参股银行，创建于 1835 年，股东约有 400 人。其中 61 人是绅士或女绅士、41 个农场主、18 个约曼和磨坊主、19 个杂货商、22 个银行董事和银行家、15 个初级律师、13 个大商人、11 个外科医生。其余的人也大多是五花八门的工商业者，包括马车匠、牧师、印刷商、油漆匠、呢绒商、刀具商、铜匠、邮政所长、船长、船主、济贫院长、商店主等等。① 投资人中明确来自土地利益的人士达到了 30%，与英格兰北部相比来自农业的资本比较

① R.S. Sayers，*Lloyds Bank in the History of English Banking*，Oxford：Oxford University Press，1957，pp. 91—92.

突出。

苏格兰最早的私人银行据知是18世纪前期建立的约翰·库茨公司(John Coutts and Co.),库茨家族是爱丁堡的名门望族,据称其姓氏可追溯到爱德华一世时期。[①] 威廉·福布斯(William Forbes)是一位银行家,早年曾在库茨的银行公司中做学徒。在他为库茨银行写的回忆录中记述,约翰的父亲是一位从事纽约、宾夕法尼亚、阿姆斯特丹、法国等地海外贸易的商人,1704年去世时为儿子们留下了2500英镑。这笔财富令约翰兄弟可以跟随商人做学徒。1740年后约翰与别人合伙经商,经营谷物贸易、货物的委托买卖、伦敦等地汇票的转让。约翰死后,其弟詹姆士(James)继承了他的20,000英镑遗产,詹姆士同时从事商业和银行业。[②] 苏格兰的银行业不受英格兰议会法律的制约,因此整个工业革命中参股银行都是苏格兰的合法企业组织形式。早期的苏格兰参股银行包括1695年建立的苏格兰银行(Bank of Scotland)、1727年的苏格兰王家银行(Royal Bank of Scotland),以及18世纪80年代开始改营银行业的不列颠亚麻公司(Britain Linen Company)。苏格兰银行成立时的授权资本为120万苏格兰镑,相当于10万英镑。苏格兰王家银行的最初授权资本是最多4万英镑。不列颠亚麻公司1784年的资本为34,594英镑,1791年为56,480英镑。这些苏格兰的参股银行的最初规模都明显小于英格兰银行。[③] 苏格兰的艾尔银行

---

① Ralph Richardson, *Coutts & Co. Bankers, Edinburgh and London, second editon*, London: Elliot Stock, 1901, pp. 28—33.

② William Forbes, *Memoirs of a Banking-House*, second edition, London and Edinburgh: William and Robert Chambers, 1860, pp. 1—4.

③ S.G. Checkland, *Scottish Banking: A History, 1695—1973*, Glasgow: Collins, 1975, pp. 26, 59, 151.

(Ayr Bank,即 Douglas, Heron and Co.)建立于 1769 年,名义资本为 15 万英镑,当时实际认缴股本 96,000 英镑。从股者的职业来看土地所有者是主要的资本来源,资本来源的地理分布主要是艾尔郡(Ayr)、邓弗里斯郡(Dumfries)、柯尔库布里郡(Kirkcudbright)。[①] 苏格兰的参股银行业虽未受限制,但其显著发展也是到 19 时初期才出现。苏格兰商业银行发起于 1809 年,1810 年得到授权,授权股本 300 万英镑,股份 6000 股。但实际只认购了 4500 股,第一次付款要求交纳名义股本的 20%,筹集资本 45 万英镑,不久后又上升到 60 万英镑。到 1815 年共有 673 位持股人。[②]

工业革命中对银行业的投资呈现出一定的地域性特征。英格兰银行作为最特殊的一家银行,其资本来源主要反映出土地利益和商业资本的特点。伦敦的私人银行最初的起源大多和金匠有关。现代早期以来金匠的资本已不再是制造业工匠所持有的资本,而是已经显现出金融资本的特征,实际上金匠资本就是早期的金融资本。伦敦私人银行的其他资本来源还包括商人和制造商对银行业的投入,以及从土地阶层、工商业阶层借入的资本。地方银行的兴起开始于 18 世纪中期,鉴于工业革命前银行业的经营主要集中于伦敦,因此完全有理由认为,工业革命中银行业的扩张很大程度上就是依赖于地方银行的发展。在地方银行的初始资本来源中,来自制造业及商业的资本构成了相当重要的比例,这一特点在英格兰北部的工业地区尤为明显。制造业曾经是

---

① Henry Hamilton, "The Failure of the Ayr Bank, 1772", *The Economic History Review*, New Series, Vol. 8, No. 3(1956), p. 408.

② S.G. Checkland, *Scottish Banking: A History, 1695－1973*, Glasgow: Collins, 1975, pp. 286－287.

资本非常匮乏的行业，其生产的增长主要依赖于由个人权利关系编织成的信用网，而不是足够的资本。结果，制造业生产为其自身创造出了真正的资本。不仅如此，这种由制造业创造的资本又开始支持了地方银行业的增长。以特殊社会机制造就的这种生产结果在进入新的行业后，又将上演另一种意义相同的资本魔术。通观整个英国的状况，我们可以得出这样的结论：工业革命中投资银行业的资本来源于社会各个阶层和行业，地域差异不过是各地经济发展特点的反映。银行业是一个完全开放的领域，任何人都可以对这个领域进行投资，资本可以自由地流入及流出。

第三节　银行资本的投资方向及影响

一、银行资本的投资方向

讨论过银行业的资本来源之后，本节将对其资本投资展开研究。与前几章研究的行业一样，银行资本也必须通过生产投入才能实现资本的价值，才能获得资本的收益并提供未来的增长。从经济行为的角度来说，任何一个行业将其资本投入到它的生产中，目的都是为了生产某种产品并最终将其销售出去，从而获得资本的收益。银行业也不例外，它同样是以资本生产出某些产品，并通过销售这些产品而获得金融资本的利润。农业的资本投资于土地而获得产出或土地的增值，制造业的资本则投入到厂房、制成品而获得增值，也就是说，这些行业投资生产的产品都是有形产品。银行业与此最明显的不同之处不过在于，银行业投资生产的是提供给客户的服务，而服务是一种无形产品。①

工业革命时期的银行业投资生产的产品主要包括证券、贷款和汇票贴现三个类，资本的投入也主要流向这三个方面。由于英格兰银行、伦敦私人银行业、地方银行业在资本来源和地域经济特点上的差异，这三类银行在投资取向上也各有偏重。参股银行兴起之后，各类银行业的业务差别依然存在。但总体来说，工业革命的过程中各类银行在投资业务上的联系正不断加深。通过整个银行业的经营网络，资本可以实现不同地区间的自由流动。

证券投资在工业革命中始终对银行家具有相当的吸引力，几乎所有银行都会或多或少将资本用于证券投资。工业革命时期的证券主要包括如下两类：第一类，也是最主要的，是英国政府发行的公债。政府公债的发行始于光荣革命之后，1751 年政府将各种公债整理为“统一公债”。投资公债不仅几乎没有风险，而且利息收入也比较高。18 世纪中期以后公债收益率大多在 3.5%以上。从 18 世纪 70 年代后期到 19 世纪 20 年代，由于北美独立战争和拿破仑战争英国政府的债务快速增加，公债的收益率维持在 5%左右。② 第二类，公司股票，这一类主要包括英格兰银行的股票、大商业公司的股票、运河及铁路公司的股票。大商业公司主要指以伦敦为基地的海外贸易公司，如东印度公司。

国债最初就是国王的贷款，以后演变成国债。强权君主时期商人也可能提供贷款给国王，但这无论如何都是一件高风险或被迫的事。

---

① 银行业不太可能将资本用于有形产品的生产，投资建造银行建筑除外，但此时很少有银行必须建设自己的建筑，小规模的银行家甚至连办公室也不需要。

② See Ed., B.R. Mitchell, *British Historical Statistics*, Cambridge: Cambridge University Press, 1988, p. 678.

尽管贷款服务在一定程度上存在，但由于出借者的权利难以保障，像工业革命时的这种规模则不可能。1688年光荣革命之后，国家权力的中心由国王转向议会，真正意义的国债才开始出现。然而到了18世纪，国债与投资人之间的关系已发生了根本的转变。银行家和其他的投资者已将投资国债视为最佳的投资方式，乐于将资本贷给政府，而不必担心财产权利的风险。据厄尔的统计样本，1665至1689年间政府债务在伦敦中等阶层投资中的比例是3.4%，而1690到1720年则增长到12%。① 这一发现可以说明人们对政府债务态度的转变。17世纪之后国家权力逐渐由国王的手中转移到土地利益手中，英国政治成为代表土地利益的寡头政治。仅就国债的投资而言，债务人就是代表土地利益的政府，债权人则主要是伦敦及其周边地区的土地利益、商人和银行。伦敦私人银行与土地利益有着相当密切的关系，其资本一定程度上就来自土地利益。英国社会是一个以土地利益为主宰的金字塔形的等级社会。但英国的社会等级并不是封闭的，而是开放的，土地利益集团与其他阶层之间具有相当的流动性。可以说，债务人的利益就是土地利益者的利益，而债权人的利益也是土地利益者及其相关群体的利益。17世纪绝对的个人财产已成为广为认可的理念。1644年的一份匿名小册子曾这样写道：

> 但是目前已经很清楚地显示，我们的国王不是绝对的君主，没有多于法律允许的凌驾于其臣民生命、自由或财产之上的权

① Peter Earle, *The Making of the English Middle Class: Business, Society and Family Life in London, 1660—1730*, Berkley and Los Angeles: Methusen and the University of California Press, 1989, p. 146.

力。……让我们……感谢神的慈爱，神不仅将他同等的恩赐分配和赠予我们，而且使我们成为我们享有的财产的所有者，如此，我们的生活、自由和地产不依赖于、也不屈从于我们君主的独断或专制意愿。①

而个人权利在经济上的表现就是个人对其财产的绝对权利。这种情况下，国家强权当然不再是个人财产权利（至少是土地利益者的个人权利）的侵害者，而是同盟者。这种关系在英格兰银行的例子中再明显不过了，建立英格兰银行的目的就是为政府的债务问题提供服务，而投资者就是以国王为代表的土地利益及其相关商业、银行业群体。对于个人权利最大和最根本的危害正是来自国家的强权，当这一强权不再能够超越个人权利之上时，个人权利才是绝对的。在这种社会机制下，基于个人财产的投资才是有保障的，投资才能具备现代增长的意义。

1760 年国债已达 10,170 万英镑，估计持有人为 60,400，②人均约 1684 英镑。公债的投资人大多来自伦敦及其邻近地区，如 1780 年至 1793 年国债持有人的 87%居住在伦敦及周围各郡。③ 投资公债的资本主要来自三个领域，包括土地利益、商人、银行家和银行。其中银行家和银行不仅是公债的投资人，而且还常常为其他个人和机构代理经营公债交易。早在都铎王朝时代，政府就向伦敦的商人和银行家借贷。工业革命以来，政府不仅依然将伦敦的银行家作为重要的债权人，而且

---

① *England's Monarch*, London: Thomas Paine, 1644.

② Ranald C. Michie, *The London Stock Exchange: A History*, Oxford: Oxford University Press, 1999, p. 20.

③ Ranald C. Michie, *The London Stock Exchange: A History*, Oxfrod: Oxford University Press, 1999, p. 33.

还通过伦敦的银行业发售债券。政府授权组织英格兰银行的最重要原因就是通过英格兰银行筹措和管理政府借款。而从英格兰银行投资者的角度,则是通过投资这家特殊的银行而投资政府债务,从而获得一项稳定的债券收入。约翰·克拉潘就评论道:"英格兰银行的筹划人企图达到两个目的:第一,要从政府获得一项可靠的经济来源,像那些实际上不过是政府债权人集团的欧洲大陆上的'银行'所获得的一样。"①英格兰银行成立时就将全部120万英镑资本借贷给政府,为此得到政府每年支付给它的8%的利息以及4000英镑的管理费用。② 此后,英国政府的公债主要由英格兰银行管理和发行。1816年英格兰银行以3%的利息贷款给政府300万英镑。③

公债也是伦敦私人银行和地方私人银行的重要投资项目。本杰明和亚伯拉罕·苟德斯米德兄弟(Benjamin & Abraham Goldsmid)是伦敦的汇票经纪人兼银行家。他们投资的项目主要是政府贷款,1795年他们与其他商业和银行公司一起承包一笔1,800万英镑的政府贷款,一起承包贷款的公司和商人有博伊德和本菲尔德公司(Boyd, Benfield & Co)、彼得·斯拉森父子公司(Peter Thelusson & Sons)、所罗门·所罗门斯(Solomon Salomons)、乔治·瓦德和罗森·艾斯拉比(George Ward and Rawson Aislabie)、罗巴特斯和柯蒂斯公司(Rob-

---

① [英]约翰·克拉潘:《简明不列颠经济史》,范定九、王祖廉译,上海译文出版社,1980,第378页。

② A. Andréadeès, *History of the Bank of England, 1640－1903, translated by Christabel Meredith*, London: P.S. King & Son, Ltd., 1924, p. 73.

③ H.V. Bowen, "The Bank of England During the Long Eighteenth Century, 1694－1820", Ed., Richard Roberts & David Kynaston, *The Bank of England: Money, Power and Influence 1694－1994*, Oxford: Clarendon Press, 1995, p. 9.

arts, Curtis & Co.),贷款经承包商承包后再卖给其他投资者。仅本杰明和亚伯拉罕·荀德斯米德兄弟公司承包的贷款就达 400 万英镑。他们自己投资为 482,000 英镑。① 私人银行可以通过政府债券的管理人购买债券,也可以通过证券市场购买。通过证券市场,公债成为可自由交易的投资凭证。公债的市场收益率会随政治和经济状况的变化而波动,而这正是私人银行投资公债的原因,银行家希望以此获得最佳的预期收益。国债从 1801 年的 456.1 百万英镑上升至 1815 年的744.99 百万英镑,1819 年的最高峰为 844.4 百万英镑,相当于 1821 年国民收入的三倍。② 大量的公债交易也促成了证券经纪人行业的兴起,以及固定证券交易场所的建立。

伦敦有固定交易场所的证券市场的历史可追溯到 1761 年,当时 150 位证券经纪人共同租下了乔纳森咖啡馆(Jonathan's Coffee House)作为固定交易场,费用是每人每年 8 英镑。乔纳森咖啡馆早就是政府证券的一个习惯性交易场所,由于这些证券经纪人排斥其他的经纪人在此交易,而被法庭判为非法。1773 年一群证券经纪人在斯维汀巷(Sweetings Alley)合资建造的证券交易所开张,任何经纪人只要每年缴纳 7.8 英镑就可在这里从事交易。这里就是 1801 年 3 月 3 日正式成立的伦敦证券交易所的前身。③ 直到 1825 年以前伦敦证券交

---

① S.P. Cope, "The Goldsmids and the Development of the London Money Market during the Napoleonic Wars", Ed., R.C. Michie, *The Development of London as a Financial Centre*, London: I.B. Tauris & Co. Ltd, 2000, p. 191.

② Ranald C. Michie, *The London Stock Exchange: A History*, Oxford: Oxford University Press, 1999, pp. 50, 55.

③ Ranald C. Michie, *The London Stock Exchange: A History*, Oxford: Oxford University Press, 1999, pp. 31—35.

易所仅是国债的交易场所。

由于证券交易日趋专业化，许多银行干脆雇用证券经纪人代理证券业务。证券经纪人埃德蒙·安托布斯(Edmund Antrobus)从1777年开始主要受雇于库茨公司的伦敦西区银行，代理公司买卖政府证券。1786年他的一半业务是为库茨公司做的，数额达41,3624英镑。詹姆斯·皮利讷(James Pilliner)从1782年起为伍斯特的一家银行——贝里克公司(Berwick & Co.)，代理买卖政府证券。1782年至1787年，他为这家公司平均每年交易的政府证券为15万英镑。① 地方银行也通过其伦敦的代理人与伦敦金融市场保持着密切联系，将一部分资本投资于公债。1793年纽卡斯尔的兰伯顿银行(Lambtons)就通过其伦敦代理商马斯特公司(Masters & Co.)购买10,000英镑的统一公债。银行家也贷款给证券经纪人，由证券经纪人经营证券交易。1826年劳埃德银行贷给西肯氏公司(Hichens & Co.)5000英镑，10年后这一数字达到27,000英镑，西肯氏公司就是劳埃德氏银行的证券经纪公司。② 地方私人银行也为顾客代理投资业务，如购买国债和其他证券。斯里福德(Sleaford)的皮科克·汉德利公司(Peacock Handley)1814年为两位顾客购买了相当于价值78英镑6先令2便士的统一公债，1819年为一位地方牧师购买了200英镑的统一公债。③

除了本国债券外，外国政府债券对银行资本也颇具吸引力。伦敦

---

① Ranald C. Michie, *The London Stock Exchange: A History*, Oxford: Oxford University Press, 1999, p. 27.

② R.S. Sayers, *Lloyds Bank in the History of English Banking*, Oxford: Oxford University Press, 1957, pp. 128, 183.

③ R.S. Sayers, *Lloyds Bank in the History of English Banking*, Oxford: Oxford University Press, 1957, p. 105.

证券市场于1823年开设外国基金市场，从事外国政府债券的交易。19世纪20年代前期英国外国证券市场出现了空前的繁荣。这与英国内外政治、经济等方面的变化密切相关，其中国际政治因素，特别是拉丁美洲政治局势的改变尤为重要。19世纪英国的经济学家、统计学家托马斯·图克在1925年危机过后指出："国外贷款和股份上的投机构成了弥漫于1824和1825年大狂热的很大一部分。"①国外投机，指的主要就是拉丁美洲证券投资。欧洲和拉丁美洲的政局变动造就了海外证券投资机会，其中以对拉丁美洲政府债券投资为主。新独立的拉美国家在伦敦以高收益率筹集贷款，由此激发了海外投资热潮。从1824至1825年，通过承包商付给新生拉丁美洲国家的贷款总计达1748万英镑。② 拉美证券投资中还有一部分是矿业股票，特别是金银矿股份。英国人对拉美的贵金属宝藏早已心怀向往，部分拉美独立成为实现黄金梦的天赐良机。19世纪20年代早期，高德施密特（B. A. Goldschmidt and Co.）是欧洲和拉美债务的几大代理商之一。该公司"在1824年间，据说已经实现了净利润五十万英镑"③。1825年初，高德施密特承揽了墨西哥政府债券，总数160万英镑，面额则是320万英镑，为期30年。④ 同时，该公司还是丹麦、墨西哥、哥伦比亚、葡萄牙政府贷款的承包商。

---

① Thomas Tooke, *A History of Prices*, Vol. II, London: Longman, Orme, Brown, Green and Longman, 1838, p. 148.

② J. Fred Rippy, "Latin America and the British Investment 'Boom' of the 1820's," *The Journal of Modern History*, vol. 19, no. 2 (Jun. 1947), pp. 123—124.

③ *Jackson's Oxford Journal*, Saturday, February 18, 1826.

④ Frank Griffith Dawson, *The First Latin American Debt Crisis: The City of London and the 1822—25 Loan Bubble*, New Haven and London: Yale University Press, 1990, p. 71.

银行家也把资本投入到商业公司的证券，伯明翰的泰勒和劳埃德公司在成立早期就持有南海公司的年金及东印度公司的债券。[①] 19 世纪 20 年代的运河和铁路的建设扩大了股份公司的股票市场，许多伦敦的证券经纪人开始为这些股份公司寻求投资人和兜售股票。为了占据商机，伦敦证券交易所从 1825 年 3 月开始准予在外国基金市场内进行股票买卖，至此交易所由只从事国债业务转变为从事各种可转手证券的机构。也可以说从 19 世纪 20 年代中期开始，英国的所谓证券市场才开始具备为生产性投资筹集资本的性质。1835 年交易所的 15 位经纪人只作布莱克威尔铁路公司（Blackwell Railway Company）的股票业务，1838 年 37 位经纪人从事伦敦-布里顿铁路公司的股票交易，1838 年伦敦证券交易所的 675 位经纪人中已有 278 位在从事股票的买卖。[②] 但交通建设业证券的交易在全部证券交易中仍是有限的，到 1853 年伦敦证券交易所的证券已付资本是 12 万亿英镑，其中四分之三是政府债券，而且主要是英国政府债券。企业证券仅占四分之一，铁路公司证券算是这里最大的一份，为 1.94 亿英镑，占总量的 16%。[③] 对此，S.G.查克兰曾有过很切实的评价："虽然铁路股份成为伦敦证券交易所的重要因素之一，但至少直到 19 世纪的最后几十年之前，该城的金融家们并没有紧密地联系到任何其他重要方向的北部工业金融中去。……实际上，至少到这个世纪的最后四分之一，工业不得不依赖传

---

① R.S. Sayers, *Lloyds Bank in the History of English Banking*, Oxford: Oxford University Press, 1957, p. 186.

② Ranald C. Michie, *The London Stock Exchange: A History*, Oxford: Oxford University Press, 1999, p. 59.

③ Ranald C. Michie, *The London Stock Exchange: A History*, Oxford: Oxford University Press, 1999, p. 64.

统的资本供给方式:形成合伙关系,其成员依靠自己的资源作必需的投资;向土地利益借贷,并与传统的行业领袖共享进取心;回投利润。"① 据雷纳德·米奇估计:"1760 年公司债务仅占不列颠所有金融资产的 7%,1850 年时倍增到 16%。同时期,政府债务从 28% 增长到 36%。"②可见,即使到工业革命完成时,英国证券市场仍主要是国债市场。公债投资也就构成了银行业证券投资的最主要方向。

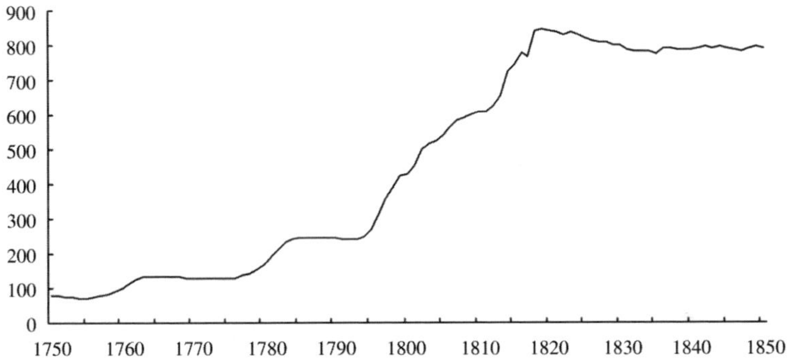

图 5-1　联合王国的公共债务　1750—1850 年　单位:百万英镑

资料来源:Ed., B.R. Mitchell, *British Historical Statistics*, Cambridge: Cambridge University Press, 1988, pp. 578—579.

银行购买交通建设业股票并不都是投机性的投资,一些银行持有运河或铁路股票是为了长期投资。泰勒和劳埃德公司 1774 年就开始运河投资,到 1800 年期间所持有的运河股份已达 8000 英镑。1802 年

① S.G. Checkland, *The Rise of Industrial Society in England, 1815 — 1885*, London: Longman, 1971, pp. 203—240.

② Ranald C. Michie, *The London Stock Exchange: A History*, Oxford: Oxford University Press, 1999, p. 65.

瑞丁(Reading)的斯蒂芬斯·西蒙德和哈里斯银行(Stephens Simmonds and Harris)购买了300英镑的泰晤士-麦德维运河(Thames and Medway Canal)股票。斯蒂芬斯·白兰迪(Stephens Brandy)在1842和1843年购买过布里顿铁路股份,北威尔特郡(North Wilts)银行1842年投资东南铁路公司债券10,000英镑。① 1781年巴克莱和贝文银行(The Barclays and Bevans)同时在4年内投资亨利·斯莱尔酿造公司(Henry Thrale's Brewery)135,000英镑,成为其合伙人。古尔内银行(Gurneys)和巴克豪斯银行(Backhouses)总共认购了斯托克顿-达灵顿铁路的120,900英镑初始资本的三分之一。② 银行家也常以个人资本投资交通企业,在这种情况下只能将其视为个人投资而非其所属银行的投资。19世纪初加迪夫银行(Cardiff Bank)的小约翰·伍德(John Wood junior)也投资交通建设业,但显然这是其个人投资,而非加迪夫银行的投资。这些投资包括:5股蒙茅斯郡运河(Monmouthshire Canal)股份,共计1203英镑16先令2便士;4份蒙茅斯郡运河债券,共计394英镑11先令8便士;2股米斯航运(Meath Navigation)的股份,共计244英镑19先令6便士;5股阿伯丁运河的股份,1股海铁路(Hay Railway)股份,二者共计200英镑;1份瑞莫桥(Remmer's Bridge)信托债券,计100英镑。③

各类银行能够向不同行业和社会群体提供多种形式的贷款,如抵

① R.S. Sayers, *Lloyds Bank in the History of English Banking*, Oxford: Oxford University Press, 1957, pp. 186, 187

② Margaret Ackrill & Leslie Hannah, *Barclay: The Business of Banking 1690—1996*, Cambridge: Cambridge University Press, 2001, pp.36, 37.

③ T.M. Hodges, "Early Banking in Cardiff", *The Economic History Review*, Vol. 18, No. 1/2(1948), p. 89.

押贷款、短期贷款、垫付、银行账户透支等。

银行是一个资本投资的信用机构。所谓信用，就是对承诺履行义务的保证。信用之所以存在，有赖于信用关系双方对各自财产权利和义务的保障和遵守。就银行业而言，无论是获得资本还是投入资本都必须严格遵守对任何一份资本财产的承诺。否则，现代银行业资本的增长将不可能出现。如前文所述，强权君主时代银行业也存在，同样也遵循信用的权利、义务原则去经营，而且在当时人们已经将此视为理所当然的道德方式。但是，只要强权存在，这种权利义务的框架就不可能完整。毕竟，难以保证享有强权优势的一方遵守对无强权一方的承诺。信用，或权利、义务关系的完整确立只能在对等的双方之间。这种关系，除非是完整的，否则将不能保证资本使用的有效性，资源使用是无效的，增长当然不可能。在十六七世纪，个人权利的观念是正在不断加固的旧传统，而专制强权则是正在增长的新政治。幸运的是，旧传统压倒了新政治，这种完整的制度框架令资本得到了有效的运行。

地主靠土地获得收入，但来自农业的逐年收入并不总能满足地主的开支需要。有时地主需要大量的现金以应付一时出现的巨额支出，如进行土地买卖、为女儿出嫁置备嫁妆、兴建庄园宅邸以及一些商业投资等。地主常常通过私人关系进行借贷和抵押贷款，18 世纪随着银行业的扩张地主也向银行业寻求贷款。

伦敦银行业与土地利益关系紧密，英格兰银行筹建时的资本就有相当的比例来自地主阶层，私人银行中也有不少来自地主的借入资本。向地主提供贷款构成了伦敦银行业的一个重要的投资方向。1820 年英格兰银行为地主提供的贷款总数就达到了150万英镑。[①] 伦敦私人银行业中的西区银行是能为地主提供贷款服务的主要群体。18世纪20年代霍尔银行就曾贷款2500英镑给金斯顿第二公爵(the second Duke of Kingston)。1733年和1736年金斯顿公爵又两次从该行分别贷得10,000英镑和6000英镑,1737年他偿还了1736年的贷款,四年后他又贷款19,000英镑。到1745年霍尔银行共贷给金斯顿公爵30,000英镑,差不多占他全部负债的一半。1738年至1754年间霍尔银行共贷款给纽卡斯尔公爵(Duke of Newcastle)10万英镑,并于1759年得到了全部偿付。1832年给予埃莱斯伯里(Ailesbury)托管人104,000英镑的短期抵押贷款,1842年给予博福特公爵(Duke of Beaufort)24,000英镑的过渡性贷款。库茨公司(Coutts and Company)1839年贷给纽卡斯尔第四公爵158,000英镑。[②] 地方银行有时也向农业提供贷款,如1841年伯顿联合银行(Burton Union Bank)为伊克莱施尔(Eccleshall)圈地垫付过200英镑。[③]

英格兰银行和伦敦私人银行也向伦敦的商人和贸易公司提供贷款。18世纪中期英格兰银行最重要的私人贷款客户是大商业公司,1752年东印度公司以4%的利息贷款10万英镑,为期三个月,几周后又贷款10万英镑,1754年英格兰银行又给东印度公司的两次贷款,分

---

① J.V. Beckett, *The Aristocracy in England, 1660—1914*, Oxford: Basil Blackwell, 1986, p. 311.

② J.V. Beckett, *The Aristocracy in England, 1660—1914*, Oxford: Basil Blackwell, 1986, pp. 311—312. 另注:过渡性贷款是一种短期贷款,其目的在于弥补一项资产购买与另一项资产销售之间的资金缺口。

③ R.S. Sayers, *Lloyds Bank in the History of English Banking*, Oxford: Oxford University Press, 1957, p. 96.

别是 10 万和 15 万英镑。仅 1775 年一年英格兰银行从这家公司得到的偿付款就是 201,687 英镑 13 先令 5 便士。① 其他如哈得逊湾公司(Hudson's Bay Company)也是英格兰银行的大贷款客户。

地方银行业的扩展和资本来源与地方工商业的发展有着密不可分的联系,在地方银行存款并与之保持业务往来的也以工商业者居多。斯密家族(Smith)原是绸布商,17 世纪开始在诺丁汉(Nottingham)开始经营银行业。1848 年,除了土地利益外斯密银行最大的客户群体是织袜商和编织商,可确认的这类客户有 440 个名字。其中相当有影响的是织袜商萨缪尔·尼德公司(Samuel Need & Co.),该公司 1748 年 1 月透支额 910 英镑,1751 年 11 月减少为 101 英镑。另一个大的客户群体是商人,包括亚麻和羊毛商、绸布商、呢绒商等。其中著名的有毛料商约翰·怀特(John Wright)、绸布商约翰·摩尔利和菲利普·斯垂利(John Morley and Philip Strelley)。② 1775 年劳埃德银行的最初 20 位顾客包括了一个小酒馆老板、一个烤面包匠、一个理发师、一个屠夫、一个表链制造商、三个食物供应商、一个铰链制造商、一个镀金匠、两个顶针制造商、一个辫子制造商、一个代理人兼小商贩、一个细木活木匠、一个玩具制造商、一个麦芽磨制造商、一个扣环制造商、一个马梳制造商、一个锉刀匠。南安普敦(Southampton)的一家私人银行 1797 至 1802 年的记录显示顾客中工商业者居多,44 个客户中 6 个是乡绅,8 个牧师、律师、收税官、银行家之类的专业人士,两个农场主、一个寓所

① J.H. Clapham, "The Private Business of the Bank of England, 1744—1800", *The Economic History Review*, Vol. 11, No. 1 (1941), p. 85.

② J.A.S.L. Leighton-Boyce, *Smiths the Bankers*, London: National Provincial Ltd., 1958, pp. 36—38.

老板、一个园艺师，其余都是小商人、手艺人和小制造商，包括药商、书商、屠夫、布商、马车制造匠、葡萄酒桶制造商、石匠、五金商、酿酒商。①因此，购买地方银行贷款产品的主要就是各类大大小小的工商业者。地方银行提供给工商业者的贷款一般都是短期贷款，直到工业革命结束时愿意提供长期贷款的地方银行仍不多。地方银行向工商业提供贷款的首要目的当然是为了获得贷款的投资利润，但有时也会带有其他的目的。有些地方银行家原本就是制造商或商人，贷款给自己的或合伙人的企业则首先是为了给制造业、商业投资创造良好的投资基础。短期贷款为工商业的运作弥补了流动资本不足的问题，使得生产和交易一定程度上能够突破资本缺乏的限制。

汇票贴现是重要的投资项目，无论是对于英格兰银行，还是其他伦敦和地方银行均如此。

汇票是一种纸面信用，在缺乏现金资本的情况下制造商和商人就用汇票充当了可转手的支付手段，从而支持了生产和交易的运转。汇票到期时汇票所代表的现金要由受票人（即汇票的债务人）来兑现。汇票代表着一份可流通的现金偿付承诺，因而在信用体系中任何最终的持票人都可以要求受票人兑现。银行为持票人提供汇票贴现业务，实质上就是银行通过投资购买持票人手中的汇票，而获得按贴现率要求的收入。在这个信用体系中，持票人可以用手中的汇票支付自己的债权人，也可以等到汇票期满后获得现金支付，这一特征本书已在前面章节讨论过。当持票人在汇票期满之前就急需得到现金时，他可以将汇票拿到银行去贴

① R.S. Sayers, *Lloyds Bank in the History of English Banking*, Oxford: Oxford University Press, 1957, pp. 89, 90.

现,银行在扣除一定比例的金额后,按票面额支付给他现金。在贴现交易中,去贴现的持票人就相当于得到了一笔由银行提供的、按贴现率的有偿贷款,而银行则相当于做出了一笔短期投资。银行在购买到汇票后,要么再到其他银行去再贴现,要么等到汇票到期时收取现金。银行经营贴现业务是为了获取投资利润,但这一金融活动却还包含着另一层次的意义,通过贴现银行向相应领域注入了一笔现金资本。

银行会为其顾客开具银行汇票,用以支付给他的债权人。银行真正拥有的资本是自己所有的和向顾客借入贵金属货币,但当顾客要求支付货币时,银行不必为顾客支取贵金属货币,而只需为其开具代表等量贵金属的汇票(或其他信用工具)。这样,银行就可以将顾客不要求的贵金属货币投资于其他领域。同在制造业等讨论过的商业汇票一样,在英国,银行汇票同样可以作为支付手段进入流通。银行汇票之所以可以像贵金属货币一样可以为人们接受,是因为其背后对支持实际货币的义务保证,即信用。工业革命时期,信用已由于个人财产权利的绝对确立得到了广泛应用。正是因为人们已经确信,基于个人财产的权利和义务关系不会遭到任意危害,才可以如穆勒一般认为:“信用同货币一样是购买力”①。银行通过汇票等信用工具的使用,创造了数倍于自己掌握的资本。②

伦敦银行业的贴现业务主要是为商业公司和政府部门提供服务。英格兰银行与政府保持密切关系的同时也是一家商业银行。正如约

① [英]约翰·穆勒:《政治经济学原理》下卷,赵荣潜等译,商务印书馆,1997,第55页。

② 另一种重要的信用工具是银行券(note),也译作钞票、纸币。在金本位(或贵金属本位)下就是一种代表金属货币的信用工具,其发行以银行所持有的贵金属货币资本作担保。

翰·克拉潘所说：它也“经营私营银行业务，如同在金匠手中所发展的那样。”[①]英格兰银行营业以来一直不接受50英镑以下的汇票贴现业务，由此可见它通常不接待小客户。但到18世纪90年代这个规则已不复存在，小面额汇票同样能够在英格兰银行得到贴现。这很可能是由于伦敦私人银行业的发展带来了一定的竞争压力，英格兰银行不得不降低服务门槛，以吸引更多的生意。1746年至1773年英格兰银行对外国汇票和国内汇票的贴现率分别为4%和5%，[②]可见在18世纪时外国汇票比起国内汇票来可靠性更高。英格兰银行初建时主要关注于政府债券的投资，18世纪中期开始贴现才成为一项重要业务。英格兰银行的贴现客户大多来自商业领域。1800年的总贴现额是660.3万英镑，涉及六十多个目类。其中大商业公司的贴现业务占了相当大的比例，西印度商人58.1万英镑，爱尔兰商人54.1万英镑，银行家39.6万英镑，美洲商人、半岛商人、葡萄酒和白兰地商人这三个群体在25～30万英镑之间。接下来是瓷器商、药商、手套商、香水商、成衣商。伦敦的各种工业也与之有贴现业务往来，常见的制造业客户包括酿酒商、糕点商、细木匠、金匠、玻璃制造商、帽商、绳匠、煤商、油商等等。19世纪初来贴现的人数在每年1200～1500人之间。贴现的金额并不只限于大面额，19世纪初的记录显示许多业务是小面额的，1804年的记录有1100张汇票的金额在20英镑以下，平均数还不到15英镑。[③] 然

① [英]约翰·克拉潘：《简明不列颠经济史》，范定九、王祖廉译，上海译文出版社，1980，第378页。

② J.H. Clapham, “The Private Business of the Bank of England, 1744—1800”, *The Economic History Review*, Vol. 11, No. 1 (1941), p. 80.

③ J.H. Clapham, “The Private Business of the Bank of England, 1744—1800”, *The Economic History Review*, Vol. 11, No. 1 (1941), p. 84.

而，与贷款业务相比贴现业务的规模仍然有限，不能算作英格兰银行的最主要经营项目，例如 1756 年贴现业务收入是 8500 英镑，贷款则是 22,500英镑，1760 年的相应数额是15,000 和 27,500英镑。① 英格兰银行开设地方分行后，英格兰银行与地方工商业的资本往来才变得日益密切，许多制造业或商业公司可以直接到英格兰银行的地方分行贴现汇票。据戴特·齐格勒统计，1831—1850 年，英格兰银行的 14 家分行每年贴现的汇票通常在1000万英镑以上，经济繁荣时则更高，如 1835 年约为 2475 万、1847 年为 2517 万，即使在经济萧条的 1849 年也有 1207 万。② 伦敦的私人银行业同样也买卖汇票。本杰明和亚伯拉罕·苟德斯米德兄弟是伦敦的汇票经纪人兼银行家，他们经营的汇票主要是政府部门的汇票，如财政部汇票。经他们买卖的汇票数量巨大，1802 年 12 月中的一天他们卖给英格兰银行的汇票就达 85,000 英镑。③

二、银行资本对工商业的作用

工业革命中银行资本对工商业的作用主要体现在提供流动资本上，而极少关注固定资本投资。为工商业注入流动资本的最重要的方式是汇票贴现，其次是贷款。

---

① J.H. Clapham, "The Private Business of the Bank of England, 1744—1800", *The Economic History Review*, Vol. 11, No. 1 (1941), p. 85.

② Dieter Ziegler, "Central Banking in the English Provinces in the Second Quarter of the Nineteenth Century", *Business History*, Nov. 1989, Vol. 31 Issue 4, p. 37. 另注：这 14 家分行分别是格洛斯特、曼彻斯特、斯旺西、伯明翰、利物浦、布里斯托尔、利兹、纽卡斯尔、赫尔、诺里奇、普利茅斯、朴次茅斯、埃克塞特、莱斯特。

③ S.P. Cope, "The Goldsmids and the Development of the London Money Market during the Napoleonic Wars", Ed., R.C. Michie, *The Development of London as a Financial Centre*, London: I.B. Tauris & Co. Ltd, 2000, p. 183.

银行汇票贴现对工商业的意义在于,能够较及时地为企业解决流动资本缺乏的问题。

地方银行的贴现业务与地方制造业和商业具有紧密和直接的关系,而且与伦敦的银行业不同,18世纪汇票贴现和汇款是地方银行业资本经营的主要内容。当制造商或商人急需现金时,便可将手中的汇票拿到银行去贴现,银行由此赚取经营利润。

T.S.艾什顿就认为:"在兰开郡,银行很少关心纸币,他们主要是汇票和硬币的交易商。"①艾什顿的研究涉及兰开郡的三家制造业企业和三家银行,制造业企业包括沃灵顿的彼得·斯塔博斯(Peter Stubs)、曼彻斯特的麦克康奈尔和肯尼迪(McConnel and Kennedy)、曼彻斯特的欧文·欧文斯父子(Owen Owens and Son),三家银行是帕尔·里昂公司(Parr Lyon)、本杰明·海伍德父子公司(Benjamin Heywood, Sons)、琼斯与福克斯公司(Jones, Fox and Co.)[1816年后以琼斯和劳埃德公司(Jones, Lloyd and Co.)冠名]。相关的银行账目跨时从1791到1846年。三家制造商基本都以汇票的形式接受偿付,他们银行账户的贷方显示几乎所有项目都是以汇票存入的,只有少数存款是硬币、支票等。借方的主要项目是现金、钞票、汇票、银行汇票和承兑汇票,其中钞票是指英格兰银行的纸币。② 从18世纪90年代到1845年,帕尔·里昂银行为斯塔伯斯公司(Stubs)提供汇票时一直都是按每100英镑收取5先令的标准收费。另外两家银行的标准也与此相同。

---

① T.S. Ashton, "The Bill of Exchange and Private Banks in Lancashire, 1790－1830", *The Economic History Review*, Vol. 15, No. 1/2(1945), p. 28.

② T.S. Ashton, "The Bill of Exchange and Private Banks in Lancashire, 1790－1830", *The Economic History Review*, Vol. 15, No. 1/2(1945), p. 30.

从1800到1825年麦克康奈尔和肯尼迪公司从海伍德银行提取现金时，这家银行的收费标准是每100英镑收取7先令6便士。从1808年到1824年，琼斯与劳埃德银行也采用了同样的标准。[1] 在其他制造业地区也有相同的情况。皮科克、汉德利与基尔顿公司(Peacock, Handley, Kirton & Co.)是林肯郡的斯里福德的一家私人银行，建于1792年，1807年还在诺丁汉郡的纽瓦克(Newark)开设了分支机构。在这家纽瓦克的银行19世纪初的贴现记录中，显示它与英格兰北部及中部的制造业和商业联系密切。一些重要的制造企业都曾在这家银行进行汇票贴现，其中包括曼彻斯特的新贝利酿酒公司(New Bayley Brewery)、里普利(Ripley)附近的巴特利铁厂(Butterley Iron Work)、利兹附近的罗伊兹铁厂(Royds Iron)。[2] 该公司的地址基本处于英格兰北部的毛纺织中心，与毛及其他纺织业的生产和贸易有着较多的联系。在纽瓦克分行贴现的汇票主要来自当地和相关的制造业城镇，如1807—1809年间来自纽瓦克本地的汇票价值最大，为12,497英镑；其次是曼彻斯特，为9763英镑；再次是斯里福德，4039英镑(参见表5-5)。工业地区的地方银行投资汇票交易的比例尚没有一个平均估计数，但这类投资肯定占有其投资的相当比例却是无疑的，如18世纪最后的二三十年中伯明翰银行的约四分之一的资源用于购买汇票。[3] 苏格兰银行业

---

① T.S. Ashton, "The Bill of Exchange and Private Banks in Lancashire, 1790—1830", *The Economic History Review*, Vol. 15, No. 1/2(1945), pp. 33, 34.

② I.S. Black, "The London Agency System in English Banking, 1780—1825", Ed., R.C. Michie, *The Development of London as a Financial Centre*, Vol. 1, London: I.B. Tauris & Co. Ltd, 2000, p. 85.

③ R.S. Sayers, *Lloyds Bank in the History of English Banking*, Oxford University Press ,1957, p. 180.

的业务主要是为商业提供短期流动资本，牛、鱼、酒等贸易是苏格兰的重要贸易内容，商人们以汇票来支付债务。在格拉斯哥贴现的汇票主要是用于商业往来的。苏格兰王家银行在格拉斯哥的代理行18世纪90年代后期每年贴现的汇票都大约在40万英镑左右，1802年为53万英镑，1807年将近63万英镑。①

表5-5　纽瓦克的皮科克、汉德利与基尔顿公司的汇票贴现　1807—1809年

地　点	所接受的汇票数量	所接受的汇票价值(英镑)
纽瓦克	75	12,497
曼彻斯特	115	9763
斯里福德	26	4039
诺丁汉	44	2235
伦敦	15	1591
利兹	28	1172
赫尔	9	1006
切斯特菲尔德	7	738
斯托克波特	7	689
伯明翰	14	668
德比	10	623
谢菲尔德	22	526

注：仅包含了超过500英镑的汇票开出地。

资料来源：I.S. Black, "The London Agency System in English Banking, 1780—1825", Ed., R.C. Michie, *The Development of London as a Financial Centre*, Vol. 1, London: I.B. Tauris & Co. Ltd, 2000, p. 85.

① S.G. Checkland, *Scottish Banking: A History, 1695—1973*, Collins 1975, p. 229.

伦敦银行业与地方银行业之间通过代理人和汇票经纪人沟通业务往来。从金融资本的分布上看，伦敦是国内资本最集中和最丰裕的地区。来自土地利益、商业阶层的资本都在这里寻求投资机会，因此，与制造业地区资本缺乏的特点相反，伦敦的所有者面临的是为资本寻找出路的问题。地方银行在伦敦雇佣代理人处理与伦敦的业务往来，这些代理人往往就是伦敦的银行家。地方银行的伦敦代理人负责兑现在伦敦支取的汇票、兑现可在伦敦偿付的纸币、替地方银行作证券投资，以及将现金运送到地方。代理人本质上充当了伦敦与各地方之间的资本流通渠道，使得伦敦的富余资本能够流向亟须的地区。利物浦的莱兰和布林斯公司（Leyland, Bullins & Co.）的创始人是托马斯·莱兰（Thames Leyland），他靠做粮食、肉类生意和奴隶贸易积累下资本，1802年与他人合伙经营银行业，1807年建立了自己的银行公司。利物浦正处棉纺织工业中心，莱兰的一项重要的业务就是为当地的制造商和商人提供汇票贴现服务。很显然，仅依靠自己银行的资源能力很难满足其客户的资本需求。于是，莱兰就将已贴现的汇票拿到伦敦去再贴现，以获得足够的流动资本。他的再贴现银行主要是他伦敦的代理人马斯特曼和皮特斯公司（Masterman, Peters & Co.）。1807年至1823年间，为了再贴现，该公司每年汇往伦敦的汇票常达50万至100万英镑（参见表5-6）。另外，还有少量汇票是拿到理查德森和欧弗伦德公司（Richardson, Overend & Co.）贴现。亨利·桑顿（Henry Thornton）是伦敦的银行家，1797年他回答议会的质询时就承认他与多家地方银行有业务往来，这些银行的所在地包括：

爱丁堡、格拉斯哥、利物浦、布里斯托尔、埃克塞特、斯卡堡、里奇菲尔德（Litchfield）、斯塔姆福德（Stamford）、替佛顿（Tiverton）、托特尼斯（Totness）、卡莱尔（Carlisle）、斯托克顿（Stockton）、温彻斯特（Winchester）以及其他几个地方。[①]

1819年刘易斯·劳埃德（Lewis Lloyd）在议会的证词也证明了这一点：

问：兰开郡开出、形成了这个地区流通媒介的如此大一部分的汇票，一般在伦敦贴现吗？

答：兰开郡大量的从一个城镇开出到另一个城镇的汇票在这个地区偿清。例如，曼彻斯特商人将货物卖给利物浦的出口商，就向他们开出汇票，汇票也在那里偿清。但大部分肯定在伦敦是可偿付的。

问：在伦敦也可贴现吗？

答：是的。[②]

---

① "Evidence Given before the Committee of Secrecy of the House of Commons Appointed to Enquire into the Outstanding Demands of the Bank of England", Henry Thornton, *An Enquiry into the Nature and Effects of the Paper Credit of Great Britain*, first published 1802, Ed. *With an Introduction by F.A.v. Hayek*, New York: Rinehart & Company, Inc., 1939, p. 279.

② *Report from the Secret Committee on the Expediency of the Bank Resuming Cash Payments with the Minutes of Evidence*, London: Charles Clement, 1819, p. 247.

表 5-6 利物浦的莱兰和布林斯公司每年汇至伦敦的汇票 1807—1823 年

月份	年份	汇出的汇票值(英镑)
2—12 月	1807	131,836
1—12 月	1808	440,414
1—12 月	1809	604,011
1—12 月	1810	913,046
1—11 月	1811	533,572
3—12 月	1813	529,210
1—12 月	1816	1,009,014
1—12 月	1817	588,069
1—12 月	1818	748,575
1—12 月	1819	822,374
1—12 月	1822	546,999
1—12 月	1823	562,512

资料来源:I.S. Black, "The London Agency System in English Banking, 1780—1825", Ed., R.C. Michie, *The Development of London as a Financial Centre*, Vol. 1, London: I.B. Tauris & Co. Ltd, 2000, p. 85.

汇票经纪人是另一个沟通伦敦与地方资本流的渠道。17 和 18 世纪汇票在一些地区已是重要的支付手段,伦敦的汇票成为各地城镇与伦敦之间的标准支付方式。北方的棉、毛制造商,各地的商人以及地主都是用汇票进行交易。18 世纪 90 年代以后汇票经纪人的职业开始兴盛起来。W.M.斯坎摩认为汇票经纪人的兴起可能有以下几个原因:第一,英格兰银行是货币市场的最大贴现商,它总是以最高贴现率来贴现(1746—1822 年为 5%)。这样地方银行为了得到更有力的贴现率会另寻他处。第二,英格兰银行对贴现汇票有严格的规定,它不接受已流通超过 65 天的汇票,每张汇票还必须带有两个伦敦人的名字。第三,

1714 年的《高利贷法》规定法定最高利率是年 5%，为了获得这一贴现率许多贴现商都到英格兰银行贴现，致使求过于供。该行不得不将一部分生意分配他处。第四，当时英格兰银行尚无公开市场业务，无法解决货币紧缺的问题，而贴现率又不能超过 5%，致使只能另寻出路。最后，拿破仑战争期间地方银行贴现汇票的需求增大，需要更多的资源。① 汇票经纪人起初只是中介，负责联系想贴现汇票的人和有多余资本需要短期投资的人。汇票经纪人也代理地方银行与伦敦银行之间的贴现业务。进入 19 世纪随着地方工商业的发展，地方银行的资本经常不足以应付当地的贴现要求。于是，地方银行通过汇票经纪人，将自己已贴现的汇票拿到伦敦去再贴现。这样，一方面弥补了地方资本的不足，另一方面也为伦敦的资本寻找了出路，疏导了资本的地区间流动。1813 年出版的《银行家、商人年历》载有伦敦汇票经纪公司 19 家，1823 年出版的《皮戈特商业指南》列有 27 家，两份记录中都包括了一些重要的汇票经纪公司，如威廉·亚历山大(William Alexander)、巴伯·斯蒂芬父子公司(Barber Stephen and Sons)、理查德森和欧弗伦德公司等。② 19 世纪初期专业的汇票经纪公司出现，1805 年建立的理查德森和欧弗伦德公司是当时最著名的汇票经纪公司，据估计 1813 年由他们经手的汇票额可能超过 1750 万英镑。③ 汇票经纪人不仅沟通

① See W.M. Scammll, "The London Discount Market: The Early 19th Century", Ed., R.C. Michie, *The Development of London as a Financial Centre*, London: I.B. Tauris & Co. Ltd, 2000, p. 209.

② *The Bankers' and Merchants' Almanack for 1814*, London: J. Souter, 1813, pp. 62—62; *Pigot and Co.'s London & Provincial New Commercial Directory for 1823—4*, London: J. Pigot and Co., 1823, p. 62.

③ W.T.C. King, "The rise of the Bill Brokers", Ed., R.C. Michie, *The Development of London as a Financial Centre*, London: I.B. Tauris & Co. Ltd, 2000, p. 110.

伦敦与地方之间的资本往来，而且还会寻找各地方的闲在资本，联系各地方之间的贴现业务。1810 年议会的一份特别委员会报告中记载了汇票经纪人托马斯·理查德森接受议会调查的情况：

问："我想你是一位汇票经纪人，对吗？" 答："是的。"

问："你也为地方银行做代理吗？" 答："是的。"

……

问："你将伦敦的汇票送往地方郡贴现吗？" 答："是的。"

问："你接受由地方开给伦敦的汇票，并将其贴现吗？" 答："是的，数量很大，来自一些特别的地方。"

问："这两种汇票是否通过这种方式贴现？"答："不是，从一个地方接受的汇票被送到另一个地方去贴现。"

问："它们不在伦敦贴现吗？"答："对！在一些地方很少有由伦敦兑现的汇票流通，如诺福克、萨福克、埃塞克斯、萨塞克斯等地，但有大量的地方银行钞票流通……在兰开郡则很少有地方银行的钞票流通，不过有大量的、由伦敦兑现的汇票流通，期限在两三个月。我接受大量的、特别是来自兰开郡的汇票，并把它们汇往诺福克、萨福克等地。在那些地方，银行家有大量的存款和多余的钱来垫付汇票贴现。"

……

问："这一年中有几百万英镑经你手处理？"答："如果我说有七

八百万镑，我肯定说得并不夸张。”①

由于理查德森的公司是当时最大的汇票经纪公司，其他所经营的业务量要小得多，故历史学家 W.T.C.金就此估计当时的整个汇票市场每年提供给地方银行的数量大约是 1000 万英镑。②

从 1830 年开始英格兰银行允许汇票商开立贴现账户，并为其提供贷款。最初开立账户的仅有少数的大汇票经纪人，如欧弗伦德、古尔内(Gurney)、桑德森(Sanderson)、亚历山大(Alexander)、詹姆斯·布鲁斯(James Bruce)。英格兰银行经常为他们提供长期贷款。欧弗伦德和古尔内连续从该行贷款，且一般都不少于 10 万英镑。1834 年古尔内得到一笔为期 6 个月的 25 万英镑的贷款，桑德森的贷款额是 50 万英镑为期 6 个月。③ 私人银行也直接贷款给汇票经纪人。在泰勒和劳埃德银行的账目上，1812 年就曾贷款 12,000 英镑给桑德森公司，次年的数字是 3000 英镑，贷款一直持续到 1818 年。桑德森公司就是一家汇票经纪公司。1818 年这家银行还贷给理查德森和欧弗伦德公司 7000英镑。1834 年瑞丁的斯蒂芬森·哈里斯银行(Stephens Harris)贷款给欧弗伦德家 34,000 英镑，1836 年贷给亨替公司(Henty's)14,000英镑。1836 年西英格兰与南威尔士银行(the West of England

① *Report Together with Minutes of Evidence and Accounts from The Select Committee on the High Price of Gold Bullion*, London: J. Johnson and Co., 1810, pp. 177—179.

② W.T.C. King, "The Rise of the Bill Brokers", Ed., R.C. Michie, *The Development of London as a Financial Centre*, Vol. I, London: I.B. Tauris & Co. Ltd, 2000, pp. 100—101.

③ John Clapham, *The Bank of England*, Vol. II, Cambridge: Cambridge University Press, 1944, pp. 142—143.

and South Wales Bank)贷给欧弗伦德家 40,000 英镑,并且未要求抵押。1838 年浦利茅斯和德文波特银行(the Plymouth and Devonport Bank)贷给亚历山大家 30,000 英镑,桑德森家 10,000 英镑。[①]

贷款是银行业向工商业注入资本的另一种重要方式。这一时期,主要以短期贷款、抵押贷款为主。银行家通常不愿意向制造业提供长期贷款,更不愿意为固定资产投资提供支持。这主要是因为制造业仍被视为新生的、不稳定的事物。

老德比银行(Old Derby Bank)的许多顾客都是当地纺织业中的重要人物,他们可以从这家银行得到各种形式的短期贷款。1777 年 8 月 1 日老德比银行贷给斯特拉特公司的尼德 670 英镑,三天后当该公司收到 21 张贴现值总共为 971 英镑的汇票时,便偿还了这笔钱。阿克赖特初到诺丁汉时也从伊卡伯德 · 赖特(Ichabad Wright)处得到过一些金融支持,同样赖特的银行只向这种工业顾客提供短期的应急贷款。[②] 斯密银行 1792 年的账目显示,该行以准予透支的方式向许多纺织企业提供贷款,当年的透支总额将近 3 万英镑。一些纺织业公司透支额相当高,如基灵莱与格林公司的透支额为 9318 英镑、斯塔萨姆与马丁公司 5756 英镑、戴夫森与霍克斯利公司 4500 英镑(参见表 5-7)。这种情况下,这些公司很可能是因为自身仅具有很有限的流动资本,不得不依靠银行透支来支持生产的周转。哈利法克斯(Halifax)的罗森-里得-布里格银行(Rawsons, Rhdes & Briggs)有着制造业的背景,其中罗森家族从事

---

① R.S. Sayers, *Lloyds Bank in the History of English Banking*, Oxford: Oxford University Press, 1957, p. 181.

② Stanley Chapman, *The Early Factory Masters: The Transition to the Factory System in the Midland Textile Industry*, Aldershot: Gregg Revivals, 1992, p.138.

毛纺织业，布里格家族从事精纺毛业。与这家银行保持经常业务往来的也多是毛纺织业的从业者。1809年这家银行的账目上记载着11个债务人，透支欠款分别在1000至15,000英镑之间。五年后这11家公司仍平均欠款2055英镑，1818年至1822年还有其中的6家欠款，数额在3000至51,000英镑不等。这些公司中约三分之一是毛纺织业公司。布洛克威尔(Brockwell)的羊毛制造商詹姆斯·摩尔父子公司(James Moore & Son)以毛货作抵押向该行贷款，常多达数千英镑。后来他们破产时由银行接收的抵押品包括工厂、地产、毛货等，总值14,700英镑。①

表 5-7　斯密银行 1792 年记录的棉纺和精纺公司的透支状况

公司名称	透支额(英镑)
伯登(Burden)	2713
邱吉尔(Churchill)	2624
戴夫森与霍克斯利(Davison & Hawksley)	4500
罗宾森(Robinson)	186
奥茨(Oates)	1259
摩利(Morley)	340
斯特拉特与伍拉特(Strutt and Woollatt)	2973
基灵莱与格林(Killingley, Green & Co.)	9318
斯塔萨姆与马丁(Statham, Martin & Co.)	5756
佩尔森与胡斯维特(Pearson & Huthwaite)	252
总　计	29,921

资料来源：Stanley Chapman, *The Early Factory Masters: The Transition to the Factory System in the Midland Textile Industry*, Aldershot: Gregg Revivals, 1992, p. 141.

① Pat Hudson, *The Genesis of Industrial Capital: A Study of the West Riding Wool Textile Industry c. 1750—1850*, Cambridge: Cambridge University Press, 1986, pp. 220—221.

利兹的贝克特公司(Beckett & Co.)的贝克特1832年在议会作证时承认,他经常为顾客垫付款项,并根据客户的信用度和抵押来提供贷款。他说:"(我们)经常为商人和制造商垫付钱款……为在我们这开有账户的制造业公司垫款,结果他们经常长时间地欠我们各种数量的钱款。"他有时提供定期贷款,但多数贷款是通过经常账户支付的,并无固定期限。1839年至1843年间仅6家倒闭的毛纺织公司就欠贝克特20,700英镑。本杰明·威尔森父子公司(Benjamin Wilson & Son)的所有者是羊毛制造商兼银行家,1832年的其银行账目显示有216个账户是准予透支的,投资限额最小的为50英镑,最大为5000英镑。其中允许透支超过500英镑的账户有59个,允许透支超过1000英镑的有26个,最高5000英镑透支限额的账户属于一个羊毛制造商约瑟夫·李(Joseph Lee)。203个账户总共允许的透支额是75,000英镑,其余13个账户可根据抵押品的价值透支。这些账户中有一半是当地的纺织品制造商。① 斯密银行的一位重要客户约翰·罗布克(John Roebuck)是当时典型的工业家,1759年为了迎合七年战争的需求他在卡伦(Carron)开了铁厂。1789年当铁厂陷入困境时,斯密银行以抵押贷款的方式贷给工厂10,500英镑,这笔贷款一直存在到1796年方才勾销。②

一些贷款因债务人的拖欠和延期要求,还款期限多次一延再延,短期贷款不得不变成了长期贷款。沃克菲尔德(Wakefield)的莱瑟姆银

---

① Pat Hudson, *The Genesis of Industrial Capital: A Study of the West Riding Wool Textile Industry c. 1750—1850*, Cambridge: Cambridge University Press, 1986, pp. 222, 223.

② J.A.S.L. Leighton-Boyce, *Smiths the Bankers*, London: National Provincial Ltd., 1958, pp.42—43.

行(Leatham & Co.)19 世纪前期提供长达数年的贷款,数额在几百到几千英镑之间。该行曾向羊毛批发商斯蒂尔与欧德曼(Steer & Aldman)提供过一笔 25,000 英镑的短期巨额贷款,但公司 1833 年的账目显示由于羊毛销售下滑,这笔贷款似乎只能延期了。1830 年左右该行的 23 个账户上的未还贷款共计 92,000 英镑,其中 32,000 英镑是坏账,这里便有约一半的债务人是羊毛纺织业有关的。哈利来·布鲁克公司(Halliley Brooke & Co.)是毛毯制造企业,1811 年第一次在莱瑟姆银行获得了透支限额,到 1833 年他们在银行账户上的借方余额是 12,466 英镑,而他们通过抵押获得的最高透支额度是 10,000 英镑。到 1834 年这家毛毯制造商破产时还欠银行 9900 英镑。托马斯·泰勒父子公司(Thos. Taylor & Son)是巴恩斯利(Barnsley)的亚麻和精纺毛制造商,他们在莱瑟姆银行的最高透支限额是 15,000 英镑。①

布拉德福德银行公司(Bradford Banking Company)是约克郡西区的一家参股银行,其 1827 年至 1830 年的账目显示了为许多小工商业者提供金融支持的信息。在银行账目记载的 140 个账户中,52 个涉及有关毛纺织生产与贸易的客户。这 52 个账户中有 30 处于连续负债状态,最高负债额为 5500 英镑,平均为 1500 英镑。有 6 个连续负债超过 3000 英镑账户,其中就有 4 个是制造商。威廉与托马斯·马歇尔公司(William & Thomas Marshall)是一家羊毛制造商,1827 年在该行开立账户,最多可得到 2500 英镑的银行垫付款且不需抵押。1828 年他们将一份个人债权和抵押单据交给银行来抵消 4000 英镑的欠款。威

① Pat Hudson, *The Genesis of Industrial Capital: A Study of the West Riding Wool Textile Industry c. 1750—1850*, Cambridge: Cambridge University Press, 1986, pp. 222—223.

廉·劳斯父子(William Rouse & Son)是布拉德福德的精纺毛制造商,1827 年他们可得到布拉德福德银行提供的相当于交易额 10%的垫付款,最多不超过 5000 英镑且无须抵押。19 世纪 30 年代早期他们将财产契约存在银行,以换取附加 2000 英镑的垫付额度和5000英镑的长期透支额度。伊灵沃斯与马尔尕托伊德公司(Illingworth, Murgatroyd & Co.)是羊毛和精纺毛制造商。1830 年他们在布拉德福德银行的透支限额从 3000 英镑上升到 4000 英镑,这个数字甚至高于他们在 1828 到 1832 年的利润。19 世纪 30 年代早期他们的透支上限再度上升,但实际上只有 1833 年的利润超过其透支额。①

针对制造业公司的固定资产目的,地方银行通常都不予支持。但通过获得银行的短期贷款,制造业企业可以将有限的资本从流动资本状态转移出来,投向固定资本领域。因此,我们可以认为某些银行提供的短期贷款间接地支持了一些工业企业的固定资本投资。18 世纪的后 30 年里诺丁汉的斯密银行向工业发展提供的服务也在不断拓宽领域。1780—1797 年间共有十二家棉纺公司与斯密银行有固定的业务往来,其中包括四家诺丁汉的公司和八家位于诺丁汉郡、德比郡、莱斯特郡的公司。另外,还有五家与棉纺织业有关的个人或公司。这些公司大部分都与斯密银行保持着频繁的业务往来,而且金融往来的程度与企业的扩张之间明显有一定的关系。戴夫森与霍克斯利公司的工厂 1788 年建于诺丁汉。1791 年工厂烧毁后,该公司又迁到阿诺德重新建造了一座五层楼的厂房和仓库等建筑。斯密银行的账目显示了该公司

---

① Pat Hudson, *The Genesis of Industrial Capital: A Study of the West Riding Wool Textile Industry c. 1750—1850*, Cambridge: Cambridge University Press, 1986, pp. 225—226.

在1780—1797年间的情况，很明显1786—1791年的透支是与其早期的工厂建设有关，而1792年的“抵押”也显然与重新建厂有关(参见表5-8)。当戴夫森与霍克斯利将资本投向固定资产建设时，肯定大量占用了流动资本资源。为了在固定资产投资的同时还能维持生产的进行，该公司选择了长期从银行账户透支的方式获得流动资本。地方银行在某些情况下会对透支的客户收取利息，这也成为银行的一项投资收益，不过这种投资也隐含着风险。格林公司的基灵莱在1790—1792年间建设布柔德马施厂，到1792年末他在斯密银行的债务高达9318英镑，1795年末贷款减少到7470英镑，一年后又升到10,133英镑，不久公司破产。① 斯密银行之所以会同意如此大量和连续的透支，是因为这些公司在开始扩张性投资之前经常都会在银行留有大量的贷方余额。行事谨慎的制造商往往很注意透支带来的风险，罗宾森的公司1778—1791年间新建了六座工厂，斯密银行的账目显示其透支额是很小的，1787年为239英镑，1792年为186英镑。②

银行家直接为制造业固定资产投资提供资本的案例也存在。1800年玛格丽特·坎皮恩(Margaret Campion)与其子罗伯特(Robert)以合伙创建银行生意起家。1804年后银行由儿子罗伯特接手，1817年后罗伯特又与儿子约翰(John)共同经营。他们此时不仅从事银行业，还是葡萄酒商、帆布大制造商。1807年罗伯特·坎皮恩在巴格戴尔(Bagdale)建立了一家纺纱厂，1814年他又为一家更大的工厂更新了设备，

---

① Stanley Chapman, *The Early Factory Masters: The Transition to the Factory System in the Midland Textile Industry*, Aldershot: Gregg Revivals, 1992, p.140.

② Stanley Chapman, *The Early Factory Masters: The Transition to the Factory System in the Midland Textile Industry*, Aldershot: Gregg Revivals, 1992, p.140.

包括一些梳绒机、30 或 36 纺锭的纺纱机 12 架、一台提供动力用的 12 马力蒸汽机。① 显然，这一案例中的坎皮恩家族是具有银行家和工业家的双重身份的。银行业方面的成功为他们开拓其他生意积累了资本，并能够为自己的制造业生产提供固定资本。但这种情况在这一时期尚未构成银行投资方向的常态。

表 5-8 斯密银行有关戴夫森与霍克斯利公司的账目 单位：英镑

年 份	贷方余额	透 支
1780	1114	—
1786	—	569
1787	—	421
1788	—	2794
1790	—	2209
1791	—	3416
1792	649	4500"抵押"
1793	—	358
1794	37	—
1795	515	—
1796	—	85
1797	93	—

资料来源：Stanley Chapman, *The Early Factory Masters: The Transition to the Factory System in the Midland Textile Industry*, Aldershot: Gregg Revivals, 1992, p. 140.

① Maberly Phillips, *A History of Banks, Bankers and Banking in Northumberland, Durham and North Yorkshire*, London: Effingham Wilson & Co., 1894, pp. 219—220.

英格兰银行也为工商企业提供贷款，其中甚至包括一些应政府要求的市场救助贷款。1825 年金融危机对当时经济造成了相当严重的打击，在工商企业的要求下政府考虑采取一些金融救济措施。1826 年 2 月，首相利物浦勋爵为此致函英格兰银行说："在本城和本国的当前危机的状况下，考虑到公众和私人信用，如果贵行为量记 200 万英镑的财政部汇票的收购提供管理，这样的做法对我们是明显有利的。如果贵行同意这一建议，我们将就偿清同等款额的事宜向议会提交必要措施的方案。"①这些汇票是一种可流通的信用工具，在当时的作用近乎于纸币，任何持有者可以之偿付债务。所谓要求英格兰银行提供管理，实际是由该行为这些信用凭证承担贴现和到期后赎回的义务。当然，政府并非要求英格兰银行无偿为这些纸条去支付金币。受助企业借入财政部汇票（也就相当于向政府借款），并以此来偿清债务。此后，任何持票人均可在期满前向英格兰银行贴现，或在到期时要求兑取现金。而受助企业因为借入了财政部汇票就成了政府的债务人，所以在规定期限内要将真正的货币偿还给政府，也就是偿还给英格兰银行。金融危机的特征在于，某些公司因无法收回债务故无法偿付债务，从而使得信用网络中某些环节丧失功能。通过政府向金融网络注入信用工具，受助企业可以恢复金融运转能力，其关联企业也就得以盘活，网络死结也就解开了。在这个金融运转中，受助企业所偿还的实际上是本来就该偿还的债务。收到政府的书信后，英格兰银行随即就此事进行了商议。2 月 16 日，董事会决定："授权总裁购买财政部汇票，数量不超过

① *Court of Directors Minutes*, 1825—26, Bank of England Archive, G4/48, pp. 247—248.

200 万英镑，条件是在四个月内偿清。”①即，同意为政府的这笔为期四个月的汇票承担兑付义务。后来，利物浦政府又反复考虑了当时局势和工商业界的要求，认为有必要加大该救助的力度。于是，28 日又致函英格兰银行，提出“总量不得超过 300 万英镑之数”。银行方面同意了这一新数目，以及商业企业“以货物为担保”的条件。②最终，英格兰银行为此实际贷出了 53 万多英镑。③

苏格兰银行业为制造业提供的资本支持通常也都是短期的。18 世纪 80 年代棉制造商就开始从银行业获得一些短期贷款。18 世纪 90 年代后期，苏格兰王家银行的格拉斯哥代理行就向大量的棉制造商提供了现金贷款，数目从 500、800 到 1000 英镑不等，这些贷款多数用于购买原棉。罗伯特·欧文就曾从该行贷款 1000 英镑。另一位棉纺织制造商詹姆斯·帕特森(James Patterson)与苏格兰王家银行有着多年的生意往来，流动资本基本上要靠向该行进行汇票贴现获得。④ 苏格兰银行和苏格兰王家银行有时也会向工业提供长期贷款，涉及的行业有采矿业和冶金业，这种贷款很可能与固定资本的投资相关。1755 年王家银行向奎恩伯里公爵(Duke of Queenberry)位于汪劳克海德(Wanlockhead)的铅矿提供了一笔 5000 英镑的贷款。安德鲁·斯特

---

① *Court of Directors Minutes*, 1825—26, Bank of England Archive, G4/48, pp. 244, 248.

② *Court of Directors Minutes*, 1825—26, Bank of England Archive, G4/48, pp.258, 260.

③ 共有伦敦、曼彻斯特、格拉斯哥、伯明翰等 9 个城市的商人得到了垫付，1828 年 3 月这笔款项才基本还清。参见 *Court of Directors Minutes*, 1827—28, Bank of England Archive, G4/50, pp. 285—291.

④ S.G. Checkland, *Scottish Banking: A History, 1695—1973*, Glasgow: Collins, 1975, p. 229.

林公司(Andrew Stirling)18 世纪 90 年代曾向法斯凯因煤矿(Faskine colliery)投资超过 4 万英镑。苏格兰王家银行 18 世纪后期的记录中有多笔向铁厂提供的贷款,其中包括戴尔诺塔铁厂(Dalnottar Ironworks)1000 英镑,凤凰铸造厂(Phoenix Foundry)1000 英镑,卡德尔公司(Caddell 安定 Co.)2000 英镑。卡隆公司(Carron Company)是当时英国最大的制铁企业,拥有资本额 10 万英镑。1772 年卡隆公司从苏格兰王家银行得到贷款 12,500 英镑,而且为了支付工资每周都要得到 500 英镑。1807 年威尔森堂铁厂(Wilsontown Ironworks)从爱丁堡和伦敦的银行家处贷款 63,500 英镑,条件是以工厂和土地作抵押。[①] 苏格兰银行业也为基础建设项目提供短期贷款,如 1771 年苏格兰王家银行为福斯-克莱德航运(Forth and Clyde Navigation)垫付 11,500 英镑,当年年末又上升到 2 万英镑。不列颠亚麻公司为克里南运河(Crinan Canal)和阿德罗森运河(Ardrossan Canal)各垫付过5000英镑。阿伯丁银行(Aberdeen Banking Company)贷款1000英镑给阿伯丁市改善码头。[②] 在英格兰,地方银行同样也可能为运河公司提供短期贷款,只不过要想获得这种贷款通常都不是很容易的事。

在工业革命的大部分时间里,地方银行业的扩张实际上都没能满足资本供需的要求。在这种状况下,一些旧有的联系资本供求双方的机制仍在发挥作用。这种机制便是民间资本市场的存在,民间资本市场一定程度上弥补了地方金融机构不足的缺欠。民间资本借贷市场与

---

① S.G. Checkland, *Scottish Banking: A History, 1695 — 1973*, Glasgow: Collins, 1975, pp. 231—233.

② S.G. Checkland, *Scottish Banking: A History, 1695 — 1973*, Glasgow: Collins, 1975, p. 233.

地方银行的发展也有着某些联系，一些民间资本市场的经营者人本质上就是在充当银行家的角色，有些后来甚至就成为开业的银行家。

律师在这类市场中起到了核心作用。乡村社区中常有持剩余资金希望贷出生利的人，也有资本短缺希望通过贷款来应付周转的。前者往往是一些较富有的人，如贵族、乡绅、富有的农场主、专业人士、旅馆老板等。后者常是工商业者，有时也有家境贫寒者借款仅是为了支持生计。律师便在两者之间充当了重要的沟通渠道。18 世纪律师的两项重要法律职业是充当地产管理人和财产托管人，这两种职业都为律师带来了可投资的借入资本。利兹的律师托马斯·E.厄普顿（Thomas Edward Upton）是婚姻继承托管人，因而手中经常握有资本。1803 年他贷给约克郡西区的毛纺织商戈特 1000 英镑，为期 12 个月。律师约翰·豪沃斯（John Howarth）从 1787 年至 1803 年管理着一笔威廉·帕克（William Parker）的信托财产，在这段时间里他利用这份资源进行了多达数百英镑的各种投资。① 在律师掌握的资本中来自寡妇和老处女的基金也占有很大份额，虽然就个体来说所能提供的资本量可能是有限的，但总量却不可忽视。这些人将一笔钱委托给律师的目的主要是想得到养老的年金。约翰·豪沃斯从 1789 年至 1796 年使用的贷款资本中就大约有三分之一来自这种人。② 从债务人的成分来看，投资的方向是多样的，债务人有地主、制造商、商人等等。贷款期限各异，长期、短期都有。有些短期的小额贷款常是为满足债务人的日用之需，对

---

① Pat Hudson, *The Genesis of Industrial Capital: A Study of the West Riding Wool Textile Industry c. 1750—1850*, Cambridge: Cambridge University Press, 1986, p. 212.

② Pat Hudson, *The Genesis of Industrial Capital: A Study of the West Riding Wool Textile Industry c. 1750—1850*, Cambridge: Cambridge University Press, 1986, p. 212.

这类贷款律师通常都不收取利息。豪沃斯的许多短期贷款债务人都是商人和外放包工制造商，如乔治·斯坦谢尔德（George Stanshield）和罗伯特·巴特菲尔德（Robert Butterfield）都是约克郡西区的羊毛商，在18世纪80年代他们每年都从豪沃斯处贷款两三次，数量一般不超过100英镑。①

出借人会要求律师为其寻找贷出盈利的机会。1770年约克郡西区的理查德·海（Richard Hey）很急于贷出他的800英镑闲置资金，律师约翰·伊格尔（John Eagle）为其中600英镑找到了出路。对于剩下的200英镑伊格尔写信答复他说："我不怀疑，将来某一天我将为你的其余200英镑找到一份好的抵押贷款或借款合同。"②一些缺乏资本的人也会通过律师寻找资本来源，在伊格尔给里尔斯顿（Rylston）的乔治·伯顿（George Burton）的信中就反映了这种情况，伯顿显然是着急要得到一笔贷款。信中伊格尔说："在我能向普雷斯顿（Preston）先生或其他绅士提出合适的申请之前，我必须知道你想要的数目、想要的准确时间、你将给出的利息率以及你打算抵押贷款的特殊理由，土地的数量、位置，土地是否出租，年租金是多少，由谁来交税等等。如果没有这些内容，我就无法向任何绅士提出要求。"③普雷斯顿是潜在的出借人。

工业也利用这种资本市场筹措资本。18世纪70年代后期安普森

---

① Pat Hudson, *The Genesis of Industrial Capital: A Study of the West Riding Wool Textile Industry c. 1750—1850*, Cambridge: Cambridge University Press, 1986, p. 215.

② M. Miles, "The Money Market in the Early Industrial Revolution: The Evidence from West Riding Attorneys c.1750—1800", *Business History*, Jul. 1981, Vol. 23 Issue 2, p. 132.

③ M. Miles, "The Money Market in the Early Industrial Revolution: The Evidence from West Riding Attorneys c.1750—1800", *Business History*, Jul. 1981, Vol. 23 Issue 2, p. 130.

与霍纳公司(Empson, Horner and Co.)承包了斯塔福德伯爵(Earl of Strafford)位于沃特费尔德·奥特伍德(Wakefield Outwood)地产上的一个煤矿。1778年9月安普森和霍纳计划挖掘一个新矿坑,他们与律师伊格尔接洽,希望伊格尔能为他们找到一笔2000英镑的贷款并许诺以所经营的煤矿作抵押。伊格尔在获悉利兹的赫德(Hird)可以提供这笔钱后便与之联系。赫德对此事很有兴趣,就要求伊格尔进一步了解有关煤矿的经营状况。伊格尔在研究了该矿的获利能力后,建议赫德投入2000英镑与他们合伙经营。最终双方达成了交易。[①] 兰开郡的约翰·威克(John Wyke)是一位钟表和工具制造商,1745年他通过律师爱德华·迪恩(Edward Deane)借到了一笔以其财产作抵押的200英镑贷款。这笔钱是迪恩在普利斯克特镇(Prescot)找到的,但在这笔款到手之前迪恩就用自己的钱预先垫付给了威克。[②]

律师利用自身的职业特点,在同行之间形成一个联系广泛的资本信息网络。各地律师之间相互沟通各自所掌握的资本需求状况,达成各方满意的交易。有些律师在事业发达后,甚至自己充当出借人,即借入资本又贷出资本,其作用俨然是一位银行家。威尔士的加迪夫银行的创始人约翰·伍德(John Wood)就是一位律师,从处理有关财产、遗嘱的法律实践中积累了大量金融知识,19世纪初年开始经营银行业。[③]

---

① M. Miles, "The Money Market in the Early Industrial Revolution: The Evidence from West Riding Attorneys c.1750—1800", *Business History*, Jul. 1981, Vol. 23 Issue 2, p. 134.

② B.L. Anderson, "The Attorney and the Early Capital Market in Lancashire", in Ed., F. Crouzet, *Capital Formation in the Industrial Revolution*, London: Methuen & Co Ltd, 1972, p.245.

③ T.M. Hodges, "Early Banking in Cardiff", *The Economic History Review*, Vol. 18, No. 1/2(1948), p. 84.

W.H.B.考特对银行业的评价颇具代表性,他认为:“银行家们为十八世纪的经济生活填平了许多鸿沟。他们缓和了正在发展工业的地区历来出现的资金短缺问题。银行家们也终于成为向农业提供短期贷款的主要贷方。至于对商业企业的长期投资问题,主要由地主和工业资本家去解决。”①他的评价基本上概括了工业革命中银行业在整体经济中所发挥的作用。银行业的确在一定程度上缓解了工商业中流动资本缺乏的问题,但必须切记不可过分夸大金融资本的影响。首先,伦敦的金融资本早在工业革命前几个世纪就存在了,但显然当时的伦敦银行业与地方的纺织业之间并没有建立起明显的联系。D.M.约斯林就提出,直到19世纪80年代伦敦的银行都未对工业金融起到明显作用,伦敦的货币市场主要处理的是政府、商业和地主的金融交易。② 其次,地方银行业是在制造业和商业资本的支持下实现扩张的,而不是相反。尽管地方银行业转而又为最初支持它的工商业提供了资本,然而,这一援手是有限的。直到工业革命将近结束时,银行业仍不能充分满足工商业的要求。最后,银行业的资本投资通常只限于生产适于短期流动资本的金融产品,直至工业革命结束时银行资本都不愿涉足工业的固定资本投资项目。不过,尽管银行针对工业的金融产品比较有限,但仍使我们可以看清一个重要的脉络,即工业不仅为自己创造了资本,而且还支持了地方银行业的扩展,并通过银行业的投资,又进而在一定程度上支持了更广泛领域内的生产和资本的增长。

---

① [英]W.H.B.考特:《简明英国经济史》,方廷钰等译,商务印书馆,1992,第104页。

② D.M. Joslin, “London Private Bankers, 1720—1785”, *The Economic History Review*, New Series, Vol. 7, No. 2(1854), p. 185.

本章结语：银行业不可能离开工商业交易而单独存在，它的扩张是工商业扩展的结果。在社会机制的变迁中，银行业也曾面临着与其他工商业行业相同的问题，行业垄断和国家管制完全可能锁死增长的出路。金匠能够成为银行家最重要的并不在于有多少资本，而在于是否有有效运用资本的自由。银行业的增长正是在社会能够提供足够经济自由的前提下出现的，没有这个前提，金匠、商人难以成为工业革命中的银行家，其他行业的资本也不可能为金融业的扩张提供支持。银行业资本无论是以合伙的方式还是以参股的方式筹集，都是按照资本的权利和义务明确的原则来使用的。否则的话，分散的资本将难以实现集中的应用，投资的效率也就更无从谈起。银行业的经营实质上就是信用的经营，而信用体系的存在正是人们按照传统理念行事的结果。因此，如果社会机制不能允许经营以自由，人们不能按照明确个人财产权利的机制去投资，银行业乃至整个金融业的增长也就不可能实现。

结　论

本书是一项基于史实的实证研究，其目的是为了对一种历史现象做出合理的解释。前述立论观点本身，就是实证分析的结果和历史解释。因此，这里结论的目的在于更为深入地阐释这种历史逻辑。

第一，在以个人自由和财产为核心的机制之下，资源效率将获得本质性的提升。

英国历史上，个人自由和个人财产的权利在中世纪就可以寻找到某种萌蘖，而正是这一萌芽最终成长为根深蒂固的传统，甚至所谓英国宪政的大树。并且，在试图将其拦腰斩断之时，强权君主的利剑就折断了。最终，国家成为这种机制的保护者而，不是摧毁者。这也是英国人深深以为自豪的历史。阿克顿就宣称："无论多么专制的君主制，即使它能够成功地越过英吉利海峡而企图在没有明显危险的情况下在英国建立，都会失败并为失败付出高昂的代价。在此斗争过程中，思想无论怎样发展都会被证明是强大和持久的，从而实现一个具有全新结构的宪政政府。正是这一点上民族史转变为现代史。也正是在这一点上英国人成为世界的领袖。"①

17 世纪弥尔顿、洛克等时代俊杰已经将英国人的自由和财产权利

① ［英］阿克顿：《自由史论》，胡传胜等译，译林出版社，2001，第 96 页。

视为源自神的天理，而斯密追求个人利益最大化的诉求与工业革命的现实正是这种机制的体现。由此，包括资本在内的各种资源获得了最有效使用的可能。在这种机制中，即使资本是有限的和缺乏的，人们也会按照其社会制度所赋予的特质去解决资本的问题。资本才具备了工业革命中增长的意义。

每个民族都会有某些的特质，也就是特有的传统、制度。人们习惯于照此去行事、去解决问题，这就构成了某些独特的社会机制。从17世纪到18世纪英国已经形成了这样的社会机制，人们正越来越希望、努力并且最终能够按照个人自由和财产权利的原则去处理社会与经济事务。这是理解资源能够更有效利用的关键。英国成为最早开始工业革命的原因也正在于此。

第二，导致资源垄断的社会机制只能使其处于低效、甚至无效状态。

历史是一个连续变化的长期时间序列，在这个序列中不同地域、不同民族的社会制度和机制存在着某种特质上的差异，即使是同一地域的同一民族，其社会制度和机制在不同的时间上也会存在差异。在英格兰，自中世纪起就存在着一定程度上的经济垄断特征。自治城市是自由的，但另一方面其在商业、制造业上又是垄断的，庄园的不自由则更显而易见。新君主制与民族国家的兴起，使垄断在国家范围内有进一步加强的趋势。垄断最大的弊端是使资源只能获得有限的使用，个人没有追求利润最大化的可能。就投资而言，再多的资本也并不能保证能为生产而投资。基于个人的权利即使已成为传统，但也不意味着不能改变，传统本身就是逐渐形成和变化的。国家的强权一旦超越个人权利并凌驾其上，个人权利的传统就完全可能改变。个人屈服于国家的强权之下，个人对其财产的排他性权利就会不复存在，强权就会获得更高层次的资源垄断权和支配权。然而，没有任何办法能够保证独立或小垄断集团会比每个个人更有效率地使用所掌握的资源，除非他的智慧能超越所有个人的总和，但这一点无疑就更没有保证了。假若《织工法》最终能行之有效的话，欧文等人也就不可能成为大纺织家。社会机制一旦以压制和摧毁个人自由与财产权利为特征，资本在工业革命中的这种使用方式就将不可能实现。

第三，资本数量的多少不能决定英国工业革命是否能够发生和持续，即"足够的"资本不能构成增长性投资出现的原因。

从现代经济学的理论来看，储蓄恒等于投资，那么，储蓄就是用于投资的资本。但在经济史的范畴，资本充其量仅与维持性或适应性（即适应人口变化）投资之间存在着逻辑关系，资本与增长性投资之间从来都不天然存在一种"必然的"逻辑关系。英国工业革命中制造业是最引人注目的领域，或说是最显著增长出现的地方。然而，众多的证据证明，制造业根本就不是最富于资本的行业。恰恰相反，这里的资本是最缺乏的。否则的话，也就不至于用纸面凭证来充当支付方式。W.D.鲁宾斯坦对英国工业革命以来财富的社会分布做过一项统计研究，他的结论是："直到 1880 年，不列颠所有真正的富人中有超过一半的人是土地所有者，而且，在 19 世纪的前半期中，非土地阶层的富人仅占全部富人阶层非常微小的比例。"①

可见，在整个工业革命中社会财富仍主要集中在土地利益集团手

① W.D. Rubinstein, *Men of Property: The Very Wealthy in Britain since the Industrial Revolution*, New Brunswick, N.J: Rutgers University Press, 1981, pp. 60—61.

中。农业长期以来是资本相对比较充裕的行业。但工业革命中地主用于农业投资地租收入比例一般都不会超过15%，更多的收入花在了维持奢侈的生活方式、显示社会以及政治地位上。仅相当于此时15%地租的绝对量在此前几个世纪中肯定具有，那么当时人们为什么不少消费一些多投资一些？如此，现代经济增长岂不早就出现了吗？资本来自消费的剩余，某种形态的物质用于生活用度了就是消费，而用于生产了就是投资。只有建立了一种从资本到增长性投资的逻辑之后，资本存量的多少才对投资的多少有意义。是某种社会机制使原有的资源能够得到更有效的利用，从而创造出更多的产出，现代的增长才被诱发出来。因而，资本存量的增加是增长的结果，而不是原因。也正是同一种社会机制在资本与增长性投资之间建立起了逻辑关系。

最后，简单的物质决定论不能解释英国工业革命中资本的增长，同样也不能解释英国工业革命。

资本、财富或物质是由个人或群体来创造、控制和支配的，而不是相反。尽管生存必须依赖于资源，但资源是因人而有意义，而不是人因资源而有意义。在不同的社会或不同历史时期中，人们会按照不同的机制去利用资源，由此产生的效率和结果可能完全不同。

上述结论不仅在英国历史个案中是有意义的，而且应具有更广泛的适用性。资源是有限的，并非取之不尽。这是各个社会的经济活动所面临的普遍性问题。这样，是否能够有效地利用资源就变得至关重要。理论上而言，同样的经济发展结果用有效的方式可以达到，用无效的也可以。以低效率、极度消耗资源的方式也能够求得发展，但其持续性显然不可能长久维持。因为，资源最终是稀缺的，所以，选择有效利用资源的机制就具有普遍意义。

参考资料

英文参考资料

一、历史资料

A. 议会报告、法律等

1. *A Bill for Consolidating in one Act, Certain Provisions usually Inserted in Acts of Inclosure*, Parliamentary Papers, 1801 (124), I. 425.

2. *A Bill to Repeal Part of an Act, passed in the fifth year of Queen Elizabeth, intituled, "An Act Containing Divers Orders for Artificers, Labourers, Servants of Husbandry, and Apprentices"*, Parliamentary Papers, 1813—14(187), I. 473.

3. *An Act For Dividing and Allotting in Severalty the Open and Common Fields and Downs, Common Meadows, Common Pastures, and Commonable Places, within the Parish of Kingston Deverill, in the County of Wilts* (25 *October* 1781), in Private Acts 1702—1727 and Private Bills 1727—1814.

4. *An Act for Dividing and Inclosing the Open and Common Fields, Lands and Downs within the Manor and Parish of Westwell in the County of Oxford*, University of London Library.

5. *An Act for Making a Railway from London to Birmingham*, University of London Library.

6. *An Act for Making a Railway from Manchester to Leeds, Royal Assent, 4th July*, 1836, University of London Library.

7. *An Act for Making a Railway from the London and Croydon Railway to Brighton, Anno Primo Victoriae Reginae, Cap. CXIX*, University of London Library.

8. *An Act for the Better Regulating Copartnerships of Certain Bankers in England*, Parliamentary Papers, 1826(240), Ⅱ. 175.

9. *Case of the British Cotton Spinners and Manufacturers of Piece Goods*, London, 1790.

10. *Common Fields Inclosure. A Bill Intituled an Act for Facilitating the Inclosure of Open and Arable Fields in England and Wales*, Parliamentary Papers, 1836(579), Ⅱ. 191.

11. *Companies Clauses Consolidation*, Parliamentary Papers, 1845(54), Ⅱ.217.

12. *General Report on Enclosures*, London: B. McMillan, 1808.

13. *General View of the Agriculture of the County of Lincoln*, London: W. Bulmer & Co., 1799.

14. John Boys, *General View of the Agriculture of the County of Kent*, London: B. McMillan, 1805.

15. *Minutes of Evidence taken before the Committee on the London and Birmingham Railway Bill*, Parliamentary Papers, 1839 (242), XIII, 331.

16. *Municipal Corporations. An Act to Provide for the Regulation of Municipal Corporations in England and Wales*, Parliamentary Papers, 1835(574), I. 807.

17. Nathaniel Kent, *General View of the Agriculture of the County of Norfolk*, London: George Nicol, 1796.

18. *Report from the Secret Committee on the Expediency of the Bank Resuming Cash Payments with the Minutes of Evidence*, London: Charles Clement, 1819.

19. *Report from the Select Committee on Bills of Inclosure* (1800), House of Commons Sessional Papers of the Eighteenth Century, 130.

20. *Report Together with Minutes of Evidence and Accounts from The Select Committee on the High Price of Gold Bullion*, London: J. Johnson and Co., 1810.

21. *Standing Orders of the House of Commons, Relating to Private Bills, and Other Matters: 1685—1830*, Parliamentary Papers, 1830(692), XXX.113.

22. *Statutes of the Realm*, Vol. I, IV, V, Buffalo, NY. : William S. Hein. & Co., Inc., 1993.

23. *The Case of Mr. Richard Arkwright and Co.*, 1782.

24. Thomas Stone, *General View of the Agriculture of the*

County of Huntingdon, London: J. Nichols, 1793.

25. W. Gooch, *General View of the Agriculture of the County of Cambridge*, London: Richard Phillips, 1811.

26. William Pitt, *General View of the Agriculture of the County of Northampton*, London: Richard Phillips, 1809.

B. 个人及机构的记录、评论、文献等

27. "Crinan Canal", *St. James's Chronicle*, March 27, 1800—March 29, 1800.

28. "Iffley Inclosure, Sale of Land", *Jackson's Oxford Journal*, *Saturday*, September 2, 1815.

29. "Manchester and Leeds Railway", *The York Herald*, Saturday, October 23, 1830.

30. "North—Western Railway", *Leeds Mercury*, Saturday, September 1, 1849.

31. "Opening of the Stockton and Darlington Railway", *Morning Post*, Tuesday, October 4, 1825.

32. "South-Eastern Railway", *Daily News*, Thursday, September 20, 1849.

33. A Clothier, *Observations on the Woollen Manufacture in the West-Riding of the County of York*, Leeds: Edward Baines, 1808.

34. *A List of the country banks of England and Wales*, *Private and Proprietary*, London: M.A. Marchant, 1838.

35. Adam Smith, *An Inquiry into the Nature and Causes of the Wealth of Nations*, Vol. I, London: Cadell and Davies, 1812.

36. *An Alphabetical List of the Proprietors of the Leeds and Liverpool Canal*, Bradford: Sedgwick, 1795.

37. *An Important Crisis in the Callico and Muslin Manufactory in Great Britain*, London, 1788.

38. Arnold Toynbee, *Lectures on the Industrial Revolution of the* 18th *Century in England*, London: Rivingtens, 1884.

39. Arthur Young, "Minutes Concerning Parliamentary Inclosures in the County Cambridge", *Annals of Agriculture*, Vol. LXII, 1804.

40. Arthur Young, *A Six Months Tour Through the North of England*, Vol. I, London: W. Strahan, 1770.

41. Arthur Young, *A Six Months Tour Through the North of England*, Vol. IV, London: W. Strahan, 1771.

42. Charles Davenant, *Discourses on the Publick Revenues and on the Trade of England*, Part I, London: James Knapton, 1698.

43. Charles Sylvester, *Report on Rail Roads and Locomotive Engines*, Liverpool: Thos. Kaye, 1825.

44. Daniel Defoe, *A Tour Through the Whole Island of Great Britain*, the third edition, Vol. III, London: J. Osborn, S. Birt, D. Browne, J. Hodges, A. Millar, J. Whiston and J. Robinson, 1742.

45. *Derby Mercury*, Thursday, April 23, 1801.

46. Dudley North, *Discourses Upon Trade*, London: Tho. Basset, 1691.

47. Edward Coke, *The Second Part of the Institutes of the*

Lawes of England, London: M. Flesher & R. Young, 1642.

48. *England's Monarch*, London: Thomas Paine, 1644.

49. F.G. Hilton Price, *A Handbook of London Bankers with Some Account of Their Predecessors*, London: Simpkin, Marshall, Hamilton, Kent & Co., Ltd., 1890—1.

50. Gilbert J. French, *The Life and Times Samuel Crompton*, London: Simpkin, Marshall & Co., 1859.

51. Henry Thornton, *An Enquiry into the Nature and Effects of the Paper Credit of Great Britain*, first published 1802, Ed. With an Introduction by F.A.v. Hayek, New York: Rinehart & Company, Inc., 1939.

52. *Hoare's Bank: A Record 1673—1932*, London: 37 Fleet Street, 1932.

53. J. Aikin, *A Description of the Country from Thirty to Forty Miles round Manchester*, London: John Stockdale, 1795.

54. James Loch, *An Account of Improvements on the Estates of the Marquess of Stafford*, London: Longman, Hurst, Rees, Orme and Brown, 1820.

55. James Scott Walker, *An Accurate Description of the Liverpool and Manchester Railway*, Liverpool: J.F. Cannell, 1832.

56. Jas. Day, *A Practical Treatise on the Construction and Formation of Railways*, London: John Weale, 1839.

57. John A. Clarke, *Fen Sketches: Being a Description of the Alluvial District Known as the Great Level of the Fens*, London:

Hall, Virtue & Co., 1852.

58. John Kennedy, *A Brief Memoir of Samuel Crompton*, Manchester: Henry Smith, 1830.

59. John Kennedy, *Observation on the Rise and Progress of the Cotton Trade in Great Britain*, Manchester: S. Russell, 1818.

60. John Payne, "Necessity of a General Enclosure Act", *Annals of Agriculture*, Vol. XXXV, 1800.

61. *Lancaster Canal, Report of the Committee at the General Meeting of Proprietors held the 1st January*, 1799, University of London Library.

62. *Manchester Times and Gazette*, Saturday, March 24, 1832.

63. *Pigot and Co.'s London & Provincial New Commercial Directory for 1823—4*, London: J. Pigot and Co., 1823.

64. Ralph Richardson, *Coutts & Co. Bankers, Edinburgh and London*, second editon, London: Elliot Stock, 1901.

65. Robert Owen, *The Life of Robert Owen*, London: G. Bell and Sons Ltd., 1920.

66. *The Bankers' and Merchants' Almanack for 1814*, London: J. Souter, 1813.

67. *The Circular to Bankers*, no. 407, Friday, May 6, 1836.

68. *The Morning Post*, Saturday, October 23, 1830.

69. Thomas Johnson, *A Plea for Free-Mens Liberties*, London, 1646.

70. W. Cooke Taylor, *Factories and the Factory System*, Lon-

don：Jeremiah How，1844.

71. Walter Sherburne Prideaux，*Memorials of the Goldsmiths' Company*，Vol. II，London：Eyre and Spottiswoode，1897.

72. William Blackstone，*Commentaries on the Laws of England*，Vol. 1，Oxford：Clarendon Press，the third edition，1768.

73. William Forbes，*Memoirs of a Banking-House*，second edition，London and Edinburgh：William and Robert Chambers，1860.

74. William Radcliffe，*Origin of the New System of Manufacture Commonly Called Power-Loom Weaving*，Stockport：James Lomax，1828.

C. 历史资料汇编和统计

75. Ed.，B. R. Mitchell，*British Historical Statistics*，Cambridge：Cambridge University Press，1988.

76. Ed.，B. W. Clapp，H. E. S. Fisher & A. R. J. Jurica，*Documents in English Economic History—England since 1760*，London：G. Bell & Sons Ltd.，1976.

77. Ed.，D.B. Horn & Mary Ransome，*English Historical Documents*，Vol. X，London：Eyre & Spottiswoode，1969.

78. Ed.，J.H. Wiener，*Great Britain The Lion at Home*：*A Documentary History of Domestic Policy 1689—1973*，Vol.I，II. New York：Chelsea House Publishers，1974.

79. Ed.，Joan Thirsk & J.P. Cooper，*Seventeenth-Century Economic Documents*，Oxford：Clarendon Press，1972.

D. 1880 年以前出版的研究专著

80. Daniel Hardcastle, *Banks and Bankers*, London: Whittaker and Co., 1842.

81. Edward Baines, *History of the Cotton Manufacture in Great Britain*, London: H. Fisher, R. Fisher and P. Jackson, 1835.

82. G. N. Wright, *Lancashire: Its History, Legends and Manufactures*, London: Fisher, Son & Co., 1843.

83. Gravenor Henson, *The Civil, Political and Mechanical History of the Framework Knitters in Europe and America*, Vol. I, Nottingham: Richard Sutton, 1831.

84. J.S. Jeans, *Jubilee Memorial of the Railway System*, London: Longmans, Green and Co., 1875.

85. James Caird, *English Agriculture in 1850—1851*, London: Longman, Brown Green, and Longmans, 1852.

86. John Blackner, *The History of Nottingham*, Nottingham: Sutton and Son, 1815.

87. John Francis, *A History of the English Railway*, Vol. II, London: Longman, Brown, Green & Longmans, 1851.

88. Joseph Priestley, *Historical Account of the Navigable Rivers, Canals and Railways of Great Britain*, London: Longman, Rees, Orme, Brown & Green, 1831.

89. Peter Lecount, *The History of the Railway Connecting London and Birmingham*, London: Simpkin, Marshall and Co., 1839.

90. Stephen Glover, *The History, Gazetteer and Directory of*

the County of Derby, Derby: Henry Mozley and Son, 1829.

91. *The History of the Inland Navigations*, London: T. Lowndes, 1766.

92. Thomas Tooke, *A History of Prices*, Vol. II, London: Longman, Orme, Brown and Longmans, 1838.

二、研究专著和论文

E. 研究专著

1. A. Andréadeès, *History of the Bank of England, 1640—1903*, translated by Christabel Meredith, London: P.S. King & Son, Ltd., 1924.

2. A.E. Musson, *The Growth of British Industry*, New York: Holmes & Mecer Publishers, 1978.

3. A.H. Dodd, *The Industrial Revolution in Wales*, Cardiff: University of Wales Press Board, 1933.

4. Alan Macfarlane, *The Origins of English Individualism*, Basil Blackwell Ltd., 1978.

5. Alfred Powell Wadsworth & Julia De Lacy Mann, *The Cotton Trade and Industrial Lancashire, 1600—1780*, Bristol: Thoemmes Press, 1999.

6. Anthony Howe, *The Cotton Masters, 1830—1860*, Oxford: Clarendon Press, 1984.

7. B.A. Holderness & Michael Turner, *Land, Labour and Agriculture*, 1700—1920, London: The Hambledon Press, 1991.

8. C.H. Lee, *A Cotton Enterprise, 1795—1840: A History of M' Connel & Kennedy Fine Cotton Spinners*, Manchester: Manchester University Press, 1972.

9. C.P. Hill, *British Economic and Social History 1700—1982*, London: Edward Arnold, 1985.

10. Charles H. Grinling, *The History of the Great Northern Railway, 1845—1895*, London: Methuen, 1898.

11. Charles Hadfield, *British Canals: An Illustrated History*, London: Phoenix House, 1959.

12. Charles More, *The Industrial Age: Economy and Society in Britain 1750—1985*, London: Longman, 1989.

13. Ching Chun Wang, *Legislative Regulation of Railway Finance in England*, Urbana: University of Illinois, 1918.

14. Christopher Hill, *Reformation to Industrial Revolution*, 1530—1780, Harmondsworth: Penguin Books Ltd., 1980.

15. Clement E. Stretton, *The History of the Midland Railway*, London: Methuen & Co., 1901.

16. Charles R. Geisst, *Beggar Thy Neighbor: A History of Usury and Debt*, Philadephia: University of Pennsylvania Press, 2013.

17. David Mitchel, ed., *Goldsmiths, Silversmiths and Bankers: Innovation and the Transfer of Skill, 1550 to 1750*, London: Alan Sutton Publishing Lit. and Centre for Metropolitan History, 1995.

18. Douglass North, *Understanding the Process of Economic Change*, Princeton: Princeton University Press, 2005.

19. Duke of Bedford, *A Great Agricultural Estate*, London: John Murray, 1897.

20. Duncan Bythell, *The Handloom Weavers: A Study in the English Cotton Industry during the Industrial Revolution*, Cambridge: Cambridge University Press, 1969.

21. E.A. Wrigley & R.S. Schofield, *The Population History of England, 1541－1871*, Cambridge, Massachusetts: Harvard University Press, 1981.

22. E.J. Hobsbawm, *Industry and Empire*, Harmondsworth: Penguin Books, 1968.

23. E.J. Hobsbawm, *The Age of Revolution, 1789－1848*, The World Publishing Company, 1962.

24. Ed., Anne Digby and Charles Feinstein, *New direction in Economic and Social History*, London: Macmillan, 1989.

25. Ed., Barbaral L. Solow & Stanley L. Engerman, *British Capitalism and Caribbean Slavery: The Legacy of Eric Williams*, Cambridge: Cambridge University Press, 1987.

26. Ed., Charles H. Feinstein & Sidney Pollard, *Studies in Capital Formation in the United Kingdom: 1750－1920*, Oxford: Clarendon Press, 1988.

27. Ed., Derek H. Aldcroft & Michael J. Freeman, *Transport in the Industrial Revolution*, Manchester: Manchester University Press, 1983.

28. Ed., G.E. Mingay, *The Agrarian History of England and*

Wales, Vol.VI,Cambridge: Cambridge University Pres, 1989.

29. Ed., G. E. Mingay, *The Victorian Countryside*, London: Routledge and Kegan Paul Ltd. 1981.

30. Ed., H. J. Habakkuk & M. Postan, *The Cambridge Economic History of Europe*, Vol. VI, *The Industrial Revolutions and After · Part I*, Cambridge: Cambridge University Press, 1979.

31. Ed., Joan Thirsk, *The Agrarian History of England and Wales*, Vol.V—II, Cambridge: Cambridge University Press, 1984.

32. Ed., Julian Hoppit & E.A. Wrigley, *The Industrial Revolution in Britain*, Vol. I, Oxford: Basil Blackwill Ltd., 1994.

33. Ed., M.W. Greenslade & J.G. Jenkins, *A History of the County of Stafford*, Vol. II, London: Oxford University Press, 1969.

34. Ed., Peter Mathias & M. Poston, *Cambridge Economic History of Europe*, Vol. VII, Cambridge: Cambridge University Press, 1978.

35. Ed., R.C. Michie, *The Development of London as a Financial Centre*, London: I.B. Tauris & Co. Ltd, 2000.

36. Ed., Richard Roberts & David Kynaston, *The Bank of England: Money, Power and Influence 1694—1994*, Oxford: Clarendon Press, 1995.

37. Ed., W.W. Rostow, *The Economics of Take-off into Sustained Growth*, London: Macmillan, 1974.

38. Ed., William Farrer, J. Brownbill, *The Victoria History of*

the Country of Lancaster, Vol. 2, London: Archibald Constable and Co., 1908.

39. Ed., William Page, *The Victoria History of the County of Nottingham*, Vol. II, London: Dawsons of Pall Mall, 1970.

40. Edwin A. Pratt, *A History of Inland Transport and Communication in England*, London: Kegan Paul, Trench, Trübner & Co., 1912.

41. Eric Pawson, *The Early Industrial Revolution: Britain in the Eighteen Century*, Harper & Row Publishers, Inc. 1979.

42. Eric Williams, *Capitalism and Slavery*, Richmond: University of North Carolina Press, 1944.

43. F. M. L. Thompson, *English Landed Society in the Nineteenth Century*, London: Routledge & Kegan Paul, 1969.

44. Francois Crouzet, *Capital Formation in the Industrial Revolution*, London: Methuen & Co Ltd., 1972.

45. Frank Griffith Dawson, *The First Latin American Debt Crisis: The City of London and the 1822—25 Loan Bubble*, New Haven and London: Yale University Press, 1990.

46. G. A. Sekon, *A History of the Great Western Railway*, London: Digby, Long & Co., 1895.

47. G. E. Mingay, *Enclosure and the Small Farmer in the Age of the Industrial Revolution*, London: Macmillan, 1968.

48. G. E. Mingay, *English Landed Society in the Eighteenth Century*, London: Routledge and Kegan Paul Ltd. 1976.

49. G.E. Mingay, *Parliamentary Enclosure in England*: *An Introduction to Its Causes*, *Incidence and Impact 1750 — 1850*, London: Longman, 1997.

50. George Unwin, *Samuel Oldknow and the Arkwrights*, London: Routledge, 1996.

51. Glyn Davies, *A History of Money*: *From Ancient Times to the Present Day*, Cardiff: University of Wales Press, 2002.

52. H. Gordon Thompson, *The Canal System of England*, London: T. Fisher Unwin, 1904.

53. H.G. Lewin, *Early British Railways*, London: Routledge/Thoemmes Press, 1998.

54. Harold Perkin, *The Origins of Modern English Society*, London: Routledge, 2002.

55. J.A.S.L. Leighton-Boyce, *Smiths the Bankers*, London: National Provincial Ltd., 1958.

56. J.D. Chambers & G.E. Mingay, *The Agricultural Revolution*, *1750—1880*, London: B.T. Batsford Ltd., 1982.

57. J.L. Hammond & Barbara Hammond, *The Rise of Modern Industry*, London: Methuen & Co. Ltd. 1937.

58. J. L. Hammond & Barbara Hammond, *The Skilled Labourer*, London: Longman, 1979.

59. J.R. Ward, *The Finance of Canal Building in Eighteenth-Century England*, Oxford: Oxford University Press, 1974.

60. J.R. Wordie, *Estate Management in Eighteen-Century Eng-*

land, London: Royal History Society, 1982.

61. J.V. Beckett, *The Aristocracy in England, 1660—1914*, Oxford: Basil Blackwell, 1986.

62. Jack Simmons, *The Railway in Town and Country, 1830—1914*, Newton Abbot: David & Charles, 1986.

63. Jack Simmons, *The Railways of Britain*, London: Macmillan, 1986.

64. Joan Thirsk, *The Rural Economy of England*, London: The Hambledon Press, 1984.

65. John Addy, *A Coal and Iron Community in the Industrial Revolution, 1760—1860*, Harlow: Longman 1969.

66. John Brewer, *The Sinews of Power: War, Money and the English State, 1688—1783*, Cambridge, Massachusetts: Harvard University Press, 1990.

67. John Clapham, *The Bank of England: A History*, Vol. I, Cambridge: Cambridge University Press, 1944.

68. John E.C. Harrison, *The Birth and Growth of Industrial England, 1714—1867*, New York: Harcourt Brace Jovanovich, Inc. 1973.

69. John Giuseppi, *The Bank of England: A History from its Foundation in 1694*, London: Evans Brothers Ltd., 1966.

70. John Hughes, *Liverpool Banks & Banders 1760—1837*, Liverpool: Henry Young & Sons, 1906.

71. John Rule, *The Vital Century: England's Developing E-*

conomy, 1714—1815, London: Longman, 1992.

72. John Smail, Merchants, *Markets and Manufacture*, Basingstoke: Macmillan, 1999.

73. L.W. Moffit, *England on the Eve of the Industrial Revolution*, London: Frank Cass, 1963.

74. Leland Hamilton Jenks, *The Migration of British Capital to* 1875, London: Jonathan Cape, 1938.

75. M. C. Reed, *Investment in Railways in Britain, 1820—1844*, Oxford: Oxford University Press, 1975.

76. M.E. Turner, J.V. Beckett & B. Afton, *Agricultural rent in England, 1690 — 1914*, Cambridge: Cambridge University Press, 1997.

77. Maberly Phillips, *A History of Banks, Bankers and Banking in Northumberland, Durham and North Yorkshire*, London: Effingham Wilson & Co., 1894.

78. Margaret Ackrill & Leslie Hannah, *Barclays: The Business of Banking 1690 — 1996*, Cambridge: Cambridge University Press, 2001.

79. Mark Overton, *Agricultural Revolution in England, 1500—1850*, Cambridge: Cambridge University Press, 1996.

80. Maurice W. Kirby, *The Origins of Railway Enterprise: the Stockton and Darlington Railway, 1821—1863*, Cambridge University Press 1993.

81. Michael Turner, *English Parliamentary Enclosure: Its*

Historical Geography and Economic History, Folkstone: Dawson, 1980.

82. N.F.R. Crafts, *British Economic Growth during the Industrial Revolution*, Oxford: Clarendon, 1985.

83. Neil J. Smelser, *Social Change in the Industrial Revolution*, Chicago: The University of Chicago Press, 1973.

84. Pat Hudson, *The Genesis of Industrial Capital: A Study of the West Riding Wool Textile Industry c. 1750 — 1850*, Cambridge: Cambridge University Press, 1986.

85. Paul Hohenberg, *A Primer on the Economic History of Europe*, New York: Random House, 1968.

86. Peter Lane, *The Industrial Revolution: The Birth of the Modern Age*, London: Weidenfeld and Nicolson, 1978.

87. Philippe Aghion and Peter Howitt, *Endogenous Growth Theory*, Cambridge, MA: The MIT Press, 1998.

88. Phyllis Deane and W. A. Cole, *British Economic Growth 1688—1959: Trends and Structure*, Cambridge: Cambridge University Press, 1969.

89. Phyllis Deane, *The First Industrial Revolution*, Cambridge: Cambridge University Press, 1986.

90. R.A.C. Parker, *Coke of Norfolk: A Financial and Agricultural Study 1707—1842*, Oxford University Press, 1975.

91. R.D. Richards, *The Early History of Banking in England*, London: P.S. King & Son, Ltd. 1929.

92. R.H. Tawney, *The Agrarian Problem in the Sixteenth Century*, London: Longmans, Green and Co., 1912.

93. R.S. Fitton & A.P. Wadsworth, *The Strutts and the Arkwrights, 1758 — 1830*, Manchester: Manchester University Press, 1958.

94. R.S. Sayers, *Lloyds Bank in the History of English Banking*, Oxford: Oxford University Press, 1957.

95. Ranald C. Michie, *The London Stock Exchange: A History*, Oxford: Oxford University Press, 1999.

96. Rex Christiansen, *The West Midlands*, Newton Abbot: David St John Thomas 1983.

97. Roger J. P. Kain, Hohn Chapman and Richard R. Oliver, *The Enclosure Maps of England and Wales 1595 — 1918*, Cambridge: Cambridge University Press, 2004.

98. S. W. Martins, *A Great Estate at Work*, Cambridge: Cambridge University Press, 1980.

99. S. G. Checkland, *Scottish Banking: A History, 1695 — 1973*, Glasgow: Collins, 1975.

100. S. G. Checkland, *The Rise of Industrial Society in England, 1815—1885*, London: Longman, 1971.

101. Seymour Broadbridge, *Studies in Railway Expansion and the Capital Market in England 1825 — 1873*, London: Frank Cass, 1970.

102. Seymour Shapiro, *Capital and the Cotton Industry*,

Ithaca: Cornell University Press, 1967.

103. Sidney & Beatrice Webb, *The Story of the King's Highway*, London: Frank Cass, 1963.

104. Sidney Homer and Richard Sylla, *A History of Interest Rates*, New Jersey: John Wiley & Son, 2005.

105. Sidney Pollard & David W. Crossley, *The Wealth of Britain, 1085—1966*, London: B.T. Batsford Ltd, 1968.

106. Stanley Chapman, *Merchant Enterprise in Britain*, Cambridge: Cambridge University Press, 1992.

107. Stanley Chapman, *The Early Factory Masters: The Transition to the Factory System in the Midland Textile Industry*, Aldershot: Gregg Revivals, 1992.

108. Stella Kramer, *The English Craft Gilds: Studies in Their Progress and Decline*, New York: Columbia University Press, 1976.

109. Stephen Broadberry, Bruce M. S. Campbell, Alexander Klein, Mark Overton and Bas Van Leeuwen, *British Economic Growth, 1270—1870*, Cambridge: Cambridge University Press, 2015.

110. Sydney J. Chapman, *The Lancashire Cotton Industry*, Manchester: Manchester University Press, 1904.

111. T. R. Gourvish, *Railways and the British Economy, 1830—1914*, London: Macmillan, 1980.

112. T. S. Ashton, *The Industrial Revolution, 1760—1830*, Oxford: Oxford University Press, 1968.

113. T.S. Willan, *The Inland Trade: Studies in English Internal Trade in the Sixteenth and Seventeenth Centuries*, Manchester: Manchester University Press, 1976.

114. Thomas Ellison, *The Cotton Trade of Great Britain*, London: Effingham Wilson, 1886.

115. W.D. Rubinstein, *Men of Property: The Very Wealthy in Britain since the Industrial Revolution*, New Brunswick, N.J: Rutgers University Press, 1981.

116. W.E. Simnett, *Railway Amalgamation in Great Britain*, London: The Railway Gazette, 1923.

117. W.E. Tate, *The Enclosure Movement*, New York: Walker and Company, 1969.

118. W. T. Jackman, *The Development of Transportation in Modern England*, Vol. II, Cambridge: Cambridge University Press, 1916.

119. Wilfred L. Steel, *The History of the London & North Western Railway*, London: The Railway and Travel Monthly, 1914.

120. William Edward Hartpole Lecky, *A History of England in the Eighteenth Century*, Vol. VI, New York: D. Appleton & Co., 1887.

121. William Weaver Tomlinson, *The North Eastern Railway*, Newcastle-upon-Tyne: Andrew Reid & Company, 1914.

F. 研究论文

122. A.J. Taylor, "Concentration and Specialization in the Lan-

cashire Cotton Industry, 1825—1850", *Economic History Review*, *New Series*, Vol. 1, No. 2/3(1949).

123. B.A. Holderness, "Landlord's Capital Formation in East Anglia, 1750—1870", *Economic History Review*, Aug. 1972, Vol. 25, Issue 3.

124. B.J. Buchanan, "The Financing of Parliamentary Waste Land Enclosure: Some Evidence from North Somerset, 1770—1830", *The Agricultural History Review*, Vol. 30, 1982, Part Ⅱ.

125. B.L. Anderson & P. L. Cottrell, "Another Victorian Capital Market: A Study of Banking and Bank Investors on Merseyside", *The Economic History Review*, Nov. 1975, Vol. 28 Issue 4.

126. B.L. Anderson, "Money and the Structure in the Eighteenth Century", *Business History*, Jul. 1970, Vol. 12 Issue 2.

127. C. H. Lee, "Marketing Organisation and Policy in the Cotton Trade: M'Connel & kennedy of Manchester 1795—1835", *Business History*, Jul. 1968, Vol. 10 Issue 2.

128. D.M. Joslin, "London Private Bankers, 1720—1785", *The Economic History Review*, New Series, Vol. 7, No. 2(1954).

129. David J. Moss, "The Private Banks of Birmingham, 1800—1827", *Business History*, Mar. 1982, Vol. 20 Issue 2.

130. Dieter Ziegler, "Central Banking in the English Provinces in the Second Quarter of the Nineteenth Century", *Business History*, Nov. 1989, Vol. 31 Issue 4.

131. Donald N. McCloskey, "The Enclosure of Open Fields:

Preface to a Study of Its Impact on the Efficiency of English Agriculture in the Eighteenth Century", *Journal of Economic History*, Vol.32, No.1, Mar. 1972.

132. Francis E. Hyde, Bradbury B. Parkinson & Sheila Marriner, "The Cotton Broker and the Rise of the Liverpool Cotton Market", *The Economic History Review*, New Series, Vol. 8, No. 1 (1955).

133. G.E. Mingay, "The Diary of James Warne, 1758", *The Agricultural History Review*, Vol. 38, 1990, Part I, p. 75.

134. G.R. Hawke and M.C. Reed, "Railway Capital in the United Kingdom in the Nineteenth Century", *Economic History Review*, new series, Vol. 22, No.2 (Aug., 1969).

135. H.G. Hunt, "The Chronology of Parliamentary Enclosure in Leicestershire", *Economic History Review*, New Series ,Vol.10, No.2, 1957.

136. Harold Pollins, "A Note on Railway Constructional Costs, 1825－1850", *Economica*, new series, Vol. 19, No. 76 (Nov., 1952).

137. Harold Pollins, "The Finances of the Liverpool and Manchester Railway", *The Economic History Review*, New series, Vol. 5 Issue 1(1952).

138. Harold Pollins, "The Marketing of Railway Shares in the First Half of the Nineteenth Century", *Economic History Review*, New Series, Vol. 7 No. 2.

139. Henry Hamilton, "The Failure of the Ayr Bank, 1772", *The Economic History Review*, New Series, Vol. 8, No. 3(1956).

140. J.A. Perkins, "Tenure, Tenant Right and Agricultural Progress in Lindsey, 1780—1850", *Agricultural History Review*, Vol. 23, 1975, Part I.

141. J.H. Clapham, "The Private Business of the Bank of England, 1744—1800", *The Economic History Review*, Vol. 11, No. 1 (1941).

142. J.M. Martin, "The Parliamentary Enclosure Movement and Rural Society in Warwickshire", *The Agricultural History Review*, Vol. XV, 1967, Part I.

143. J. R. Wordie, "The Chronology of English Enclosure, 1500—1914", *The Economic History Review*, Second Series, Vol. XXXVI, No. 4, Nov. 1983.

144. J.V. Beckett, "The Eighteenth-Century Origins of the Factory System: A Case Study From the 1740s", *Business History*, Jan. 1977, Vol. 19 Issue 1.

145. John Chapman & Sylvia Seeliger, "Formal Agreements and the Enclosure Process: The Evidence from Hampshire", *The Agricultural History Review*, Vol. 43, 1995, Part I.

146. John Chapman, "The Extent and Nature of Parliamentary Enclosure", *Agricultural History Review*, Vol. 35, 1987.

147. John U. Nef, "The Industrial Revolution Reconsidered", *The Journal of Economic History*, Vol. 3, No. 1, May 1943.

148. M. Miles, "The Money Market in the Early Industrial Revolution: The Evidence from West Riding Attorneys c.1750—1800", *Business History*, Jul. 1981.

149. M.M.Postan, "Recent Trends in the Accumulation of Capital", *The Economic History Review*, Vol. 6, No. 1, Oct. 1935.

150. M.W. Beresford, "Commissioners of Enclosure", *Economic History Review*, Vol. 16,No. 2, 1946.

151. Michael Collins, "The Business of Banking: English Bank Balance Sheets, 1840—80", *Business History*, Mar. 1984, Vol. 26 Issue 1.

152. Michael Nevell, "The Archaeology of the Canal Warehouses of North-West England and the Social Archaeology of Industrialisation", *Industrial Archaeology Review*, XXV: 1, 2003.

153. Michael Turner, "Cost, Finance, and Parliamentary Enclosure", *Economic History Review*, May, 1981, Vol. 34, Issue 2.

154. Michael Turner, "Enclosure Commissioners and Buckinghamshire Parliamentary Enclosure", *The Agricultural History Review*, Vol. 25, 1977, Part II.

155. Michael Williams, "The Enclosure and Reclamation of the Mendip Hills, 1770—1870, *The Agricultural History Review*, Vol. 19, 1971, Part I.

156. Michael Zell, "Credit in the Pre-industrial English Woollen Industry", *Economic History Review*, Nov. 1996, Vol. 49 Issue 4.

157. Micharle E. Turner, "The Cost of Parliamentary Enclosure

in Buckinghamshire", *The Agricultural History Review*, Vol. 21, 1973, Part I.

158. N. F. R. Crafts, "Industrial Revolution in England and France: Some Thoughts on the Question, 'Why was England First?'", *The Economic History Review*, Aug. 1977, Vol. 30 Issue 3.

159. Patrick O' Brien, Trevor Griffiths & Philip Hunt, "Political Components of the Industrial Revolution: Parliament and the Cotton Textile Industry, 1660—1774", *The Economic History Review*, New Series, Vol. 44, No. 33(Aug., 1991).

160. Peter Earle, *The Making of the English Middle Class: Business, Society and Family Life in London, 1660—1730*, Berkley and Los Angeles: Methusen and the University of California Press, 1989.

161. Peter Maw, Terry Wyke and Alan Kidd, "The Rochdale Canal Company's Piccadilly Basin, 1792—1856", *Industrial Archaeology Review*, XXXI: 1, 2009.

162. Raphaelle Schwarzberg, "The Openness of the London Goldsmiths' Company in the Second Half of the Seventeenth Century: an Empirical Study", *Financial History Review*, Vol. 23, Issue 2, Aug., 2016.

163. R.M. Hartwell, "The Causes of the Industrial Revolution: An Essay in Methodology", *The Economic History Review*, 2nd series, Vol. XVIII, No. 1, 1965.

164. Sidney Pollard, "Fixed Capital in the Industrial Revolution in Britain", *The Journal of Economic History*, Vol. 24, No. 3, Sep. 1964.

165. Stanley D. Chapman, "Fixed Capital Formation in the British Cotton Industry 1770 — 1815", *The Economic History Review*, Aug. 1970, Vol. 23 Issue 2.

166. Stanley D. Chapman, "The Peels in the Early English Cotton Industry", *Business History*, Jul. 1969, Vol. 11 Issue 2.

167. Stuart Jones, "The Cotton Industry and Joint-Stock Banking in Manchester, 1825—1850", *Business History*, Jul. 1978, Vol. 20 Issue 2.

168. T.M. Hodges, "Early Banking in Cardiff", *The Economic History Review*, Vol. 18, No. 1/2(1948).

169. T.S. Ashton, "The Bill of Exchange and Private Banks in Lancashire, 1790—1830", *The Economic History Review*, Vol. 15, No. 1/2(1945).

170. W.E. Tate, "The Cost of Parliamentary Enclosure in England", *Economic History Review*, New Series ,Vol.5, No.2, 1952.

171. W. H. Hosford, " Some Lincolnshire Enclosure Documents", *Economic History Review*, New Series, Vol. 2, No. 1, 1949.

172. W.W. Rostow, "No Random Walk: A Comment on 'Why was England First • '", *The Economic History Review*, Nov. 1978, Vol. 31 Issue 4.

中文参考资料

1.《阿奎那政治著作选》，马清槐译，北京：商务印书馆，2007年。

2.《新旧约全书》。

3. [美]R.科斯、A.阿尔钦、D.诺斯等著：《财产权利与制度变迁》，刘守英等译，上海：上海三联书店、上海人民出版社，1994年。

4. [英]W.H.B.考特：《简明英国经济史》，方廷钰等译，北京：商务印书馆，1992年。

5. [美]W.W.罗斯托：《经济增长的阶段》，郭熙保、王松茂译，北京：中国社会科学出版社，2001年。

6. [德]W.桑巴特：《现代资本主义》第一卷，李季译，北京：商务印书馆，1958年。

7. [美]Y.巴泽尔：《产权的经济分析》，费方域、段毅才译，上海：上海三联书店、上海人民出版社，1997年。

8. [英]阿克顿：《自由史论》，胡传胜等译，南京：译林出版社，2001年。

9. [英]阿瑟·刘易斯：《经济增长理论》，周师铭等译，北京：商务印书馆，1999年。

10. [英]埃里克·罗尔：《经济思想史》，陆元诚译，北京：商务印书馆，1981年。

11. [英]安格斯·麦迪森：《世界经济千年史》，伍晓鹰等译，北京：北京大学出版社，2003年。

12. [英]柏克:《法国革命论》,何兆武等译,北京:商务印书馆,2003 年。

13. [法]保尔·芒图:《十八世纪产业革命》,杨人楩等译,北京:商务印书馆,1997 年。

14. [英]查尔斯·达维南特:《论英国的公共收入与贸易》,朱泱、胡企林译,北京:商务印书馆,1995 年。

15. [英]大卫·李嘉图著,斯拉法主编:《李嘉图著作和通信集》,第五卷,蔡受百译,北京:商务印书馆,1983 年。

16. [英]戴雪:《英宪精义》,雷宾南译,北京:中国法制出版社,2009 年。

17. [美]道格拉斯·C.诺斯:《经济史上的结构和变迁》,厉以平译,北京:商务印书馆,1999 年。

18. [美]道格拉斯·诺斯、罗伯特·托马斯:《西方世界的兴起》,厉以平、蔡磊译,北京:华夏出版社,1999 年。

19. [法]费尔南·布罗代尔:《15 至 18 世纪的物质文明、经济和资本主义》,顾良译,北京:三联书店,1993 年。

20. [英]弗雷德里希·冯·哈耶克:《自由宪章》,杨玉生等译,北京:中国社会科学出版社,2007 年。

21. [英]海韦尔·G.琼斯:《现代经济增长理论导引》,郭家麟等译,北京:商务印书馆,1999 年。

22. [比]亨利·皮雷纳:《中世纪的城市》,陈国樑译,北京:商务印书馆,1985 年。

23. [英]霍布豪斯:《自由主义》,朱曾汶译,北京:商务印书馆,2010 年。

24. [意]卡洛·M.奇波拉主编:《欧洲经济史》第三卷,吴良健等译,北京:商务印书馆,1989 年。

25. [意]卡洛·M.奇波拉主编:《欧洲经济史》第一卷,徐璇译,北京:商务印书馆,1988 年。

26. [英]李嘉图著,彼罗·斯拉法主编:《李嘉图著作和通信集》第一卷《政治经济学及赋税原理》,郭大力、王亚南译,北京:商务印书馆年,1997 年。

27. 罗荣渠主编:《现代化——理论与历史经验的再探讨》,上海:上海译文出版社,1993 年。

28. [英]罗伊·哈罗德:《动态经济学》,黄范章译,北京:商务印书馆,2003 年。

29. [英]洛克:《政府论》,叶启芳、瞿菊农译,北京:商务印书馆,1964 年。

30. [英]马尔萨斯:《政治经济学原理》,厦门大学经济学系翻译,北京:商务印书馆,1962 年。

31. [英]马歇尔:《货币、信用与商业》,叶元龙、郭家麟译,北京:商务印书馆,1997 年。

32. [英]马歇尔:《经济学原理》,朱志泰译,北京:商务印书馆,1997 年。

33. [英]玛格丽特·柯尔:《欧文传》,何世鲁、马爱农译,北京:商务印书馆,1995 年。

34. [法]米歇尔·博德:《资本主义史 1500—1980》,吴艾美译,北京:东方出版社,1986 年。

35. [奥地利]庞巴维克:《资本实证论》,陈端译,北京:商务印书馆,1997 年。

36. 钱乘旦、杨豫、陈晓律:《世界现代化进程》,南京:南京大学出版社,1999 年。

37. [英]斯坦利 · 杰文斯:《政治经济学理论》,郭大力译,北京:商务印书馆,1997 年。

38. [英]托马斯 · 孟:《英国得自对外贸易的财富》,袁南宇译,北京:商务印书馆,1997 年。

39. [英]托马斯 · 莫尔:《乌托邦》,戴镏龄译,北京:商务印书馆,1997 年。

40. [美]西奥多 · W.舒尔茨:《人力投资》,贾湛、施伟等译,北京:华夏出版社,1990 年。

41. [美]西蒙 · 库兹涅茨:《各国经济的增长》,常勋等译,北京:商务印书馆,1999 年。

42. [法]夏尔 · 季德、夏尔 · 利斯特:《经济学说史》上卷,徐卓英等译,北京:商务印书馆,1986 年。

43. 徐滨:《阿诺德 · 汤因比的经济思想与英国工业革命》,《武汉大学学报》(人文科学版),2009 年第 3 期。

44. 徐滨:《工业革命与现代经济增长的原因——近十几年来相关历史解释的理论渊源揭示》,《史学理论研究》,2018 年第 1 期。

45. 徐滨:《工业革命时期英国工人的实际工资》,《世界历史》,2011 年第 6 期。

46. 徐滨:《工业革命时代英国农业工人的工资与生活水平》,《首都师范大学学报》(社会科学版),2011 年第 3 期。

47. 徐滨:《英国议会圈地投资中的个人权利》,《世界历史》,2015

年第5期。

48. 徐滨:《“手工工场”概念谬误的渊源》,载于《史学理论研究》,2010年第2期。

49. 徐滨:《一八二五年英国金融危机中的政府对应与制度变革》,《历史研究》,2017年第5期。

50. [英]亚当·斯密:《国民财富的性质和原因的研究》,郭大力、王亚南译,北京:商务印书馆,1997年。

51. [英]约翰·克拉潘:《简明不列颠经济史》,范定九、王祖廉译,上海:上海译文出版社,1980年。

52. [英]约翰·雷·麦克库洛赫:《政治经济学原理》,郭家麟译,北京:商务印书馆,1997年。

53. [英]约翰·密尔顿:《为英国人民声辩》,何宁译,北京:商务印书馆,1997年。

54. [英]约翰·穆勒:《政治经济学原理》,赵荣潜等译,北京:商务印书馆,1997年。

55. [英]约翰·希克斯:《经济史理论》,厉以平译,北京:商务印书馆,1999年。

56. [英]约瑟夫·马西:《论决定自然利息率的原因》,胡企林译,北京:商务印书馆,1996年。

57. [美]詹姆斯·W.汤普逊:《中世纪晚期欧洲经济社会史》,徐家玲等译,北京:商务印书馆,1996年。

补充参考资料

1. E.A. Wrigley, *Continuity, Chance and Change: The Character of the Industrial Revolution in England*, Cambridge: Cambridge University Press, 1988.

2. Ed., M. W. Thomas, *A Survey of English Economic History*, London: Blackie & Son Ltd. 1957.

3. Ed., Roderick Floud and Donald McCloskey, *The Economic History of Britain since 1700*, Cambridge: Cambridge University Press, 1981.

4. J. L. Anderson, *Explaining Long-term Economic Change*, Cambridge: Cambridge University Press, 1995.

5. J. L. Hammond and Barbara Hammond, *The Village Labourer*, London: · Longmans, Green & Co., Ltd., 1920.

6. Karl Marx, *Das Kapital*, Erster Band, Hamburg: Otto Meissner, 1867.

7. R.M. Hartwell, *The Causes of the Industrial Revolution in England*, London: Methuen, 1980.

8. [英]E.P.汤普森:《英国工人阶级的形成》,钱乘旦等译,南京:译林出版社,2001 年。

9. [英]R.C.范・卡内冈:《英国普通法的诞生》,李红海译,北京:中国政法大学出版社,2003 年。

10. [英]R.D.C.布莱克，A.W.科茨，克劳弗德·D.W.古德温：《经济学的边际革命》，于树生译，北京：商务印书馆，1987年。

11. [英]S.F.C.密尔松：《普通法的历史基础》，李显冬等译，北京：中国大百科全书出版社，1999年。

12. [英]W. Ivor. 詹宁斯：《法与宪法》，龚祥瑞、侯健译，北京：三联书店，1997年。

13. [英]埃德蒙·柏克：《自由与传统》，蒋庆等译，北京：商务印书馆，2001年。

14. [英]安东尼·阿巴拉斯特：《西方自由主义的兴衰》，曹海军等译，长春：吉林人民出版社，2004年。

15. [意]圭多·德·拉吉罗：《欧洲自由主义史》，R.G.科林伍德 英译，杨军译，吉林：吉林人民出版社，2003年。

16. 侯建新：《社会转型时期的西欧与中国》，北京：高等教育出版社，2005年。

17. 侯建新：《现代化第一基石——农民个人力量与中世纪晚期社会变迁》，天津：天津社会科学院出版社，1991年。

18. 侯建新主编：《经济-社会史：历史研究的新方向》，北京：商务印书馆，2002年。

19. [英]霍布斯：《利维坦》，黎思复、李廷弼译，北京：商务印书馆，1997年。

20. [匈]卡尔·波兰尼：《大转型：我们时代的政治与经济起源》，冯刚、刘阳译，杭州：浙江人民出版社，2007年。

21. [德]列奥·施特劳斯；《自然权利与历史》，彭刚译，北京：生活·读书·新知三联书店，2003年。

22. [美]罗伯特·M.索洛:《经济增长理论:一种解说》(第二版),朱保华译,格致出版社、上海三联书店、上海人民出版社,2015 年。

23. 罗荣渠:《现代化新论》,北京:商务印书馆,2004 年。

24. [英]马尔萨斯:《人口原理》,朱泱等译,北京:商务印书馆,2001 年。

25. [法]马克·布洛赫:《封建社会》,上、下卷,张绪山译,北京:商务印书馆,2004 年。

26. 马克思:《资本论》,中央编译局译,北京:人民出版社,1975 年。

27. 马克斯·韦伯:《新教伦理与资本主义精神》,彭强、黄晓京译,西安:陕西师范大学出版社,2002 年。

28. [美]米尔顿·弗里德曼:《资本主义与自由》,张瑞玉译,北京:商务印书馆,1999 年。

29. [英]佩里·安德森:《绝对主义国家的系谱》,刘北成,龚晓庄译,上海:上海人民出版社,2001 年。

30. 钱乘旦、陈晓律:《英国文化模式溯源》,上海:上海社会科学院出版社,四川人民出版社,2003 年。

31. 钱乘旦、许洁明:《英国通史》,上海:上海社会科学院出版社,2002 年。

32. [英]史蒂文·卢克斯:《个人主义》,阎克文译,南京:江苏人民出版社,2001 年。

33. [美]汤普逊:《中世纪经济社会史》,耿淡如译,北京:商务印书馆,1997 年。

34. [英]威廉·布莱克斯通:《英国法释义》,第一卷,游云庭、缪苗译,上海:上海人民出版社,2006 年。

35. [英]沃尔特·白哲特:《英国宪制》,李国庆译,北京:北京大学出版社,2005 年。

36. [英]约翰·密尔:《论自由》,许宝骙译,北京:商务印书馆,2005 年。

37. [美]约瑟夫·熊彼特:《经济分析史》,朱泱等译,北京:商务印书馆,2001 年。

再版后记

首先，本书的再版得到了“天津市中青年骨干教师”基金的支持，特此表示感谢！

英国近现代投资和金融问题一直是笔者颇有兴趣的领域，希望由这些细节性入手的研究对历史和我们的世界有所领悟。历史有其自身的逻辑，正如发生在我们周遭的事情有其因果一样。如果现存的证据能够蕴含足够的事件片段的话，一个逻辑的链条就得以呈现。我过去曾经做的，以及现今正在做的工作就是努力去找到这样的逻辑。

此次再版对初版内容进行了一些改动：一是将笔者近几年来的研究进展补充一些进去；二是更正初版时的一些错误。这次再版主要是一次修订，而非再造。